高职高专规划教材

汽车发动机构造与维修

主　编　李庆军　王甲聚
副主编　刘恒学　李效春
参　编　何　英　李建兴　李振宇
　　　　李恒荣　杨立新
主　审　赵学斌　孙作山

机 械 工 业 出 版 社

本书在讲述一般结构的基础上，突出了对目前国内保有量较大的柴油发动机(CA6110)与汽油发动机(EA827)的讲解，较详细地介绍了汽车发动机的新结构、新技术，并将结构、原理、维修与常见故障诊断、课内实训有机地结合在一起，使读者在掌握汽车一般结构的基础上，形成举一反三、触类旁通的能力。

本书的内容分为8个模块：发动机的工作原理和总体构造；曲柄连杆机构；内燃机的配气机构；汽油喷射式燃料供给系；柴油机燃料供给系；发动机冷却系、润滑系构造与维修；发动机总装；发动机综合故障诊断。

本书可作为高等职业院校汽车检测与维修专业的教材，也可作为相关专业及中等职业学校汽车类专业课程的教材，还可作为维修企业的培训用书，及汽车维修技术人员的参考用书。

本书配有电子课件，**凡使用本书作为教材的教师**可登录机械工业出版社教材服务网 www.cmpedu.com 下载。咨询邮箱：cmpgaozhi@ sina.com。咨询电话：010-88379375。

图书在版编目(CIP)数据

汽车发动机构造与维修/李庆军，王甲聚主编. —北京：机械工业出版社，2009.5(2016.8重印)
高职高专规划教材
ISBN 978-7-111-26636-5

Ⅰ.汽… Ⅱ.①李…②…王 Ⅲ.①汽车—发动机—构造—高等学校：技术学校—教材②汽车—发动机—车辆修理—高等学校：技术学校—教材 Ⅳ.U472.43

中国版本图书馆CIP数据核字(2009)第041233号

机械工业出版社(北京市百万庄大街22号 邮政编码100037)
策划编辑：葛晓慧 责任编辑：张双国
版式设计：张世琴 责任校对：张晓蓉
封面设计：赵颖喆 责任印制：乔 宇

北京铭成印刷有限公司印刷

2016年8月第1版第6次印刷
184mm×260mm · 17.25印张 · 423千字
15001—16900册
标准书号：ISBN 978-7-111-26636-5
定价：36.00元

凡购本书，如有缺页、倒页、脱页，由本社发行部调换

电话服务	网络服务
服务咨询热线：010-88379833	机 工 官 网：www.cmpbook.com
读者购书热线：010-88379649	机 工 官 博：weibo.com/cmp1952
	教育服务网：www.cmpedu.com
封面无防伪标均为盗版	金 书 网：www.golden-book.com

前　言

本书在编写过程中，广泛征求院校老师、维修技术人员和维修企业领导的意见，参考了大量的资料，紧密结合我国现阶段汽车维修行业的生产实际，并充分考虑了高职教育教学的特点和维修企业对人才的需求，在内容编排上注重理论知识与实践技能的有机结合，突出内容的针对性、通用性、先进性和实践性，从提高学生专业理论知识、实际操作技能、分析和解决生产过程中的实际问题的能力出发，从而使本书具有较强的实用性和可操作性。本书可作为高等职业院校汽车检测与维修专业的教材，也可作为相关专业及中等职业学校汽车类专业课程的教材，还可作为维修企业的培训用书，及汽车维修技术人员的参考用书。

本书在讲述一般结构的基础上，突出了对目前国内保有量较大的柴油发动机(CA6110)与汽油发动机(EA827)的讲解，较详细地介绍了汽车发动机的新结构、新技术，并将结构、原理、维修与常见故障诊断、课内实训有机地结合在一起，使读者在掌握汽车一般结构的基础上，形成举一反三、触类旁通的能力。

本书的主要特点如下：

1）适用于理论教学与实训相结合的模块一体化教学模式。每个章节都将理论教学与实训内容相结合，将社会上已经实用化的结构纳入教材，实现理论与实践的有机结合，提高学生的分析问题、解决问题的综合能力。

2）课程内容综合化。以典型的汽车发动机(柴油机为CA6110、汽油机为捷达EA827)为例，将汽车发动机的结构、原理、故障的检测与维修工艺在一体化课堂内讲授，使知识与能力有机地相结合，避免了脱节，减少了重复。

3）教学内容更加新颖实用。根据生产实际中的具体情况，加入了部分汽车新知识、新技术、新工艺、新方法，使教学内容尽可能与职业岗位需求相适应。

4）突出“双证书”知识内容。在理论知识内容的选取上，除遵循“必需、够用”的原则外，还涵盖了相关等级职业资格考试大纲的知识内容。学好本书可使学生能够轻松地获得汽车修理工中级职业资格证书。

本书由黑龙江农业工程职业学院李庆军、王甲聚任主编，黑龙江生物科技职业学院刘恒学、黑龙江农业工程职业学院李效春任副主编，黑龙江工程学院李振宇、牡丹江市职教中心杨立新、宁波职业技术学院李建兴、黑龙江农业工程职业学院何英、黑龙江孙吴县农机局李恒荣参与了编写。本书的编写分工如下：李庆军编写模块七和模块八；王甲聚编写模块五；刘恒学编写模块二的信息资料单部分；李效春编写模块四的信息资料单6～8及技能单部分；李振宇编写模块四的信息资料单1～5；杨立新编写模块三；李建兴编写模块一；何英编写模块二的技能单部分；李恒荣编写模块六。黑龙江旅游学院赵学斌、黑龙江农业工程职业学院孙作山共同审阅了全书，并提出了许多宝贵的意见和建议，在此深表感谢！

由于编者水平有限，加之编写时间仓促，书中难免存在缺漏及不当之处，恳请广大读者批评指正，以便再版时改正。

编 者

目　录

模块一　发动机的工作原理和总体构造

学习目标：能解释发动机的定义、基本术语、类型、型号编制规则、内燃机工作循环、多缸机的工作原理；能理解发动机的热力循环与对性能指标的要求；能正确选择及使用拆装工具并合理拆装发动机。

信息资料单 1　发动机的分类

一、发动机定义

发动机是汽车的动力源，是汽车的基本组成部分之一。

内燃机的特点是液体和气体燃料与空气混合后在机体内燃烧而产生热能，并将热能转化为机械能。现代汽车的发动机以往复活塞式内燃机为最多。此类型发动机具有热效率高、结构紧凑、体积小、便于拆装、起动性能良好等优点，因其技术先进、可靠性高而被广泛应用。

二、发动机分类

汽车发动机种类繁多，活塞式内燃机可以按不同特征来加以分类，如图 1-1 所示。

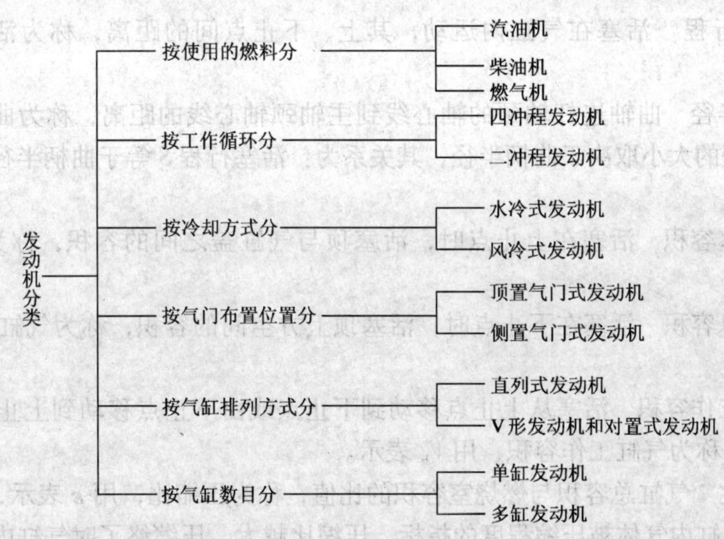

图 1-1　发动机分类图

信息资料单 2　四冲程发动机的工作原理

一、发动机的一般构造和名词术语

1. 发动机的一般构造

汽车用汽油发动机主要包括曲柄连杆机构、配气机构、燃料供给系统、润滑系统、冷却系统、点火系统和起动系统等。柴油机没有点火系统。

2. 基本名词术语

发动机构造如图 1-2 所示。

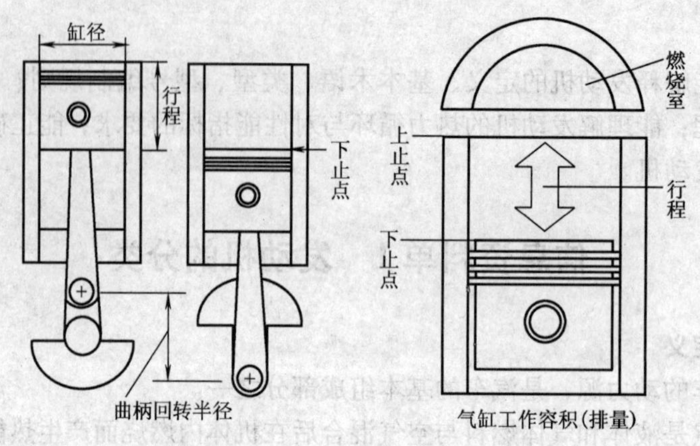

图 1-2 发动机构造

（1）上止点 活塞在气缸内运动，其活塞顶部达到最高点处的位置，称为上止点。即活塞顶部距离曲轴回转中心最远处。

（2）下止点 活塞在气缸内运动，其活塞顶部达到最低点处的位置，称为下止点。即活塞顶部距离曲轴回转中心最近处。

（3）活塞行程 活塞在气缸内运动，其上、下止点间的距离，称为活塞行程，用 S 表示。

（4）曲柄半径 曲轴连杆轴颈的轴心线到主轴颈轴心线的距离，称为曲柄半径，用 R 表示。活塞行程的大小取决于曲柄半径，其关系为：活塞行程 S 等于曲柄半径 R 的 2 倍，即 $S=2R$。

（5）燃烧室容积 活塞在上止点时，活塞顶与气缸盖之间的容积，称为燃烧室容积，用 V_c 表示。

（6）气缸总容积 活塞在下止点时，活塞顶上方空间的容积，称为气缸总容积，用 V_a 表示。

（7）气缸工作容积 活塞从上止点移动到下止点或由下止点移动到上止点时活塞所扫过的空间容积，称为气缸工作容积，用 V_h 表示。

（8）压缩比 气缸总容积与燃烧室容积的比值，称为压缩比，用 ε 表示，则 $\varepsilon = V_a/V_c$。压缩比是表示气缸内气体被压缩程度的指标。压缩比越大，压缩终了时气缸内的气体压力越大、温度越高。

（9）内燃机排量 多缸发动机的各气缸工作容积之和称为排量，用 V_L 表示，则 $V_L = i \times V_h$，i 为气缸数。

（10）工作循环 内燃机每完成一个吸气、压缩、做功和排气工作过程，称为一个工作循环。

（11）二冲程内燃机 曲轴每转一圈完成一个工作循环的内燃机。

（12）四冲程内燃机　曲轴每转两圈完成一个工作循环的内燃机。

（13）工况　内燃机在某一时刻所处的工作状况称为工况。一般用内燃机的转速和负荷来表示。

二、四冲程汽油机的工作原理

为使发动机产生动力，必须先将燃料和空气送入气缸，经点火后使之燃烧产生热能，以气体为工作介质推动活塞，再通过连杆使曲轴旋转，使热能转化为机械能，最后将燃烧后的废气排出气缸。至此，发动机完成一个工作循环。此循环周而复始地进行，发动机便产生连续的动力。

活塞在气缸内往复4个行程(曲轴转两周)完成一个工作循环的发动机，称为四冲程发动机。四冲程发动机每个工作循环中的活塞行程分别为进气行程、压缩行程、做功行程和排气行程。其示功图如图1-3所示。示功图表示活塞在不同位置时气缸内压力的变化情况，示功图上曲线所围成的面积，即为单缸发动机在一个工作循环中所做的功。

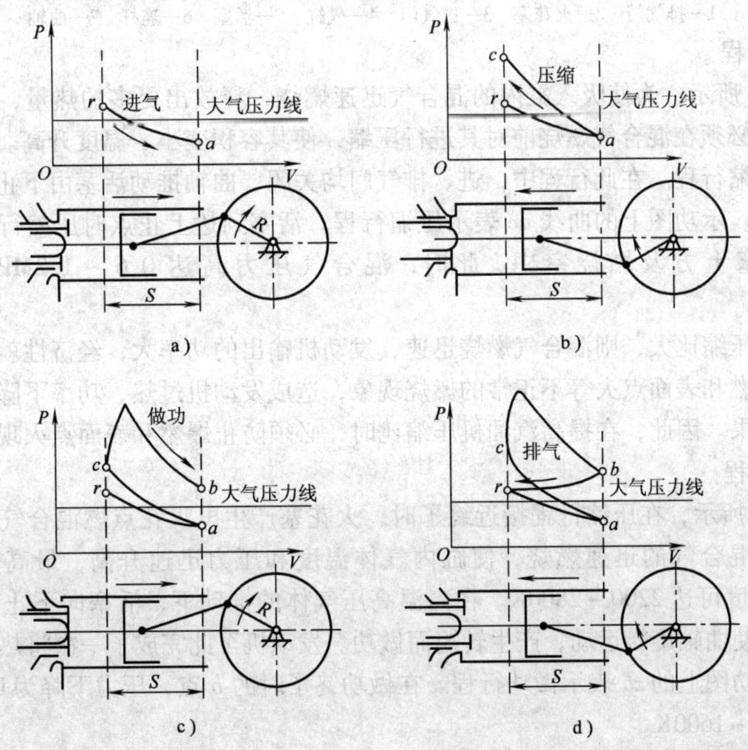

图1-3　四冲程汽油机的示功图

a）进气行程　b）压缩行程　c）做功行程　d）排气行程

1. 进气行程

如图1-4a所示，进气门打开、排气门关闭，旋转的曲轴带动活塞从上止点向下止点运动，气缸内容积增大，压力降低而形成真空，将可燃混合气吸入气缸。由于进气系统的阻力，进气终了时气缸内气体的压力略低于大气压，约为0.075～0.09MPa，温度为370～400K。示功图上的曲线 *ra* 表示进气行程，位于大气压力线之下。它与大气压力线纵坐标之差，即为活塞对应于各位置时的真空度。

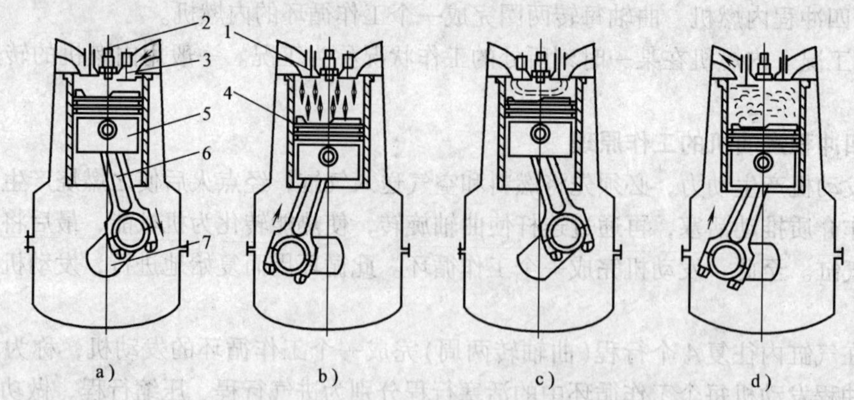

图 1-4 四冲程汽油机的工作原理

a) 进气行程 b) 压缩行程 c) 做功行程 d) 排气行程

1—排气门 2—火花塞 3—进气门 4—气缸 5—活塞 6—连杆 7—曲轴

2. 压缩行程

如图 1-4b 所示，为使吸入缸内的混合气迅速燃烧，释放出更多的热量，使发动机发出更大的功率，必须在混合气燃烧前对其进行压缩，使其容积变小、温度升高。为此，进气终了前便进入压缩行程。在此行程中，进、排气门均关闭，曲轴推动活塞由下止点向上止点移动完成该行程。示功图上的曲线 *ac* 表示压缩行程。活塞到达上止点时压缩行程结束，混合气被压入活塞上方及燃烧室中。此时，混合气压力高达 0.6 ~ 1.2MPa，温度可达 600 ~ 700K。

发动机的压缩比大，则混合气燃烧迅速、发动机输出的功率大，经济性就好。压缩比过大，会导致爆燃和表面点火等不正常的燃烧现象，造成发动机过热、功率下降、油耗增大等一系列不良后果。因此，在提高汽油机压缩比时，必须防止爆燃和表面点火现象的发生。

3. 做功行程

如图 1-4c 所示，在压缩行程接近终了时，火花塞产生电火花点燃混合气，此时进、排气门仍关闭。混合气的迅速燃烧，使缸内气体温度和压力迅速升高，最高压力可达 5 ~ 9MPa，最高温度可达 2200 ~ 2800K。在高温高压气体的推动下，活塞向下止点运动，活塞下移通过连杆使曲轴旋转运动，产生转矩而做功。发动机至此完成了一次将热能转变为机械能的过程。示功图上的 *zb* 表示做功行程。在做功终了时的 *b* 点，压力下降为 0.3 ~ 0.5MPa，温度降为 1300 ~ 1600K。

4. 排气行程

如图 1-4d 所示，混合气燃烧后成为废气，应从气缸内排出，以便下一个工作循环得以进行。当做功行程接近终了时，排气门打开，进气门仍然关闭，废气因压力高于大气压力而自动排出。此外，当活塞越过下止点上移时，靠活塞的推挤作用强制排气。活塞到上止点附近时，排气行程结束。示功图上曲线 *br* 表示排气行程。排气终了时，缸内压力约为 0.105 ~ 0.115MPa，温度为 900 ~ 1200K。至此发动机完成一个工作循环，接着又开始下一个工作循环。

三、四冲程柴油机的工作原理

四冲程柴油机(压燃式发动机)和汽油机一样，每一个工作循环都需经历进气行程、压缩行程、做功行程和排气行程。但由于柴油机用的燃料是柴油，其黏度比汽油的大，不易蒸发，自燃温度却比汽油的低，故可燃混合气的形成及点火方式都与汽油机的不同。柴油机采用压燃式点火方式。

1. 进气行程

如图 1-5a 所示，不同于汽油机的是进入气缸的不是可燃混合气，而是纯空气。

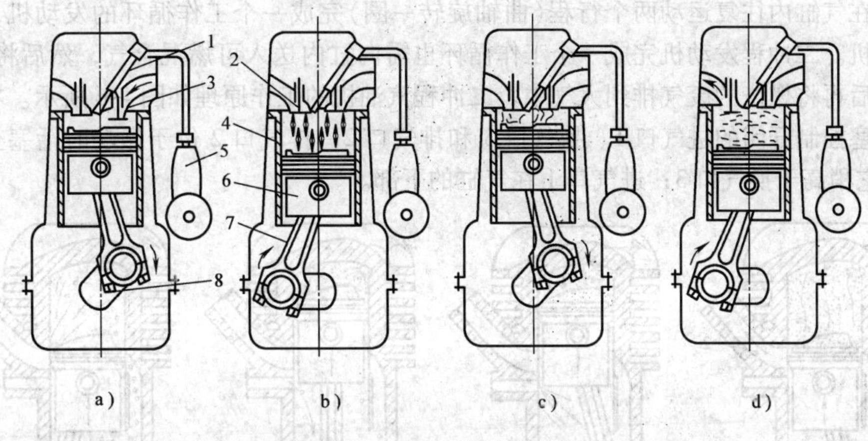

图 1-5　四冲程柴油机的工作原理

a）进气行程　b）压缩行程　c）做功行程　d）排气行程

1—喷油器　2—排气门　3—进气门　4—气缸　5—喷油泵　6—活塞　7—连杆　8—曲轴

2. 压缩行程

如图 1-5b 所示，由于柴油机的压缩比高，压缩终了时的温度和压力都比汽油机的高，压力可达 3 ~ 5MPa，温度可达 800 ~ 1000K。

3. 做功行程

如图 1-5c 所示，此行程与汽油机有很大的差异。第一阶段，在柴油机压缩行程终了前，喷油泵经喷油器将高压柴油呈雾状喷入气缸内的高温、高压空气中，迅速气化与空气形成混合气，此时气缸内的温度远远高于柴油的自燃温度（约 500K 左右），柴油便立即自行着火燃烧；第二阶段，边喷油边燃烧，气缸内压力、温度急剧升高，推动活塞下行做功。

此行程中，瞬时压力可达 5 ~ 10MPa，瞬时温度可达 1800 ~ 2200K。做功终了时，压力约为 0. 2 ~ 0. 4MPa，温度约为 1200 ~ 1500K。

4. 排气行程

如图 1-5d 所示，此行程与汽油机基本相同。排气终了时，气缸压力约为 0. 105 ~ 0. 125MPa，温度为 800 ~ 1000K。

四冲程发动机的工作特点：

1）每一个工作循环曲轴转两圈（720°），每一个行程曲轴转半圈（180°），进气行程时进气门开启，排气行程时排气门开启，其余两个行程时进、排气门均关闭。

2）4 个行程中，只有做功行程对曲轴产生旋转动力，其他 3 个行程是做功行程的辅助行程，没有辅助行程就没有做功行程。

3）在发动机运转的开始循环时，必须有外力使曲轴旋转完成进气，压缩（火花塞点火）点火后，完成做功行程，并依靠曲轴和飞轮储存的能量自行完成以后的行程（以后的工作循环发动机无需外力就可以自行完成)。

信息资料单 3 内燃机的工作原理

一、二冲程汽油机的工作原理

活塞在气缸内往复运动两个行程(曲轴旋转一圈)完成一个工作循环的发动机，称为二冲程发动机。二冲程发动机完成一个工作循环也需向缸内送入可燃混合气，然后将其压缩，点火做功后再将燃烧的废气排到大气中。二冲程汽油机的工作原理如图 1-6 所示。在气缸上开有由活塞控制开闭的进气口 1、换气口 3 和排气口 2。排气口 2 位于做功时活塞全行程的 2/3 处，它稍高于换气口 3；进气口 1 在气缸的下部。

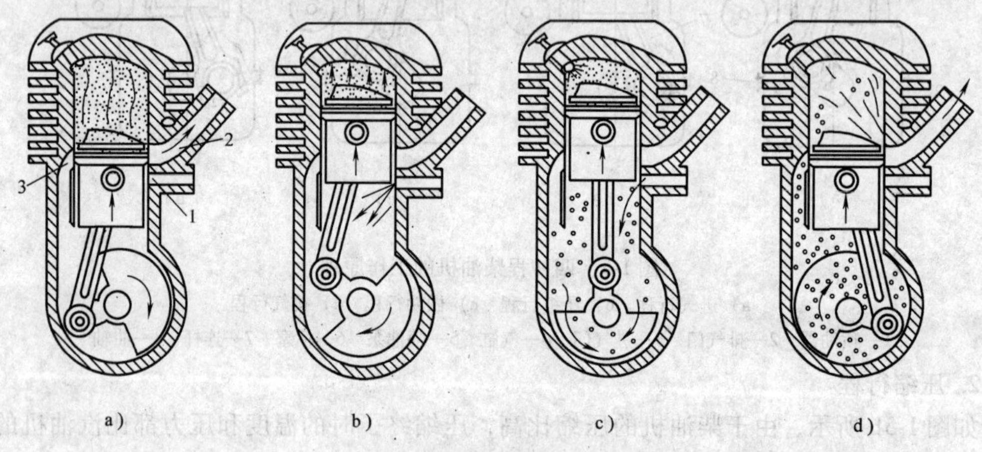

图 1-6 二冲程汽油机的工作原理

a) 压缩 b) 进气 c) 燃烧 d) 换气

1—进气口 2—排气口 3—换气口

1. 第一行程

活塞在曲轴的带动下，由下止点向上止点运动。当活塞上行到换气口与排气口均关闭时，已进入气缸的混合气被压缩，直到活塞运动到上止点，压缩行程结束，如图 1-6a 所示。与此同时，随着活塞上行，曲轴箱容积增大形成一定的真空度。当活塞上行到进气口露出时，新鲜混合气被吸入曲轴箱内，如图 1-6b 所示。

2. 第二行程

当活塞上行到接近上止点时，火花塞产生电火花，点燃缸内的可燃混合气，混合气燃烧产生高温、高压气体，推动活塞由上止点向下止点运动，活塞带动曲轴旋转向外输出(做功)，如图 1-6c 所示。

当活塞下移到将进气口关闭时，随着活塞继续下移，曲轴箱内的新鲜气体被预压。如图 1-6d 所示，当活塞下移到将排气口露出时，燃烧后的废气在自身压力作用下经排气口排出气缸，紧接着换气口开启，曲轴箱内被预压的混合气经换气口进入气缸。这一过程称为“换气过程”，它一直延续到下一个行程活塞上行到将换气口、排气口关闭为止。

由上述可知，第一行程时活塞上方进行换气、压缩，活塞下方进气；第二行程时活塞上方进行做功、换气，活塞下方混合气被预压，换气过程纵跨两个行程。

排气口的位置稍高于换气口的位置，这样可使做功行程将要结束时，排气口首先露出，气缸内的废气在残压的作用下迅速被排出，既有利于排气干净，也可使气缸内压力迅速降低，便于换气口露出时新鲜混合气进入气缸。

活塞顶部通常作成球面状，以便将从换气口进入气缸的新鲜混合气引到气缸的上部。这样既可防止新鲜混合气混入到废气内，随废气一起排出气缸，又可驱赶废气，使排气更加彻底。事实上，要完全避免新鲜混合气不随废气排出是不可能的，故二冲程发动机的换气损失较大，经济性能不够理想。

二、4 缸四冲程内燃机的工作

（1）做功间隔角$\frac{720°}{4}=180°$。

（2）曲轴布置　如图 1-7 所示。

（3）工作顺序　1—3—4—2 或 1—2—4—3 两种。

（4）工作情况　见表 1-1。

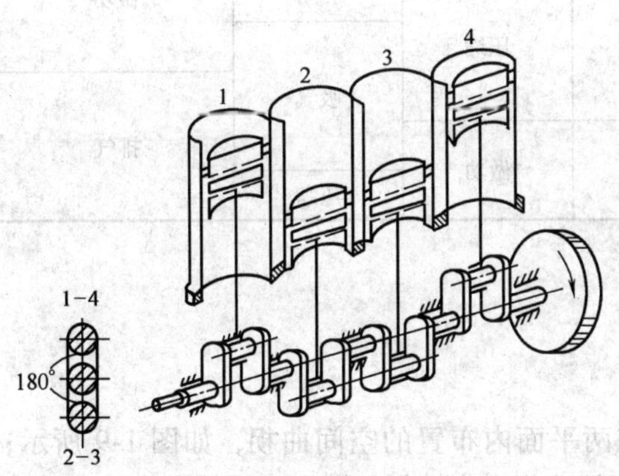

图 1-7　直列式 4 缸四冲程内燃机的曲轴布置图

表 1-1　4 缸四冲程内燃机的工作情况

曲 轴 转 角	工作顺序　1—3—4—2			
	1 缸	2 缸	3 缸	4 缸
0°～180°	做功	排气	压缩	吸气
180°～360°	排气	吸气	做功	压缩
360°～540°	吸气	压缩	排气	做功
540°～720°	压缩	做功	吸气	排气

三、6 缸四冲程内燃机的工作

（1）做功间隔角$\frac{720°}{6}=120°$。

（2）曲轴布置　如图 1-8 所示。

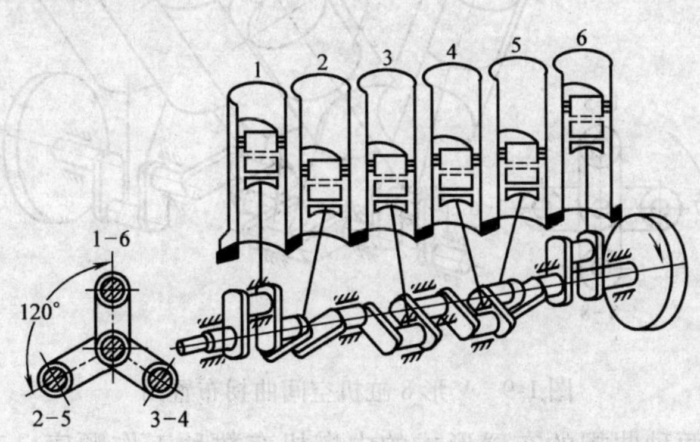

图 1-8　直列式 6 缸四冲程内燃机的曲轴布置图

（3）工作顺序　1—5—3—6—2—4 或 1—4—2—6—3—5 两种。

（4）工作情况　见表 1-2。

表 1-2　6 缸四冲程内燃机的工作情况

<table>
<tr><th rowspan="2">曲轴转角</th><th colspan="6">工作顺序 1—5—3—6—2—4</th></tr>
<tr><th>1 缸</th><th>2 缸</th><th>3 缸</th><th>4 缸</th><th>5 缸</th><th>6 缸</th></tr>
<tr><td>0°～60°</td><td rowspan="3">做功</td><td rowspan="2">排气</td><td>吸气</td><td>做功</td><td rowspan="3">压缩</td><td rowspan="3">吸气</td></tr>
<tr><td>60°～120°</td><td rowspan="3">压缩</td><td rowspan="3">排气</td></tr>
<tr><td>120°～180°</td><td rowspan="3">吸气</td></tr>
<tr><td>180°～240°</td><td rowspan="3">排气</td><td rowspan="3">做功</td><td rowspan="3">压缩</td></tr>
<tr><td>240°～300°</td><td rowspan="3">做功</td><td rowspan="3">吸气</td></tr>
<tr><td>300°～360°</td><td rowspan="3">压缩</td></tr>
<tr><td>360°～420°</td><td rowspan="3">吸气</td><td rowspan="2">排气</td><td rowspan="3">做功</td></tr>
<tr><td>420°～480°</td><td rowspan="3">排气</td><td rowspan="3">压缩</td></tr>
<tr><td>480°～540°</td><td rowspan="3">做功</td><td rowspan="3">吸气</td></tr>
<tr><td>540°～600°</td><td rowspan="3">压缩</td><td rowspan="3">排气</td></tr>
<tr><td>600°～660°</td><td rowspan="2">吸气</td><td rowspan="2">做功</td></tr>
<tr><td>660°～720°</td><td>排气</td><td>压缩</td></tr>
</table>

四、V 形 8 缸四冲程内燃机的工作

（1）做功间隔角$\frac{720°}{8}=90°$。

（2）曲轴布置　有两种情况：一种是正交两平面内布置的空间曲拐，如图 1-9 所示；另一种是与直列四缸布置相同的平面曲拐。因空间曲拐平衡性好，所以应用较多。

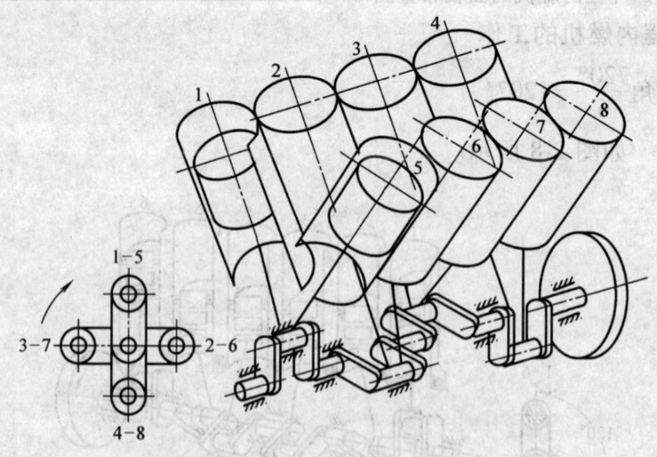

图 1-9　V 形 8 缸机空间曲拐布置图

（3）工作顺序　两种曲拐的布置形式的内燃机有数种工作顺序，若将气缸序号的排列如图 1-9 所示规定，其工作顺序可为 1—5—4—8—6—3—7—2 或 1—5—4—2—6—3—7—8 等几种。表 1-3 列出了 1—5—4—8—6—3—7—2 的工作情况。

平面曲拐的内燃机工作顺序有1—8—2—7—4—3—5—6或1—8—3—6—4—5—2—7等，这种气缸中心线夹角有的不为90°，因此间隔角不等。

表1-3　V形8缸四冲程内燃机的工作情况

<table>
<tr><th rowspan="2">曲轴转角</th><th colspan="8">工作顺序1—5—4—8—6—3—7—2</th></tr>
<tr><th>1缸</th><th>5缸</th><th>4缸</th><th>8缸</th><th>6缸</th><th>3缸</th><th>7缸</th><th>2缸</th></tr>
<tr><td rowspan="2">0°→180
90°</td><td rowspan="2">做功</td><td>压缩</td><td rowspan="2">压缩</td><td>吸气</td><td rowspan="2">吸气</td><td>排气</td><td rowspan="2">排气</td><td>做功</td></tr>
<tr><td rowspan="2">做功</td><td rowspan="2">压缩</td><td rowspan="2">吸气</td><td rowspan="2">排气</td></tr>
<tr><td rowspan="2">180°→360°
270°</td><td rowspan="2">排气</td><td rowspan="2">做功</td><td rowspan="2">压缩</td><td rowspan="2">吸气</td></tr>
<tr><td rowspan="2">排气</td><td rowspan="2">做功</td><td rowspan="2">压缩</td><td rowspan="2">吸气</td></tr>
<tr><td rowspan="2">360°→540°
450°</td><td rowspan="2">吸气</td><td rowspan="2">排气</td><td rowspan="2">做功</td><td rowspan="2">压缩</td></tr>
<tr><td rowspan="2">吸气</td><td rowspan="2">排气</td><td rowspan="2">做功</td><td rowspan="2">压缩</td></tr>
<tr><td rowspan="2">540°→720°
630°</td><td rowspan="2">压缩</td><td rowspan="2">吸气</td><td rowspan="2">排气</td><td rowspan="2">做功</td></tr>
<tr><td>压缩</td><td>吸气</td><td>排气</td><td>做功</td></tr>
</table>

V形发动机气缸序号的排列方法因机型而异，有的以左右顺序排列，有的以左右交叉排列。因此，要想知道V形发动机的工作顺序，必须先弄清该发动机气缸序号的排列顺序，然后依据做功的均匀性和内燃机工作的平衡性，选择比较合理的工作顺序。工作顺序在厂家生产时已定(取决于凸轮轴)。

信息资料单4　发动机的总体结构

发动机是由许多机构和系统组成的复杂机器。现代汽车发动机的结构形式很多，即使是同一类型的发动机，其具体构造也是有很大差异的；但就其总体功能而言，基本上都是由如下的机构和系统组成：曲柄连杆机构、配气机构、燃料供给系、润滑系、冷却系、点火系和起动系。下面通过一些典型的汽车发动机的结构实例来分析发动机的总体构造。

图1-10所示为一汽奥迪100型轿车4缸四冲程汽油机的结构图。

1. 曲柄连杆机构

曲柄连杆机构主要由气缸体与曲轴箱组、活塞连杆组、曲轴飞轮组3部分组成。其中，气缸体与曲轴箱组由气缸体17、曲轴箱、气缸盖31、气缸套、气缸垫及油底壳36等组成；活塞连杆组由活塞37、活塞环、活塞销33、连杆总成39等组成；曲轴飞轮组由曲轴1、飞轮35、扭转减振器、平衡重等组成。有的发动机将气缸分铸成上、下两部分，上体称为气缸体，下体称为曲轴箱。气缸体是发动机各机构、各系统的装配基体，其本身的许多部分又分别是曲柄连杆机构、配气机构、燃料供给系、冷却系和润滑系的组成部分。气缸盖和气缸体的内壁共同组成燃烧室的一部分，是承受高温、高压的机件。它的功用是将燃料燃烧时产生的热能转变为活塞往复运动的机械能，再通过连杆将活塞的往复运动转变为曲轴的旋转运动而对外输出动力。

2. 配气机构

配气机构主要由进气门27、排气门25、挺柱、推杆、摇臂、凸轮轴29、凸轮轴正时齿轮19(由曲轴正时齿轮4驱动)等组成。它的功用是使可燃混合气及时充入气缸，并及时从

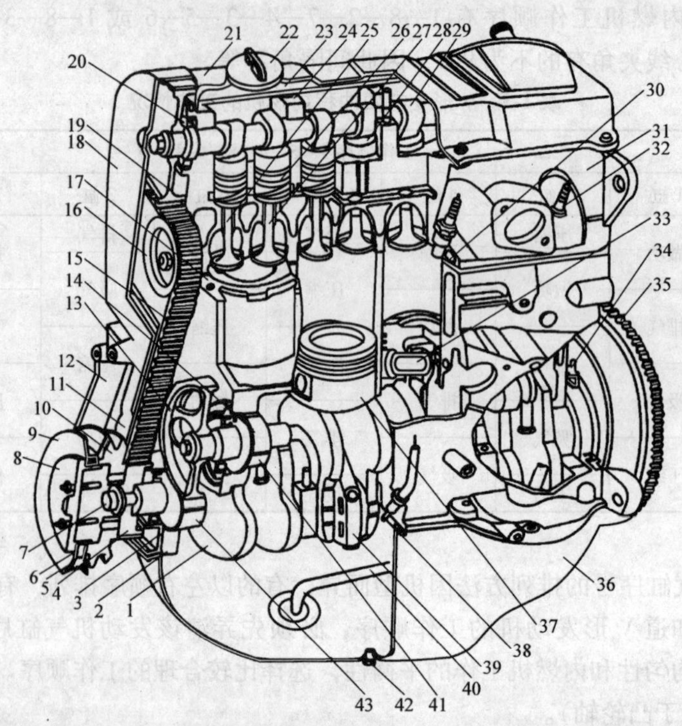

图 1-10　一汽奥迪 100 型轿车 4 缸四冲程汽油机的结构图

1—曲轴　2—曲轴轴承盖　3—曲轴前端封油挡板　4—曲轴正时齿轮　5—压缩机传送带　6—调整垫片　7—正时齿轮拧紧螺栓　8—压紧盘　9—压缩机曲轴带轮　10—水泵、电动机曲轴带轮　11—正时齿轮下罩盖　12—压缩机支架　13—中间轴正时齿轮　14—中间轴　15—正时齿轮传送带　16—偏心轮张紧机构　17—气缸体　18—正时齿轮上罩盖　19—凸轮轴正时齿轮　20—凸轮轴前端油封　21—凸轮轴罩盖　22—润滑油加油口盖　23—凸轮轴润滑油挡油板　24—凸轮轴轴承盖　25—排气门　26—气门弹簧　27—进气门　28—液压挺柱总成　29—凸轮轴　30—气缸密封垫片　31—气缸盖　32—火花塞　33—活塞销　34—曲轴后端封油挡板　35—飞轮　36—油底壳　37—活塞　38—油标尺　39—连杆总成　40—润滑油集滤器　41—中间轴轴瓦　42—放油螺栓　43—曲轴主轴瓦

气缸排出废气。

3. 供给系

供给系主要由汽油箱、汽油泵、汽油滤清器、空气滤清器、进气管、排气管、排气消声器等组成。它的功用是把汽油和空气混合成合适的可燃混合气供入气缸，以供燃烧，并将燃烧生成的废气排出发动机体外。

4. 点火系

点火系主要由蓄电池、发电机、断电器(与分电装置等组合成分电器)、点火线圈、火花塞等组成。它的功用是保证在规定时刻及时点燃气缸中被压缩的混合气。

5. 冷却系

冷却系主要由水泵、散热器、风扇、分水管、气缸体放水阀、气缸体和气缸盖内铸出的空腔(水套)等组成。它的主要功用是把受热机件的热量散到大气中去，以保证发动机的正常工作。

6. 润滑系

润滑系主要由机油泵、集滤器、限压阀、润滑油道、机油粗滤器、机油细滤器和机油冷却器等组成。它的功用是将润滑油以一定的压力送到相对运动的零件表面，以减少它们之间的摩擦阻力，减轻机件的磨损，同时起到冷却摩擦零件、清洗零件摩擦表面的作用。

7. 起动系

起动系主要由起动机及其附属装置组成。它的功用是使静止的发动机起动并转入正常运转状态。

信息资料单5　发动机的性能评价指标

发动机的有效指标是以曲轴输出功率为基础的指标，用来评价发动机的设计与制造水平。它比指示指标更有实用价值。

一、发动机的动力性指标

1. 有效功率 P_e

发动机曲轴所输出的功率称为有效功率 P_e。它是发动机台架试验中，用测得的数据计算出来的。

2. 有效转矩 M_e

由发动机曲轴输出的转矩称为有效转矩 M_e。

3. 平均有效压力 p_e

发动机单位气缸工作容积输出的有效功，称为平均有效压力 p_e。

二、发动机的经济性指标

1. 有效热效率 η_e

循环的有效功与所消耗燃料的热量之比，称为有效热效率 η_e。

2. 有效燃料消耗率 g_e

单位有效功所消耗的燃油量称为有效燃油消耗率 g_e，通常以每输出 1kW · h 的有效功的耗油量表示。

三、发动机的其他性能评价指标

发动机除要求具有良好的动力性、经济性和较高的强度外，还必须具有良好的排气清净性、较低的噪声度、较小的振动和可靠的低温起动性。

1. 排气品质

发动机排放的有害气体会形成极大的污染，危害人类健康与动植物生长。发动机的排气品质受到各国日趋严格的排放法规限制。

2. 噪声

汽车产生噪声对人的生活及环境的影响极大。汽车的噪声主要来自发动机。噪声是一种较大的污染，必须严格控制。

发动机的噪声主要由气体的噪声、燃烧噪声和机械噪声 3 部分组成。

3. 起动性

发动机的起动性能是其质量的重要考核指标之一，尤其是对柴油机。我国有关标准规定，在不采用特殊低温起动措施的条件下，汽油机在 -10℃、柴油机在 -5℃以下的气温环境下，接通起动机 15s 内，发动机应能顺利起动，自行运转。

信息资料单 6 内燃机产品和型号编制规则

为了便于内燃机的生产管理与使用，我国于 2008 年对内燃机名称和型号的编制方法重新进行了审定，颁布了国家标准 GB/T 725—2008《内燃机产品名称和型号编制规则》。

内燃机的型号是由阿拉伯数字(简称数字)、汉语拼音字母或国际通用的英文缩略字母组成的。它是区别内燃机的不同规格和特点的主要标志；国家制定了统一的标准。为了避免字母重复，可借用其他汉语拼音字母或国际通用的英文缩略字母，但不得用其他文字或代号。例如，工厂可根据机器特征选用一个字母表示机器特征符号，若工厂还需选用其他字母时，必须经主管部门批准，不得擅自选用。

GB/T 725—2008《内燃机产品名称和型号编制规则》适用于往复式内燃机，作为命定产品名称和型号的统一规定。

内燃机产品名称均按其所采用的燃料命名，例如汽油机、柴油机、双燃料发动机等。

内燃机型号应能反映内燃机的主要结构特征及性能。内燃机型号依次分为四个部分：第一部分、第二部分、第三部分和第四部分。其排列顺序及符号规定如下：

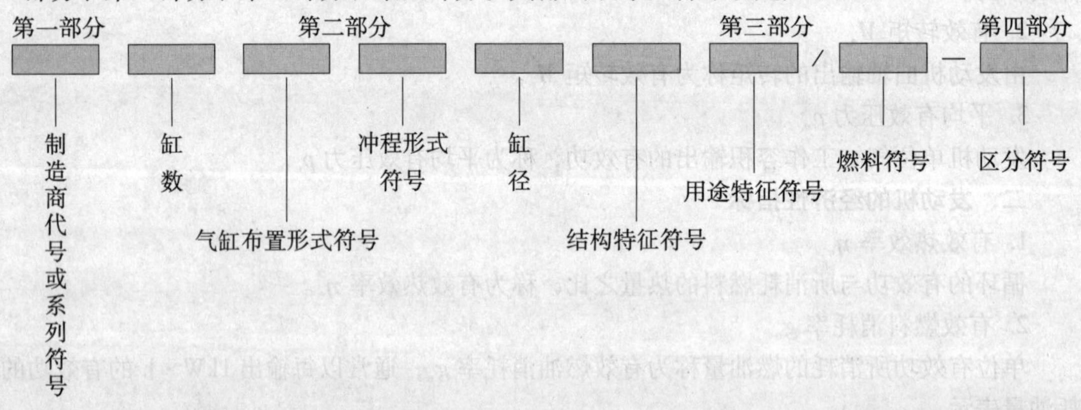

(1) 第一部分：由制造商代号或系列符号组成。本部分代号由制造商根据需要选择相应的 1 ~ 3 位字母表示。

(2) 第二部分：由表示气缸数、气缸布置形式符号、冲程形式符号、缸径符号组成。

1) 气缸数用 1 ~ 2 位数字表示；

2) 气缸布置形式符号按照表 1-4 规定；

表 1-4 气缸布置形式符号

符号	含义	符号	含义
无符号	多缸直列或单缸	H	H形
V	V形	X	X形
P	卧式		

注：其他布置型式符号见 GB/T 1883.1。

3) 冲程型式为四冲程时符号省略，二冲程用 E 表示；

4) 缸径符号一般用缸径或缸径行程数字表示，亦可用发动机排量或功率数表示。其单位由制造商自定。

(3) 第三部分：由结构特征符号、用途特征符号组成。其符号分别按表1-5、表1-6的规定。燃料符号见表1-7。

表1-5　结构特征符号

符　　号	结构特征	符　　号	结构特征
无符号	冷却液冷却	Z	增压
F	风冷	ZL	增压中冷
N	凝气冷却	DZ	可倒转
S	十字头式		

表1-6　用途特征符号

符　　号	用　　途	符　　号	用　　途
无符号	通用型及固定动力（或制造商自定）	J	铁路机车
		D	发电机组
T	拖拉机	C	船用主机、右机基本型
M	摩托车	CZ	船用主机、左机基本型
G	工程机械	Y	农用三轮车（或其他农用车）
Q	汽车	L	林业机械

注：内燃机左机和右机的定义按GB/T 726的规定。

表1-7　内燃机常用燃料符号

符　　号	燃料名称	备　　注
无符号	柴油	
P	汽油	
T	天然气（煤层气）	管道天然气
CNG	压缩天然气	
LNG	液化天然气	
LPG	液化石油气	
Z	沼气	各类工业化沼气（农业有机废弃物、城市有机垃圾等），允许用1～2个字母的形式表示。如："ZN"表示农业有机废弃物产生的沼气
W	煤矿瓦斯	浓度不同的瓦斯允许用1个小写字母的形式表示，如"Wd"表示低浓度瓦斯
M	煤气	各类工业化煤气如焦炉煤气、高炉煤气等，允许在M后加1个字母区分煤气类型
S SCZ	柴油/天然气双燃料 柴油/沼气双燃料	其他双燃料用两种燃料的字母表示
M	甲醇	
E	乙醇	
DME	二甲醇	
FME	生物柴油	

注：1. 一般用1～3个拼音字母表示燃料，亦可用成熟的英文缩写字母表示。

2. 其他燃料允许制造商用1～3个字母表示。

(4) 第四部分：区分符号。同一系列产品需要区分时，允许制造商选用适当的符号表示。第三部分与第四部分可用“-”分割。举例如下：

G12V190ZLD 表示12缸、V形、四冲程、缸径190mm、冷却液冷却、增压中冷、发电用(G为系列代号)。

492Q/P-A 表示四缸、直列、四冲程、缸径92mm、冷却液冷却、汽车用(A为区分符号)。

12V190ZL/T 表示12缸、V形、四冲程、缸径190mm、冷却液冷却、增压中冷、燃气为天然气。

G12V190ZLS 表示12缸、V形、缸径190mm、冷却液冷却、增压中冷、燃料为柴油/天然气双燃料(G为系列代号)。

8E150C-1 表示8缸、直列、二冲程、缸径150mm、冷却液冷却、船用主机、右机基本型(1为区分符号)。

信息资料单7 汽车维修设备、工具与量具

在汽车维修中，正确地选用汽车维修设备、常用及专用工具或量具是保证维修质量、减轻人工劳动强度，提高工作效率的重要保证。

一、常用工具设备

在汽车维修中，维修设备是不可少的。它包括维修用地沟，汽车举升设备，总成拆装、运送设备与工作台架等。

1. 维修用地沟

维修用地沟相似于“举升”汽车的一种设备。由于地沟建造费用低、安全可靠，在小型汽车修理厂中使用较多。

2. 汽车举升设备

汽车举升设备常用汽车举升机，如图1-11所示。根据汽车举升机传动方式的不同，可将其分为液压传动举升机、气压传动举升机、机械传动举升机和液压—气压传动举升机4种。

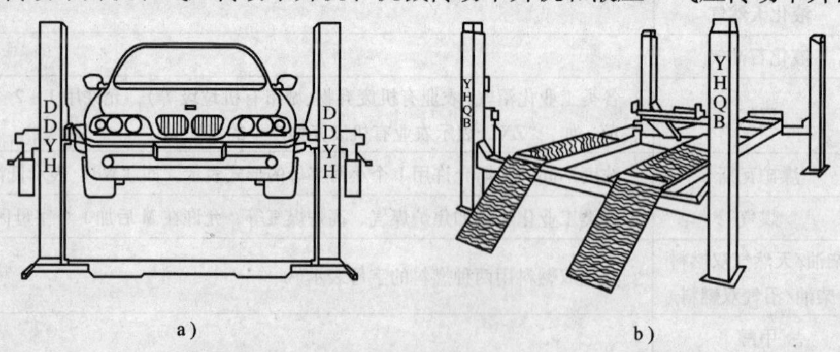

图1-11 汽车举升机

a) 双柱液压举升机 b) 4柱液压举升机

液压传动举升机是应用压缩液体(主要是矿物油)作介质，通过液压缸传递动力和运动的举升机。

气压传动举升机是用压缩空气作介质，通过气压缸传递动力和运动的。

机械传动举升机的动力装置是电动机或其他动力转换装置，如电动—液压转换装置。它通过机械组件(丝杆螺母、钢丝绳绞盘和链条齿轮等)传递动力和运动。

液压—气压传动举升机分为单柱塞式和双柱塞式两种。

二、汽车维修工艺设备

汽车维修工艺设备即直接用来完成维修工艺所用的设备，如汽车专修机械设备、检验仪器、试验台及清洗设备等。

1. 清洗与润滑设备

汽车清洗与润滑设备主要有：汽车外部清洗机、零件清洗机、积炭清洗设备、滤清器清洗机、润滑油加注器、齿轮油加注器、润滑脂加注器和轴承油脂加注器等。

2. 修理工艺设备

汽车修理工艺设备主要有：镗缸机、磨缸机、磨气门机、磨气门座机和气门座铰刀等。

3. 检查调整设备

汽车检查调整设备主要有：发动机功率测试仪、发动机油电路试验仪、气门密封试验仪、高压油泵与喷油器试验台、机油泵试验台、弹簧试验仪、磁力探伤仪、万能电气试验台、仪表与灯具修试台、制动阀与气室修试台、前轮定位测试仪、转向盘转动量与转矩检验仪、前灯光束检验仪和制动试验仪等。

4. 拆装、紧固设备

汽车拆装、紧固设备主要有：轮胎螺母拆装机、钢板弹簧 U 形螺栓螺母拆装机、各种风动扳手、轮胎轮辋拆装机和手提式液压拉压器等。

三、常用维修机具

汽车维修作业中，常用维修机具有台虎钳、压力机、砂轮机、台钻等。

1. 台虎钳

台虎钳装置在工作台上，是一种夹持工件的工具。其规格按钳口的长度分为：75、100、125、150、200mm 等几种。常用的台虎钳是回转式和固定式两种，如图 1-12 所示。

2. 压力机

压力机是在拆装工作中用来压入或压出衬套、滚动轴承、齿轮及校正连杆弯曲等的必备

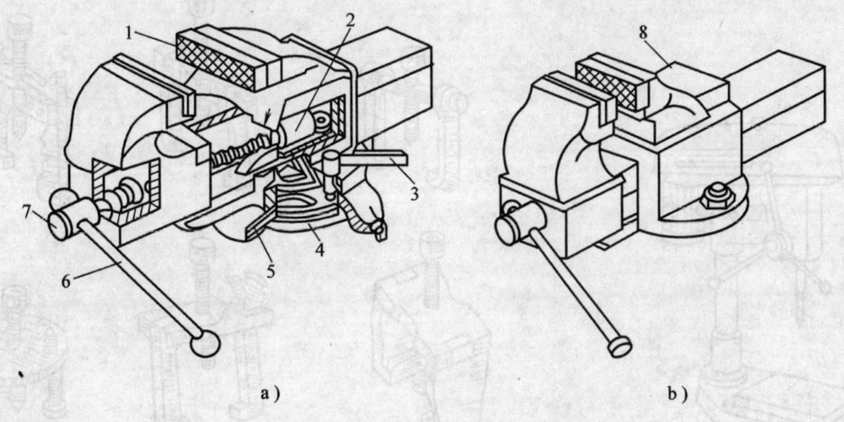

图 1-12　台虎钳

a）回转式　b）固定式

1—钳口　2—固定螺母　3—转盘扳手　4—夹紧盘　5—转盘座　6—手柄　7—螺杆　8—砧座

机具。手动压力机的外型如图 1-13 所示。

3. 砂轮机

砂轮机是在维修工作中用来磨修工件的电动工具，可用来磨去工件或材料的毛刺、锐边等。

砂轮机主要由砂轮、电动机和机体等组成，如图 1-14 所示。砂轮机通常装有中号及细号两个砂轮，供工作中选用。

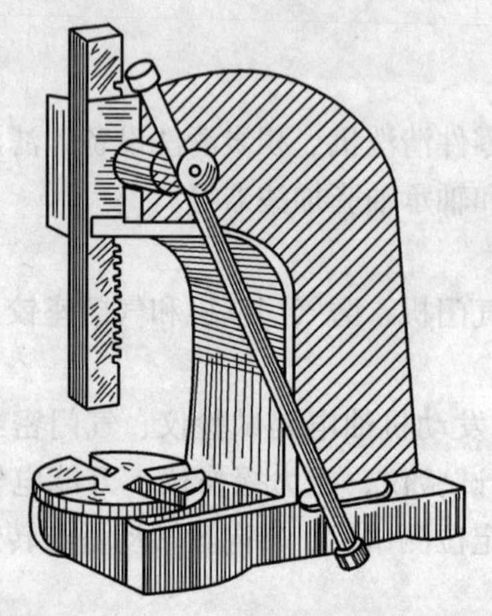

图 1-13 压力机

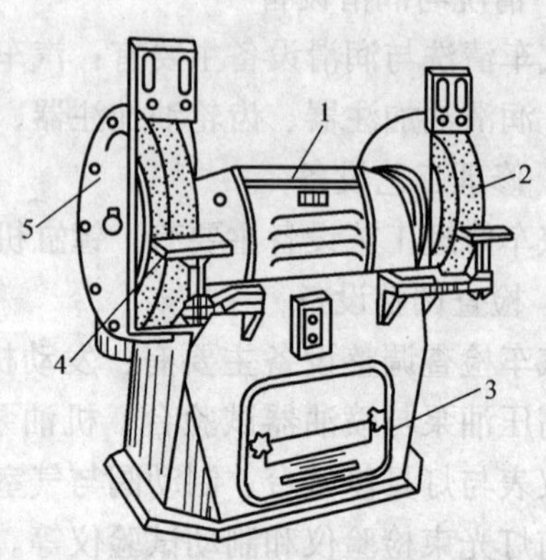

图 1-14 砂轮机

1—电动机 2—砂轮 3—机座 4—托架 5—防护罩

4. 台钻

台钻是一种小型钻床，一般用来钻孔径 16mm 以下的工件。其外形如图 1-15 所示。台钻的灵活性大、使用方便，可适用于钻孔的需要。

四、专用工具

1. 顶拔器

顶拔器(又称拉马)是一种拆卸工具，如图 1-16 所示。它可用来拉出齿轮、带轮和轴承等，不仅可迅速拆卸零件，而且不致损坏零件。

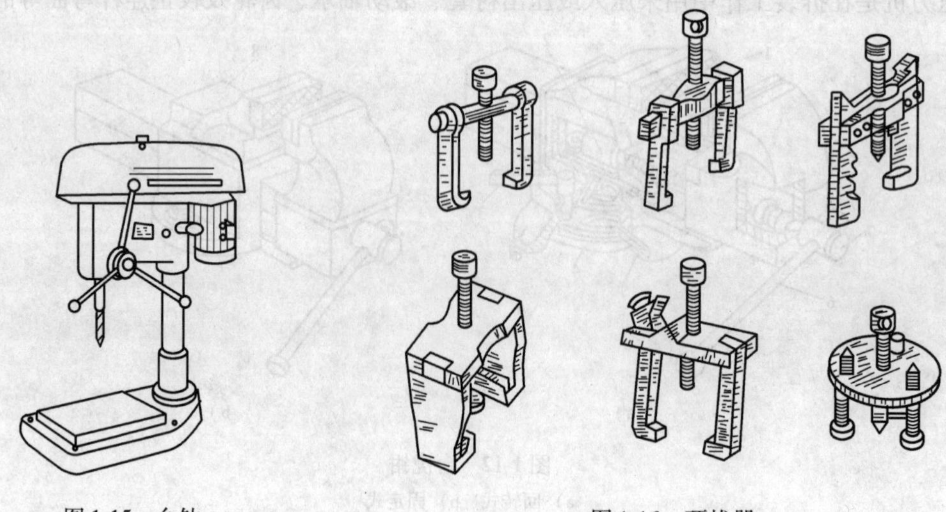

图 1-15 台钻　　　图 1-16 顶拔器

2. 气缸套拉具

气缸套拉具如图1-17所示。使用时，将拉具装入气缸中，待装好后慢慢旋紧螺母1，即可将气缸套拉出。

3. 扭力扳手

扭力扳手是可根据刻度控制力矩大小的专用扳手。它由扭力杆、套筒头和刻度盘组成，如图1-18所示。

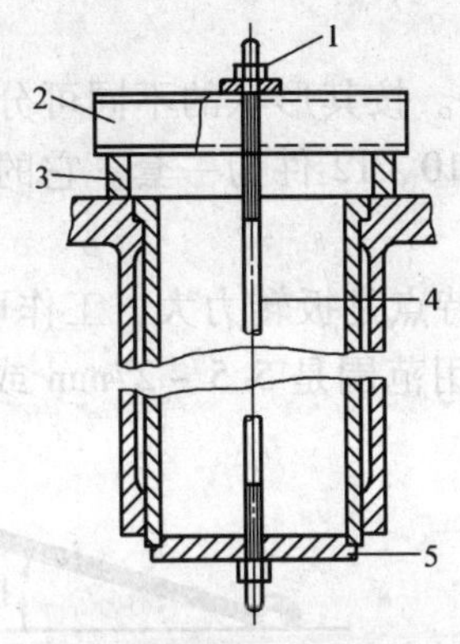

图1-17　气缸套拉具

1—螺母　2—拉具支板　3—拉具支承套　4—丝杠　5—拉具托板

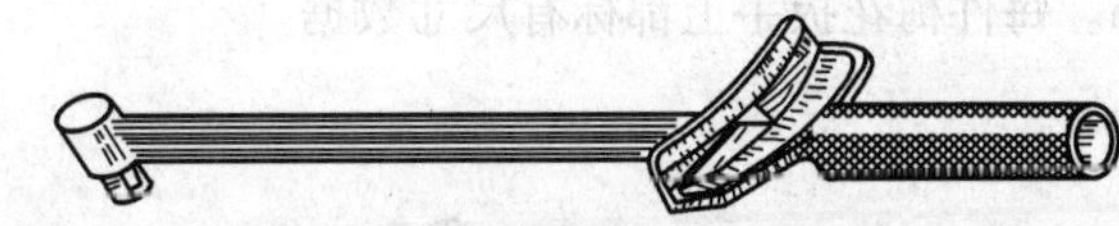

图1-18　扭力扳手

凡是对螺母、螺栓有明确力矩要求的(如气缸盖、曲轴与连杆的螺栓、螺母等)，都要使用力矩扳手。在拧紧时，指针可以表示出扭矩的大小。

4. 活塞环装卸钳

活塞环装卸钳是用来拆装活塞环的工具，如图1-19所示。

使用时，应先将活塞环装卸钳的环卡卡入活塞环的端面开口，并使其与活塞环贴牢，然后轻握手柄，慢慢收缩，将活塞环张开，便可将活塞环自环槽内取出或装入。

5. 气门弹簧钳

气门弹簧钳是用来拆装气门弹簧的专用工具。其构造由固定脚、活动脚和调整手柄等组成，如图1-20所示。

使用时，先将上、下两钳脚收拢，插在气门弹簧下端，然后转动操纵手柄，使两钳脚张开，

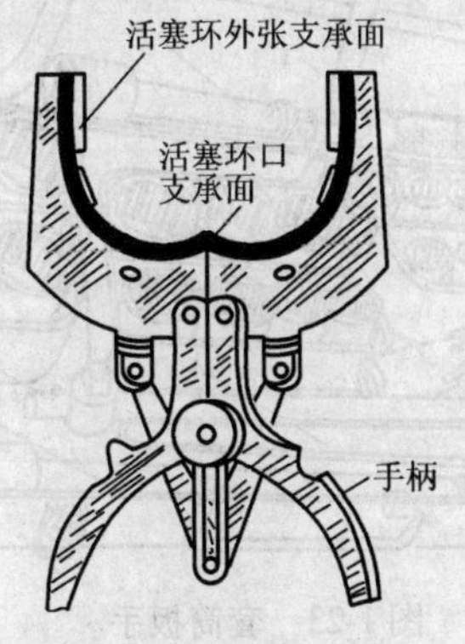

图1-19　活塞环装卸钳

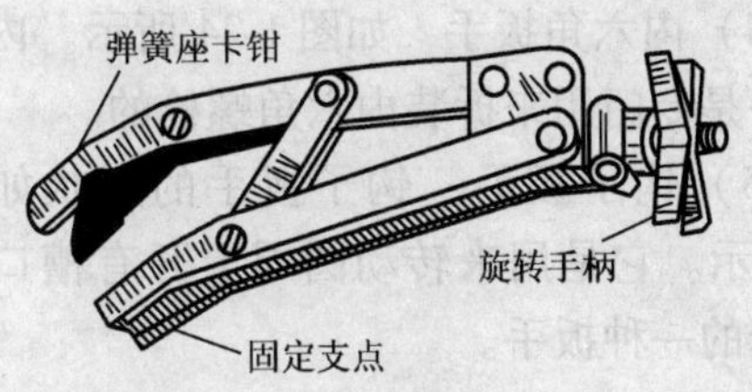

图1-20　气门弹簧钳

压缩气门弹簧，取下锁块，再以反向转动操纵手柄，使活动脚回到原位，即可取下气门和弹簧。

五、常用工具

1. 扳手

扳手是一种用来拆装各种螺母、螺栓的工具，常用的有呆扳手、梅花扳手、套筒扳手、活扳手和管钳扳手等。

活扳手是以其全长(mm)来定规格的，呆扳手、梅花扳手和套管扳手是以被扳动螺母、螺栓的对边尺寸(mm)来定规格的。

(1) 呆扳手　呆扳手用来紧固或拆卸标准规格的螺母螺栓。按其形状的不同可分为双头扳手和单头扳手，如图1-21所示。一般的呆扳手通常是8、10、12件为一套。它的适用范围是6~24mm或6~32mm。每件呆扳手上都标有尺寸数据。

(2) 梅花扳手　如图1-22所示。梅花扳手(眼镜扳手)的特点是扳转力大，工作可靠、不易滑脱，适用于螺栓或螺母周围空间狭小的场合。它的适用范围是5.5~27mm或6~32mm。每件梅花扳手上都标有尺寸数据。

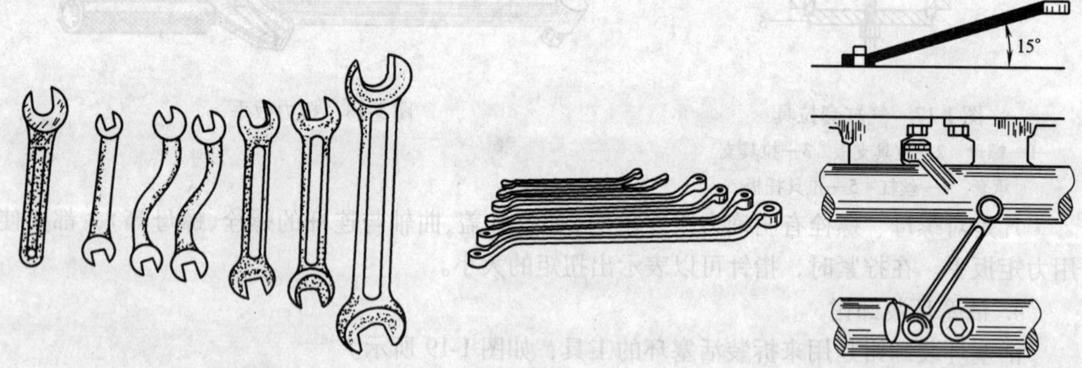

图1-21　呆扳手

图1-22　梅花扳手

(3) 套筒扳手　套筒扳手由一套尺寸不同的套筒头和一根弓形的快速手柄、万向节头、棘轮手柄、长、短连接杆和套筒手柄等组成，如图1-23所示。

套筒扳手用于拆装呆扳手或梅花扳手不便于拆装的螺母、螺栓。套筒扳手每套的件数不同，用得较多的是20件或32件为一套的。

(4) 内六角扳手　如图1-24所示。内六角扳手是专门用来拆装内六角螺栓的。

(5) 钩子扳手　钩子扳手的形状如图1-25所示。它是用来转动圆周上开有槽口的圆螺母的一种扳手。

(6) 活扳手　活扳手如图1-26所示。它可根据螺母、螺栓的规格调节开口宽度，因

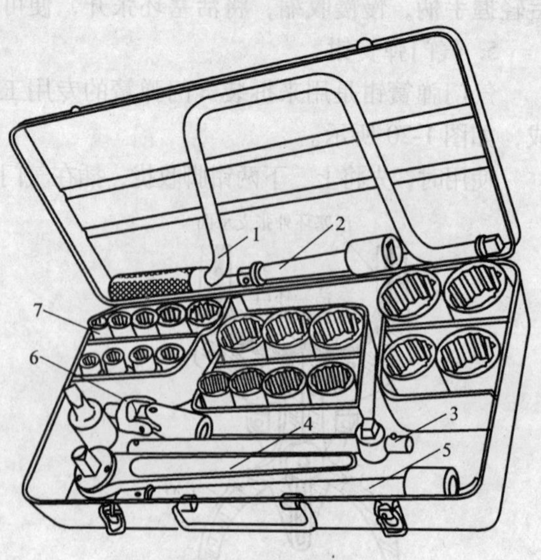

图1-23　套筒扳手

1—快速手柄　2—短连接杆　3—滑动手柄　4—棘轮手柄
5—长连接杆　6—万向节头　7—套筒

此凡在开口宽度尺寸内的螺母、螺栓的拆装都适用。

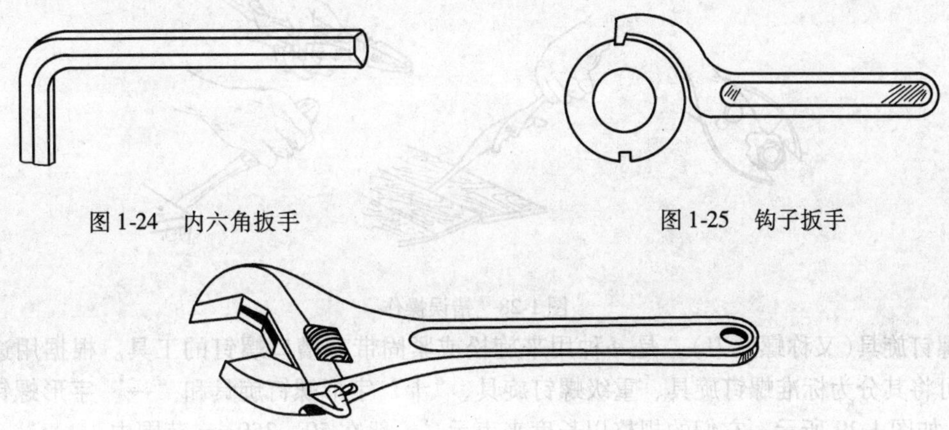

图 1-24 内六角扳手

图 1-25 钩子扳手

图 1-26 活扳手

2. 钳子

钳子是用来夹持、扭弯及剪断小工件的工具。它的种类很多，汽车上常用的有克丝钳、鲤鱼钳和尖嘴钳等，如图 1-27 所示。

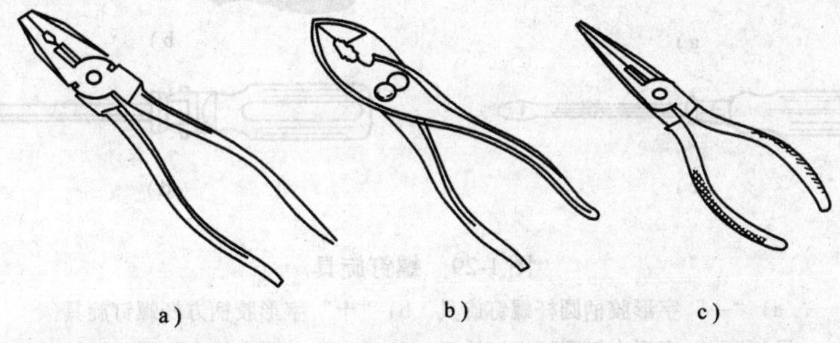

a） b） c）

图 1-27 钳子

a）克丝钳 b）鲤鱼钳 c）尖嘴钳

（1）克丝钳 克丝钳是用来夹持或折断金属薄板及剪断金属丝用的，分为铁柄和绝缘柄两种。克丝钳的规格有 150mm、175mm 和 200mm 三种。

（2）鲤鱼钳 鲤鱼钳是用来夹持扁形或圆柱形工件的。它有两挡尺寸，可以放大或缩小使用，其规格有 165mm 和 200mm 两种。

（3）尖嘴钳 尖嘴钳可在狭小的工作环境夹捏细小工件、拨开口销等。尖嘴钳有铁柄和绝缘柄两种，其规格有 130、160、180 和 200mm 4 种，常用的为 130mm 和 160mm 两种。

钳子的使用方法及注意事项：

1）使用前(后)应擦净其油污，以免工作时工件滑脱。

2）弯断或弯折小的工作物时，应先将其夹牢。

3）不能用钳子代替扳手松、紧螺母、螺栓，以免损坏其棱角和平面。

4）不能用钳子代替锤子，或用钳柄代替撬棒，如图 1-28 所示。此外，也不可用钳子夹持过热的物件，以免损坏或退火。

3. 螺钉旋具

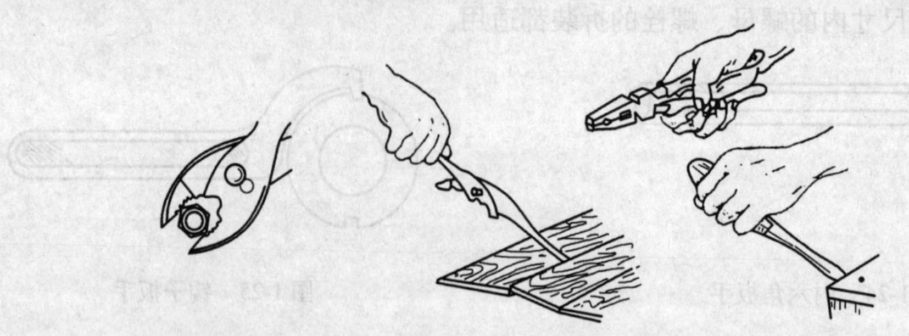

图 1-28 错误操作

螺钉旋具(又称螺丝刀)，是一种用来旋松或紧固带有槽口螺钉的工具。根据用途的不同，可将其分为标准螺钉旋具、重级螺钉旋具、“十”字形螺钉旋具和“一”字形螺钉旋具4种，如图1-29所示。它们的规格以长度来表示，一般在50~350mm范围内。

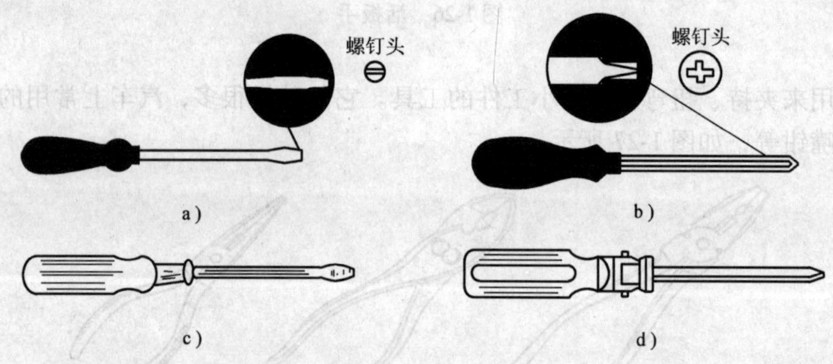

图 1-29 螺钉旋具

a)“一”字形胶柄圆杆螺钉旋具 b)“十”字形胶柄方杆螺钉旋具
c)“一”字形木柄圆杆螺钉旋具 d)“十”字形木柄方杆螺钉旋具

4. 冲子

冲子用来冲出钻孔时的起始中心或冲出铆钉、销子等。在汽车维修中，冲子常用作打记号及在制作填料时冲出孔眼。如图1-30所示，通常用的冲子有尖头冲、平头冲和空心冲3种。

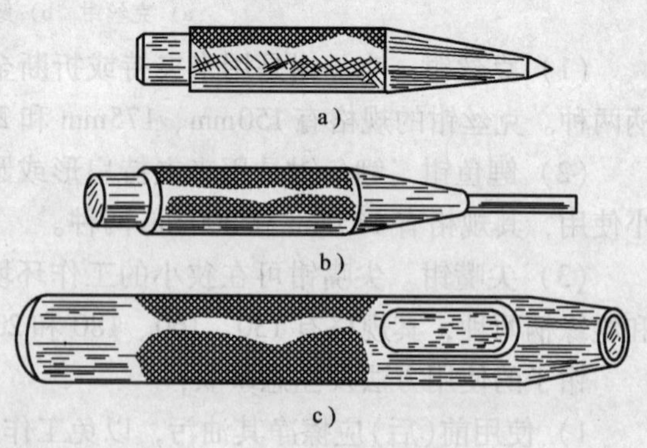

图 1-30 冲子

a) 尖头冲 b) 平头冲 c) 空心冲

5. 锤子

如图1-31所示，锤子是进行凿切、矫正、铆接和装配等工作的敲击工具。它由锤头和锤柄两部分组成。锤子的规格是根据锤头的质量(kg)来标定的，球头规格一般有：0.25kg、0.50kg、0.75kg、1.00kg、1.25kg和1.50kg六种。

6. 手锯

手锯用来锯断材料或在工件上据糟。手锯由手柄、锯架和锯条等组成，如图1-32所示。

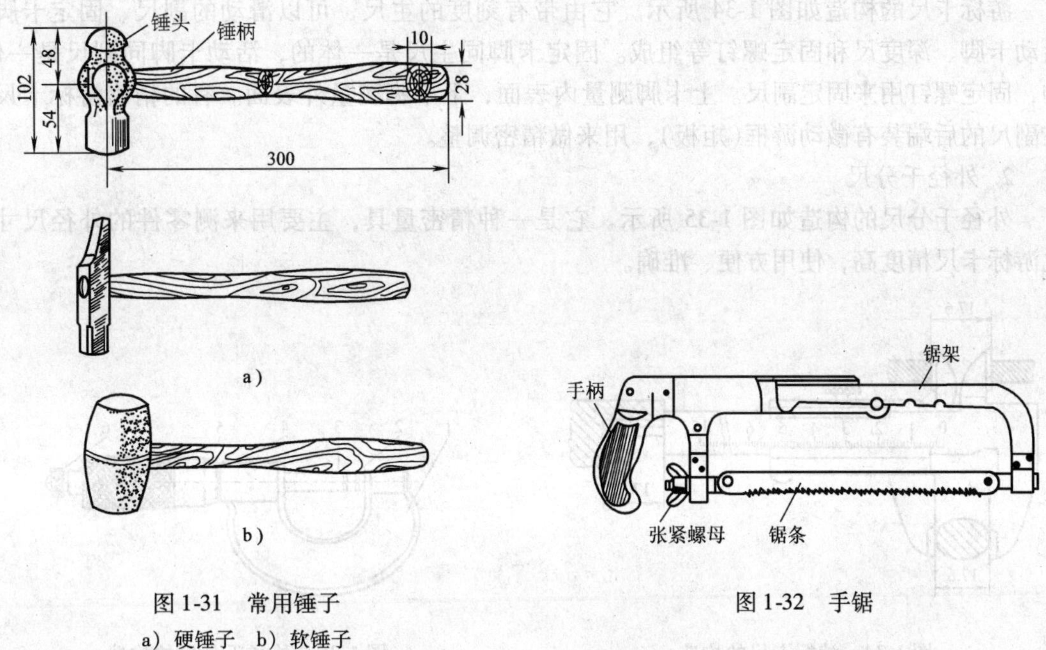

图 1-31　常用锤子

a）硬锤子　b）软锤子

图 1-32　手锯

7. 锉刀

如图 1-33 所示，锉刀按齿纹粗细的不同可分为粗齿锉刀、中齿锉刀、细齿锉刀和油光锉刀 4 种。齿纹的粗细是以每 10mm 内锉纹的条数来分的。锉纹在每 10mm 长度中的条数越多，则齿纹越细。

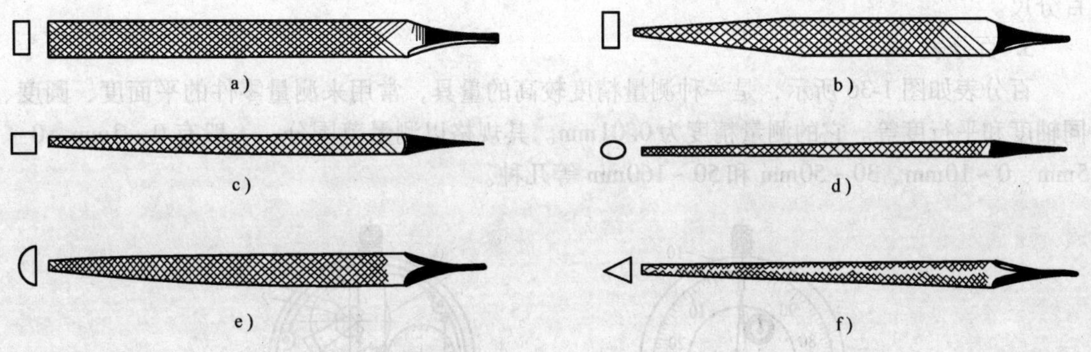

图 1-33　锉刀的形状

a）齐头扁锉　b）尖头扁锉　c）方锉　d）圆锉　e）半圆锉　f）三角锉

六、常用量具与卡具

在汽车维修中，通常需要用量具、卡具对零件的磨损及配合状况进行检查，以确定其可用程度。现主要介绍游标卡尺、外径千分尺、百分表、量缸表、塞尺的使用方法。

1. 游标卡尺

游标卡尺是一种精度比较高的常用量具。它可用来测量零件的长度、宽度、深度和内、外圆直径等。根据游标刻度值的不同，游标卡尺分为 0. 10mm、0. 05mm 和 0. 02mm 等数种。游标卡尺的规格有 125mm、200mm、300mm、500mm 和 1000mm 等。

游标卡尺的构造如图 1-34 所示。它由带有刻度的主尺、可以滑动的副尺、固定卡脚、活动卡脚、深度尺和固定螺钉等组成。固定卡脚同主尺是一体的，活动卡脚同副尺是一体的，固定螺钉用来固定副尺。上卡脚测量内表面，下卡脚测量外表面。有的精密游标卡尺，在副尺的后端装有微动游框(矩板)，用来做精密调整。

2. 外径千分尺

外径千分尺的构造如图 1-35 所示。它是一种精密量具，主要用来测零件的外径尺寸，比游标卡尺精度高，使用方便、准确。

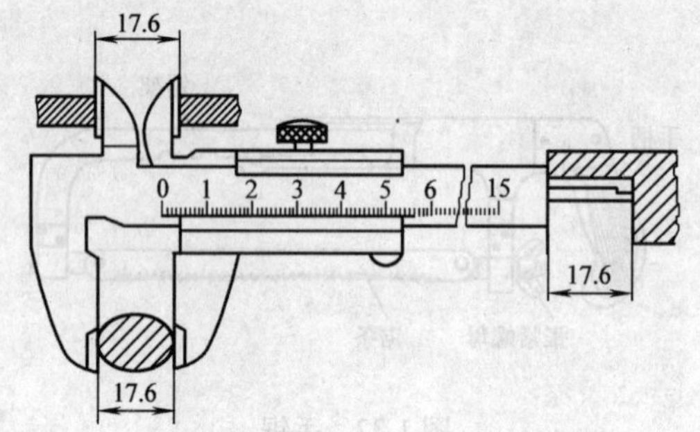

图 1-34 游标卡尺的构造

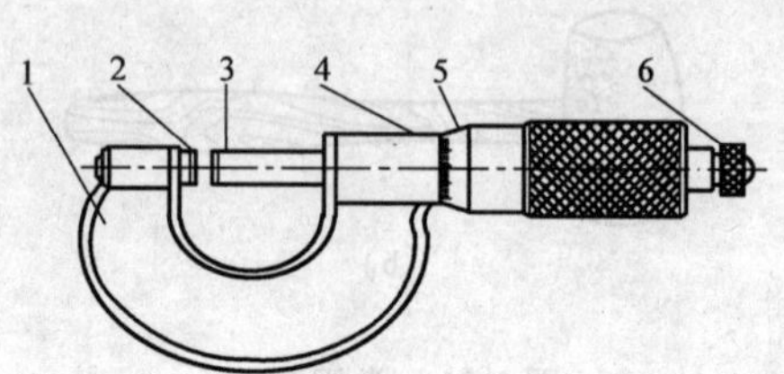

图 1-35 外径千分尺的构造

1—尺架 2—固定测杆 3—活动测杆 4—固定套管 5—刻度套管 6—测力装置

其规格以测量范围划分，有 0 ~ 25mm、25 ~ 50mm、50 ~ 75mm、75 ~ 100mm、100 ~ 125mm、125 ~ 150mm 等几种。外径千分尺一般的测量精度通常为 0. 01mm，所以实际上是百分尺。

3. 百分表

百分表如图 1-36 所示，是一种测量精度较高的量具，常用来测量零件的平面度、圆度、同轴度和平行度等。它的测量精度为 0. 01mm。其规格以测量范围分，一般有 0 ~ 3mm、0 ~ 5mm、0 ~ 10mm、30 ~ 50mm 和 50 ~ 160mm 等几种。

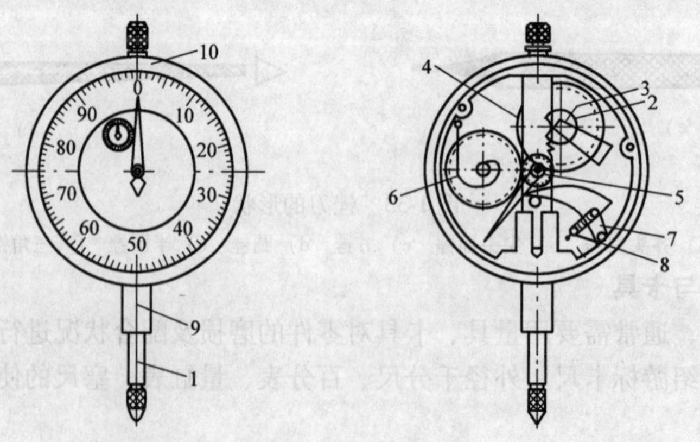

图 1-36 百分表

1—测杆 2—主动齿轮 3—主动齿轮固定架 4—小表针齿轮 5—大表针齿轮 6—游丝弹簧 7—测杆回位块 8—弹簧 9—测杆套 10—旋转表盘

4. 量缸表

量缸表如图 1-37 所示，是用来测量气缸的圆度、圆柱度和磨损情况的，是维修测量不可缺少的量具。

5. 塞尺

塞尺(又称厚薄规)是用来测量或校验两平行接合面之间间隙的。如通常用塞尺检验气门间隙和活塞环开口间隙等。如图 1-38 所示，它由一组厚薄不等的薄钢片组成。每片塞片都有两个平行的测量面，各塞片上均刻有厚度数字。厚度为 0.03 ~ 0.10mm 的塞尺，其每片厚度相差 0.01mm；厚度为 0.1 ~ 1.0mm 的塞尺，其每片厚度相差 0.05mm。塞尺的长度有 50mm、100mm 和 200mm 3 种。

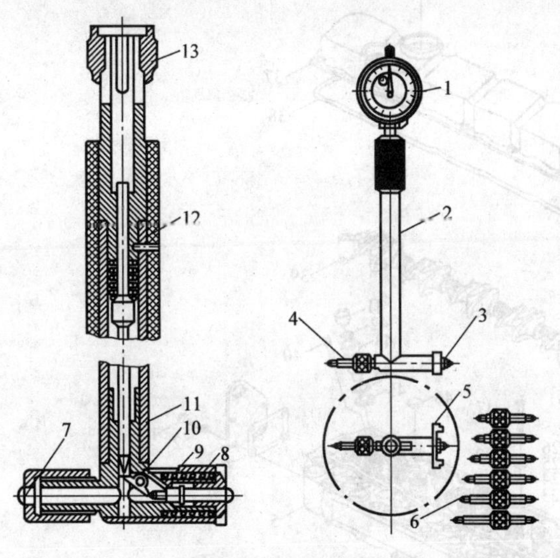

图 1-37　量缸表

1—百分表　2、13—表架　3—测头　4、6—可换量杆　5—定位支架　7—可换测头伸出孔　8—活动量杆固定座　9—弹簧　10—测头摆块　11—顶杆导向套　12—顶杆

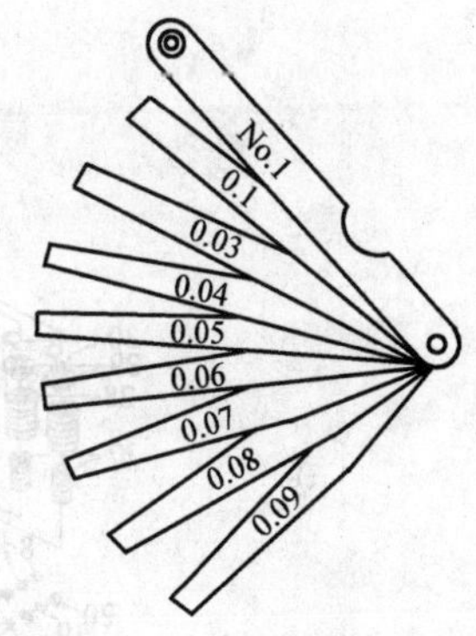

图 1-38　塞尺

技能单 1　一汽解放 CA6110 型柴油发动机的解体与观察

一、一汽解放 CA6110 型柴油发动机总成的解体

(一) 技术要求

1) 为了保证在解体过程中零件不受损坏和刮伤，要使用合适的专用工具。

2) 解体前应彻底清洗外部灰尘和油污。

3) 为了保证零件装复后恢复到原始工作状态，对无须更换又易于装错位置的零件，应在适当的位置上打上标记或配挂标签。

4) 与各缸相关的零件，应按其装配关系妥善保管好。对其他的零件，应选择适当地方分别摆放好，以备清洗、检测、装配。

5) 对个别零部件在解体或清洗后难以确认损伤原因的，要作好记录，以备进行综合故障分析。

（二）总成的解体与检查

1. 拆卸气缸盖总成

气缸盖总成的解体如图 1-39 所示。松开气缸盖罩盖螺栓 35，取下气门室罩盖 37 和气门室罩盖密封垫 38，松开摇臂轴支架螺栓 33 和气缸盖螺栓 34，取下摇臂总成 39，取出推杆，松开气缸盖螺栓 34，将气缸盖 5 与机体分开，用专用工具（俗称气门拿子）取出气门锁块 30 和气门弹簧上座及气门外弹簧 28 和气门内弹簧 27，取下气门油封，取出气门弹簧下座，抽出进气门 11 和排气门 9。

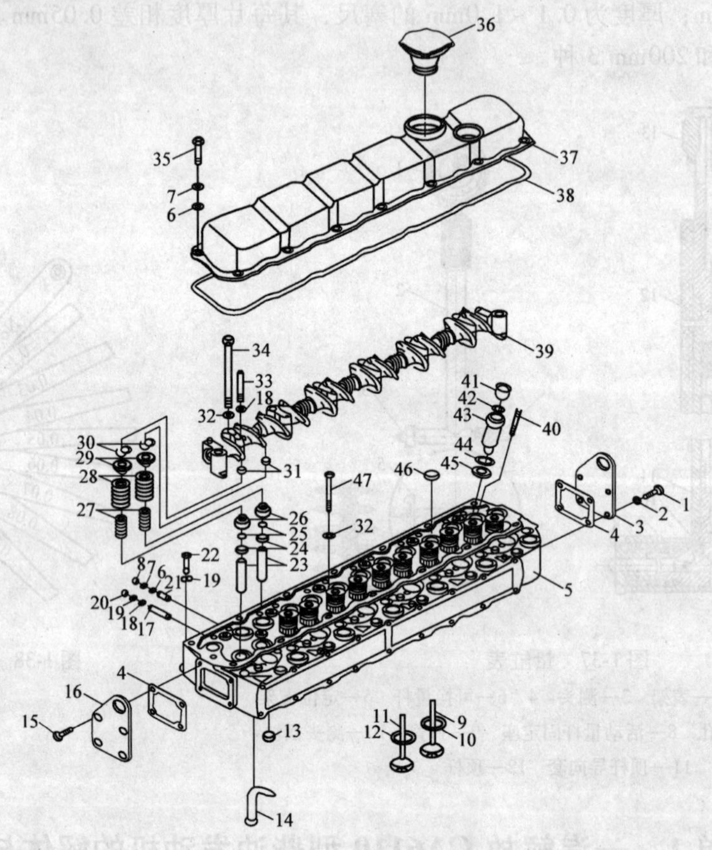

图 1-39 气缸盖总成的解体

1、35—螺栓 2、7、18—垫圈 3—气缸盖后吊耳 4—衬垫 5—气缸盖 6、19—弹簧垫圈 8、20—螺母 9—排气门 10—排气门座 11—进气门 12—进气门座 13、46—碗形垫片 14—喷水管总成 15—螺栓 16—气缸盖前吊耳 17、21—双头螺栓 22—缸盖紧固螺栓 23—气门导管 24—气门弹簧下座 25—气门导管密封圈弹簧 26—气门导管挡油罩 27—气门内弹簧 28—气门外弹簧 29—气门弹簧座 30—气门锁块 31—气门杆盖 32—气缸盖螺栓垫圈 33—摇臂轴支架螺栓 34、47—气缸盖螺栓 36—气门室罩盖加机油口塞 37—气门室罩盖 38—气门室罩盖密封垫 39—摇臂总成 40—喷油器紧固双头螺栓 41—防尘套 42—喷油器密封垫 43—喷油器套 44—O 形密封圈 45、46—垫片

解体注意事项：

1）在气缸盖拆下前，应先把喷油器拆下来，避免把喷油器碰坏或使喷油孔堵塞。

2）要清除气缸盖或气缸体平面残余密封垫片时，不要刮伤气缸盖底平面和气缸体上平面，以免影响装配的密封性。

3）拆卸气门时，应用专用工具将气门弹簧压缩，取出气门锁块后，即可拆下气门，如图 1-40 所示。

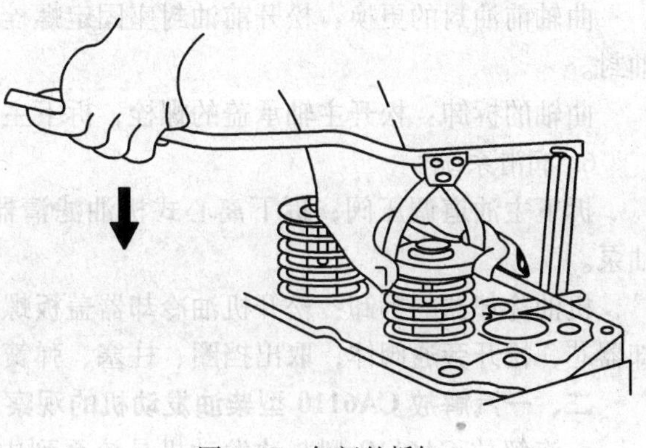

图 1-40　气门的拆卸

4）气门油封拆卸时，如有老化、裂纹等损伤，应进行更换。

5）若喷油器套没有出现漏水、漏气现象时，一般不需拆卸；否则，须用专用工具进行拆卸。

6）进、排气门座如没有出现裂纹、严重烧蚀、密封带明显下沉时，不要拆卸气门座；否则，需用镗床镗出气门座，更换新件。

7）左、右吊耳处如有漏水现象，可拆卸更换垫片；否则不必拆卸。

2. 拆卸摇臂轴组

用扭力扳手拆卸摇臂轴组，按照由两边至中间的顺序进行拆卸，与拆卸气缸盖同时进行。

3. 拆卸油底壳

拆卸油底壳的顺序：将发动机侧置，依次旋松油底壳螺栓并取下油底壳，拆卸集滤器和机油泵。

4. 齿轮传动机构

拆卸飞轮的顺序：打开飞轮螺栓锁片，用扭力扳手对角旋松飞轮螺栓，然后用其他工具旋下飞轮螺栓。取下飞轮时，用飞轮螺栓拧入飞轮上供拆卸飞轮用的螺孔内，把飞轮顶出。若需要拆卸齿圈时，可用顶拔器将其拆下。

曲轴后油封的拆卸：将后油封支架的固定螺栓拧下，用两个专用螺栓拧入支架拆卸孔，将后油封支架向外顶出，将其拆下。

拆卸飞轮壳体，并转动曲轴，观察正时齿轮标记。

惰轮及惰轮轴的拆卸次序：卸下卡簧，取出止推垫片和惰轮，松开第一惰轮轴的固定螺栓，取下第一惰轮轴；松开第二惰轮轴和固定螺栓，取下第二惰轮轴。

凸轮轴的拆卸顺序：松开挺柱室侧盖板螺栓，取下侧盖板及垫片，松开止推凸缘固定螺栓，抽出凸轮轴及其正时齿轮总成。抽凸轮轴及其正时齿轮总成时，应用手在气缸挺柱室内托起凸轮轴慢慢的抽出。一般不要拆下凸轮轴正时齿轮，如确定需要拆卸时，则应先在凸轮轴中心孔处拧入一个螺栓，再用顶拔器拉出正时齿轮。

5. 活塞连杆组的拆卸

活塞连杆组的拆卸次序：松开连杆大端螺母，取下连杆大端盖和连杆轴承，用木棒将活塞连杆组推出。

活塞环的拆卸：用活塞环卡钳依次拆下第一道气环、第二道气环和组合油环。

活塞销的拆卸：用卡簧钳取下卡环，推出活塞销，使连杆和活塞分离。虽然活塞和活塞销是间隙配合，但间隙很小，也可用专用工具将销冲出。

曲轴带轮的拆卸：松开曲轴带轮的螺母，拧入锥套拆卸工具，将锥套拉出，曲轴带轮便可拆下。

曲轴前油封的更换：松开前油封座固定螺栓，取下前油封座和前油封，即可更换新的前油封。

曲轴的拆卸：松开主轴承盖的螺栓，拆下主轴承盖，取出曲轴，取下推力轴承。

6. 润滑系统

拆下主油道调压阀；拆下离心式机油滤清器；拆下输油泵；拆下柴油细滤器；拆下喷油泵。

机油冷却器的拆卸：松开机油冷却器盖板螺栓，取下冷却器盖和垫片，松开螺母取出冷却器芯，松开旁通阀体，取出挡圈、柱塞、弹簧、密封圈。

二、一汽解放 CA6110 型柴油发动机的观察

一汽解放 CA6110 型柴油发动机是该系列中的基本型，主要用于 6～9t 车及其变型车。CA6110 型柴油发动机为 6 缸直列、水冷、四冲程直接喷射式柴油发动机。CA6110 型柴油发动机的结构如图 1-41 所示。

1. 燃烧室与喷油器

燃烧室置于活塞顶部，为“ω”形。喷油器通过喷油器套管装在气缸盖上。为了加强对喷油器的冷却散热，喷油器套管选用了导热性能良好的黄铜制成。为了保证清洁防尘，喷油器套管上端采用了“O”形橡胶圈密封。

2. 配气机构

CA6110 型柴油发动机的配气机构为顶置式气门。

1）进、排气门采用耐热钢制成，并且进行了热处理，以提高使用寿命。

2）采用旋向不同的内、外气门弹簧。

3）摇臂采用 45 钢精密锻造而成，并进行了淬火处理。摇臂轴为圆管形，两端各压入 1 个堵盖密封。润滑油在轴管内流动，以润滑各摩擦副等零件。

4）挺柱的外圆为鼓形，与凸轮接触端为平面、与推杆配合处为球形凹坑。

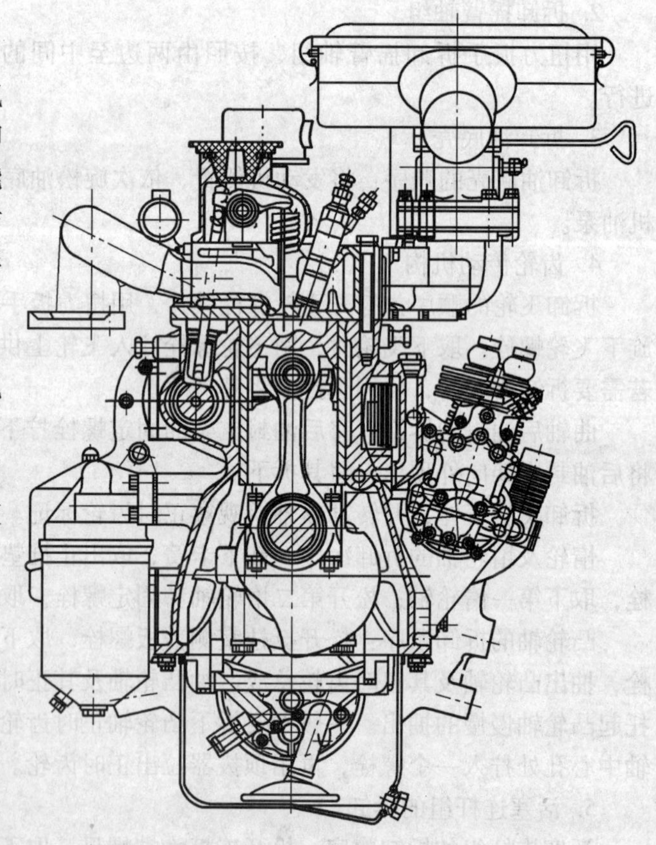

图 1-41 CA6110 型柴油发动机结构图

5）为了提高配气机构的刚性，凸轮轴的位置较高，推杆较短，保证了高速运转时的可靠性。

6）凸轮轴下面设置一个高位油室。凸轮轴每转一圈，凸轮均能接触一次润滑油，保证了凸轮的充分润滑，提高了凸轮轴的使用寿命。

3. 缸体与缸套

1）缸体为整体铸造，呈龙门结构。

2）缸套采用硼磷合金铸铁制成。

4. 活塞与活塞环

活塞采用共晶硅铝合金铸造，裙部为桶面和变椭圆曲面组成拖鞋式。活塞销采用全浮式结构，其装配位置相对于活塞中心偏移 1. 5mm。

每个活塞装 3 道活塞环。第 1 道为单面梯形桶面气环；第 2 道为外锥面内切口扭曲式气环；第 3 道是带有螺旋弹簧膨胀式组合油环，如图 1-42 所示。

5. 曲柄连杆机构

（1）连杆与轴瓦　连杆锻造成“工”字形断面。小头活塞销孔内压有铜铝合金衬套。轴瓦为铜铝合金钢背轴瓦，表面镀铅锡合金或铜锡合金，以利于曲轴的磨合。

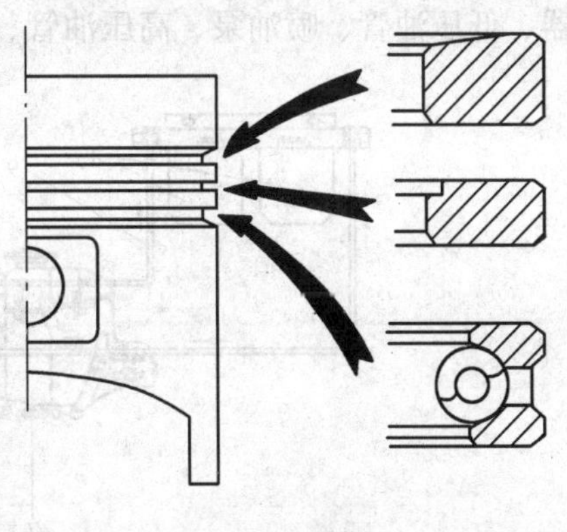

图 1-42　活塞环

（2）曲轴与轴瓦　曲轴为球铁整体铸造或合金钢锻造成型，由 7 道主轴承支承在缸体上。曲轴后端以过盈配合装有曲轴正时齿轮，用于驱动其他正时齿轮和机油泵。曲轴主轴瓦的材质与连杆轴瓦的相同。上瓦设有油孔和油槽。曲轴的后端最后一道轴颈装有止推瓦片，用以保证曲轴的轴向间隙。

（3）正时齿轮系　正时齿轮系安装在发动机后端。曲轴齿轮由定位销保证其装配位置的准确度，压装在曲轴上。轮系的驱动：由曲轴齿轮通过惰轮驱动空气压缩机（高压油泵）齿轮和凸轮轴齿轮。其下端驱动机油泵齿轮。每个齿轮上都刻有正时装配记号。在拆装轮系时，应检查各齿轮的装配位置，将各齿轮标记对准。

6. 进、排气系统

进、排气系统主要由进气管、排气管、空气滤清器及空气加热器等组成。

进气管由铝合金铸成箱式敞口型，在进气口处装有进气预热装置，重量轻、结构紧凑、阻力小、充气效率高。

排气歧管为整体式结构，由高强度球墨铸铁铸成。

CA6110 型柴油发动机采用干式纸芯空气滤清器。滤芯型号：K2712，外径 270mm，高 120mm，宽 50mm 这种空气滤清器结构简单，滤清效率高，保养方便。

空气加热器供冬季起动时预热进气用，便于柴油发动机低温起动。空气加热器的结构形式如图 1-43 所示。该加热器为片状电阻，消耗功率 1. 8kW，允许连续加热 40s（若时间太长，电阻片易烧坏）。

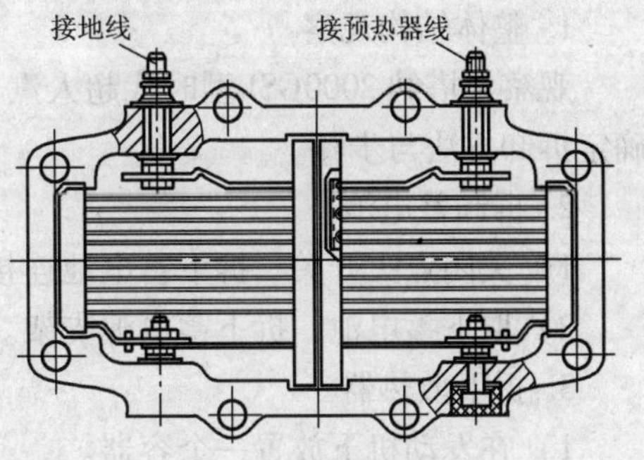

图 1-43　空气加热器

7. 润滑系统

CA6110 型柴油发动机采用的是压力和飞溅与重力润滑相结合的复合润滑系统。压力润滑系统主要由润滑油集滤器、机油泵、机油粗滤器、离心式机油滤清器、机油冷却器、主油道限压阀和指示灯组成。

8. 冷却系统

冷却系统以水泵为动力，使冷却液在机体内进行强制性循环。冷却系统主要由水泵、风扇总成、散热器、节温器等组成。

9. 燃油供给系

燃油供给系是保证柴油机良好工作的重要部分。燃油供给系统的完善程度和技术状况的好坏对柴油机的动力性、燃料经济性、使用可靠性和对环境的污染影响极大。

CA6110 柴油机燃油供给系统如图 1-44 所示，一般由燃油箱、粗滤器、输油泵、细滤器、低压油管、喷油泵、高压油管、喷油器、回油管等组成。

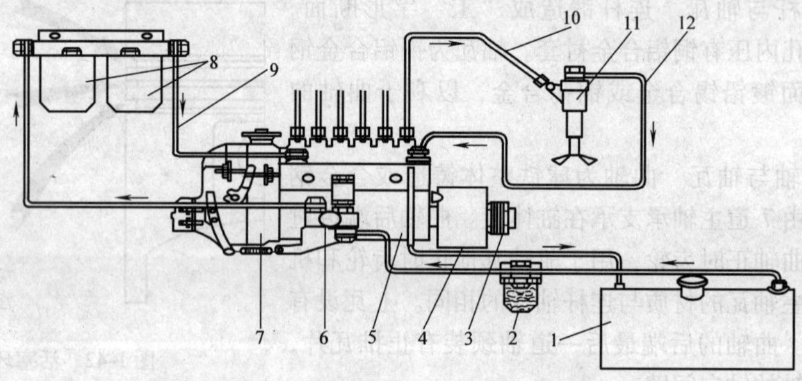

图 1-44 CA6110 柴油机燃油供给系统示意图

1—燃油箱 2—粗滤器 3—连接器 4—提前器 5—喷油泵 6—输油泵 7—调速器 8—细滤器 9—低压油管 10—高压油管 11—喷油器 12—回油管

10. 电源及起动系统

CA6110 型柴油发动机采用 6—QA—100S 型蓄电池，两蓄电池串联，每只蓄电池的容量为 100A · h，系统标称电压为 24V，采用单线制，负极搭铁。

技能单 2 桑塔纳轿车 AJR 型发动机的拆装

一、AJR 型发动机总成的拆卸

1. 整体结构观察

观察桑塔纳 2000GSI 型时代超人汽车发动机在车上的布置及与车身、车架的连接方式。确定拆卸方法与步骤。

2. 拆卸蓄电池

1）关闭点火开关，拆下蓄电池连接线。

2）取下蓄电池，拆下蓄电池支架。

3. 拆下散热器

1）在发动机下放置一个容器。

2）旋开冷却液储液罐盖，松开散热器下水管夹箍，拔下散热器下水管，放出冷却液。

拔下散热器左侧的热敏开关插头，松开散热器上水管夹箍，拔下散热器上水管。

3）断开电动风扇与散热器的连接线，拆下电动风扇和散热器。

4. 拆下各连接导线和管路

1）拔下空气流量计的电线插头。

2）拔下活性炭罐电磁阀的电线插头。

3）从空气滤清器上取下活性炭罐电磁阀。

4）拆下空气滤清器至节气门控制器之间的空气管路。

5）拆下空气滤清器罩盖。

6）拔下燃油分配管上的供油管和回油管(注意:燃油系统内是有一定压力的,在打开系统之前应先在开口处用抹布盖住,然后小心地松开插头泄去油压)。

7）松开节气门拉索。

8）拔下通向活性炭罐电磁阀的真空管。

9）拔下通向制动助力装置的真空管。

10）拔下位于发动机底部通向暖风热交换器的冷却液管。

11）拔下气缸盖通向暖风热交换器的冷却液管。

12）拔下变速器上的车速传感器插头及倒车灯开关插头。

5. 拆下空调压缩机

1）松开空调压缩机与支架的联接螺栓，记清V带的安装方向和位置，取下V带。

2）移开空调压缩机，用绳索或铁线将其悬架在副梁上(不要悬架在制冷剂管道上,且不可打开空调管路)。

6. 拆下转向油泵

1）用专用工具顺时针扳动张紧轮，用销钉固定张紧轮。

2）记清V带的安装位置与顺序，从发电机上取下V带。

3）取出销钉，拆下张紧轮。

4）拆下动力转向油泵，将其固定在发动机舱内的一侧，并将动力转向油泵用绳索或铁线固定在相应位置，且不可松开油管。

7. 拆下发动机

1）拆下前排气管。

2）拔下起动机电线，从变速器壳体上拆卸起动机。

3）拆下所有发动机与车身的联接螺栓，拆除搭铁线。

4）用千斤顶或托架托住变速器，用吊车吊住发动机。

5）拆下发动机与变速器的紧固螺栓。

6）拆卸发动机与车架相连的联接螺栓。

7）检查是否有连接件或连线，如无连接，吊出发动机。

二、观察AJR型发动机的整体结构

1）将发动机安放在拆装架或平台上，放掉发动机润滑油，清洗发动机外部。

2）观察各部件及附件在发动机上的安装位置与连接方式，参见图1-45。

三、AJR型发动机的解体

1. 拆卸各部件及附件

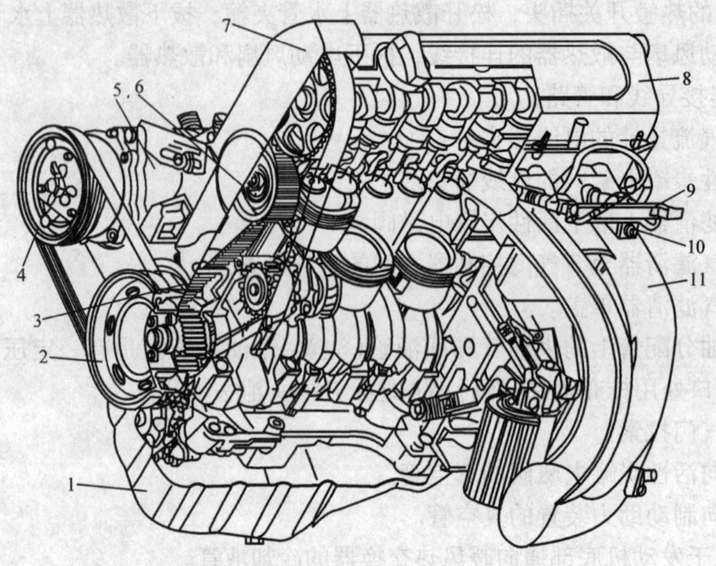

图 1-45 AJR 型发动机剖面图

1—油底壳 2—曲轴 V 带轮 3—转向助力泵驱动轮 4—空调压缩机 V 带轮 5—空调压缩机 6—齿形带张紧轮 7—同步带上防护罩 8—气门室罩盖 9—供油管总成 10—油压调节器 11—进气总管

1）拆下发电机。

2）拆下节温器盖，取出节温器。

3）拆下进、排气歧管和支架。

4）拆下供油管及油压调节器和喷油器。

5）拆下机油滤清器。

2. 拆下同步齿形带

1）摇转曲轴，使曲轴 V 带轮上的上止点标记与同步带下防护罩上的上止点标记对正。

2）拆下同步齿形带上防护罩。

3）检查凸轮轴同步齿形带轮上的标记是否与后防护罩上的标记对正。

4）拆下曲轴 V 带轮。

5）拆下同步带中间和下防护罩。

6）检查曲轴同步带轮的安装标记，将同步齿形带安装方向位置作上标记。

7）松开半自动张紧轮，拆下同步齿形带。

8）拆下半自动张紧轮。

3. 拆下气门罩盖

1）拆下同步齿形带后护罩，拆下水泵总成。

2）拔下高压线(注意与分电器连接位置)，拆下火花塞。

3）拆下气门罩盖。

4. 拆下气缸盖

1）检查凸轮轴轴向间隙并作记录。

2）按序(先 1、5、3 道，后 2、4 道)拆下凸轮轴轴承盖，记好方向、位置。

3）取下凸轮轴，取出液压挺柱(注意摆放顺序应与凸轮轴位置一一对应)。

4）按序(从两端向中间)、分次、对角旋松气缸盖紧固螺栓，取出固定螺栓。

5）取下气缸盖，不要磕碰工作面。

6）注意气缸垫的安装方向，取下气缸垫。

5. 拆下飞轮

1）检查离合器是否有配重块、垫，并记清位置。

2）对角、分次旋松离合器紧固螺栓，拆下离合器。

3）对角、分次旋松飞轮紧固螺栓，拆下飞轮与中间支板。

6. 拆下曲轴后密封凸缘

1）将发动机倒置，拆下油底壳(注意环境卫生)。

2）拆下曲轴后密封凸缘。

7. 拆下曲轴前密封凸缘

1）拆下曲轴同步带轮，拆下同步带后护板及扭力臂和曲轴前密封凸缘总成。

2）拆下链条张紧器，记清传动链的传动方向，拆下机油泵传动链，拆下机油泵。

3）拆下曲轴链轮。

8. 拆卸活塞连杆组

1）清除各缸缸口积炭，检查各连杆大端轴向间隙并作记录。

2）拆卸活塞连杆组：

① 摇转曲轴，使待拆的活塞连杆组处于下止点。

② 拆下连杆螺栓，取下连杆瓦盖。摇转曲轴，使该缸活塞处于上止点位置，用木棒抵在连杆大端结合面上，将活塞连杆推出气缸。

③ 记清活塞连杆的安装方向及缸号，检查连杆大端与瓦盖配对记号并装合一起。

④ 用同样方法拆下其他各活塞连杆组；按序摆放好不要磕碰。

9. 拆下曲轴

1）检查曲轴轴向间隙并作记录。

2）检查各主轴瓦盖是否有位置标记；若无标记，应作好标记。

3）按序(从两端向中间)拆下主轴瓦盖紧固螺栓，取下主轴瓦盖，观察其安装方向并按序摆放好。

4）抬下曲轴，立置于安全地方。

5）取出止推瓦片放好，不要磕碰。

四、AJR 型发动机的结构观察

清洗发动机各零、部件及油道，进行零、部件的结构观察。

结构观察包括各组成部分及润滑油路、冷却水路；拆装机油泵、水泵及机油滤清器，观察其组成及结构特点；进行节温器试验。

观察结束后，清点工具并清理场地。

模块二　曲柄连杆机构

学习目标：能解释曲柄连杆机构与机体零件的功用、形式及结构特点；能辨认机体零件与曲柄连杆机构的缺陷，分析产生损伤的原因，确定修复方法；能进行气缸盖、机体平面变形的正确检验；气缸与活塞的鉴定；气缸套的正确拆装；能正确进行活塞连杆组各部件的检验与选配；正确进行活塞连杆组的组装；活塞连杆向气缸内正确安装。

信息资料单1　概　　述

曲柄连杆机构的功用：将曲轴的旋转运动转变为活塞的往复运动，或活塞的往复运动转变为曲轴的旋转运动；把燃气作用在活塞顶上的力转变为曲轴的转矩，以向外输出机械能。该机构是往复活塞式内燃机将热能转化为机械能的主要机构。

如图 2-1 所示，曲柄连杆机构由以下 3 部分组成：

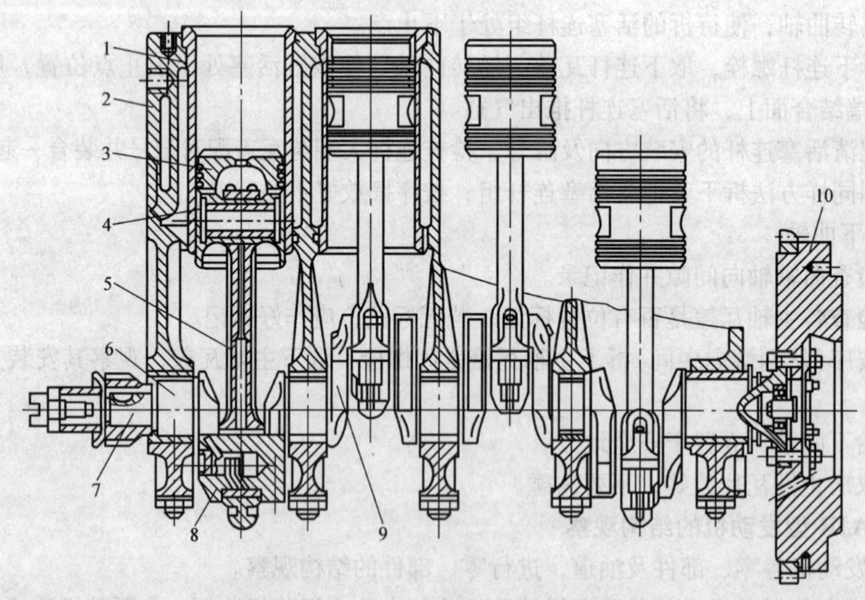

图 2-1　活塞连杆及曲轴飞轮组的组成

1—气缸套　2—气缸体　3—活塞　4—活塞销　5—连杆

6—曲轴主轴颈　7—曲轴　8—连杆轴颈　9—曲柄　10—飞轮

（1）气缸体与曲轴箱组　主要包括气缸体、曲轴箱、气缸套、油底壳等。

（2）活塞连杆组　主要包括活塞、活塞环、活塞销和连杆等。

（3）曲轴飞轮组　主要包括曲轴、飞轮和扭转减振器等。

信息资料单2 机 体 组

机体零件包括：气缸体、气缸套、气缸垫、气缸盖和油底壳等主要零件。将这些零件用螺栓、螺母连结成一个整体，即构成内燃机的总成基础部分；其他的机构和系统装在其内部或外部，即构成内燃机总成。

一、气缸体

气缸体与曲轴箱制成一体统称为机体。机体内根据缸数加工有垂直孔，用于装气缸套。气缸体与气缸套形成冷却内燃机的冷却水套，铸有冷却水孔，为增强机体的刚度铸有加强肋。在曲轴箱内加工有主轴承座孔，在气缸体内加工有凸轮轴套安装孔、挺柱孔、油道孔和水道孔等。为满足各部件的安装，机体加工有安装平面，上平面装缸垫和缸盖，下平面装油底壳，前、后平面分别安装正时齿轮或飞轮壳，左、右平面分别装有机油粗滤器和机油细滤器等。

发动机的曲轴轴线与气缸体下平面在同一平面上的气缸体称为一般式气缸体，如图2-2a所示。这种气缸体的特点是便于机械加工，但刚度较差，曲轴前、后端的密封性较差，多用于中小型发动机。富康ZX轿车TU3. 2K发动机、492Q系列发动机的气缸体即属于这种结构。发动机的曲轴轴线高于曲轴箱下平面的气缸体称为龙门式气缸体，如图2-2b所示。这种气缸体的特点是结构刚度和强度较好，密封简单可靠，维修方便，但工艺性较前者复杂。捷达轿车EA827发动机、一汽CA6110系列柴油发动机均属于这种结构。隧道式气缸体的主轴承孔不分开，如图2-2c所示。这种气缸体的特点是其结构强度比龙门式的更高，主轴承的同轴度易保证，但不便于拆装。

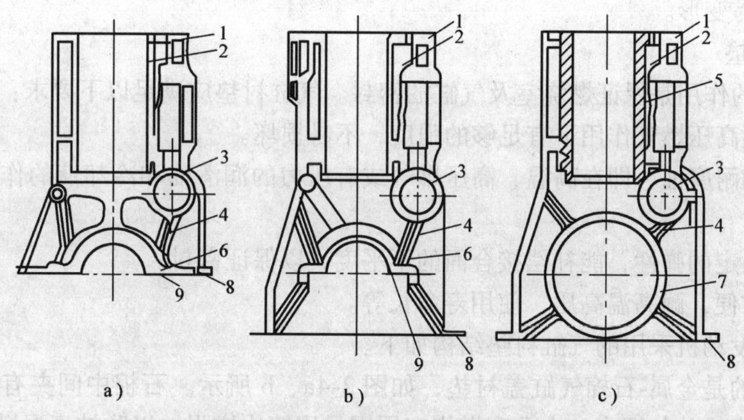

图2-2 机体的3种形式

a）一般式气缸体 b）龙门式气缸体 c）隧道式气缸体

1—气缸体 2—水套 3—凸轮轴轴承座孔 4—加强肋

5—湿缸套 6—主轴承座 7—主轴承座孔 8—辅助基准面 9—基准面

二、气缸盖与气缸衬垫

1. 气缸盖

气缸盖的主要功用是封闭气缸上部，并与活塞顶部和气缸壁一起形成燃烧室。

气缸盖内部有与气缸体相通的冷却水道，并有进、排气门座及气门导管孔和进、排气通道，有燃烧室、火花塞座孔（汽油机）或喷油器安装孔（柴油机）；上置凸轮轴式发动机的气缸盖上还有用以安装凸轮轴的轴承座等。

图 2-3 所示为捷达轿车 EA827 型发动机的气缸盖分解图。

在多缸发动机中，每个气缸盖只覆盖一个气缸的，称为单体气缸盖；能覆盖部分（两个以上）气缸的气缸盖，称为块状气缸盖；能覆盖全部气缸的气缸盖，称为整体气缸盖。采用整体气缸盖可以缩短气缸中心距和发动机的总长度，其缺点是刚性较差，在受热和受力后容易变形而影响密封，损坏时需整体更换。整体式气缸盖多用于缸径小于 113mm 的发动机上。缸径较大的发动机常采用单体气缸盖或块状气缸盖。

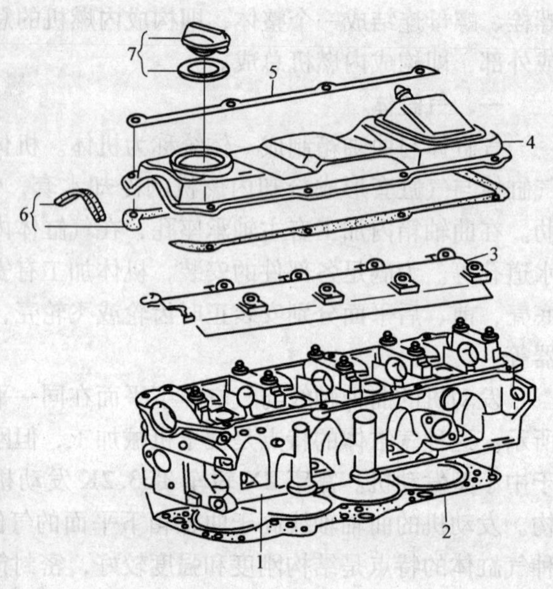

图 2-3 捷达轿车 EA827 型发动机的气缸盖分解图

1—气缸盖 2—气缸垫 3—机油反射罩 4—气缸盖罩 5—压条 6—气门罩垫 7—加油盖

气缸盖由于结构复杂，一般采用合金铸铁或铝合金铸成。CA6110 型发动机采用铜钼低合金铸铁铸造的整体式气缸盖。捷达等轿车的发动机均采用铝合金的气缸盖，因铝合金的热导性优于铸铁的，有利于提高压缩比，以适应高速高负荷强化汽油机散热及提高压缩比的需要。铝合金气缸盖的缺点是刚度低，使用中易变形。

2. 气缸衬垫

气缸衬垫的作用是保证燃烧室及气缸的密封。气缸衬垫应满足以下要求：

1）在高温高压燃气作用下有足够的强度，不易损坏。

2）耐热和耐腐蚀。即在高温、高压燃气或有压力的润滑油和冷却液的作用下不烧损或变质。

3）具有一定的弹性，能补偿接合面的不平度，以保证密封。

4）拆装方便，耐高温高压，使用寿命长等。

目前汽车发动机采用的气缸衬垫结构如下。

应用最多的是金属-石棉气缸盖衬垫，如图 2-4a、b 所示。石棉中间夹有金属丝或金属屑，且内夹铁皮或外包铜皮。水孔和燃烧室周围另用镶边增强，以防被高温燃气损坏。这种衬垫压紧厚度为 1.2 ~2mm，有很好的弹性和耐热性，其厚度和质量的均匀性较差。

如图 2-4c、d 所示，有的发动机采用在石棉中心用编织的钢丝网或有孔钢板为骨架，两面用石棉胶粘剂压成气缸盖衬垫。近年来，国内正在试验采用膨胀石墨作为衬垫的材料。

有的汽车发动机采用金属片叠加后作为气缸盖衬垫，如红旗轿车 488 发动机即采用如图 2-4e 所示的钢板衬垫。这种衬垫在需要密封的气缸孔和水孔、油孔周围冲压出一定高度的凸纹，利用凸纹的弹性变形实现密封。

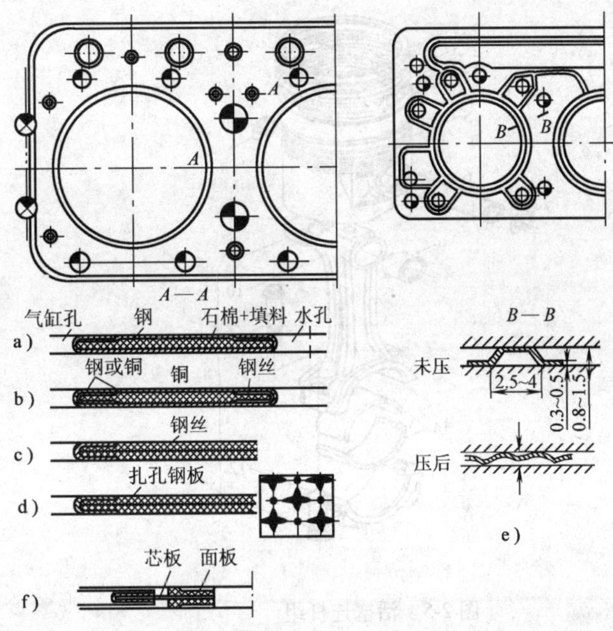

图 2-4　气缸盖衬垫结构

a、b、c、d）金属-石棉板　e）冲压钢板　f）无石棉气缸垫

如图 2-4f 所示，有的发动机采用了较先进的加强型无石棉气缸垫结构，在气缸口密封部位采用5 层薄钢片，并设计成正圆形，没有石棉夹层，从而消除了气囊的产生，在油孔和水孔处均包有钢片护圈以提高密封性。安装气缸盖衬垫时，应注意安装方向。一般是衬垫卷边的一面朝向气缸盖，光滑面朝向气缸体；也可根据标记或文字要求进行安装，如衬垫上的文字标记“TOP”、“OPEN”表示朝上，“FRONT”表示朝前。

气缸盖用螺栓紧固在气缸体上，在拧紧螺栓时必须按由中央对称地向四周扩展的顺序分几次进行，并用扭力扳手按出厂规定的拧紧力矩拧紧，以免损坏气缸衬垫而发生泄漏的现象。如果气缸盖由铝合金制成，则安装过程必须在发动机冷态下进行，这样能增加发动机热机状态时密封的可靠性。

三、油底壳

油底壳的主要作用是储存润滑油并封闭曲轴箱。油底壳受力很小，一般采用薄钢板冲压而成。油底壳的形状决定于发动机的总体布置和润滑油的容量。在有些发动机上，为了加强油底壳内润滑油的散热，采用了铝合金铸造的油底壳，在壳的底部还铸有相应的散热肋片。

为了保证在发动机纵向倾斜的同时机油泵吸到润滑油，对应机油泵的油底壳部位一般做得较深。油底壳内还设有挡油板，以防止汽车振动时油面有较大的波动。油底壳底部装有放油塞。一般放油塞中镶有磁铁，能吸附润滑油中的金属粉屑，以减少发动机运动零件的磨损及堵塞油路。

信息资料单 3　活塞连杆组

如图 2-5 所示，活塞连杆组由活塞、活塞环、活塞销、连杆等组成。

一、活塞

活塞的功用是承受燃气压力，并将此力通过活塞销、连杆、曲轴和飞轮对外做功。活塞和气缸、气缸盖形成燃烧室；吸入、压缩和排出气体，传出部分热量，将燃烧产生的热传给气缸壁，起到散热的作用。

活塞的构造如图 2-6 所示，其构造分为头部、防漏部、销座部和裙部。

头部的形状与燃烧室有直接关系，随燃烧室的不同而形状各异，有平顶、凸顶和凹顶的。

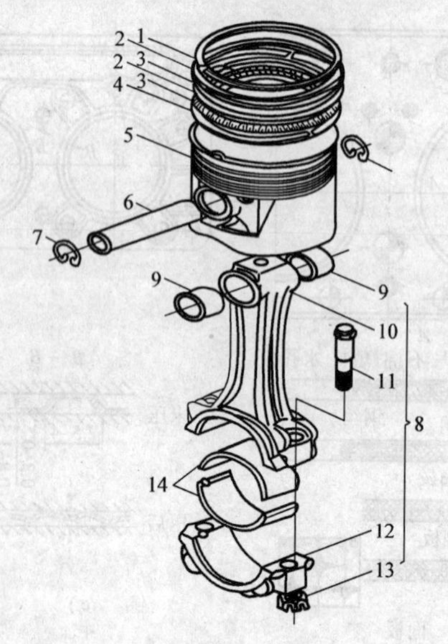

图 2-5 活塞连杆组

1、2—活塞环 3—油环刮片 4—油环衬套 5—活塞
6—活塞销 7—活塞销卡环 8—连杆组 9—连杆衬套
10—连杆 11—连杆螺栓 12—连杆盖 13—连杆螺母
14—连杆轴瓦

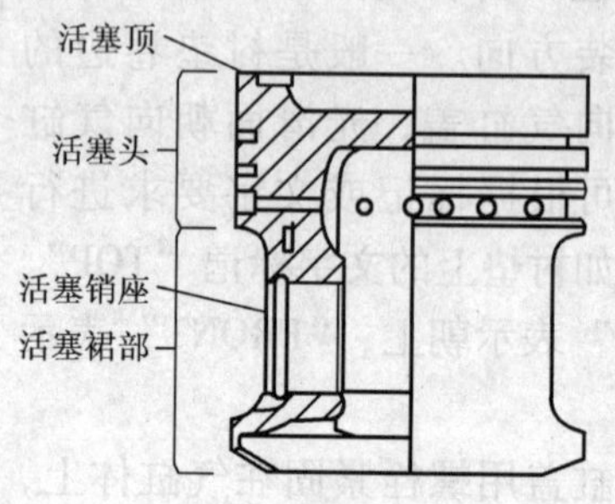

图 2-6 活塞结构

为便于选配和安装，在活塞顶标有尺寸、重量分组和安装箭头等标记。同组活塞的重量差不得大于10g。

防漏部制有环槽，用以安装气环和油环。气环多为2～3道，油环多为一道。环槽内装有气环与油环，气环装在上部，油环装在下部。气环数减少，可降低活塞高度和减小活塞质量，在此部上一般制有隔热环槽，用以减小此部与缸壁间隙，增加节流以达到减轻第一道环的热负荷和机械负荷的目的。在增压柴油机的活塞第一环槽中铸有高镍铸铁环架，以提高活塞的使用寿命。

销座部用以装配活塞销，将活塞受力传给连杆。为降低活塞销与座孔的压力，减轻磨损，支承面应尽可能大些，即孔径与支承长度要大些，销座与顶部增设加强肋相连。

裙部也称为导向部，在活塞往复运动中起导向作用，并承受侧压力。目前，一些发动机为防止活塞换向时产生拍击和磨损，使活塞销孔中心线与活塞轴线不相交，向侧压力方向偏移1～2mm，则安装该活塞时，要特别注意标记朝前安装的方向。

由于活塞裙部受侧压力及销座承受活塞方向上的轴向力，使销座部位变厚，导致受热后变形量大，且沿销轴方向直径增大，侧压力方向直径变小。如不采取措施，活塞在工作时将拉伤缸壁，甚至卡缸。所以，一般活塞将销座孔周围制成凹陷的，作为膨胀余地；也有将活塞制成椭圆的，其长轴为侧压力方向，短轴为销轴方向。这种活塞也称为椭圆活塞。为减小活塞质量、缩短活塞长度，以防止活塞裙部与曲轴平衡块相碰，可沿活塞销方向将销座以下裙部切除；同时，可降低摩擦阻力。

活塞由于沿高度方向受热不同，膨胀量也不同。因此，活塞均制成上、下直径不一致的锥形(即活塞顶部直径小于活塞裙部的直径)。

活塞裙部的内壁可去除部分金属量，以使活塞分组时同组活塞的质量差一致。

二、活塞环

活塞环是一个具有开口的弹性圆环，一般用优质灰铸铁或合金铸铁制成。活塞环有气环和油环两种。气环的作用是密封和导热；油环的作用是刮油和布油。

气环根据截面形状不同可分为多种，如图 2-7 所示。

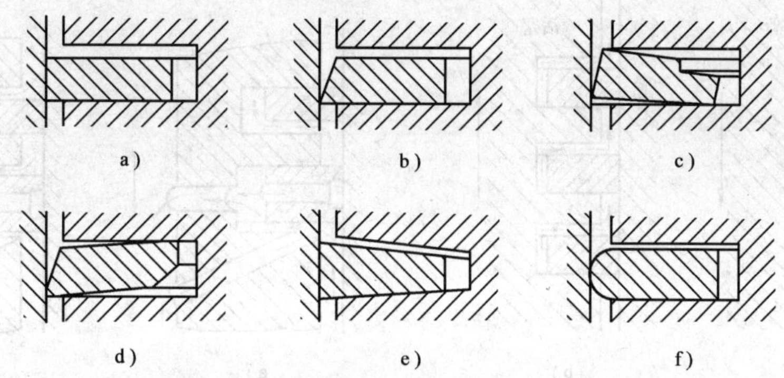

图 2-7 活塞环的断面形状

a）矩形环 b）锥面环 c）正扭曲内切环

d）反扭曲内切环 e）梯形环 f）桶面环

（1）矩形环 也称为平环，多用于发动机第一道环。为满足各道环的使用寿命趋于相同，其表面多采用多孔镀铬（多孔可储油改善润滑条件，镀铬可增加硬度耐磨）。

（2）锥面环 其断面为梯形。此环装入气缸后与缸壁呈线接触，比压大、易磨合，具有刮油作用，并可防止润滑油串入气缸，但安装时必须注意方向。

（3）扭曲环 在矩形断面的内侧或外侧去除了部分金属（也称内切口和外切口）。此环装入气缸后随活塞的运动产生扭转，具有锥形环一样的作用，广泛用于二、三道环。安装扭曲环时要注意方向，内切口朝上，外切口朝下。

（4）梯形环 其断面呈梯形。梯形环在环槽（也制成梯形截面）中内外移动时，它在环槽中的间隙发生变化，将槽中的焦状油挤出，防止发生焦环故障。

（5）桶面环 其表面呈桶形。装入气缸壁呈线接触，活塞在上、下止点换向运动时，产生倾斜，桶形环将沿缸壁微量移动；且活塞上、下运动时均有油楔作用，所以，此种环易磨合、磨损小，广泛用于内燃机的第一道气环。

活塞环装入气缸后两端面的距离称为端间隙（开口间隙）。其作用是防止环受热膨胀后卡缸造成断环。但端间隙不能过大，过大会导致弹力下降，密封不良。端间隙第一道环最大，依次减小（这是因为气缸工作温度所致）。

活塞环装入环槽中，活塞环的一边贴紧环槽一侧，另一侧留有的间隙称为边间隙。其作用是防止活塞和活塞环受热后，活塞环被活塞环槽夹住失去弹力。边间隙一般为：第一、二道环是 0.18～0.22mm，最大不能超过 0.6mm；第三道为 0.08～0.13mm，最大不能超过 0.5mm。边间隙过大会使活塞环泵油增加，导致润滑油进入气缸参与燃烧过程。

气环的泵油作用：如图 2-8 所示，随着活塞在气缸内上下往复运动，气环第二密封面（边间隙）经常变化，进入活塞环与活塞环槽间隙中的润滑油不断地被挤入气缸，这种现象称为气环的泵油作用。减小环的边间隙能减少泵油量，但无法完全消除这种不利作用。为此，用油环将气缸壁的润滑油刮掉，以减少气环的泵油作用。

油环又称刮油环。其作用是刮下气缸壁上多余的润滑油，避免过多的润滑油进入气缸烧掉，造成浪费、环境污染和使气缸内积炭增加。同时，还能使气缸壁上的润滑油均布，改善气缸壁的润滑条件，如图 2-9 所示。

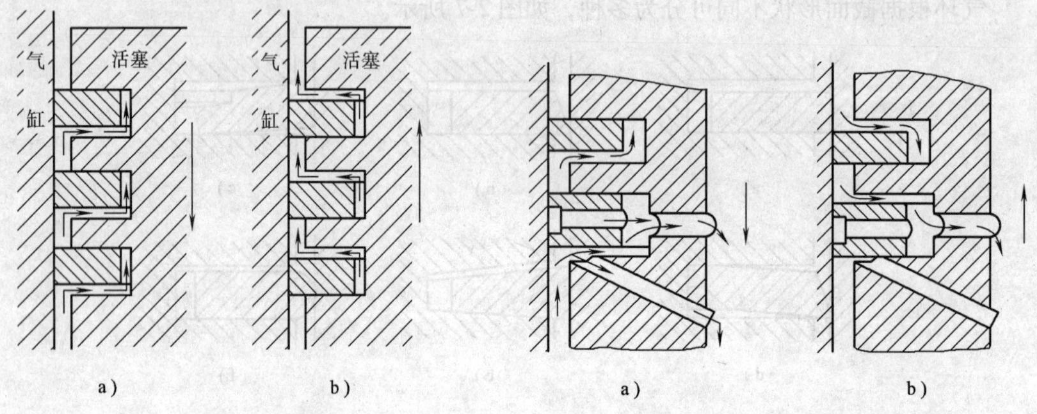

图 2-8 气环的泵油作用

a）活塞下行 b）活塞上行

图 2-9 油环的布油和刮油

a）活塞下行 b）活塞上行

油环有两种：一种是整体式油环，另一种是组合式油环。目前，中小型汽油机用组合式油环，如图 2-10 所示。图 2-10a 所示为普通油环，图 2-10b 所示为组合油环，其弹簧既是径向弹簧又是轴向弹簧；其轴向弹力将上、下刮片压向环槽，径向弹力增强刮片对缸壁的压力。此环安装时，应先安撑簧片，立面朝外，对接的上、下切口在内，然后装上、下两片刮片环，且三者的开口互相错开。图 2-10c 所示为普通涨簧油环，由油环体和油环衬簧组成，多用于柴油机。

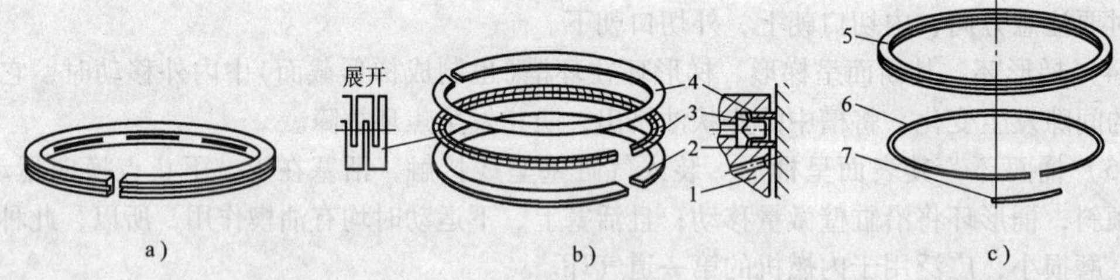

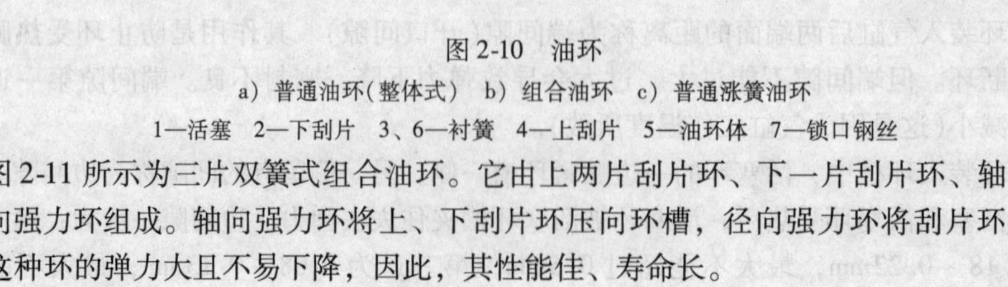

图 2-10 油环

a）普通油环（整体式） b）组合油环 c）普通涨簧油环

1—活塞 2—下刮片 3、6—衬簧 4—上刮片 5—油环体 7—锁口钢丝

图 2-11 所示为三片双簧式组合油环。它由上两片刮片环、下一片刮片环、轴向强力环和径向强力环组成。轴向强力环将上、下刮片环压向环槽，径向强力环将刮片环压向气缸壁。这种环的弹力大且不易下降，因此，其性能佳、寿命长。

三、活塞销

活塞销的功用是把活塞与连杆小端铰链连接在一起，并把活塞的受力传给连杆或将连杆的受力传给活塞。

活塞销的材料一般为低碳优质钢或低碳合金钢，表面经渗碳淬火处理后进行精加工，使其具有较高的强度、刚度和耐磨性。

图 2-12 所示为活塞销的一般构造和安装定位方式。为减轻重量、增加抗弯强度，活塞销制成空心的短管。直通圆柱孔或圆锥形孔的活塞销质量较小；中间或单侧封闭的活塞销适用于二行程的发动机，如图 2-13 所示。

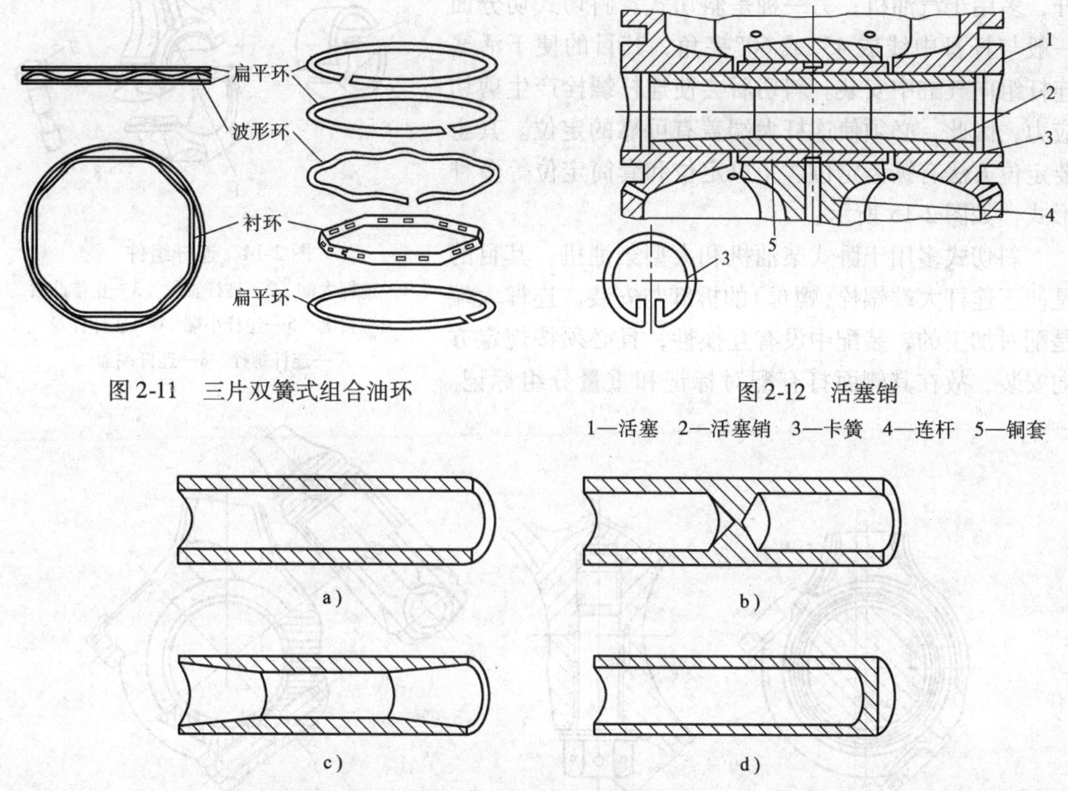

图 2-11　三片双簧式组合油环

图 2-12　活塞销

1—活塞　2—活塞销　3—卡簧　4—连杆　5—铜套

图 2-13　活塞销形状

a）圆柱形孔销　b）中间封闭形　c）端部呈锥形扩展　d）单侧封闭式

活塞销与活塞、连杆的连接一般都采用全浮式，以使活塞销的磨损均匀。为防止活塞销轴向窜动，在活塞销的座孔两端卡簧槽中装有弹性卡簧。由于活塞销和销孔是摆动摩擦，油膜不易形成，所以其配合间隙较小，活塞销与铜套间隙一般是 0.025 ~ 0.048mm。活塞销与座孔的配合早期采用过渡配合，装配时应把活塞放在油或水中加热到 100℃左右，再将活塞销推入孔中。目前，由于材料品质的提高，活塞销与座孔大多采用间隙配合，给维修、安装工作带来了极大的方便。

四、连杆

连杆的功用是连接活塞与曲轴，在变活塞的往复直线运动为曲轴的旋转运动，或变曲轴的旋转运动为活塞的往复运动中传递动力。连杆组件如图 2-14 所示。连杆采用中碳钢或中碳铬钢模锻、调质，经机械加工而成。

连杆分为小端、杆身和大端 3 部分。小端孔中压装铜套。活塞销与铜套的润滑有两种：一种是压力润滑，连杆杆身钻有油道孔，将油压入活塞销与铜套摩擦表面；另一种是集油润滑，在连杆小头制有集油孔或槽，把飞溅的润滑油集在集油孔或槽中渗入摩擦表面。

连杆杆身做成“工”字形断面，既减小质量又有足够的抗弯强度。大端孔中装有轴承(瓦)，与曲轴的连杆轴颈相配合安装。大端的切分面有两种：一种是平切式，即连杆大端沿着与杆身轴线垂直的方向切开，多用于汽油机；另一种是斜切式。斜切式切分面一般与杆身中线成45°或60°夹角，其目的便于活塞连杆组向气缸中安装。斜切后会使连杆螺栓产生剪切应力，因此，必须使连杆大端盖有可靠的定位。其主要定位方法有锯齿定位、止口定位和套筒定位等多种形式，如图2-15所示。

斜切式多用于卧式柴油机和大型柴油机，其目的是便于连杆大端螺栓(螺母)的拆卸与安装。连杆大端是配对加工的，装配中没有互换性，且必须按规定方向安装，故在其侧面打有配对标记和重量分组标记。

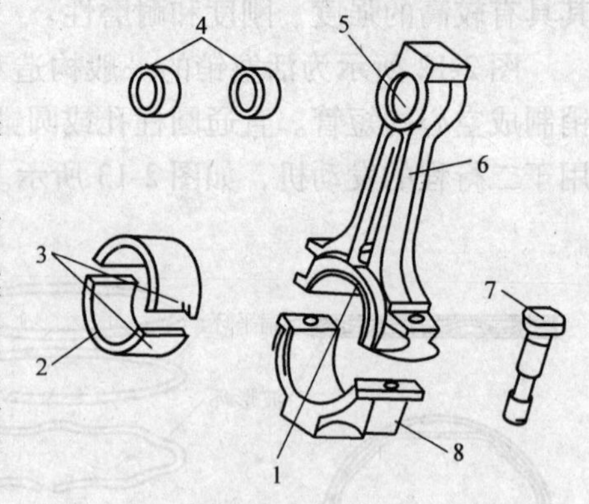

图2-14　连杆组件

1—连杆大端　2—连杆轴承　3—止推凸唇　4—衬套　5—连杆小端　6—连杆杆身　7—连杆螺栓　8—连杆端盖

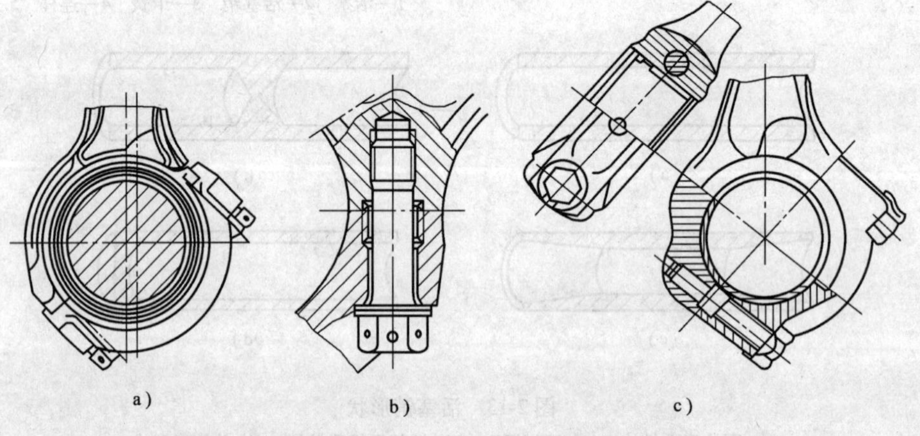

图2-15　斜切口连杆大头的定位方式

a) 止口定位　b) 套筒定位　c) 锯齿定位

大端盖一般用两根连杆螺栓紧固，大端为平切式的一般用螺栓外圆柱面定位，连杆螺栓或螺母必须可靠锁定；否则，会产生松动以致酿成重大机械事故。其锁定方法有：锁片法、开口销法、锥螺纹法、螺母开槽法、变螺距法、螺纹胶法、螺纹镀层法以及采用高强度精制螺栓等。为防止连杆瓦转动和轴向窜动，在大端剖分面处加工有定位舌槽与瓦片上的凸舌相配合。

V形发动机连杆结构通常有3种，如图2-16所示。

(1) 并列连杆式　连杆可以通用，两列气缸的活塞连杆组的运动规律相同，但曲轴的轴颈长度增加。该结构便于拆卸与安装。

(2) 主副连杆式　可不增加发动机的轴向长度，但主副连杆不能互换，两列气缸的活塞

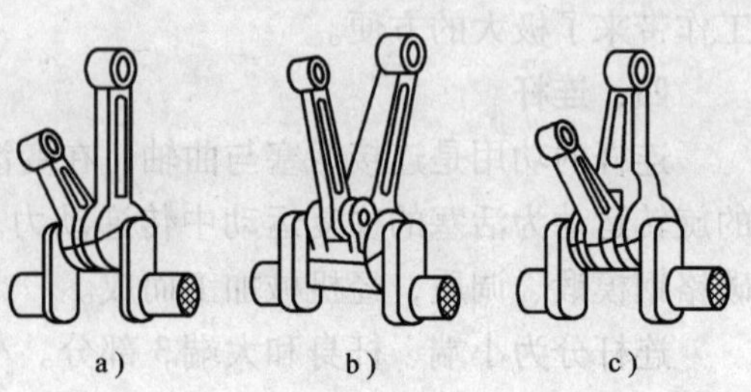

图2-16　V型发动机连杆示意图

a) 并列连杆式　b) 主副连杆式　c) 叉形连杆式

连杆组的运动规律不同。轴瓦之间的单位面积压力减小，耐磨性增加。

（3）叉形连杆式 两列气缸中的活塞连杆组的运动规律相同，但叉形连杆的制造工艺复杂，且大头的刚度较低。轴瓦之间的受力均衡，提高了工作的平衡性。

信息资料单4 曲轴飞轮组

曲轴飞轮组主要由曲轴、飞轮、扭转减振器、带轮、正时齿轮（齿形带或链条）等组成，如图2-17所示。

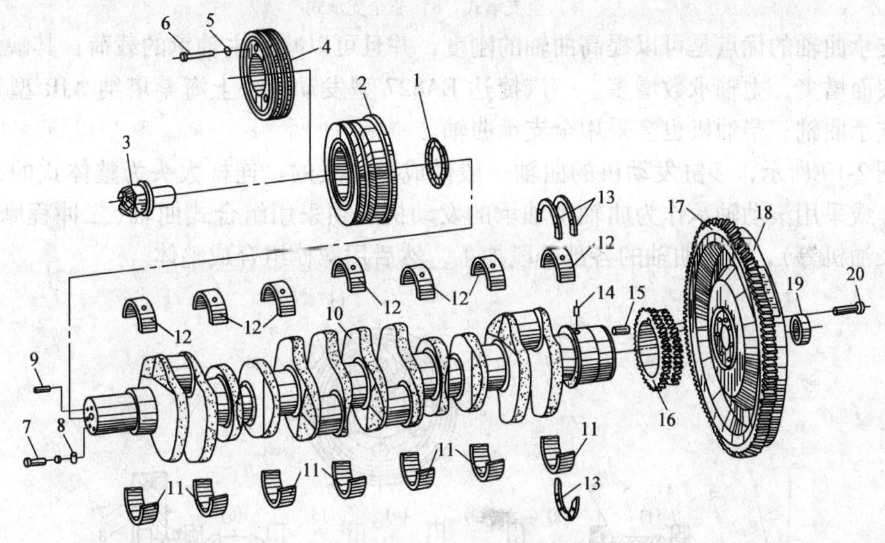

图2-17 曲轴飞轮组

1—曲轴挡油片 2—减振器总成 3—起动爪 4—前带轮 5—弹簧垫圈 6—六角头螺栓 7—减振器螺栓 8—减振器螺栓垫圈 9—定位销 10—曲轴 11—下主轴瓦 12—上主轴瓦 13—止推轴承片 14—正时齿轮定位销 15—飞轮定位销 16—曲轴齿轮 17—飞轮齿环 18—飞轮 19—滚动轴承 20—飞轮螺栓

一、曲轴

曲轴的功用是承受连杆传来的力，并将此力转化成曲轴旋转的力矩，然后通过飞轮输出旋转的力矩；还用来驱动发动机的配气机构及其他辅助装置（如发电机、风扇、水泵、机油泵、转向助力油泵等）。

在发动机工作中，曲轴受到旋转质量的离心力、周期性变化的气体压力和往复惯性力的共同作用，使曲轴承受弯曲与扭转载荷。为了保证工作可靠，要求曲轴具有足够的刚度和强度，各工作表面要耐磨、有良好的润滑，且必须达到动平衡的要求。

曲轴一般由主轴颈、连杆轴颈、曲柄、前端轴和后端法兰部分组成。一个连杆轴颈和它两端的曲柄及相邻两个主轴颈构成一个曲拐。

曲轴的曲拐数取决于气缸的数目和排列方式。直列式发动机曲轴的曲拐数等于气缸数；V形发动机曲轴的曲拐数等于气缸数的一半。

按照曲轴的主轴颈数，可以把曲轴分为全支承曲轴和非全支承曲轴两种。在相邻的两个曲拐之间都设置一个主轴颈的曲轴，称为全支承曲轴。否则，称为非全支承曲轴。因此，直列式发动机的全支承曲轴，其主轴颈总数(包括曲轴前端和后端的主轴颈)比气缸数多一个；V 形发动机的全支承曲轴，其主轴颈总数比气缸数的一半多一个，如图 2-18 所示。

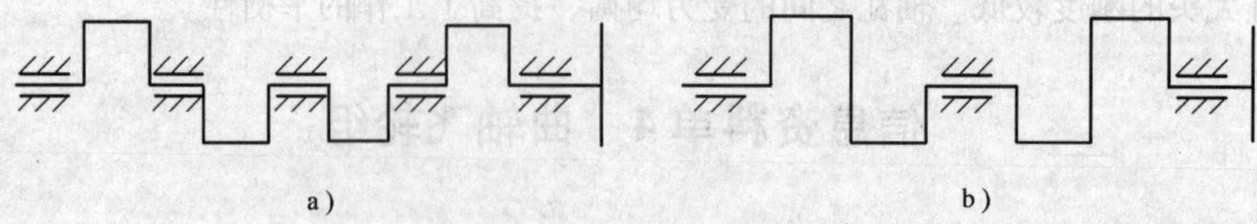

图 2-18　曲轴支承形式示意图

a）全支承式　b）非全支承式

全支承曲轴的优点是可以提高曲轴的刚度，并且可以减轻主轴承的载荷；其缺点是曲轴的加工表面增多，主轴承数增多。一汽捷达 EA827 型发动机、上海桑塔纳 AJR 型发动机均采用全支承曲轴。柴油机也多采用全支承曲轴。

如图 2-19 所示，多缸发动机的曲轴一般做成整体式的。连杆大头为整体式的某些小型汽油机，或采用滚动轴承作为曲轴主轴承的发动机必须采用组合式曲轴(二冲程摩托车、B5 系列的柴油机等)，即将曲轴的各部分段加工，然后用螺栓组合成整体。

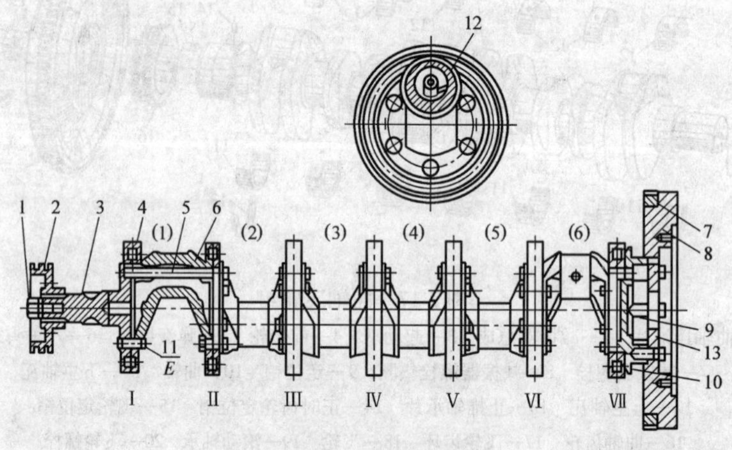

图 2-19　组合式的曲轴

1—起动爪　2—传动带盘　3—前端轴　4—滚动轴承　5—连接螺栓　6—曲柄
7—飞轮齿圈　8—飞轮　9—后端凸缘　10—挡油圈　11—定位螺钉　12—油管　13—锁片

曲轴必须进行动平衡试验。对不平衡的曲轴常在其偏重的一侧钻孔，根据要求除掉部分质量。

曲轴前端是第一道主轴颈之前的部分。该部分装有驱动配气凸轮轴的正时齿轮，驱动风扇和水泵的带轮等。为了防止润滑油沿曲轴轴颈外漏，在曲轴前端上还装有一个甩油盘(注意其安装方向)。

曲轴后端是最后一道主轴颈之后的部分，即安装飞轮用的法兰。

曲轴作为转动件，必须与其固定件之间有一定的轴向间隙。在发动机工作时，曲轴经常受到离合器施加于飞轮的轴向力作用而有轴向窜动；曲轴轴向窜动会导致连杆等各零件的相对位置变化，因此，曲轴必须有轴向定位装置(一般采用滑动推力轴承)。

曲轴推力轴承的形式有两种：组合翻边轴承和片式推力轴承，如图 2-20 所示。

二、曲轴扭转减振器

在发动机工作过程中，连杆作用于连杆轴颈的作用力的大小和方向都是周期性变化的，这种周期性变化的力作用在曲轴上，引起曲拐回转的瞬时角速度也呈周期性变化(由于固装在曲轴上的飞轮转动惯量大,其瞬时角速度基本上可看作是均匀变化的)，曲拐旋转便会忽快忽慢，形成相对于飞轮的扭转摆动，这就是曲轴的扭转振动。当激励频率与曲轴自振频率成整数倍关系时，曲轴扭转振动便因共振而加剧。这将使发动机的功率受到损失，正时齿轮、链条或传动带磨损增加，严重时甚至会将曲轴扭断。为了消减曲轴的扭转振动，一般在发动机曲轴的前端装有扭转减振器。

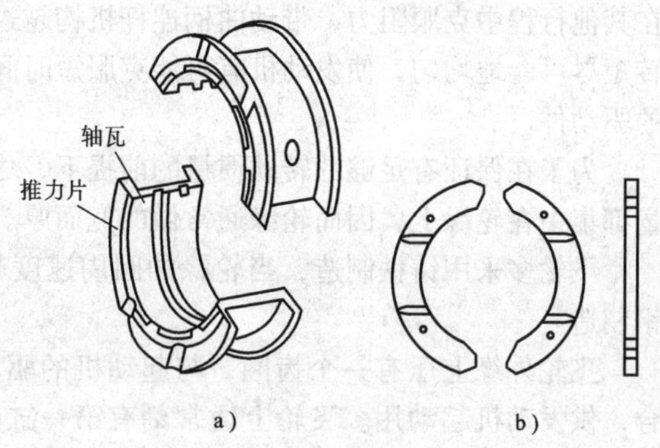

图 2-20　曲轴推力轴承

a) 组合翻边轴承　b) 片式推力轴承

汽车发动机最常用的曲轴扭转减振器是摩擦式扭转减振器，多为橡胶式扭转减振器。

如图 2-21 所示，在橡胶摩擦式扭转减振器中，转动较大的惯性圆盘(主动毂)用一层橡胶垫和带轮(惯性盘)相连，惯性圆盘(主动毂)与带轮(惯性盘)同橡胶垫硫化粘结，惯性圆盘(主动毂)通过锥型套用减振器固定螺栓装于曲轴前端。当曲轴发生扭转振动时，曲轴前端的角振幅最大，而且通过惯性圆盘(主动毂)带动带轮(惯性盘)一起振动，惯性圆盘(主动毂)和带轮(惯性盘)实际上相当于一个小型的飞轮。这样，惯性圆盘(主动毂)就与带轮(惯性盘)有了相对的角振动，而使橡胶垫产生正、反方向交替变化的扭转变形。由于橡胶垫变形而产生橡胶内部的分子摩擦，消除扭转振动能量，使整个曲轴的扭转振幅减小，把曲轴共振转速移向更高的转速区域内，从而避免在常用转速内出现共振。一汽捷达 EA827 型发动机、上海桑塔纳 AJR 型发动机和一汽大柴 CA6110 发动机的曲轴都采用了橡胶摩擦式扭转减振器。

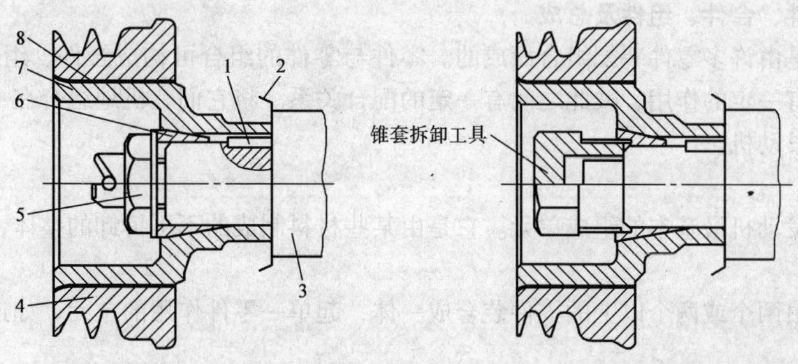

图 2-21　橡胶摩擦式扭转减振器

1—平键　2—甩油圈　3—曲轴　4—带轮(惯性盘)
5—减振器固定螺栓　6—锥型套　7—惯性圆盘(主动毂)　8—橡胶垫

三、飞轮

飞轮是一个转动惯量很大的圆盘，其主要的功用是在发动机做功行程中储存能量，用以在其他行程中克服阻力，带动曲柄连杆机构越过上、下止点；保证曲轴的旋转角速度和输出转矩尽可能地均匀，使发动机有可能克服短时间的超负荷。此外，飞轮常用作摩擦式离合器的驱动件。

为了在保证有足够的转动惯量的前提下，尽可能减小飞轮的质量，应使飞轮的大部分质量都集中在轮缘上，因而轮缘通常做的宽而厚。

飞轮多采用铸铁制造，当轮缘的圆周速度超过 50m/s 时，要采用强度较高的球铁或铸钢制造。

飞轮外缘上压有一个齿圈，与起动机的驱动齿轮啮合，供发动机起动用。飞轮上通常刻有第一缸的点火正时标记，以便于查找压缩上止点、调整气门间隙和供油时间。一汽大柴 CA6110 型发动机的正时记号为 0 ± 20°，0 与飞轮壳上的指针对正时，即表示 1-6 缸的活塞处在上止点位置，如图 2-22 所示。

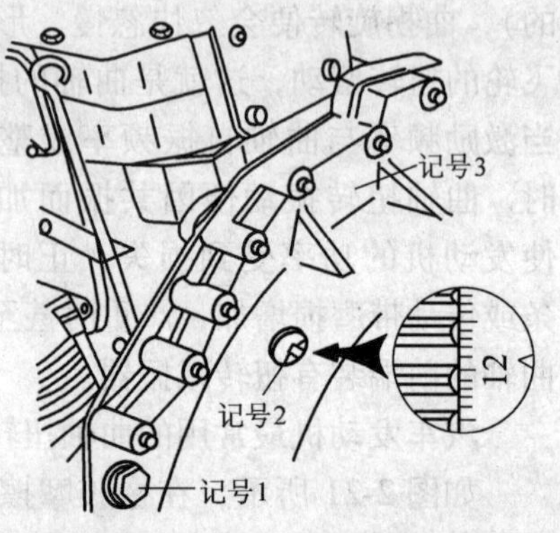

图 2-22 发动机点火正时记号

飞轮与曲轴装配后应进行动平衡试验，否则若在旋转时因质量不平衡而产生离心力，将引起发动机振动，并加速主轴承的磨损。为了在拆装时不破坏它们的平衡状态，飞轮与曲轴之间应有严格的相对位置，一般用固定销或不对称螺栓予以保证。

信息资料单 5 发动机维修的基本知识

发动机在使用过程中，随着工作时间的增加，各个零件、合件、组件、总成因受各种因素的影响，逐渐由设计的“应有状态”向使用后的“实有状态”变化，当变化达到一定程度时即出现故障。研究、掌握发动机零件的变化规律及其原因，适时、合理地进行维护与修理，对于降低运输成本、确保安全、延长发动机使用寿命具有重要意义。

一、零件、合件、组件及总成

发动机是由许多零件装配组合而成的。零件与零件的组合可构成合件、组件和总成等。它们各自具有一定的作用，彼此之间有一定的配合关系。将它们有机地组合在一起，便成为一台完整的发动机。

1. 零件

零件是发动机最基本的组成单元。它是由某些材料制成的不可拆卸的整体，如活塞。

2. 合件

合件是由两个或两个以上的零件装合成一体，起单一零件作用的单元，如连杆总成。

3. 组件

组件是由若干个零件或合件组装成一体，零件与零件之间有一定的运动关系，但不能起单独完整机构作用的装配单元，如活塞连杆组。

4. 总成

总成是由若干零件、合件或组件装合成一体，能单独起一定机构作用的装配单元，如高压油泵总成。

二、零件故障及其原因

组成发动机的各零件、合件、组件、总成之间都有着一定的相互关系，在其工作过程中，这种关系会发生变化，使其技术状况变坏，使用性能下降。使用、调整不当和零件的自然恶化是产生此种现象的原因。

1. 故障的概念

发动机零件的技术状况在工作一定时间后会发生变化，当这种变化超出了允许的技术范围，而影响其工作性能时，即称为故障。如发动机动力下降、起动困难、漏油、漏水、漏气、耗油量增加等。

2. 故障的原因

发动机产生故障的原因是多方面的，但零件、合件、组件、总成之间的正常配合关系受到破坏和零件产生缺陷则是主要的。

（1）零件配合关系的破坏　零件配合关系的破坏主要是指间隙或过盈配合关系的破坏。如缸壁与活塞配合间隙增大，会引起润滑油泄漏和气缸压力降低；轴颈与轴瓦间隙增大，会产生冲击负荷，引起振动和敲击等。

（2）零件间相互位置关系的破坏　零件间相互位置关系的破坏主要是指结构复杂的零件或基础件的位置关系受到破坏(如发动机机体变形,轴承孔沿受力方向偏磨等)，造成有关零件间的同轴度、平行度、垂直度等超过允许值，从而产生故障。

（3）零件、机构间相互协调性关系的破坏　汽油机点火时间过早或过晚，柴油机各缸供油量不均匀，气门开、闭时间过早或过晚等，均属协调性关系的破坏。

（4）零件间连接松动和脱开　零件间连接松动和脱开主要是指螺纹联接及焊、铆连接松动或脱开。如螺纹联接件松脱、焊缝开裂、铆钉松动和铆钉的剪断等，都会造成故障。

（5）零件的缺陷　零件的缺陷主要是指零件磨损、腐蚀、破裂、变形引起的尺寸、形状及外表质量的变化。如活塞、缸壁的磨损，缸体、缸盖的裂纹，连杆的扭弯，气门弹簧弹力的减弱和油封橡胶材料的老化等。

（6）使用、调整不当　发动机由于结构、材质等特点，对其使用、调整、维修应按规定进行；否则，将造成零件的早期磨损，破坏正常的配合关系，导致损坏。

综上所述，产生故障的原因：一是使用、调整、维修不当造成的故障，这是经过努力可以完全避免的人为故障；二是在正常使用中零件缺陷产生的故障，这种故障到目前为止尚不能从根本上被消除，是零件的一种自然恶化过程。

三、零件的磨损及其特性

发动机在正常使用过程中，随着工作时间的增加，其技术状况会逐渐变坏，表现出功率下降、燃料消耗增加、发出不正常响声，甚至操纵装置失灵等。产生这些现象的原因很多，主要是由于发动机各运动配合的零件，在相对运动中表面相互摩擦，造成接触面的磨损，破坏了正常的配合间隙，导致发动机技术性能的变坏。

（一）零件的摩擦与磨损

配合件在工作过程中相互摩擦，使其表面尺寸、形状和表面质量发生变化，这种现象称为磨损。在配合件中，相对运动的两零件表面间存在着摩擦。零件磨损的直接原因是摩擦力对其表面的破坏。

1. 摩擦

（1）摩擦的概念及其影响　两个相互配合的零件，在外力作用下发生相对运动并在其配合面间产生切向阻力的现象称为摩擦。这个切向阻力称为摩擦力。

摩擦的影响主要有以下几个方面：

1）摩擦消耗大量能量。

2）摩擦产生磨损，造成经济上的严重损失。

（2）摩擦的种类　摩擦按运动形式可分为滑动摩擦和滚动摩擦。

滑动摩擦：两零件接触面相对滑动时的摩擦。

滚动摩擦：两物体的接触表面相对滚动时的摩擦。

摩擦按润滑情况可分为干摩擦、液体摩擦、边界摩擦和混合摩擦。

干摩擦：两摩擦表面间无任何润滑剂或保护膜的纯金属接触时的摩擦。

液体摩擦：在摩擦表面之间存在一流体润滑膜时的摩擦，也称流体润滑。

边界摩擦：两摩擦表面各附有一层极薄的边界膜，两表面仍是凸峰接触的摩擦。

混合摩擦：两表面间同时存在干摩擦、边界摩擦和液体摩擦的摩擦。

2. 磨损

发动机零件的磨损不是孤立的，是和它周围的其他因素相关联的。零件的磨损除与摩擦的类型有关外，还与零件的材料、相对运动速度和受力、润滑质量等条件有关。磨损的形式通常有机械磨损、磨料磨损、粘附磨损、腐蚀磨损和疲劳磨损。

由于零件所处的工作条件不同，引起发动机零件磨损的主要原因也不完全一样。但实践证明，其磨损增长的规律却是相似的，即具有共同的磨损特性。从实验得出的零件的磨损特性曲线如图 2-23 所示。

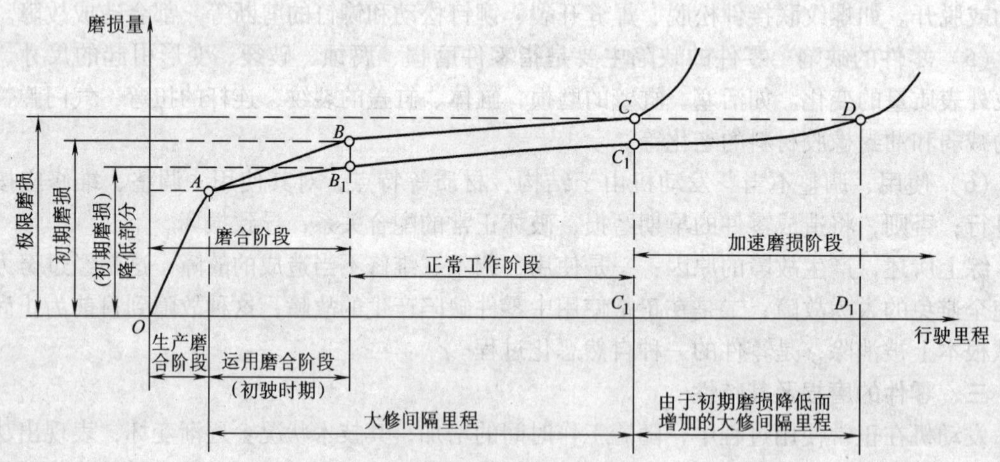

图 2-23　零件的磨损特性曲线

（二）零件的磨损特性

图 2-23 中纵坐标表示零件的磨损量，横坐标表示行驶里程。随着汽车行驶里程的增加，零件的磨损也随之增加。其磨损过程大致分为以下 3 个阶段。

1. 磨合阶段

磨合阶段包括生产磨合和运用磨合（初驶磨合）两个阶段，图 2-23 所示的曲线 *OB* 段。这一阶段的磨损量大，曲线上升得快。其原因主要是：①新的或重新修过的零件表面比较粗糙，加工后几何形状和装配位置等存在一定偏差，致使配合件的接触面积减小，单位面积压力增大，润滑油被挤出而产生干摩擦或半干摩擦；②新的配合件表面的凹凸部分相互嵌合，在相对运动时大量的金属屑被磨落混入润滑油中，形成磨料磨损，使磨损加剧；③由于摩擦作用的加剧，零件表面还将产生很高的热量，使润滑油粘度下降，造成润滑不良，使磨损加剧。正是由于上述原因，零件在磨合阶段的磨损较快。

2. 正常工作阶段

如图 2-23 所示，曲线 *BC* 段即为正常工作阶段。这段曲线上升比较平缓，这是由于零件已经磨合，其工作表面凸出的部分已被磨合平滑，凹陷部分由于塑性变形而填平，零件配合表面已达到适合的表面粗糙度，润滑条件也随之改善，因而磨损程度明显减慢。

3. 加速磨损阶段

如图 2-23 所示，曲线 *C* 点以后为加速磨损阶段。这段曲线从 *C* 点向右开始急剧上升，其原因是配合件之间的配合间隙已达到最大允许极限，间隙过大，机件运转的冲击负荷增大，润滑油膜难以维持，使零件磨损急剧增加。这时如不及时调整、维修零件，而继续行驶，将会造成零件的迅速损坏。

综上所述，根据零件的磨损规律，为了延长零件的使用寿命，在使用中应尽量减小磨合阶段的磨损(如零件磨损曲线图中所示的下面一条曲线)，这样就可以使零件的使用时间相应地延长，从而增长了正常工作时间，增加了大修间隔里程。减缓磨合阶段的方法一般是：机件装配后先采用无负荷磨合；进入使用期后的初驶阶段减轻负荷；在磨合阶段采用优质润滑油；在磨合阶段加强调整、紧固和维护工作等。如新车或大修后的汽车都规定有磨合期，并对磨合期的使用有具体规定，其目的就是为了延缓磨合阶段的磨损。

(三) 零件磨损极限值与允许值

在发动机修理中，正确确定零件磨损极限值及允许值，对零件的使用寿命和预防故障的发生有着重要意义。

1. 零件磨损极限值

零件在工作中的磨损程度达到其不能再继续正常使用的极限值，如图 2-23 所示曲线的 *C* 点，而再继续使用将引起急剧磨损，甚至造成损坏，从而严重影响机器工作性能时，称为零件达到其磨损极限值。零件磨损极限值的确定主要是以零件能否满足工作要求、保证机器工作性能为依据。通常采用总结经验、统计分析、生产试验和实验室研究等方法来确定。

2. 零件磨损允许值

零件在工作中虽已磨损，但若继续使用一个修理间隔期也不会超过磨损极限值，则此零件已具有的磨损值称为磨损允许值。例如，某零件的磨损极限值为 0. 15mm，使用一个修理间隔期后其磨损值为 0. 08mm，显然，这个零件再继续使用一个修理间隔期不会超过磨损极限值，则零件已有的磨损值(0. 08mm)即为磨损允许值。

四、零件的分类

零件经检验后，应根据“汽车修理技术标准”的要求，结合修理单位的具体情况，将零件分为堪用、待修和报废 3 类。

1. 堪用零件

堪用零件是符合大修技术标准要求，不需要修理而能继续使用的零件。

2. 待修零件

待修零件是经修理后能达到大修技术标准要求的零件。

3. 报废零件

报废零件是已损坏，不能修复、无法修复或没有修理价值的零件。

技能单1 气缸的检修

气缸的检查一般包括两项内容：一项是外观检查，检查气缸的机械损伤、表面质量和化学腐蚀程度等；另一项是用内径量缸表检测气缸的磨损量、圆度、圆柱度和间隙。

1. 测量方法

（1）安装百分表 将百分表安装在表杆的上端，使表的触头与表杆上端接触，并使表有一定的压缩量，使小表针指向约0.5，并将百分表头固定在表杆上。

（2）选千分尺 根据所测量气缸套的公称尺寸选择合适的千分尺；将千分尺校正并调整到气缸套的公称尺寸数值，锁定千分尺。

（3）选择量杆 根据所测量的数值选择合适的量杆。

（4）校表 用调整好的千分尺，量取测杆与接杆端的尺寸，并使测杆有1mm左右的压缩量，即小表针指向“1”或“1”的左右；否则，可通过改变量杆的接杆长度予以调整。

（5）测量部位 一般在气缸的轴向上选取3个截面，如图2-24所示，即S_1-S_1（活塞在上止点时，第一道环所对应的缸壁位置）、S_2-S_2（活塞在上止点时，活塞裙部所对应的缸壁位置，即气缸中部）、S_3-S_3（活塞在下止点时，活塞裙部所对应的缸壁位置，一般距气缸下边缘10～15mm）。

（6）测量读数 如图2-25所示，测量时手应握住绝热套，把量缸表整体倾斜放入气缸被测处，使量缸表整体向直立方向摆动，表针摆动停止或量缸表的指针左右摆动相等（在气缸中心线与测杆垂直）即为所读数值。如果指针正好对“0”处，则被测缸径与公称尺寸相等；当指针顺时针方向离开“0”，则缸径小于公称尺寸；如逆时针方向离开“0”位，则读数大于公称尺寸。记录下所测得3个截面不同方向上的数值。

2. 最大磨损量与间隙的计算

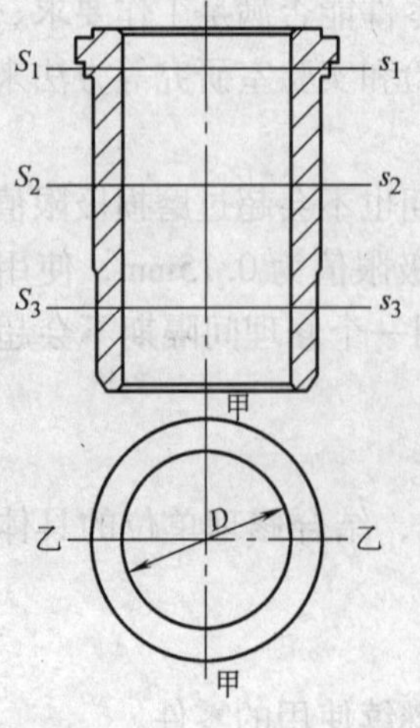

图2-24 气缸的测量部位

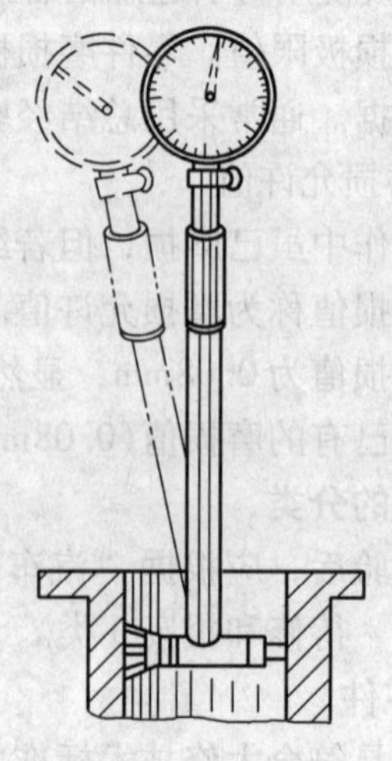

图2-25 量缸表测量法

在所测得数值中，最大的直径（一般在 S_1-S_1 位置）与公称尺寸之差（或 3 个截面不同方向上的最大直径与公称尺寸之差）为气缸套的最大磨损量。

在剖面 S_2-S_2 侧压方向所测取的直径值，与活塞裙部所测得的直径值之差，为缸套与活塞的配合间隙。

3. 圆度与圆柱度的计算

被测气缸的圆度值以同截面两个方向（甲、乙）测得差值的一半计；取其 3 个横截面上的最大值为该气缸的最大圆度值。

气缸的圆柱度以同一方向 3 个横截面上的最大与最小差值的一半计；取其两个方向测得的最大值为该气缸的最大圆柱度值。

4. 气缸修理尺寸的确定（干式气缸）

当气缸磨损超过允许的极限时，应确定气缸的修理尺寸进行修理，并选配与气缸修理尺寸相适应的活塞、活塞环，以恢复气缸的几何形状和正常的配合间隙。

修理尺寸是指零件表面通过修理形成符合技术要求的，大于原始设计公称尺寸的新尺寸。

气缸的修理尺寸通常通过计算方法来确定。修理尺寸等于气缸最大磨损直径与加工余量之和。其数值再与标准修理尺寸对照，以选出合理的修理级别。测得的数值记入表 2-1 中。

表 2-1　活塞与气缸修理鉴定表

发动机型号：＿＿＿＿＿＿　　　　单位：mm

缸　序 项　目			第一缸		第二缸		第三缸		第四缸		第五缸		第六缸	
			甲	乙	甲	乙	甲	乙	甲	乙	甲	乙	甲	乙
活塞	直径	1												
		2												
	圆度													
	圆柱度													
缸套	直径	S_1												
		S_2												
		S_3												
	圆度													
	圆柱度													
	最大磨损量													
活塞与缸套间隙														
处理意见														

鉴定人

年　　月　　日

技能单 2　气缸套拆装

一、气缸套的拆卸

1）经测量并确定不能继续使用到下一个大修循环的气缸套，应拆卸并更换新的气缸套。

2）使用拉缸器拆卸气缸套。选择圆托盘，把拉缸器总成安装到需拆卸的气缸套上，注意下端的圆托盘不能抵在缸体上，以免损坏缸体，然后进行操作，把气缸套从机体上拉出。

二、气缸套的安装

1）清除水套内的水垢，清除气缸套台肩下平面与机体气缸套安装孔上平面阻水圈环槽内的水垢和杂物。

2）试装气缸套：在不装阻水圈的情况下，将气缸套装入机体气缸套安装孔内，应能转动气缸套但无过大的晃动量。气缸套凸出机体上平面的高度应为0.08～0.21mm（一般用深度卡尺或平尺加塞尺配合测量）。如果凸出的高度不够，可在气缸套台肩下加垫薄铜环来调整。同一机体上的气缸套高度差不应超过0.03mm。

3）安装阻水圈：检查阻水圈是否是合格产品（特征是粗细均匀、无裂纹，表面平整光滑），将阻水圈装入槽内（不准扭卷和损伤，应沿整个圆周均匀凸出环槽）。

4）气缸套安装前应确认圆度方向，用钢字码在气缸套短轴方向的缸沿作标记，表示安装方向及安装位置（该方向应位于侧压力方向）。

5）安装气缸套：用肥皂水涂阻水圈表面及气缸套下部的外表面，将气缸套按所作标记分别压入安装孔内。检查阻水圈是否被挤出或剪损，如果被挤出或剪损，应更换阻水圈再重新安装。检查气缸套是否变形，若圆度或圆柱度超过0.03mm，应卸下气缸套，查明原因，重新安装。

6）复查各气缸套凸出高度及高度差。

三、气缸套安装后的检查

更换后的气缸套应进行质量检查，并将结果填入气缸修理鉴定表中。对维修后的气缸套有如下技术要求：

1）气缸套直径应在修理尺寸的公差范围内，其圆度与圆柱度应在标准范围内，气缸套下部（50～80mm处）圆度允许在0.005mm范围内。

2）气缸套的中心偏斜，在100mm长度内不得超过0.05mm。

3）气缸套装入后，应进行水压试验：一般在0.3～0.5MPa的压力下，阻水圈处应没有漏水现象。

技能单3　连杆衬套的铰削、连杆的检验与校正

一、连杆衬套的铰削

活塞销与连杆衬套的配合一般是通过铰削、镗削或滚压来完成的，其配合要求是：在常温下，汽油机的活塞销与连杆衬套的间隙为0.005～0.010mm，且要求活塞销与连杆衬套的接触面积在75%以上。中、大型柴油机活塞销与连杆衬套的间隙一般为0.03～0.05mm。

连杆衬套的铰削：

（1）选择铰刀　按活塞销的实际尺寸选用铰刀，将铰刀的刀杆垂直地夹在台虎钳的钳口上。

（2）调整铰刀　将连杆衬套孔套在铰刀上，一手托住连杆大端，一手压住连杆小端，以铰刀刃露出衬套上面0.3～0.5mm作为第一刀的铰削量为宜。

（3）铰削　铰削时，一只手托住连杆大端均匀用力扳转，另一只手将小端向下略施压力。铰削时应保持连杆轴心线垂直于铰刀轴线，以防铰偏，如图 2-26 所示。当衬套下平面与刀刃相平时停止铰削，将连杆下压退出，以免铰偏或衬套起棱。然后在铰刀量不变情况下，将连杆翻转 180°再铰削一次，铰刀的铰削量以调整铰刀的螺母转过 60°~90°为宜。

（4）试配　每铰削一次都要用相配的活塞销试配，以防铰大。当用手能将活塞销推入衬套 1/3~1/2 时停铰，用木锤将活塞销打入衬套内，并夹持在台虎钳上按连杆工作摆动方向扳转连杆，如图 2-27 所示。然后压出活塞销，视衬套的痕迹适当修刮。

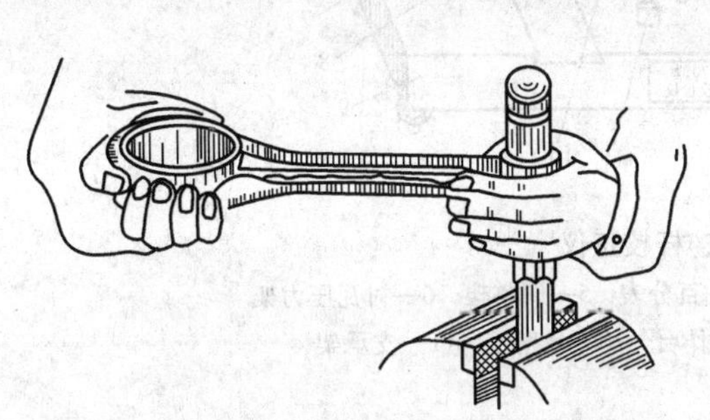

图 2-26　连杆衬套的铰削

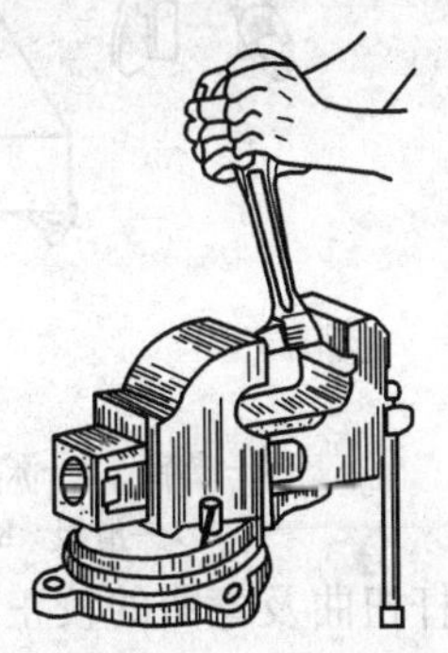

图 2-27　检验活塞销与连杆衬套的配合(一)

活塞销与连杆衬套的配合也可凭感觉判断：以拇指力能将涂有润滑油的活塞销推过衬套为符合要求，如图 2-28 所示；或将涂有润滑油的活塞销装入衬套内，连杆与水平面倾斜成 45°，活塞销应能依靠其自重缓缓下滑。此外，活塞销与连杆衬套的接触面积应在 75% 以上。

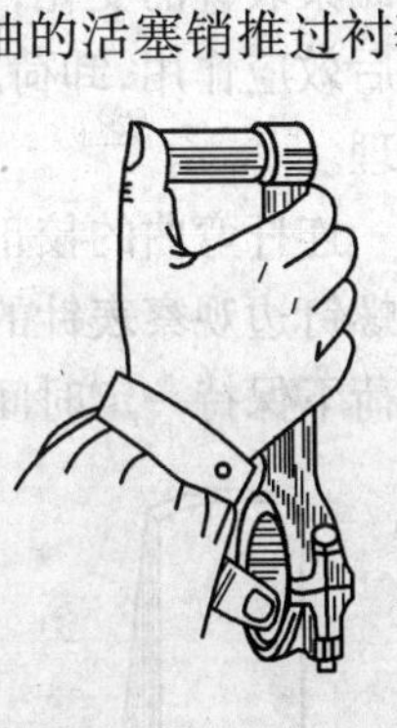

图 2-28　检验活塞销与连杆衬套的配合(二)

二、连杆的检验与校正

连杆的检验与校正采用连杆校正仪进行。该校正仪适用于中小型发动机连杆产生的弯曲、扭曲及其双重变形的检验和校正。

1. 技术数据

1）心轴可调范围：38~51.5mm、51~66mm。

2）外形尺寸(长×宽×高)：550mm×300mm×340mm。

3）滑板移动距离：140mm。

4）工作台面与芯轴中心高：75mm。

5）误差：弯曲≤0.03mm、扭曲≤0.05mm。

2. 连杆扭曲及弯曲的检验

连杆衬瓦加工完毕后，装配好活塞销，如图 2-29 所示，将连杆大端轴孔穿入心轴 1，置于涨块 2 的中部，边旋升心轴涨块边轻动连杆(全方位轻动)，直至连杆完全固定、没有位移量为止(切忌无限度涨紧,以免损坏连杆衬瓦)。用支承架 11 顶住连杆小端活塞销孔下部，以防连杆小端下垂影响精度。装好百分表，将调整架调好位置：使上表的检测头位于活塞销轴心线的正上面，侧表的检测头位于活塞销轴心线的侧面，即两个表的测头垂直指向活塞销的轴心线。将两表刻度盘归零，用滑板手柄 8 轻推滑板，使表的检测头置于活塞销最末端。

此时，上表显示值为连杆扭曲量，侧表显示值为连杆弯曲量。

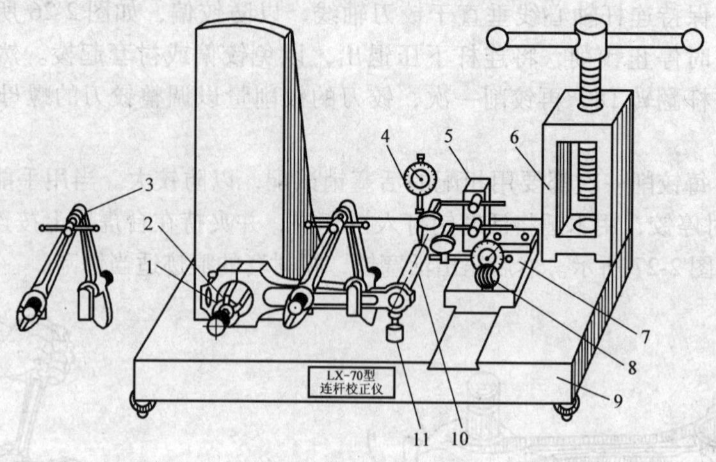

图 2-29　连杆校正仪

1—芯轴　2—涨块　3—扭曲架　4—百分表　5—调整架　6—衬瓦压力架
7—滑板　8—滑板手柄　9—工作台　10—活塞销　11—支承架

3. 连杆扭曲及弯曲的校正

连杆扭曲的校正如图 2-30 所示，保持在上述检验状态不变，装上扭曲架旋紧钩爪螺母（扭曲架安装一正一反，根据连杆扭曲方向确定扭曲架左右钩爪位置），边旋紧校正紧固螺钉边观察表针的变化，直至表针归零，并根据扭曲量适当校正有一定的过盈量（由于材料的弹性后效应作用，卸荷后连杆有复原的趋势）。对于变形量较大的连杆校正后，必须进行时效处理。

连杆弯曲的校正如图 2-31 所示，根据连杆的弯曲方向装上弯曲校正架，边旋紧校正紧固螺钉边观察表针的变化，直至表针归零，并根据弯曲量适当校正有一定的过盈量，在校正负荷下保持一定时间。

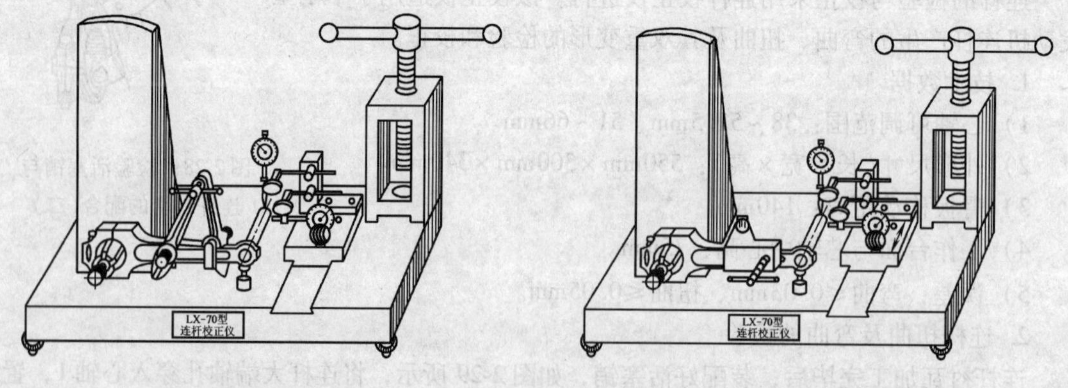

图 2-30　连杆扭曲的校正　　　　图 2-31　连杆弯曲的校正

4. 注意事项

1）检验前，调整工作台的 4 个支脚，使各支脚支承力均匀，以保证工作台的平衡和精度。

2）保持工作台及心轴无锈蚀现象。

3）检验连杆时，要确保表头固定可靠、调整架碟形螺母紧固可靠并无松动现象，心轴和涨块应无杂物，以免影响精度。

4）连杆弯曲量≥0.3mm时，不应再做校正。这是由于其内应力过大，即使校好，装入发动机后仍会变形，而且还会损坏设备。

技能单4　活塞连杆组装

一、活塞的选配

当磨损的活塞超过使用限度不能修复再用时，应当更换新活塞。汽油机选配活塞时应以气缸的修理尺寸为依据，即气缸加大到哪一级修理尺寸。活塞的修理分级尺寸与气缸的相同，加大的尺寸数字，一般都刻在活塞顶上。

选配时应注意下列要求：

1）为保证材料、性能、质量和尺寸的一致性，要求同一台发动机必须选用同一厂家生产的同组活塞，即选用配套活塞组，不得拼凑。

2）同一台发动机上同一组活塞的直径差不得大于0.020mm。

3）同一台发动机内各活塞的质量差不得超过活塞质量的3%。如果同一组活塞仅质量不符合规定，可车削活塞裙部内壁下部向上20mm的部位来修正。

4）活塞裙部的圆度和圆柱度应符合规定。汽油机活塞裙部的圆柱度为0.005～0.015mm，最大不得超过0.025mm。活塞的圆度误差一般为0.10～0.20mm。

5）由于活塞头部壁较厚、质量大，工作时的温度比裙部的高，所以在设计或制造时，头部与裙部的直径大小有差异，以防活塞头部热胀后“卡死”在缸内，提高活塞环工作的可靠性。

6）活塞销座两孔内端面与连杆小头两端面之间的间隙，一般均应保持在2mm左右。

7）为了获得活塞与气缸的正确配合，应测定气缸与活塞的间隙。除用外径千分尺和内径百分表(量缸表)外，还可采用塞尺检查。用塞尺检查时，应先清洗活塞和气缸壁，再将不带活塞环的活塞倒置于气缸内，低于气缸上平面15～20mm；同时，选取与标准间隙相同厚度的塞尺塞在活塞的裙部与气缸壁之间，其圆周位置应在垂直活塞销孔处，使塞尺具有适当的阻力又能拉出。此时，塞尺的数据应在该机的标准间隙范围内。

二、活塞连杆组装工艺

1. 注意事项

1）同一台发动机要选用同一厂家的连杆，其同组连杆的质量差应符合规定：装配好的活塞连杆各总成的质量不大于40g。连杆在组装前应进行弯曲、扭曲的检查及校正。

2）活塞销与活塞销孔的配合应适宜。其检查方法是：在室温条件下，将活塞销一端插入座孔，以能用手推入销孔1/2左右深度内为合适。

3）连杆瓦与连杆轴颈的配合间隙应符合要求。

4）活塞连杆组装时，应注意安装方向：连杆杆身向前标记(小凸起)应与活塞顶向前标记(箭头)对正。

2. 活塞连杆组装

(1) 清洗　将活塞连杆彻底清洗干净。尤其是连杆杆身有油道及连杆大端有喷油孔的活塞连杆(如 CA6110 型)，应用细钢丝(注意不要划伤油道)逐一清理油道、油孔中的污垢，并在冲洗后用压缩空气吹净。

(2) 加热　活塞需加热的，一般是将活塞放入水中或放入恒温箱中加热，最高温度不得超过 100℃。不允许用火烧的方法来加热活塞。先将活塞放入冷水中，让活塞随水温的逐渐升高而升高，以达到所需温度。由于工艺与材质的提高，目前使用的活塞可无需加热直接安装。

(3) 涂油　将活塞销及衬套均匀地涂上润滑油。

(4) 组装

1) 将加热的活塞迅速擦净销孔，随即将连杆小端伸入活塞内(注意安装方向)，装上导向销，然后用拇指将活塞销推入销孔及连杆衬套中，直至另一端销孔的锁环槽内端面。

2) 锁环嵌入环槽中的深度相当于锁环钢丝直径的 2/3。

三、检查

1) 当活塞逐渐降至常温后，测量其裙部尺寸，应满足其与该气缸的间隙配合；否则，可用木锤敲击使其满足与该气缸的配合间隙。

2) 活塞连杆组的质量差应在规定范围内，见表 2-2。

表 2-2　活塞连杆组的质量差及各螺栓(螺母)拧紧力矩

项目 / 机型	同一台柴油机的质量差			连杆螺栓拧紧力矩/N·m	主轴承螺栓拧紧力矩/N·m	飞轮螺栓拧紧力矩/N·m
	连杆	活塞	活塞连杆组			
120 系列	20g	10g		150~180	200~220	140~160
125 系列	20g	10g		150~180	200~220	140~160
6110		8g	25g	127.4~161.7	215.6~254.8	137.2~166.6
110 系列	20g	10g		120~140	180~200	140~160
300 系列	1kg	1kg	1kg	250~280	160~180	500~550
G300 系列		1kg	1.5kg	460~480	260~280	500~550
135 系列	30g	10g		180~200		
6102Q 朝阳		25g		220~240	200~220	200~220
6102QA 牟平			20g	100~120	150~170	130~150
495Q 扬柴			10g	100~120	150~170	130~150
YC6105QC 玉柴				165~235	210~290	167~187

技能单 5　活塞连杆组安装

将待安装的零、部件清洗干净，将零、部件上有相互运动的表面涂上润滑油。

一、检查偏缸

1) 将已装好的气缸套及曲轴的机体侧置在工作平台上，用木方平稳垫牢。

2) 将不带活塞环的活塞连杆组按原定气缸标记装入气缸内，保证安装方向正确。CA6110 型发动机连杆方向是活塞顶部标记朝向机体前方。将下瓦片装在相应的连杆盖上，同连杆大端及上瓦片一起安装在连杆轴颈上，并使连杆配对记号或瓦片定位槽在同侧。按规定力矩分次拧紧连杆螺母。

3）转动曲轴，逐个气缸检查活塞在上、下止点和气缸中部时，活塞头部前、后两个方向上与气缸壁的间隙，其差不应大于0.1mm；否则说明有“偏缸”现象，应进行校正。

4）拆下各活塞连杆组，并对“偏缸”的活塞连杆组进行重新校正。

二、活塞环的检查

1. 检查活塞环

（1）活塞环弹性的检查　活塞环弹性可在专用检验仪上进行，其弹力应符合规定。如，CA6110型发动机气缸的开口间隙在0.25～0.45mm时，弹力不小于44.1N。

（2）活塞环漏光度的检查　一般对平环进行漏光度检查时，漏光部位不应超过两处，每处漏光弧长不得超过25°，在同一环上漏光总和不得超过45°，且光隙不超过0.02mm，在开口处左、右30°范围内不允许漏光。扭曲环的漏光度要求可适当放宽。

（3）活塞环的端间隙检查　活塞环的端间隙（开口间隙）是将活塞环装入相应的气缸时开口处两端应有的一定的间隙。CA6110型发动机第一道环为0.35～0.40mm，第二道环为0.30～0.35mm，第三道环为0.20～0.30mm。如端间隙过小，允许在活塞环的端面用平锉修复。其检查方法如图2-32所示。

（4）活塞环的背隙和边间隙的检查　背隙是指活塞与活塞环装入气缸后，在活塞环背部与活塞环槽部的间隙（通常以槽深与环宽之差来确定）。活塞环一般应低于环槽0.20～0.35mm，以免工作中在气缸内卡住。

边间隙是指活塞环与槽平面的上下间隙。边间隙过大，将影响活塞的密封作用，导致润滑油窜入气缸；边间隙过小，则会使活塞环卡死在环槽内，所以要求边间隙要符合规定。CA6110型发动机的边间隙是0.035～0.072mm。如图2-33所示，活塞环边间隙检查时，如边间隙过小可在平板上面铺上0号砂纸研磨。

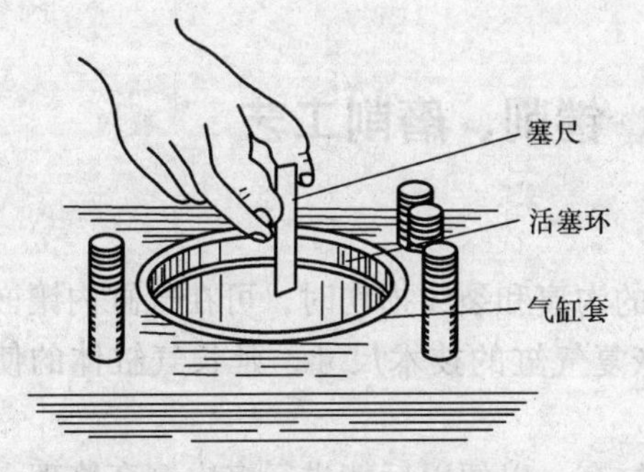

图2-32　活塞环端间隙检查

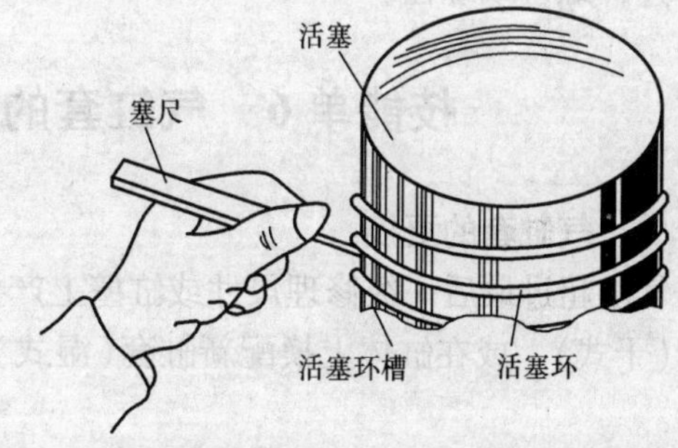

图2-33　活塞环边间隙检查

2. 安装活塞环

1）活塞环在组装时，应按指定的气缸及活塞的环槽进行选配，不可错装。

2）活塞环容易折断，因此不可将开口张的过大，应用专用装卸钳来安装，如图2-34所示。

3）装活塞环时应由下而上安装，先装油环后装气环。

4）各环应注意安装方向。扭曲环内切口朝上，外切口朝下。第一道气环大多数是镀铬的平环，有方向性要求，环面上有记号或文字，应将记号或文字朝上安装。

5）在安装组合式油环时应注意：钢片组合油环的两钢片开口应错开180°。螺旋弹簧涨圈式油环的弹簧涨圈插头与油环开口要错开180°。

6）活塞环安装后，用手转动活塞环应灵活，如有卡阻现象应排除。

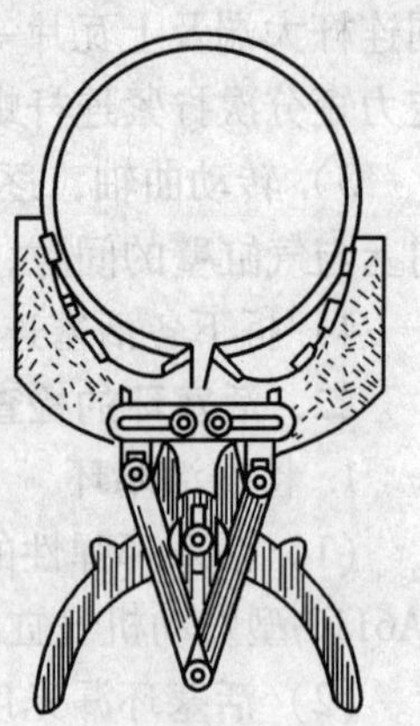

图2-34 活塞环的拆装工具

三、活塞连杆组装入气缸套

1）清洗：将待装部件清洗干净，均匀地涂上润滑油。

2）转动曲轴：将待安装的连杆轴颈转到下止点的位置。

3）活塞环的开口方向：将一、二道气环的开口方向错开180°，且开口方向要避开活塞销轴方向和侧压力方向（使开口方向位于销轴与侧压力方向45°夹角处）；将油环开口方向与其错开90°；如有第三道气环，其开口方向与油环开口错开180°。

4）装活塞连杆组：将活塞连杆组按正确位置和方向，使连杆全部及活塞的2/3装入气缸（活塞裙部有油环的除外）。

5）将活塞连杆组推入气缸：用活塞环卡箍压紧活塞环，用木棒将活塞推入气缸。

6）安装连杆瓦盖：用双手拉动连杆大端，将大端及上瓦片靠在连杆轴颈上。将连杆瓦盖与下瓦片一起按正确方向与连杆大端及上瓦片装合在一起。

7）拧紧连杆螺母：按规定力矩，分次拧紧连杆螺母以达到规定力矩。

8）检查：用锤子或铜棒沿曲轴轴向前后敲击连杆瓦盖，连杆应能前后移动。转动曲轴数圈，曲轴应转动灵活，确定无误后再按同样方法安装其他活塞连杆组。

9）全部活塞连杆组装后，转动曲轴数圈，其转动阻力应正常。确定无任何问题后，锁止各连杆螺母或螺栓。

技能单6 气缸套的更换、镗削、磨削工艺

一、气缸套的更换

气缸超过最后一级修理尺寸或缸壁上产生较深的沟痕和裂纹损伤时，可在气缸内镶嵌新缸套（干式），或在缸体上换配新缸套（湿式），以恢复气缸的技术尺寸，延长气缸体的使用寿命。

气缸第一次镶套时，应选用外径尺寸最小的气缸套，以便以后能进行多次镶套修理。已镶过缸套的气缸，应先用专用工具将废缸套拉出或压出，也可用镗床镗掉废缸套。然后检查气缸套承孔，圆柱度误差不大于0.01mm，表面粗糙度不大于R_a3.2μm。湿式气缸套座孔，上、下承孔的圆柱度误差不大于0.015mm。

1. 干式气缸套的镶配工艺

1）对于第一次镶配气缸套的气缸，应根据选用的气缸套外径尺寸，镗修所需要镶套的尺寸和表面粗糙度，以保证气缸套与气缸承孔结合紧密牢固、导热性能完好。

2）检查气缸套外径的过盈尺寸，上端有突缘的气缸套过盈量为-0.04～-0.07mm；无

突缘的气缸套为 −0.07 ~ −0.10mm。厂家有分组规定的，应按厂家规定选配。气缸套外圆下口处应有 1×5°的倒角，以便于镶装。

3）镶装时，先在气缸套的外壁和气缸的内壁上涂以润滑油（润滑油和石墨的混合液也可以），放正气缸套，先插入气缸承孔内一部分，再垫以平整的厚板，将气缸套压入气缸内。在开始压入 20 ~ 30mm 时，应将压力卸荷几次，以使气缸套产生的稍许歪斜得以自行校正。同时，也可用直角尺检查气缸套是否垂直，以便及时矫正。待确认无误后，再将气缸套压入气缸。

4）为防止气缸体变形，镶装气缸套时应采用隔缸压入法。气缸套压入后，应高出气缸体上平面，可在镗修时镗平。

5）气缸套镶配后，应进行水压试验；再按气缸规定的修理尺寸进行镗缸或珩磨。

2. 湿式气缸套的更换

1）拆除旧缸套，可选择专用拉卸器将旧缸套取出；刮除气缸体内的锈蚀、污垢等杂物，并用细纱布擦拭气缸体与气缸套配合的定位部，使其露出金属光泽，特别是密封圈接触的气缸孔壁必须干净光洁。

2）换装新气缸套。在安装前，应先将未装密封圈的气缸套与气缸体试装。将选好的气缸套先装入气缸体中，计算垫片的厚度（$B = H + \Delta$），以保证气缸套凸出的高度。

3）将新的橡胶圈、垫片等套在气缸套上或气缸承孔中，将气缸套压入气缸内。

二、气缸套的镗削

1. 镗前的准备

以 T8014 型镗缸机为例介绍，如图 2-35 所示。

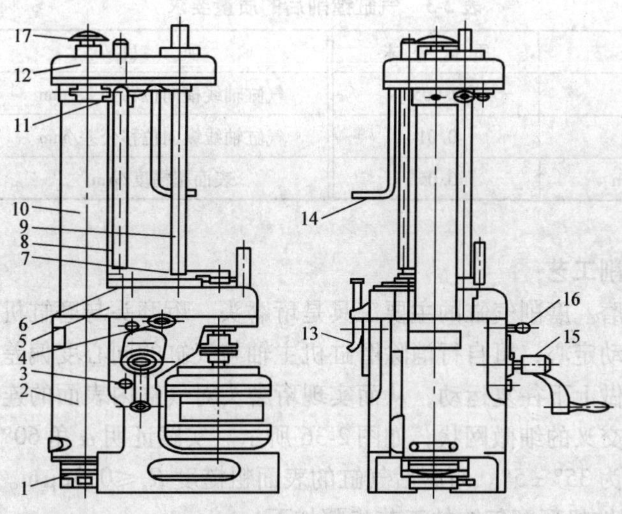

图 2-35　T8014 型镗缸机

1—镗头　2—机体　3—放油孔　4—油标　5—变速器盖　6—注油孔
7—磨刀轮　8—升降丝杠　9—光杆　10—镗杆　11—张紧轮装置
12—带轮箱　13—开关　14—自动停刀装置　15—升降把手
16—进给量变换杆　17—定心爪控制旋钮

1）检查气缸体水压合格后，掌握气缸体的磨损状况。

2）清洁气缸体及定位平面。

3）确定气缸的修理尺寸等级：

$$n \geqslant \frac{D_{max} - D_0 + X}{0.25} \quad \text{（圆整后取整数）}$$

式中 n——修理尺寸等级；

D_{max}——气缸最大磨损处直径(mm)；

D_0——气缸标准直径(mm)；

X——气缸镗削余量，取0.10～0.15mm。

4）按计算的修理尺寸等级选配同一厂家生产、同一修理尺寸的成组活塞。

5）计算气缸镗削后直径：

镗削后直径＝活塞直径＋气缸间隙－珩磨余量

6）计算气缸最大镗削量：

最大镗削量＝镗削后气缸直径－镗削前气缸最小尺寸

2. 镗缸机调整与切削量选择

1）安装固定镗缸机：在需镗缸的邻近缸孔内用压紧装置将镗缸机压紧在气缸体上，用定心调节器使主轴与被镗缸孔同轴。

2）根据缸孔深度调节制动杆，以控制工作行程。

3）用专用千分尺测量镗刀的尺寸，按需要调整镗刀的尺寸。

4）选择切削量。一般第一刀和最后一刀为0.1～0.15mm，其余各刀应不超过镗缸机的规定。气缸镗削后的质量要求应符合表2-3的要求。

表2-3 气缸镗削后的质量要求

项 目	质量要求	项 目	质量要求
圆度公差/mm	0.005	气缸轴线横向位移公差/mm	0.10
圆柱度公差/mm	0.01	气缸轴线纵向位移公差/mm	0.07
轴线垂直度公差/mm	0.05	表面粗糙度/μm	$R_a \leqslant 1.6$

三、气缸套的磨削工艺

磨削气缸又称珩磨。磨削气缸的主要工具是珩磨头。珩磨头与磨缸机挠性联接，依靠珩磨的气缸内圆表面自动定心，可自行消除磨缸机主轴与气缸的同心度偏差。工作时，珩磨头由磨缸机带动旋转并做上下往复运动，从而实现珩磨头对气缸内表面的连续加工。珩磨后的气缸内表面留下相互交叉的细微网状，如图2-36所示。实践证明α角60°为宜。EA827型发动机的气缸α角规定为35°±5°。珩磨后气缸的表面粗糙度$R_a \leqslant 0.32\mu m$。

东风TM1型镗磨缸机珩磨气缸的工艺步骤如下：

1）将选择好的成组磨条装在珩磨头上，如图2-37所示，调整圆柱度误差小于0.2mm。圆柱度超差时可在磨条内侧加减垫片调整。

2）将珩磨头装在珩磨机上。

3）调整珩磨头磨条的压力(即磨条对气缸壁的压力)。将珩磨头放入气缸内，用手旋转调整盘，使磨条向外扩张，直到磨条紧贴气缸壁，松手后珩磨头不会自由下落，上下移动又没过大的阻力时为宜。

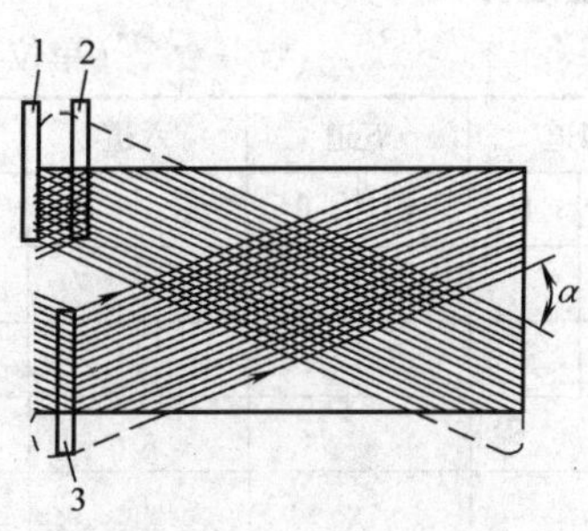

图 2-36　珩磨后的网状磨痕

1—前进行程开始时的砂条位置

2—返回行程终了时的砂条位置

3—前进行程终了时的砂条位置

α—磨痕螺旋线相交的角

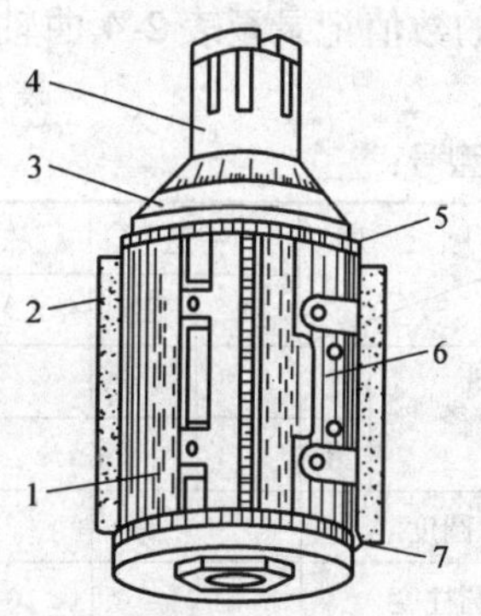

图 2-37　珩磨头

1—连接杆　2—磨条　3—调整盘

4—插头座　5、7—箍箕　6—砂条导片

4）打开切削液开关，使切削液注入珩磨头与气缸壁之间。切削液使用煤油、柴油或者在煤油中加入 15% ~20% 的全损耗系统用油。

5）接通电源，珩磨头开始旋转的同时，必须作上下往复运动，以防磨削不均匀而产生锥度。磨头转数和上下往复运动的关系根据厂家规定的 α 角的大小决定。

6）磨削时，上下往复运动行程的大小以上、下两端各露出磨条 15 ~20mm 为宜。上下行程过大易使气缸产生喇叭形；上下行程过小易使气缸产生腰鼓形。

珩磨气缸过程中必须勤测量，以确保磨缸质量。应注意尽可能使磨缸机的主轴、珩磨头和气缸在同一中心线上，以防偏磨。

用粗磨条珩磨气缸到一定程度后（一般为磨削量的一半），应改换细磨条光磨。当用活塞试配并确认间隙合格后，可用“00”号砂布包在珩磨头上进行气缸的抛光。

经过珩磨的气缸应符合《汽车修理技术标准》中规定的有关技术要求。

1）气缸表面应光滑看不到磨痕，表面粗糙度 $R_a \leqslant 0.32\mu m$，气缸壁表面应呈蓝黑色。

2）干式气缸圆度误差值应不大于 0.005mm，圆柱度误差值不大于 0.0075mm。

3）气缸与活塞的配合间隙应符合技术要求，达到该机的规定标准。

4）进行气缸轴线偏斜的检查，即检查气缸轴线与气缸体主轴承座孔轴线垂直度，应符合规定。

技能单 7　曲轴的检修

一、曲轴的检验

曲轴轴颈磨损的检验如图 2-38 所示。

根据轴颈的磨损规律，在每一道轴颈上选取两个截面 Ⅰ-Ⅰ 与 Ⅱ-Ⅱ，在每一道截面上与曲柄平行及垂直的两个方向 *A—A* 和 *B—B* 用外径千分尺进行测量。此时，轴颈同一横断面上两个方向测得的最大数值与最小数值差的一半即为圆度值；轴颈在纵断面上测得的两个截面上最大数值与最小数值差的一半即为圆柱度误差值。

测得的数值记录至表2-4曲轴与曲轴瓦修理鉴定表中。

表2-4 曲轴与曲轴瓦修理鉴定表

发动机型号：＿＿＿＿＿ （单位：mm）

项目 \ 顺序			一道		二道		三道		四道		五道		六道		七道	
			A	B	A	B	A	B	A	B	A	B	A	B	A	B
主轴颈	直径	Ⅰ														
		Ⅱ														
	圆度															
	圆柱度															
	磨损量															
主轴瓦	直径	Ⅰ														
		Ⅱ														
	圆度															
	圆柱度															
	与轴间隙															
连杆轴颈	直径	Ⅰ														
		Ⅱ														
	圆度															
	圆柱度															
	磨损量															
连杆瓦	直径	Ⅰ														
		Ⅱ														
	圆度															
	圆柱度															
	与轴间隙															

处理意见：

鉴定人： 年 月 日

二、曲轴的磨削修理

1. 曲轴磨修前的检查

（1）曲轴弯曲的检查　曲轴弯曲变形后，曲轴主轴颈的同轴度误差增大。将曲轴置于平台上的两块V形架上，再将百分表测头抵在中间的主轴颈上（通常此道轴颈的变形量是最大的），然后转动曲轴一周，此时百分表指针所示的的最大摆差，即为该轴颈对前、后两主轴颈轴线的同轴度误差。该数值一般应不大于0.15mm，否则

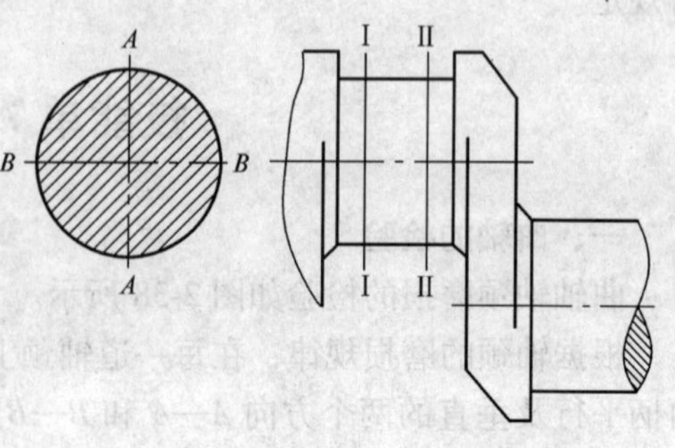

图2-38 曲轴轴颈磨损的检验

应校正，低于该值可结合磨削轴颈予以修复。

（2）曲轴扭曲的检查　检测曲轴扭曲时，可将曲轴置于平台上的两块V形架上，然后将第一、六缸连杆轴颈转到水平位置，用百分表分别测量第一缸连杆轴颈和第六缸连杆轴颈至平台的距离，求得这一方向上两个连杆轴颈的高度差 ΔA，扭转变形的扭转角 θ 为：

$$\theta = \frac{360\Delta A}{2\pi R} = \frac{57\Delta A}{R}$$

式中　R——曲柄半径（mm）；EQ6100 的 $R=(57.5\pm0.10)$mm，CA6110 的 $R=57.15$mm。

（3）轴颈的测量　用外径千分尺测量轴颈的直径尺寸，按测量结果算出圆柱度和圆度值。EA827型发动机曲轴修理尺寸见表2-5。各种发动机的规定圆度、圆柱度修理参数见表2-6。

表2-5　EA827型发动机曲轴修理尺寸

磨损尺寸	曲轴主轴颈直径/mm	曲轴连杆轴颈直径/mm	磨损尺寸	曲轴主轴颈直径/mm	曲轴连杆轴颈直径/mm
基本尺寸	$54.00^{-0.022}_{-0.042}$	$47.80^{-0.022}_{-0.042}$	第二次修理尺寸	$53.50^{-0.022}_{-0.042}$	$47.30^{-0.022}_{-0.042}$
第一次修理尺寸	$53.75^{-0.022}_{-0.042}$	$47.55^{-0.022}_{-0.042}$	第三次修理尺寸	$53.25^{-0.022}_{-0.042}$	$47.05^{-0.022}_{-0.042}$

表2-6　气缸、主轴颈、连杆轴颈的规定圆度、圆柱度修理参数

项	目	圆度	允许	极限	圆柱度	允许	极限
气缸	汽油机	0.005	0.012	0.10～0.125	0.010	0.025	0.35～0.55
	柴油机	0.005	0.020	0.10～0.125	0.012	0.025	0.50～0.80
主轴颈	汽油机	0.005	0.075～0.20	0.25	0.004	0.075～0.20	0.25
	柴油机	0.005	0.10～0.18	0.30	0.005	0.10～0.18	0.30
连杆轴颈	汽油机	0.003	0.01	0.05	0.003	0.01	0.05
	柴油机	0.003	0.10	0.05	0.003	0.10	0.05

2. 曲轴主轴径的磨削

1）将床头、床尾的活动卡盘调到中心位置。

2）装曲轴：以飞轮接盘法兰和安装正时齿轮轴颈表面作为安装基准（如飞轮法兰带有缺口，应自制一个接盘）。

3）粗调整：利用曲轴磨床配备的V形规和K形规进行初校正。

4）精调整第一道主轴颈和最后一道主轴颈，使其径向偏差量不大于0.03～0.05mm。

5）用手转动曲轴一圈，检查曲轴转动是否灵活（即找平衡）。

6）调整砂轮位置，使砂轮对正待磨削的轴颈。

7）检查快速进给后的位置，使其与所磨轴颈距离合适（在没有快速进给之前，为避免砂轮与曲轴相撞，应用手动手柄将砂轮退回到最后的位置）。

8）起动床头和砂轮，同时供给切削液。

9）缓慢进给砂轮，使其与轴颈接触。

10）从中间主轴颈开始依次磨削其余各主轴颈。

3. 曲轴连杆轴径的磨削

1）移动床头、床尾活动卡盘，使偏心标尺偏移数值等于曲轴的回转半径。根据曲轴的重量，初步加上配重铁。

2）单独进行床尾的平衡工作，加、减配重铁并调整配重铁的位置，使床头在任何位置上均可停止。

3）装曲轴：定位基准与磨削主轴颈相同。

4）用V形规找正，使1、4道连杆轴颈与床头主轴中心线重合。

5）用K形规校正，使曲轴中心线在垂直平面内，否则应调整两卡盘的偏心距。

6）对床头、床尾和曲轴进行总的平衡调整。

7）初步校正后，用百分表复查，进行精确定心。

8）复查曲轴的平衡状态。

9）检查连杆轴颈的扭曲，将曲轴转到连杆轴颈处于水平位置，用K形规检查同心的连杆轴颈的高度，如图2-39a所示。当偏差超过0.15mm时，进行补充调整；方法是放松卡盘，微量转动曲轴，使连杆轴颈高度偏差对称于磨床中心，如图2-39b所示。

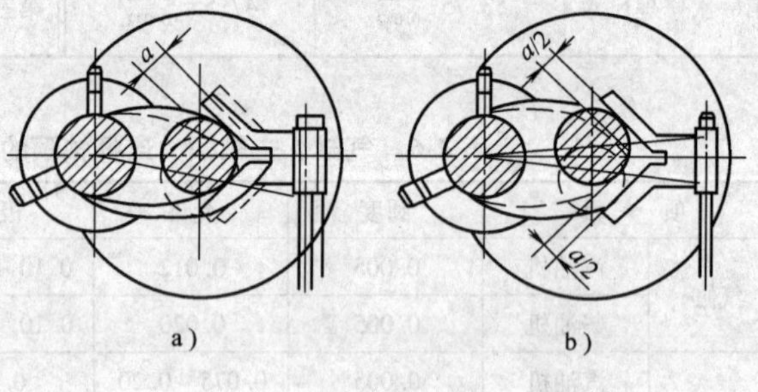

图2-39 连杆轴颈磨削时的补充调整

a）调整前 b）调整后

10）检查实际回转半径。检查时，以床面为基准，用高度游标卡尺测量主轴颈处于最高和最低位置的高度，其差值的一半即为实际回转半径。

11）检查快速进给的位置，使其与所磨轴颈距离合适（在没有快速进给之前，为避免砂轮与曲轴相撞，应用手动手柄将砂轮退到与轴颈最远的位置）。

12）起动床头和砂轮，同时供给切削液。

13）慢慢进给砂轮，使其与轴颈接触。

14）从两端的轴颈开始磨削。

15）磨完同一轴线的各连杆轴轴颈后，放松卡盘，转动曲轴，对其余的连杆轴轴颈进行调整并紧固卡盘，逐个磨削。

三、连杆轴承、曲轴轴承的选配

发动机的曲轴轴承一般采用薄壁、双金属的滑动轴承（瓦），只有少数汽车上采用组合式曲轴的发动机使用滚动轴承。双金属轴承的内圆有0.25～0.50mm厚的一层减磨合金（巴氏合金、铜铝合金或高锡铝合金等），有利于形成油膜、减小摩擦阻力，同时可以提高导热性、抗压性和抗疲劳性。

1. 轴承常见的损伤及其原因

曲轴或连杆作用于轴承上的压力、离心惯性力等多变载荷，是轴承磨损、损坏的主要原因。润滑不良、润滑油不清洁、温度过高、配合间隙过大或过小、曲轴轴颈磨损后几何尺寸精度的下降、表面粗糙等加剧了轴承的磨损和损坏。长期非正常的运转引起疲劳，是产生疲劳裂纹和块状脱落的重要原因。曲轴轴承损坏的主要现象有合金磨损、刮伤或划伤、裂纹、脱落及烧蚀等。

2. 选配要求

（1）检查轴承座孔（包括连杆大端孔）　薄壁轴承刚度较低，其内孔的几何形状和尺寸精度在很大程度上取决于轴承座孔的精度。选配时，应先检查轴承座孔是否符合技术要求。

检查时，先将轴承盖按规定的力矩紧固螺栓，再用内径量表测量内孔的直径，检查圆度、圆柱度。圆度和圆柱度值不得大于0.025mm。

（2）检测轴承的预紧力　轴承的预紧力的大小应适度，预紧力过大，会引起轴瓦变形，挤裂或使合金脱落，螺栓或螺母产生屈服变形等损伤；预紧力过小，会导致配合间隙变大，加速轴承磨损和螺栓的松退。

预紧力是通过轴承盖的紧固螺栓和螺母实现的。厂家对紧固力矩的大小均有规定，也可参照附录确定紧固力矩值。

（3）选择轴承的过盈量　轴承和座孔采用过盈配合，目的是使轴承座孔与轴承具有一定的贴合度，把轴承的外圆表面紧密地贴合在轴承座孔的内圆面上，以保证轴承在座孔内受力后不会使间隙发生变化。

过盈量的大小取决于轴承与座孔的加工精度。为实现轴承在座孔内的过盈量，轴承在自由状态下并非正圆，其曲率半径大于座孔的半径，如图2-40所示。当轴承装入座孔内，上、下两片瓦均应高出座孔平面一定距离，此距离称为瓦片的高出量（H）。轴承与座孔过盈配合的过盈量就是以高出量H值来衡量的。一般过盈量的推荐数据：汽油发动机，轴颈在$\phi55 \sim 65$mm时H值为0.03～0.07mm。CA6110柴油发动机规定的H值为0.02～0.045mm。

当H值没有具体规定时，可按下式计算：

$$H = \frac{0.0006\pi d}{4}$$

式中　d——轴承外径。

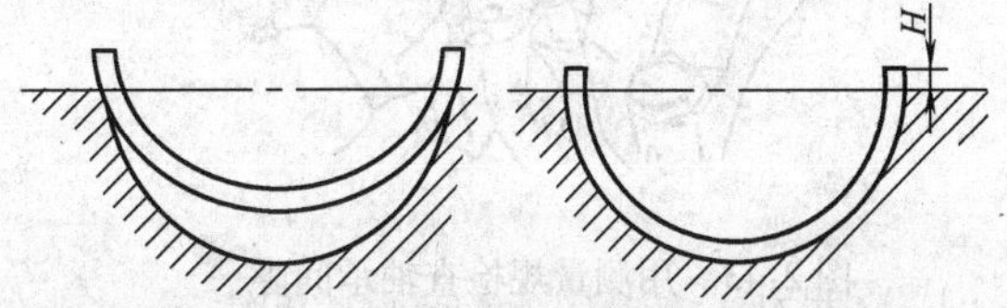

图2-40　轴承装入轴承孔的要求

H值的选择是否适当，可按下述方法进行验证：将轴承装入座孔中，装上轴承盖，按规定力矩先拧紧一侧的紧固螺栓，在轴承盖另一边的接合面间垫入厚度为0.05mm的塞尺后，在拧紧力矩达到10～20N·m时，抽动塞尺。如果抽不动，则说明H值选择合适；如果能将塞尺抽出，则说明H值选大，可将轴承没有定位凸台的端面锉削，以降低H值。如果螺栓紧固力矩尚未达到上述规定标准时，塞尺已抽不动，则说明H值太小，应重新选配轴承。

（4）选择配合间隙　曲轴轴颈与轴承配合间隙的正确选择，是保证发动机正常运转，延长使用寿命的重要条件。其大小与轴承的减磨材质、润滑油性能、润滑条件、发动机的负荷大小及特征、轴承和轴颈的加工精度、表面质量等有关。其数值一般是厂家试验后规定的。为保证修理质量，必须严格按厂家规定的数据执行，不得任意修改。

3. 轴承的选配

（1）轴承的直接选配　也称为成品轴承的选配。目前，许多生产厂家将轴承配件直接加工到各级修理尺寸，不留镗、铰、刮削余量；修理时，只需将曲轴轴颈修磨到与之相配合的修理尺寸即可。

将曲轴轴颈与轴承擦干净，在主轴颈或连杆轴颈上放一根塑料间隙条，如图 2-41 所示。将轴承或连杆盖按原规定位置安装，以规定力矩拧紧螺母或螺栓，如图 2-42 所示。

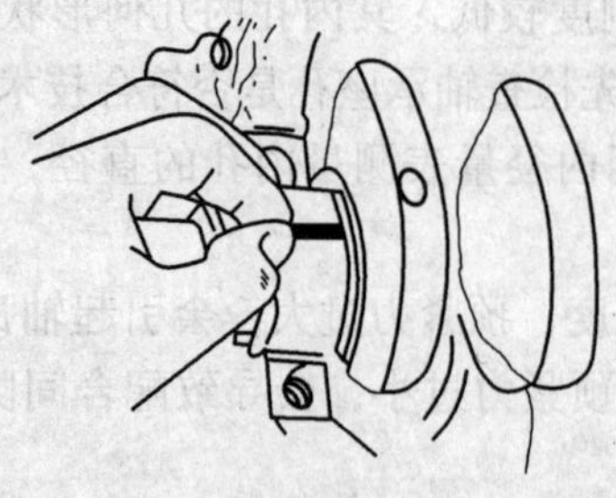

图 2-41　在曲轴颈上放置塑料间隙条

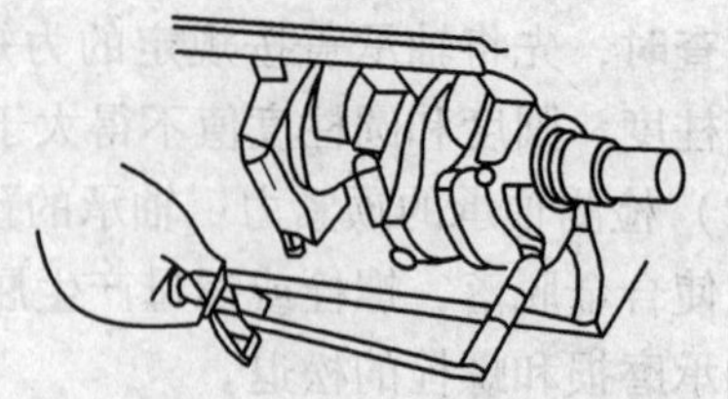

图 2-42　拧紧曲轴轴承的螺栓

拆下轴承盖，用测量规对照测量间隙条的宽度。测量规宽度所对应的塑料间隙条宽度值，即为该轴颈与轴承的配合间隙，如图 2-43 所示。

EA827 型发动机测量规：绿色 0.025 ~ 0.076mm、红色 0.05 ~ 0.150mm、蓝色 0.10 ~ 0.0230mm。

目前，发动机曲轴轴承和连杆轴承是不用修刮的。EA827 型发动机在分解连杆时，应进行连杆轴承轴向间隙的检查，检查方法如图 2-44 所示。连杆的轴向间隙不得超过 0.37mm。

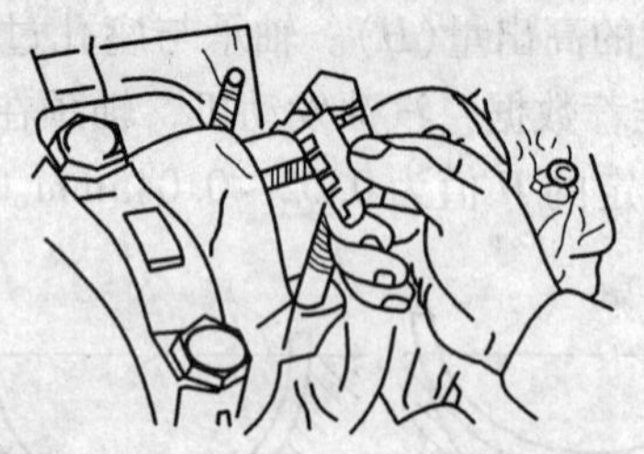

图 2-43　用测量规检查轴承间隙

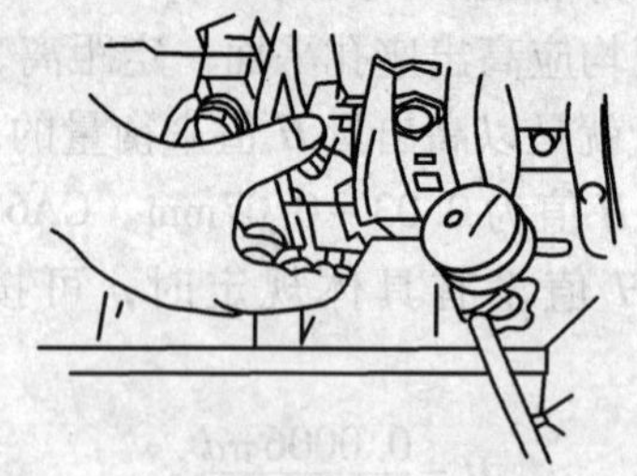

图 2-44　检查连杆轴承轴向间隙

（2）加大轴承的选配　根据曲轴连杆轴颈的磨损情况，确定连杆轴颈的修理尺寸（按修理尺寸标准）；根据连杆轴颈确定的修理尺寸选择轴承。新轴承的背面有供选择的尺寸标记，如果没有标记或修理尺寸级别与轴承的厚度不符，可先测量轴承厚度，再用标准核定其修理尺寸级别。

检查选配的轴承有无裂纹和其他机械损伤，尺寸是否符合修理尺寸级别。用选配法将轴承装入连杆大端承孔中，结合面积不得少于 85%，轴承的榫舌与座孔的凹槽应吻合牢固，轴承两端的 H 值应符合标准。

组装连杆轴承，安装连杆端盖，按规定力矩拧紧螺栓，用手指推轴承无松旷现象为合格；如有松动，应重新进行选择。确认轴承选择合格后，按规定力矩拧紧连杆螺栓或螺母。

4. 推力轴承的修配

曲轴的轴向间隙是靠推力轴承来保证的。常用曲轴推力轴承的形式有单片式和组合式两种。单片式推力轴承还可以分为半圆形和圆形。组合式推力轴承是将主轴承和推力轴承铸造加工为一体，利用轴承的翻边为推力凸缘。

选择推力轴承时应注意以下几点：

1）检查气缸体主轴承座孔的支承端面是否平整，端面相对于主轴承的摆差不应大于0.02mm。

2）推力轴承与轴承座的接合面底板应平整无变形，合金层应结合得牢固可靠。

3）推力轴承的轴向间隙可用撬杠将曲轴撬向前或后靠紧一端，然后用塞尺测量其间隙，也可用百分表抵在曲轴的某一端，橇动曲轴，检验曲轴的轴向窜动量(其值应符合规定值)。

4）若曲轴轴向间隙超差，则先进行以下有关计算，再决定修复方案：

$$D=\frac{A+B-C}{2}$$

式中　A——实际测得的轴向间隙；

B——左、右侧曲轴推力轴承厚度和；

C——规定的轴向间隙值。

根据 D 值选用或修复推力轴承。

5）单片式推力轴承安装时，应注意将有合金层的面朝向曲轴，切勿装错。

技能单8　曲柄连杆机构故障

一、活塞常见损伤分析

1. 顶部热裂纹

现象：活塞顶面(主要在燃烧室边缘)出现裂纹，如图2-45所示。

原因：喷油量过大；超负荷运行；发动机负荷波动大，负荷波动频繁；增压压力过高。

2. 四点划伤

现象：活塞销孔两侧裙部拉伤，如图2-46所示。

原因：冷却故障，冷却液温度过高或过低；超负荷运行；不适当的连续起动；大负荷工作后马上停车；长期低负荷运行；全浮式连接活塞销，销与销孔配合过紧或在连杆衬套中卡住；半浮式连接活塞销，销与销孔配合间隙过小。

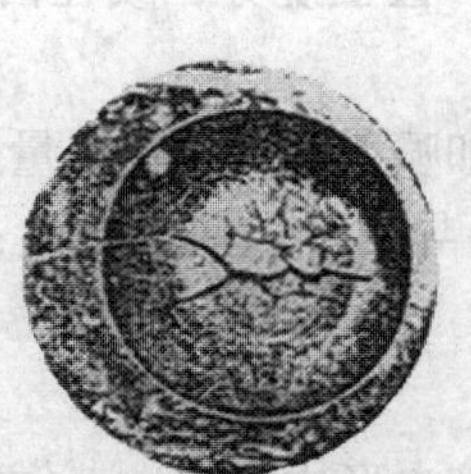

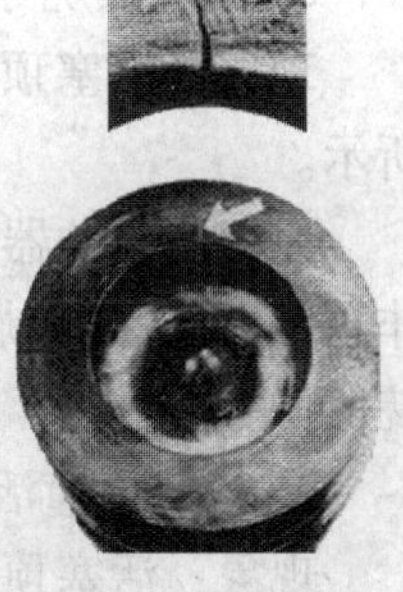

图2-45　活塞顶部热裂纹

3. 活塞倾斜运行

现象：活塞推力面出现倾斜磨痕，其结果可能导致窜油、窜气、不均匀磨损和发动机敲击，如图2-47所示。

原因：曲柄连杆机构中的个别件出现变形、扭曲、不均匀磨损，或曲轴窜动。

4. 环岸损坏

现象：环岸损伤或断裂，如图2-48所示。

原因：喷油或点火正时不当(过早)；燃料不合要求(十六烷值或辛烷值低)；积炭严重，压缩比增大；活塞环与环槽严重磨损，侧间隙过大；活塞环断裂撞击环岸；不正确装配或更换活塞环时没有修去缸肩，使环岸受力过大；在低温下频繁冷起动。

5. 活塞销孔周围损伤

图 2-46 活塞四点划伤

图 2-47 活塞倾斜运行

现象：销孔周围出现抛击状（类似熔化状）的损伤痕迹，气缸壁相应被损伤，如图 2-49 所示。

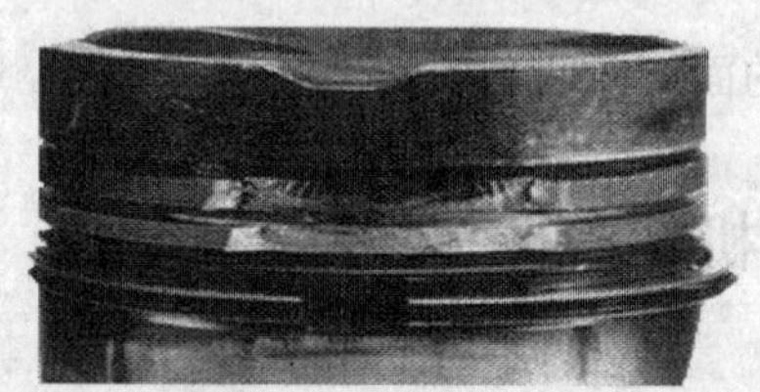

图 2-48 活塞环岸损坏

图 2-49 活塞销孔周围损伤

该损伤是由于活塞销挡圈脱落或断裂所引起，其原因可能是：安装了旧的受损的挡圈；挡圈刚度不够或在槽中的位置不对；连杆弯曲；曲轴轴向间隙过大；连杆轴颈或曲轴回转中心与气缸不垂直等。

6. 活塞顶烧穿、局部烧蚀

现象：活塞顶面烧熔，甚至烧穿，或在活塞顶边缘出现局部蜂窝状烧蚀坑，如图 2-50 所示。

原因：喷油器故障，如喷射不良、喷油量过大、喷油器安装不当等；喷油或点火过早；非正常燃烧（如爆燃、早燃）导致燃烧压力过大；超负荷运行；使用燃油不当（辛烷值或十六烷值低）。

7. 气门顶撞活塞

现象：活塞顶受气门撞击形成深坑。工作中，气门连续高频率地撞击活塞顶部，造成气门断裂，或活塞破碎，如图 2-51 所示。

图 2-50 活塞顶烧穿、局部烧蚀

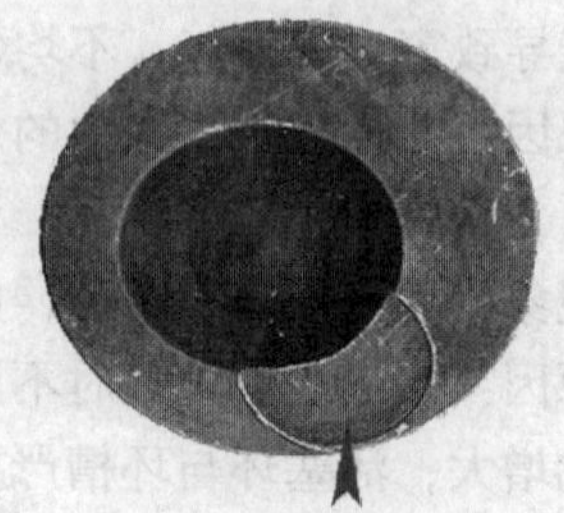

图 2-51 气门顶撞活塞

原因：配气相位紊乱，或气门间隙调整不正确。

8. 裙部拉伤

现象：活塞裙部一侧或两侧出现大面积拉伤，如图 2-52 所示。

原因：气缸变形或缸垫损坏；冷却系统故障，冷却不良；缺润滑油、润滑油不洁或品质不好；怠速转速过低；长期大负荷运行或超负荷运行；不适当的连续冷起动或起动后马上加大负荷；新活塞与气缸未良好磨合即投入大负荷运行。

9. 销孔内侧压裂

现象：销孔内侧出现裂纹，严重时裂纹沿销座扩展至活塞顶部，如图 2-53 所示。

原因：供油量过多；点火或供油提前角过大；不适宜的燃油；增压压力过高；超负荷运行等因素引起过大机械负荷将销孔压裂。

10. 活塞裙部破裂

现象：活塞推力面开裂，甚至破损，如图 2-54 所示。

图 2-52　活塞裙部拉伤

图 2-53　活塞销孔内侧压裂

图 2-54　活塞裙部破裂

原因：喷油、点火提前角过大；燃油不合适（十六烷值或辛烷值过低）；气缸活塞磨损过度，配缸间隙增大过多。

11. 活塞头部损伤

现象：活塞头部环岸至顶面区域烧伤或拉伤，活塞环粘结，如图 2-55 所示。

原因：喷油或点火定时不当（过早或过迟），长期超负荷运行使发动机过热；循环供油量过多；冷却系统故障、传热不良；润滑不良或润滑油品质不好；环槽积炭太多，环粘接或折断；进气系统故障，进入的空气不洁。

12. 活塞顶撞缸盖

现象：活塞顶部变形、顶面有缸盖气门口凸台；活塞顶受到缸盖连续撞击，造成顶部变形，甚至活塞破碎，如图 2-56 所示。

图 2-55　活塞头部损伤

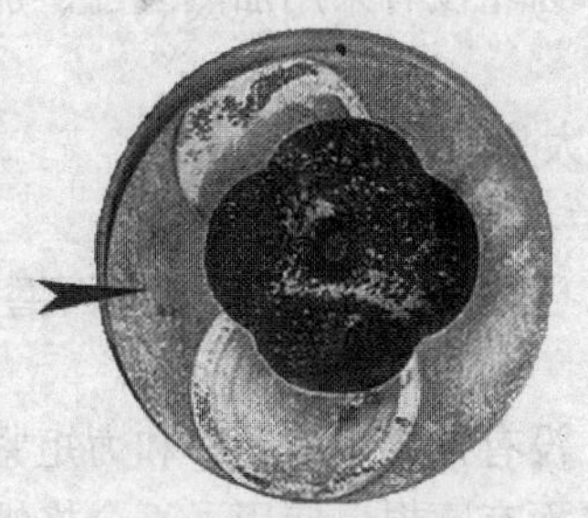

图 2-56　活塞顶撞缸盖

原因：活塞顶部余隙过小，选用的气缸垫型号不符或曲柄连杆机构故障造成活塞行程加长。

13. 活塞拉缸

现象：气缸内表面或活塞表面拉毛或拉出沟槽。

原因：缸套与活塞或活塞环装配间隙过小，润滑不足；活塞裙边有毛刺、砂粒附着在表面；润滑油变质或有杂质；节温器失效，造成发动机温度过高；超载、超速行驶，发动机长期大负荷运转；活塞环断裂；连杆弯曲，使活塞一侧压紧气缸，产生单边拉缸。

排除：保证装配质量；室温在20℃时取拉力为10～20N，气缸间隙为0.05～0.07mm；清除活塞毛刺及表面上的磨粒；保证良好润滑，按要求选用优质润滑油；更新节温器；按规定的装载量，避免发动机长时间大负荷运转；更新活塞环；检查连杆，校正或更换连杆。

二、曲轴常见损伤分析

（一）小头端

1. 键槽破损

现象：键槽侧面缺损并有严重挤伤痕迹，如图2-57所示。

原因：使用非标准键；起动爪拧紧力不足；带轮-减振器内孔大；带轮-减振器内锥套失效。

2. 前端断裂(小头端断裂)

现象：靠近小头端方向的曲柄断开，如图2-58所示。

原因：带轮-减振器总成失效(减振效果差,减振橡胶破损或脱出;带轮平衡差)；小头端负荷增加，如加长带轮或在原带轮上叠加带轮等；使用了劣质带轮-减振器。

图2-57 曲轴键槽破损

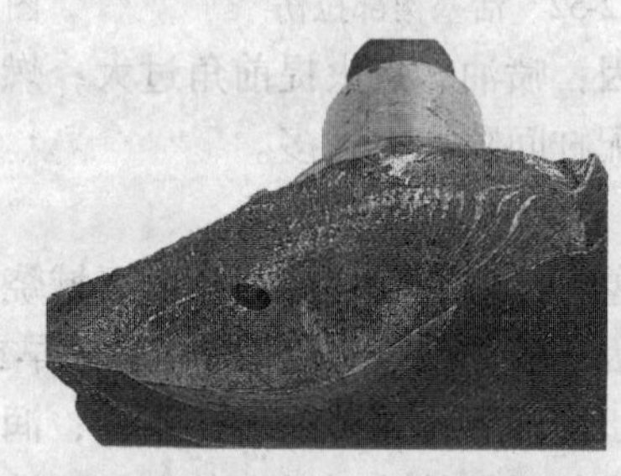

图2-58 曲轴前端断裂

3. 小头轴颈表面损伤

现象：小头轴颈处有划痕，呈凹凸不平，手感较明显，如图2-59所示。

原因：齿轮没有采用加热装配、加热拆卸；选错曲轴型号后，齿轮仍用了冷装拆等不正确的方法。

（二）大头端

1. 法兰盘端面或螺栓孔损坏

现象：飞轮螺栓孔缺损，端面磨损变形；严重时，法兰端面也出现划痕，如图2-60所示。

原因：没有按规定的顺序和力矩紧固螺栓；飞轮锁片没有安装，造成螺栓松动；飞轮与曲轴接触平面有磨损；使用了不合格螺栓，联接力矩不足。

2. 大头端凸缘破损

现象：大头端凸缘局部或整圈脱落，如图 2-61 所示。

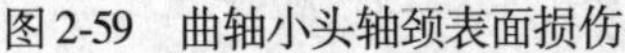

图 2-59 曲轴小头轴颈表面损伤

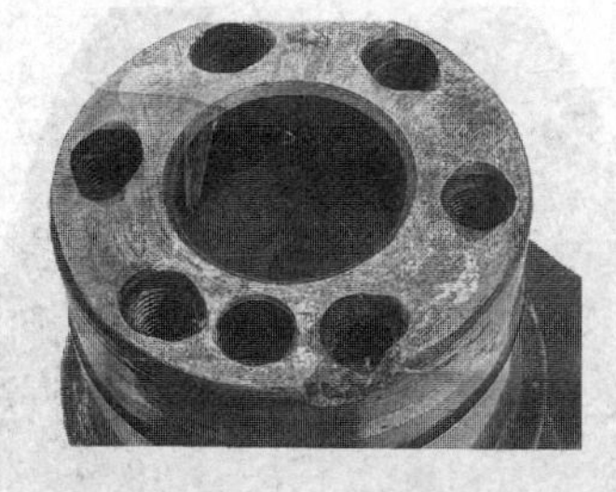

图 2-60 曲轴法兰盘端面或螺栓孔损坏

原因：齿轮没有采用加热装配、拆卸，如用锤敲打过量等；漏装齿轮定位销。

（三）与机体装配部位

1. 止推轴颈侧面异常磨损

现象：止推面出现拉痕；严重时，造成止推面磨出凹环，如图 2-62 所示。

原因：装错止推片、装反止推片或紧固不牢。

图 2-61 曲轴大头端凸缘破损

图 2-62 曲轴止推轴颈侧面异常磨损

2. 化瓦、烧瓦

现象：轴瓦出现拉痕、合金层熔化脱落，轴颈表面拉伤严重，如图 2-63 所示。

原因：

1）润滑油方面：使用润滑油牌号与适用温度不正确或润滑油质量差；油底壳内润滑油量不足，导致润滑不良；润滑油太脏或机油滤清器失效；润滑油进水和柴油变稀，造成润滑不良。

2）润滑油路方面：润滑油压力过低或润滑油道不畅通。

3）装配方面：轴颈与轴瓦研合间隙过大或过小，无法形成油膜；轴瓦与轴颈的配合接触面没有达到规定的要求；轴承孔变形；选用轴瓦材料有误。

4）使用方面：没有经过磨合运行；机体内冷却液温度过高等。

3. 曲轴疲劳断裂

现象：曲轴断口在疲劳区，断口表面光亮有摩擦痕迹，出现呈沙滩状的疲劳纹，如图 2-64 所示。

原因：

1）装配方面：选用高强度螺栓有误，增压与不增压使用了相同螺栓；没有按规定的顺序和力矩紧固螺栓、螺栓松动。

2）相关件方面：化瓦、抱瓦；减振器总成的损坏引起曲轴自身扭转振动；机体主轴承孔不同轴度过大或轴瓦间隙过大；各缸工作不均衡，活塞连杆组的组合质量偏差过大，飞轮偏摆过大等引起的曲轴受力不均。

图 2-63 曲轴化瓦、烧瓦

图 2-64 曲轴疲劳断裂

3）使用方面：工作严重超重超负荷，或运行时的不正确操作（如起步太猛等）；轴颈磨损超过磨损极限，引起疲劳强度下降。

4. 烧、化瓦引起的曲轴断裂

现象：轴颈烧、化瓦严重，致使曲轴运转有阻造成断裂；轴颈表面有明显拉痕；轴颈局部变黑，断口疲劳纹理不明显，如图 2-65 所示。

原因：烧瓦、化瓦没有及时停车。

5. 异常断裂

现象：断口无疲劳纹，如图 2-66 所示。

原因：曲轴受外力一次性冲击而导致断裂。

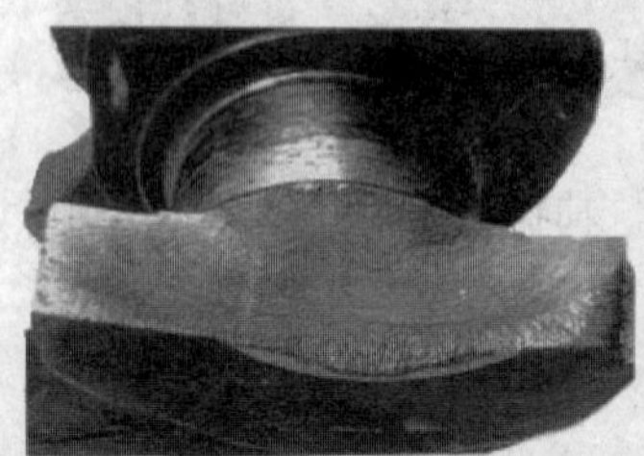

图 2-65 烧、化瓦引起的曲轴断裂

图 2-66 曲轴异常断裂

6. 曲轴异常磨损

现象：目测轴颈表面并无异常，但手感凹凸不平，如图 2-67 所示。

原因：润滑油压力不足；轴颈与轴瓦之间装配间隙不当；润滑不良：润滑油内杂质太多或润滑油道内杂质没有清洗干净；相关件异常：润滑油滤芯、空气滤芯没有及时更换或清洗。

三、轴瓦常见损伤分析

（一）轴瓦使用要点

轴瓦使用的正确与否，关系到发动机的使用寿命长短。为了保证其得到正确使用，需注意以下事项：

1）购买前应注意选择轴瓦的规格。

2）装配前必须清洁相关部件。

3）检查相关的孔径、轴颈尺寸，以保证装配间隙。

4）在检查装配间隙时，瓦背上严禁垫纸片、铜片等；轴瓦内圆合金面严禁刮削。

5）润滑油必须符合国标要求。

6）应防止任何条件下长时间超负荷行驶。

7）若遇以下情况，请勿装机使用：自由弹张量较小，以致装入座孔中轴瓦松动；压紧状态下其贴合面 <85%。

（二）轴瓦常见损伤分析

1. 划伤

现象：工作表面沿旋转方向出现数根较深的划痕，如图 2-68 所示。

原因：在轴瓦润滑间隙中进入了硬质颗粒（主要是由润滑油带入，或因装配时清洁工作不佳而混入）。

图 2-67　曲轴异常磨损

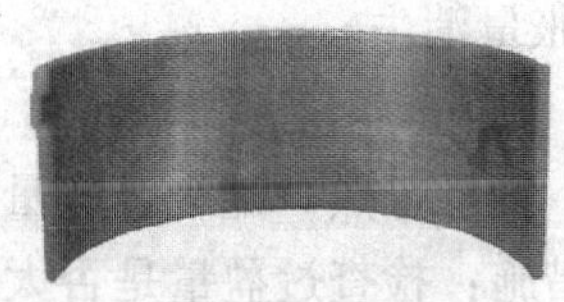

图 2-68　轴瓦划伤

改进措施：检查滤清效果；装配时严格进行清洁工作。

2. 钢背烧伤

现象：钢背表面呈大面积发暗区，如图 2-69 所示。

原因：轴瓦与座孔贴合不佳，热量不能及时散出。

改进措施：严格控制贴合质量；检查过盈量是否足够；检查座孔刚度是否足够。

3. 侵蚀磨损

现象：在油孔、油槽边缘呈现冲刺状磨损，如图 2-70 所示。

原因：润滑油润滑质量不佳。

改进措施：检查滤清效果。

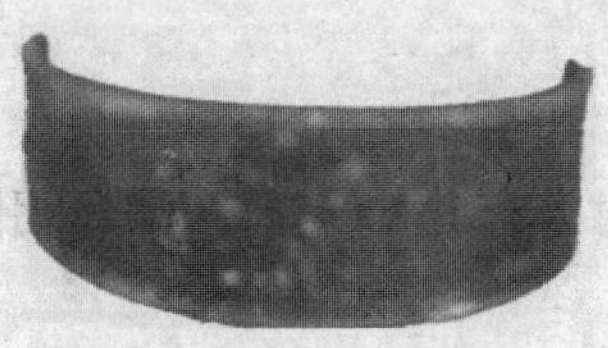

图 2-69　轴瓦钢背烧伤

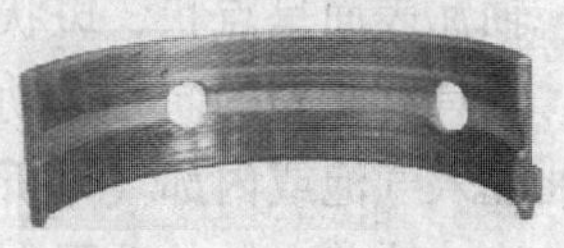

图 2-70　轴瓦侵蚀磨损

4. 磨粒磨损

现象：工作表面主要承载区呈现大面积沿旋转方向的细微擦痕，如图 2-71 所示。

原因：润滑油润滑质量不佳，允许通过异物颗粒度太大或润滑油受到污染。

改进措施：提高滤清效果；及时更换润滑油。

5. 混合摩擦磨损

现象：工作表面局部区域呈现比较光滑的磨痕，轴承间隙加大，如图 2-72 所示。

原因：油膜承载力不够，油膜厚度太薄；长时间过载；频繁起动、制动。

改进措施：合理选配轴瓦，保证配合间隙；避免超载；规范行车。

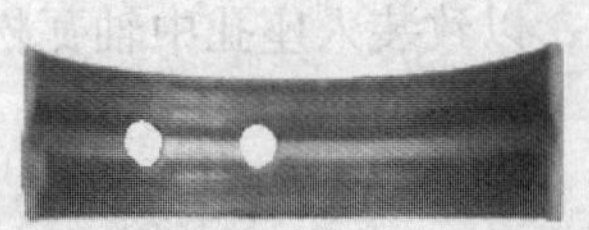

图 2-71 轴瓦磨粒磨损

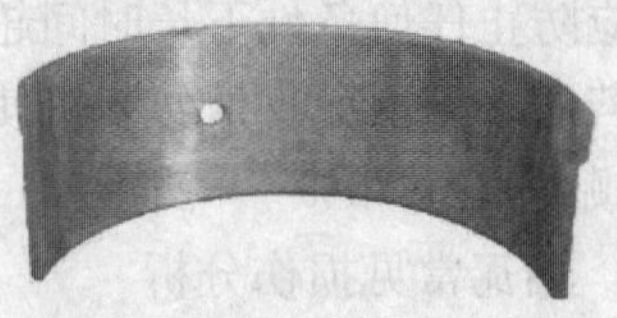

图 2-72 轴瓦混合摩擦磨损

6. 龟裂

现象：合金层表面出现网状裂纹，如图 2-73 所示。

原因：轴承过载；轴承工作温度太高，由于变形或其他原因，轴承工作表面载荷分布不均产生局部峰值压力。

改进措施：检查有无引起温度过高的因素，加强轴承的冷却效果；检查轴承间隙。

7. 弹张量消失

现象：轴瓦使用后拆下测量，发现自由弹张量减小，甚至消失，如图 2-74 所示。

原因：轴承过热；配合过盈量太大。

改进措施：检查过盈量是否太大；检查轴承是否发生过热现象。

图 2-73 轴瓦龟裂

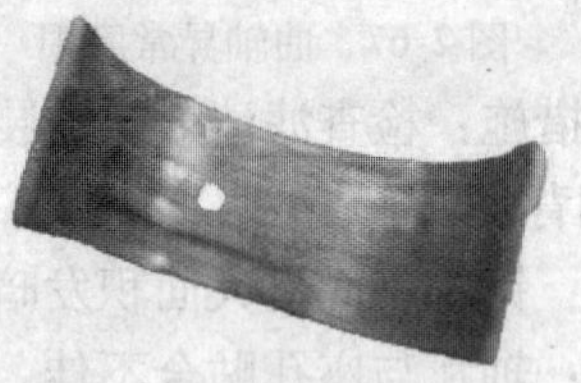

图 2-74 轴瓦弹张量消失

8. 腐蚀

现象：工作表面呈大面积麻点，瓦面发黑，严重者大块剥落，如图 2-75 所示。

原因：润滑油长期工作后变质；气缸中燃气泄入曲轴箱，污染了油底壳中的润滑油。

改进措施：及时更换润滑油；采用腐蚀添加剂。

9. 气蚀

现象：轴瓦表面呈点状、斑状剥落痕迹，边缘清晰，如图 2-76 所示。

原因：轴具有激烈的向心运动区域，润滑油不能及时补充增大的润滑间隙，引起瞬时低压；润滑油混入气泡或内部气体析出形成气泡。

改进措施：改善主轴的动平衡；提高润滑油质量，加入防泡沫添加剂或采用防泡沫性能较好的润滑油。

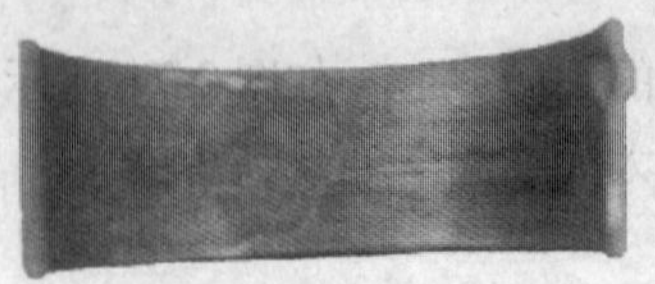

图 2-75 轴瓦腐蚀

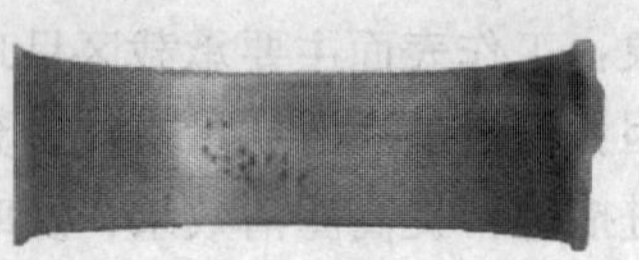

图 2-76 气蚀

10. 咬胶

现象：合金层熔化，工作表面呈现大面积沿圆周方向被拖动的沟痕、油孔、油槽以及瓦背边缘有合金熔化铺开的痕迹，轴颈表面亦粘焊着轴承合金，如图 2-77 所示。

原因：轴承过载；断油；剧烈的磨料磨损及发热；间隙过小，轴承发热卡死；润滑油粘度太低；瓦背贴合不好，热量不能及时散出。

改进措施：提高油膜的承载能力；选择合适的配合间隙；保证贴合度。

11. 剥落

现象：合金层呈片状剥落，剥落区底面呈碎粒状，如图 2-78 所示。

原因：轴承过载；轴承工作温度太高，由于变形或其他原因，轴承工作表面载荷分布不均产生过局部峰值压力。

改进措施：检查有无引起温度过高的因素，加强轴承的冷却效果；检查轴承间隙。

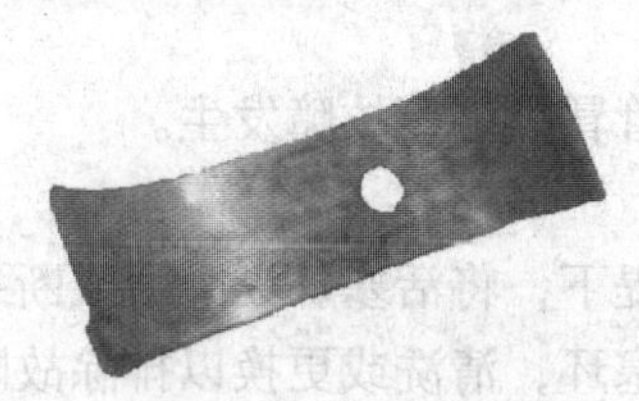

图 2-77　轴瓦咬胶

图 2-78　轴瓦合金层剥落

12. 脱壳剥落

现象：合金层呈片状剥落，剥落区底部露出钢背的清晰的结合面，如图 2-79 所示。

原因：合金层复合质量不佳。

改进措施：提高合金层复合质量。

13. 轴瓦中部偏磨

现象：轴瓦中部出现磨损，如图 2-80 所示。

图 2-79　轴瓦脱壳剥落

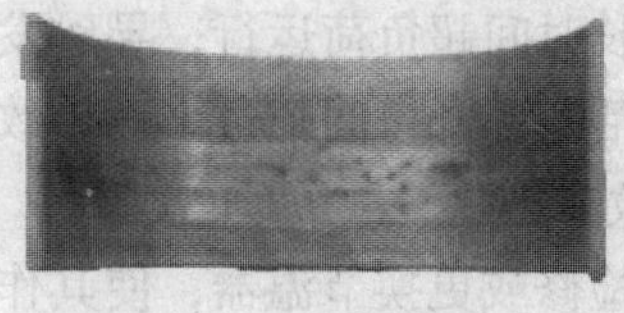

图 2-80　轴瓦中部偏磨

原因：轴颈母线呈现股形突出；轴承座孔边缘刚性不足，负荷主要由轴瓦中部承受。

改进措施：提高轴颈加工精度。

14. 轴瓦一侧偏磨

现象：轴瓦一侧边缘呈现磨损痕迹，如图 2-81 所示。

原因：轴颈、轴承座产生倾斜变形或有加工误差。

改进措施：提高轴颈和座孔的加工精度。

15. 轴瓦两侧偏磨

现象：轴瓦两侧边缘呈现磨损痕迹，如图 2-82 所示。

原因：轴颈圆柱度不符合要求，母线中凹，负荷集中在轴瓦边缘区域。

改进措施：提高轴颈加工精度。

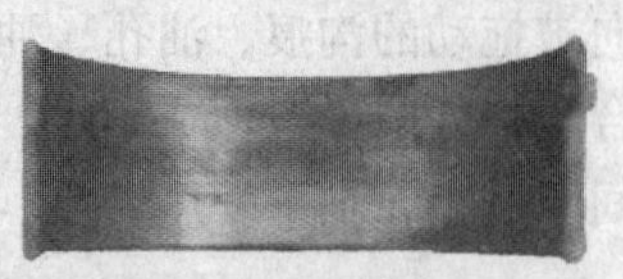

图 2-81 轴瓦一侧偏磨

图 2-82 轴瓦两侧偏磨

四、发动机不能起动或排气管冒黑烟

1. 故障现象

现象一：发动机不能起动或排气管冒黑烟。

现象二：起动机运转正常，发动机达不到正常转速。

现象三：润滑油消耗大，排气冒蓝烟。

2. 故障分析

活塞环无弹力或断裂，导致发动机不能起动、排气管冒黑烟等故障发生。

3. 故障排除

发动机出现上述故障时，在简单排除其他故障的前提下，将活塞环无弹力或断裂视为主要原因进行判断。经判断确定后，解体发动机，拆下活塞环，清洗或更换以排除故障。

五、缸套的早期磨损

1. 故障现象

发动机工作时间不到大修间隔，气缸压力便下降至 0.59 ~ 0.64MPa 以下，燃料消耗增加，润滑油消耗严重。

2. 故障分析

1）气缸套严重磨损。

2）润滑油变质、润滑不良，润滑油中含有杂质。

3）空气滤芯失效，灰尘进入气缸，导致缸壁磨损加剧。

4）长时间超负荷运行，导致发动机温度过高，高温气体腐蚀缸壁。

5）活塞环开口间隙过小，导致活塞环断裂，使气缸壁刮痕。

3. 故障排除

1）检修或更换节温器，使其作用正常，保持发动机在最佳的温度工作。

2）换用优质的润滑油。

3）更换空气滤清器滤芯，确保进气清洁。

4）按规定装载、按要求行驶，避免发动机过热，减少腐蚀磨损。

5）更换新的活塞环，并保证活塞环间隙准确。

模块三　内燃机的配气机构

学习目标：能解释配气机构的功用、形式、气门间隙、配气相位、主要零件的构造及结构特点、基本理论知识；会正确检查、调整发动机的气门间隙；能正确检查配气相位，并准确分析影响配气相位的因素；能正确进行气门座铰修、气门与气门座研磨、气门密封性检查、操作气门研磨机等。

信息资料单1　配气机构的功用与分类

一、配气机构的功用

配气机构是控制发动机进气和排气的装置。其作用是按照发动机的工作循环和点火次序的要求，定时开启和关闭各缸的进、排气门，以使在进气行程使尽可能多的可燃混合气（汽油机）或空气（柴油机）进入气缸，在排气行程将废气快速排出气缸。配气机构是发动机的两大核心机构之一，其结构和性能的优劣直接影响发动机的总体性能。

二、气门式配气机构

四冲程发动机采用气门式配气机构。气门式配气机构由气门组和气门传动组构成。其结构形式多种多样，一般按气门布置形式的不同，可分为侧置气门式和顶置气门式两大类；按照凸轮轴布置形式的不同，可分为下置式、中置式和上置式凸轮；按曲轴与凸轮轴间传动方式的不同可分为齿轮传动、链传动和齿形带传动3种方式；按照发动机每缸气门数量的不同，可分为双气门、3气门、4气门、5气门配气机构。每缸超过双气门的发动机称为多气门发动机。

（一）气门的布置形式

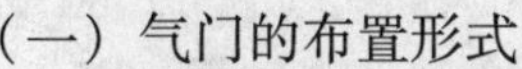

1. 侧置气门式配气机构

侧置气门式配气机构如图3-1所示。

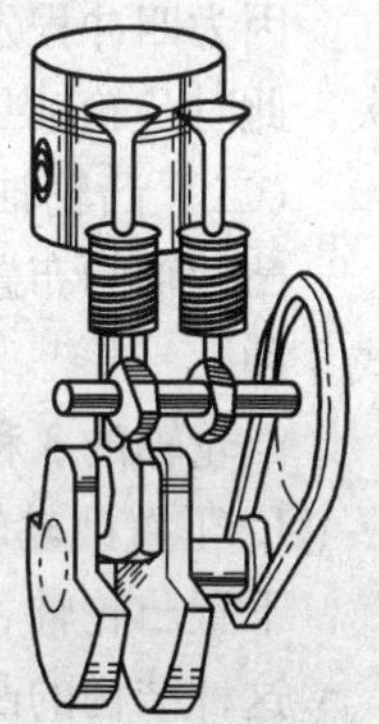

图3-1　侧置气门式配气机构

这种结构形式的配气机构出现较早，具有结构简单、造价低、维修方便等优点。但由于其气门侧置，造成燃烧室结构不紧凑，且进、排气阻力大，导致发动机动力性较差、经济性不高。目前，这种配气机构已经被淘汰。

2. 顶置气门式配气机构

顶置气门式配气机构如图3-2所示。

（1）结构特点　气门安装在气缸盖中，处于气缸的顶部，进、排气阻力小，采用半球形、楔形或盆形燃烧室。燃烧室结构紧凑，压缩比高，改善了燃烧过程，减少了热量损失，提高了热效率。因而，有利于提高发动机的动力性和经济性。CA6110型柴油机即采用此种结构形式。

（2）工作原理　发动机工作时，曲轴通过正时齿轮驱动凸轮轴旋转。当凸轮的凸起部分顶起挺柱时，挺柱推动推杆一起上行，作用于摇臂上的推动力驱使摇臂绕摇臂轴转动，摇臂的另一端压缩气门弹簧使气门下行，打开气门，如图 3-3a 所示。随着凸轮轴的继续转动，当凸轮的凸起部分转过挺柱时，气门便在气门弹簧张力的作用下上行，关闭气门，如图 3-3b 所示。

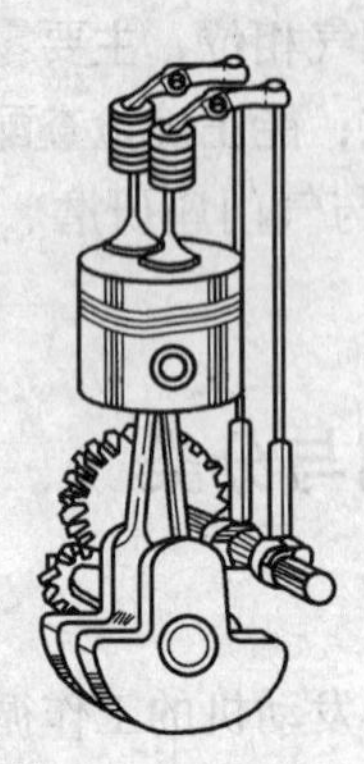

图 3-2 顶置气门式配气机构

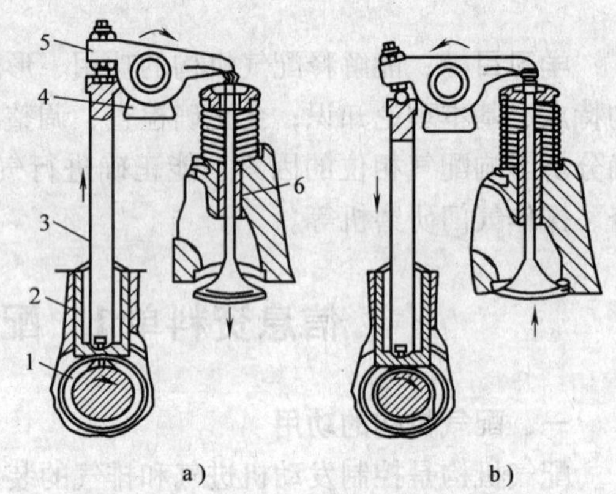

图 3-3 配气机构工作原理图

a）气门开启 b）气门关闭

1—凸轮轴 2—挺柱 3—推杆

4—摇臂轴支座 5—摇臂 6—气门

因为四冲程发动机每完成一个工作循环，曲轴旋转两周，各缸的进、排气门各开启一次，此时凸轮轴只旋转一周，所以，曲轴与凸轮轴间的传动比应为 2:1。

（二）凸轮轴的布置形式

凸轮轴的布置形式根据凸轮轴在机体中安装位置的不同，可分为下置式、中置式和上置式 3 种。

凸轮轴的 3 种布置形式均可用于顶置气门式配气机构。

1. 下置凸轮轴、顶置气门式配气机构

下置凸轮轴、顶置气门式配气机构的结构形式如图 3-2 所示。

这种结构的凸轮轴位于曲轴箱中部，距离曲轴较近，曲轴通过一对正时齿轮或经中间齿轮直接驱动凸轮轴。其传动方式简便，且有利于发动机整体布置，这是下置式凸轮轴的突出优点。但凸轮轴与气门相距较远，气门传动组的零部件较多，特别是细而长的推杆容易变形，冷机运转噪声大，往复运动质量大。

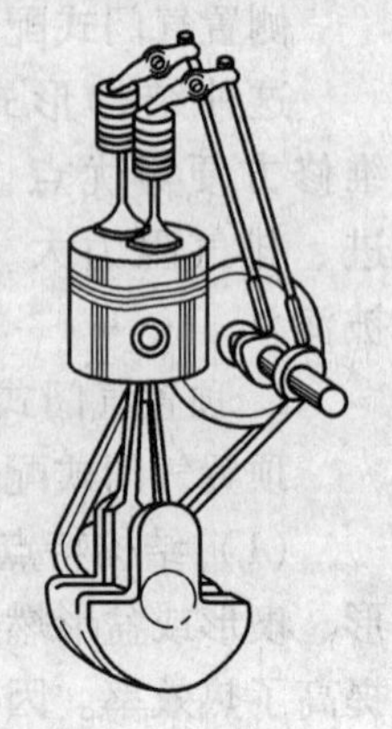

图 3-4 凸轮轴中置式结构

为了消除下置凸轮轴存在的上述缺陷，有些凸轮轴的安装位置偏移到了气缸体的上部，缩短推杆或适当加长挺柱来驱动摇臂，这种形式称为凸轮轴中置式（有的书中称为高位凸轮轴，相对于下置凸轮轴而言），其结构形式如图 3-4 所示。

凸轮轴上移后，由于凸轮轴与曲轴间的距离增大，已不可能直接采用正时齿轮来传动，需增加中间齿轮（惰性轮）或采用链传动方式。

2. 上置凸轮轴、顶置气门式配气机构

上置凸轮轴、上置气门式配气机构的结构形式如图 3-5 所示。

（1）结构特点 凸轮轴和气门均布置在气缸的顶部，气门装在气缸盖中，凸轮轴安装在气缸盖的上部。凸轮轴直接通过摇臂驱动气门，凸轮轴与气门之间没有挺柱和推杆等中间传动机件，使配气机构往复运动质量减小。因而，此结构多用于高速发动机。

由于凸轮轴与曲轴相距较远，必须采用链传动或齿形带传动的方式来取代齿轮传动。

（2）工作原理 发动机工作时，曲轴通过链条或齿形带驱动凸轮轴旋转。在进气行程开始时，进气凸轮凸起部分开始推动摇臂绕摇臂轴转动，摇臂的另一端则克服气门弹簧的弹力推动气门离开气门座圈下行，使进气门打开。随着凸轮轴的继续旋转，当凸轮的凸起部分转过摇臂时，气门在气门弹簧弹力的作用下上行而落座，使进气门关闭。同样，在排气行程，由凸轮轴上的排气凸轮驱动排气门打开。四冲程发动机上置凸轮轴式配气机构的工作原理如图 3-6 所示。

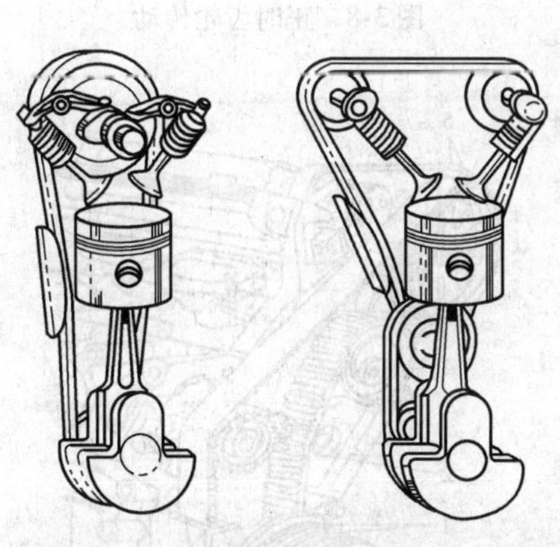

图 3-5 上置凸轮轴、上置气门式配气机构

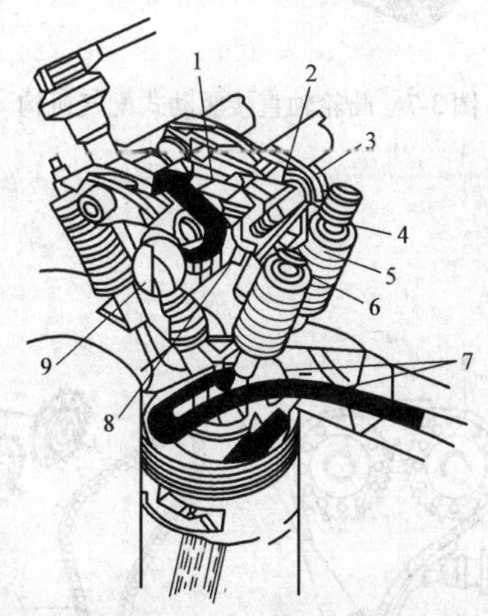

图 3-6 上置凸轮轴式配气机构的工作原理
1—正时板 2—中间摇臂 3—次摇臂
4—同步活塞 *A* 5—同步活塞 *B* 6—正时活塞
7—进气门 8—主摇臂 9—凸轮轴

上置凸轮轴的另一种形式是用凸轮轴来直接驱动气门，去掉了摇臂机构，使气门传动机构更简单。其结构形式如图 3-7 所示。一汽捷达 EA827 型发动机和桑塔纳 2000 型 AFE 发动机都采用这种形式的配气机构。

（三）凸轮轴的传动方式

曲轴与凸轮轴之间的传动方式有齿轮传动、链传动和齿形带传动 3 种方式。凸轮轴下置式、中置式配气机构大多采用圆柱形正时齿轮传动；一般只需要一对正时齿轮，必要时可增设中间齿轮。为了啮合平稳，降低噪声，多采用斜齿圆柱齿轮，如图 3-8 所示。

齿轮传动正时精度高，传动阻力小且无需张紧机构，但不适合上置凸轮轴式配气机构。上置凸轮轴采用链传动或齿形带传动，如图 3-9、图 3-10 所示。

链传动的可靠性和耐久性不如齿轮传动。其传动性能主要取决于链条的制造质量。齿形带传动与链传动相比，传动平稳噪声小，不需要润滑，且制造成本低，广泛应用于中小型发动机上。齿形带一般用氯丁橡胶制成，中间夹有玻璃纤维和尼龙线以增加强度。随着材料性

图 3-7 凸轮轴直接驱动式配气机构

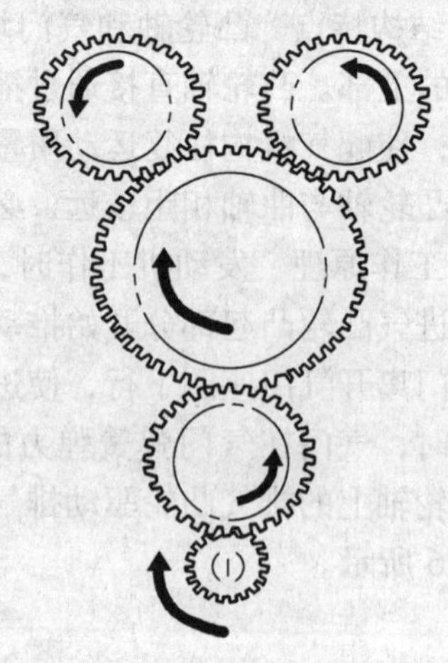

图 3-8 正时齿轮传动

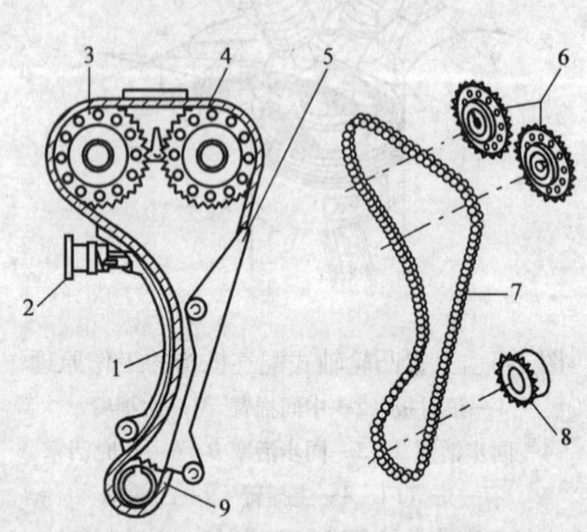

图 3-9 链传动

1—链条张紧导板 2—链条张紧器 3—进气凸轮轴链轮 4—排气凸轮轴链轮 5—链条导板 6—凸轮轴链轮 7—链条 8、9—曲轴链轮

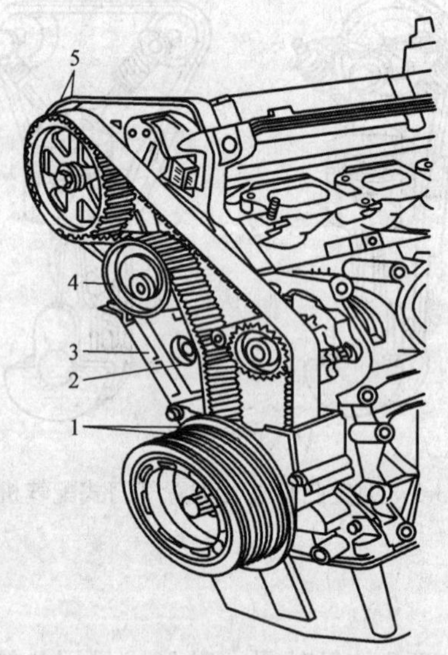

图 3-10 齿形带传动

1—配气正时标记 2—水泵 3—张紧器 4—张紧轮 5—配气正时标记

能的提高和制造工艺的改进，齿形带寿命已提高到 10 万 km 以上。一汽捷达 EA827 型发动机、上海桑塔纳等车型均采用齿形带传动。无论哪种传动方式，曲轴与凸轮轴之间均必须保证 2∶1 的传动比。

（四）多气门发动机配气机构

从 20 世纪 80 年代开始，世界各大汽车厂商竞相开发多气门发动机，先后推出了 3 气门、4 气门和 5 气门等多气门发动机配气机构。其气门排列形式如图 3-11 所示。

在多气门发动机中，4 气门发动机配气机构的技术最完善，动力性和经济性最好，使用最广泛，目前处于主流地位。其原因是：

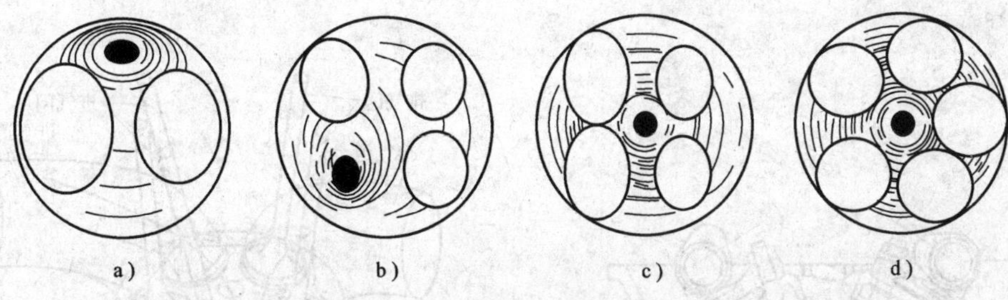

图 3-11　发动机气门排列形式
a) 双气门　b) 3 气门　c) 4 气门　d) 5 气门

1) 气门数量的增加提高了发动机的进、排气效率。

2) 单个气门尺寸缩小、质量减轻有利于发动机高速运转。

3) 可以将火花塞布置在燃烧室的中心位置，能够改善燃烧过程，提高压缩比，有利于提高发动机的功率和降抵燃油消耗量。

4) 多气门发动机配气机构一般采用上置双凸轮轴式结构。其结构形式如图 3-12 所示，双凸轮轴的传动方式如图 3-13 所示。

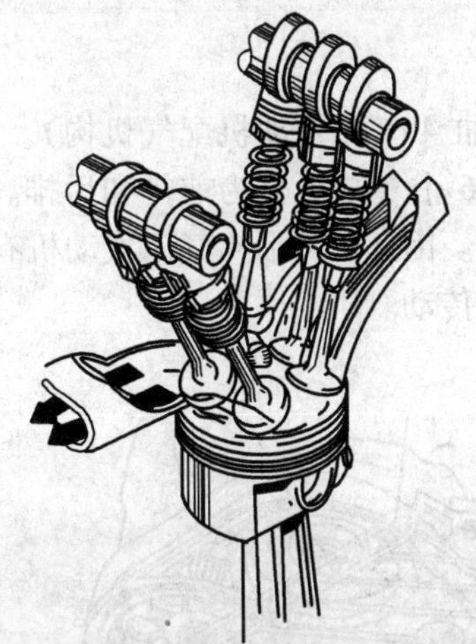
图 3-12　双凸轮轴式结构

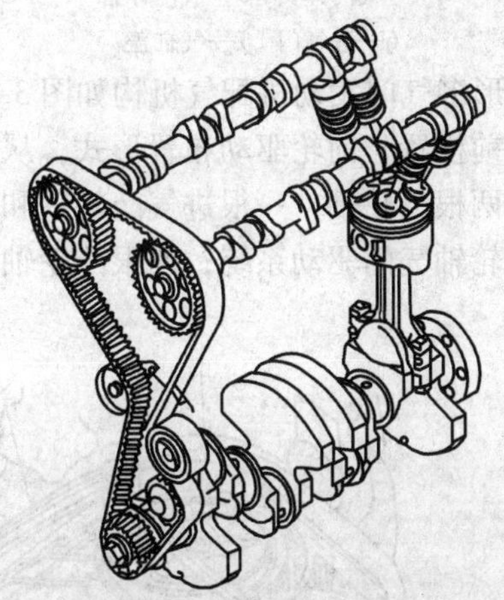
图 3-13　双凸轮轴的传动方式

上置双凸轮轴驱动气门方式有两种：直接驱动式和摇臂驱动式。

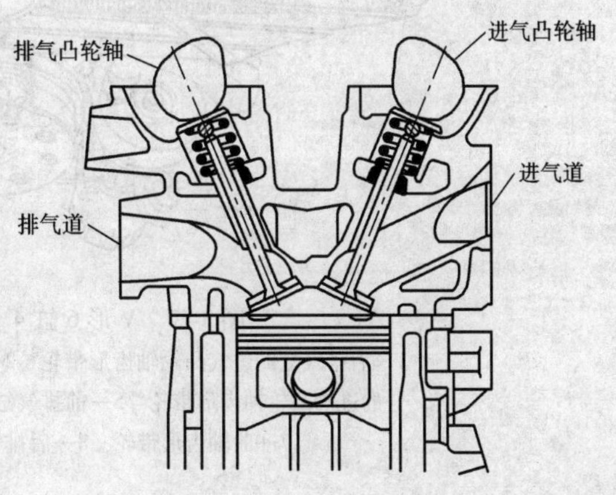

图 3-14　直接驱动式配气机构

图 3-14 所示为日本丰田公司 2Z-GE 型直列 6 缸、上置双凸轮轴、4 气门、凸轮轴直接驱动进、排气门式配气机构结构。

图 3-15 所示为日本丰田公司 B20A 直列 4 缸、上置双凸轮轴、4 气门配气机构布置形式；凸轮轴通过摇臂间接地驱动气门运动，因而称为摇臂驱动式。

一汽大众捷达王轿车引进国外先进技术，率先在国内市场上推出了国产 4 缸 20 气门(每缸 5 气门)发动机，其结构形式如图

3-16 所示。

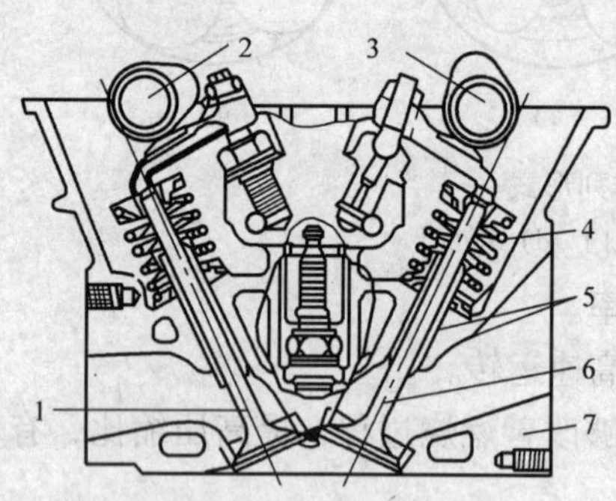

图 3-15 摇臂驱动式配气机构

1—排气门 2—排气凸轮轴 3—进气凸轮轴 4—气门弹簧 5—气门导管 6—进气门 7—气缸盖

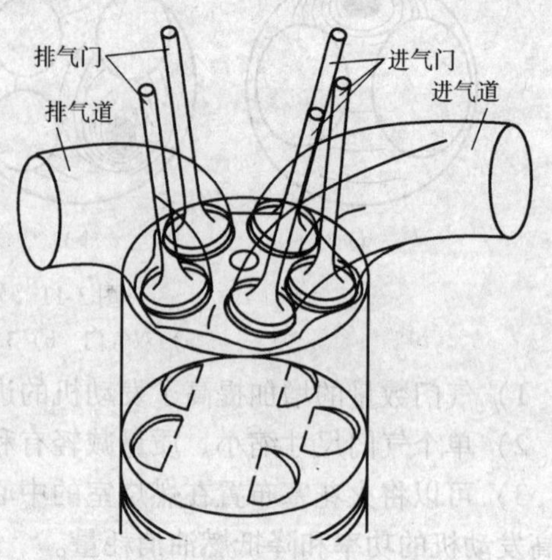

图 3-16 5 气门结构形式

V 形多气门发动机配气机构如图 3-17 所示（V 形 6 缸 4 气门发动机配气机构）。V6 发动机采用前横置、前轮驱动布置形式，从装车位置来看，6 个气缸可分为前排和后排。每排气缸装有两根凸轮轴，一根进气凸轮轴和一根排气凸轮轴。因此，V 形 4 气门发动机有两套上置双凸轮轴气门驱动系统；四根凸轮轴用一根齿形带来传动。

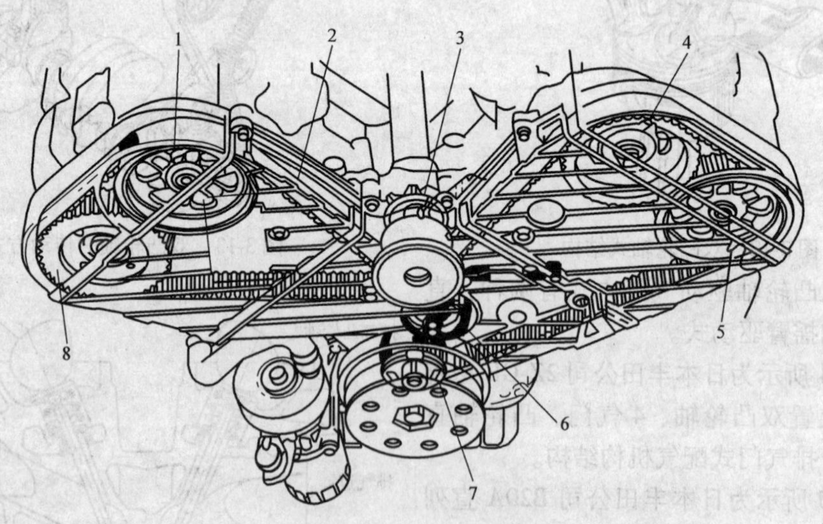

图 3-17 V 形 6 缸 4 气门发动机配气机构

1—后排气缸的进气凸轮轴齿形带轮 2—齿形带 3—水泵带轮 4—前排气缸的进气凸轮轴齿形带轮 5—前排气缸的排气凸轮轴齿形带轮 6—张紧轮 7—曲轴齿形带轮 8—后排气缸的排气凸轮轴齿形带轮

信息资料单 2　配气机构的主要零部件

配气机构通常由气门组和气门传动组两部分组成。下面以一汽捷达 EA827 型发动机和 CA6110 型发动机为例介绍配气机构的组成及其主要零部件。

一、EA827 发动机的配气机构

捷达 EA827 型发动机采用同步齿形带驱动的单根上置凸轮轴、单列顶置气门、液压筒形挺柱、直顶式配气机构，如图 3-18 所示。

捷达 EA827 型发动机的配气机构与其他上置凸轮轴式配气机构相比，取消了凸轮轴支架、摇臂和摇臂轴等零件；凸轮轴直接安装在气缸盖上平面和 5 个轴承盖组合而成的承孔内，凸轮通过液压挺柱直接驱动气门。其配气机构的组成简单，零部件较少，是小型发动机中一种较为先进的配气机构。配气机构的组成如图 3-19 所示。气门组包括进、排气门、气门导管、气门弹簧、弹簧座、锁片及气门座圈等。气门传动组主要有凸轮轴、液压挺柱、正时齿形带和齿形带轮等零件。

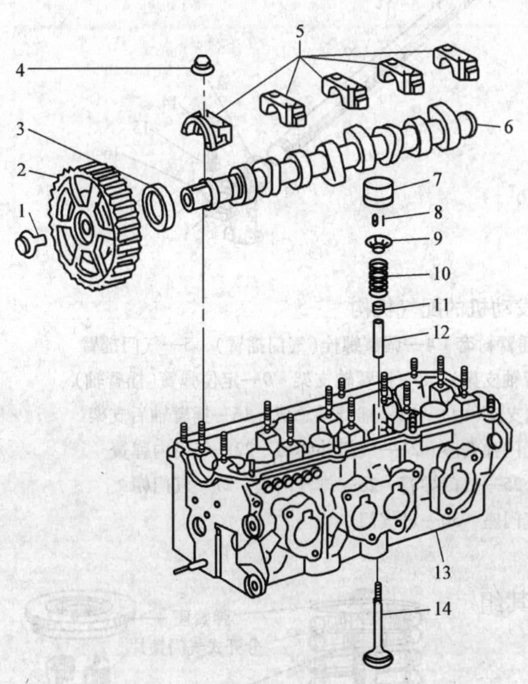

图 3-18　凸轮轴与气门的分解图

1—凸轮轴带轮固定螺栓　2—凸轮轴正时带轮　3—油封　4—凸轮轴轴承盖紧固螺母　5—凸轮轴轴承盖　6—凸轮轴　7—液压挺杆　8—气门锁瓣　9—气门弹簧座　10—气门弹簧　11—气门油封　12—气门导管　13—气门座圈　14—气门

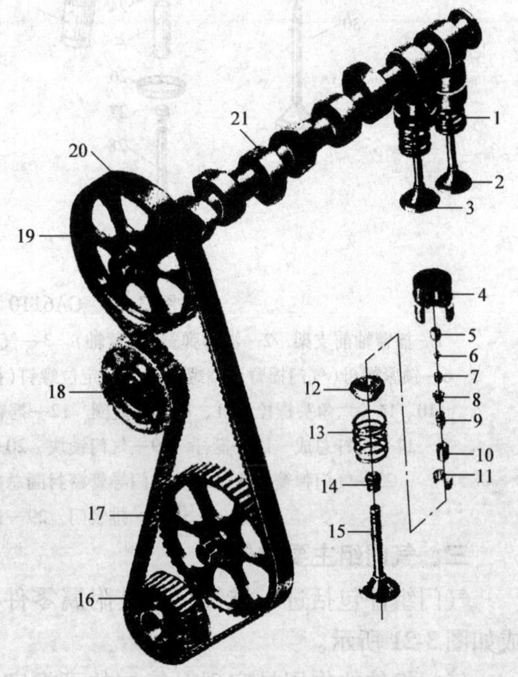

图 3-19　配气机构的组成

1—液压挺柱　2—排气门　3—进气门　4—挺柱体　5—柱塞　6—单向阀球　7—单向阀弹簧　8—托架　9—回位弹簧　10—油缸　11—锁瓣　12—气门座圈　13—气门弹簧　14—气门油封　15—气门　16—曲轴带轮　17—中间轴带轮　18—张紧轮　19—凸轮轴带轮　20—齿形带　21—凸轮轴

二、CA6110 型发动机的配气机构

CA6110 型发动机采用中置凸轮轴、顶置气门式配气机构。这种结构在国产车型中有一

定的代表性，其组成如图 3-20 所示。与捷达 EA827 型发动机配气机构相比，这种配气机构的传动机构差异较大，它主要由正时齿轮、凸轮轴、挺柱、推杆、摇臂、摇臂轴、气门间隙调整螺钉等组成。

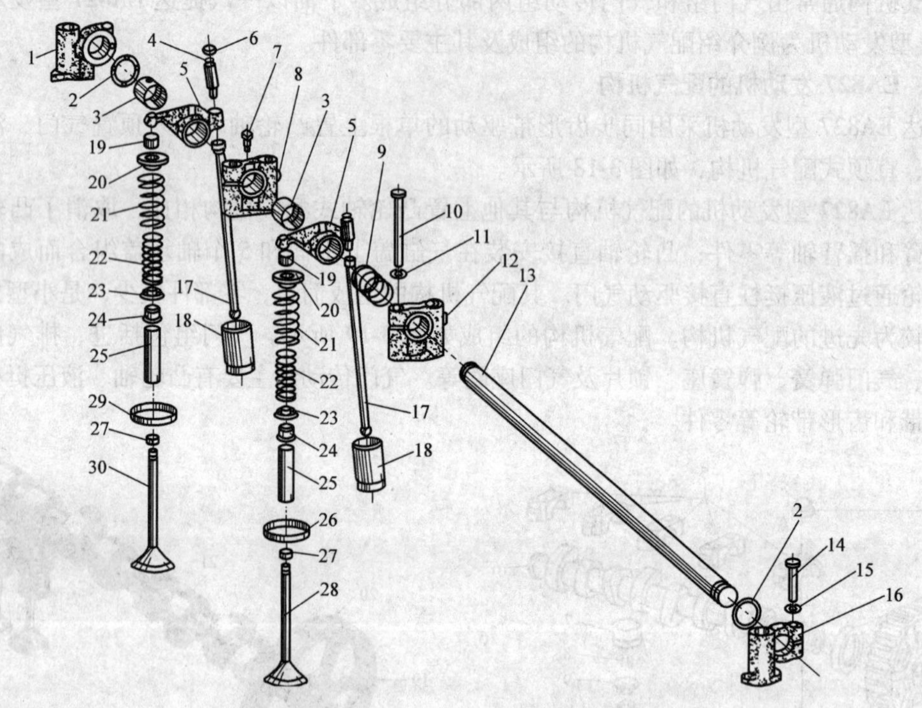

图 3-20 CA6110 型发动机的配气机构

1—摇臂轴前支架 2—波形弹簧(摇臂轴) 3—气门摇臂衬套 4—调整螺栓(气门摇臂) 5—气门摇臂 6—锁紧螺母(气门摇臂调整螺栓) 7—定位螺钉(摇臂轴支架) 8—摇臂轴支架 9—定位弹簧(摇臂轴) 10、14—六角头螺栓 11、15—平垫圈 12—摇臂轴支架(中) 13—摇臂轴总成 16—摇臂轴后支架 17—推杆总成 18—挺杆 19—气门锁块 20—气门弹簧座 21—气门外弹簧 22—气门内弹簧 23—气门弹簧下座 24—气门导管密封圈总成 25—气门导管 26—排气门座 27—气门帽 28—排气门 29—进气门座 30—进气门

三、气门组主要零件

气门组件包括进、排气门及其附属零件，其组成如图 3-21 所示。

气门组件的作用是实现对气缸的可靠密封，工作中要求：①气门头部与气门座贴合严密；②气门导管对气门杆的往复运动导向良好；③气门弹簧两端面与气门杆中心线相互垂直，以保证气门头部在气门座上不偏斜；④气门弹簧的弹力足以克服气门及其传动件的运动惯性力，使气门能迅速关闭，并能保证气门关闭时的密封性。

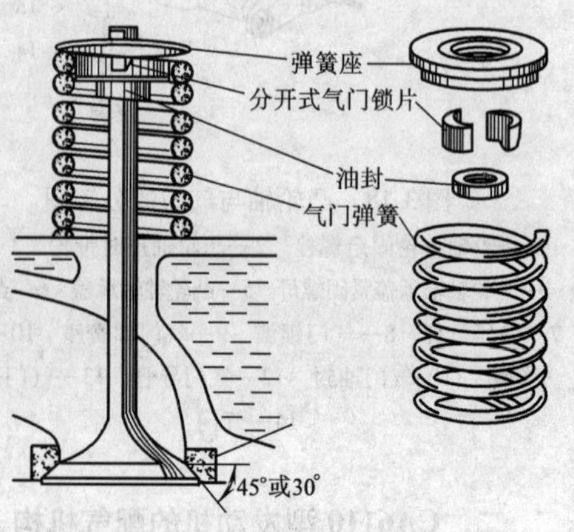

图 3-21 气门组件的组成

1. 气门

气门分为进气门和排气门两种。进、排气门的

结构相似，都由头部和杆部两部分组成，如图 3-22 所示。

(1) 气门头部　气门头部的形状一般有以下几种形式。

1) 平顶。其结构简单，受热面积小，便于制造；进、排气门都可以采用，目前应用得最多。

2) 凹顶。呈喇叭形，头部与杆部的过渡曲线呈流线形，进气阻力小，适合用于进气门；凹顶受热面积最大，不宜用于排气门。

(2) 气门锥角　为了保证气门与气门座贴合紧密，将气门密封面做成锥面。通常，气门密封锥面的锥角称为气门锥角。一般气门锥角为 45°，如图 3-23 所示。在气门升程一定的情况下，减小气门锥角，可以增大气流通道断面，减小进气阻力；但锥角减小会引起气门头部边缘厚度变薄，致使气门的密封性和导热性变差。

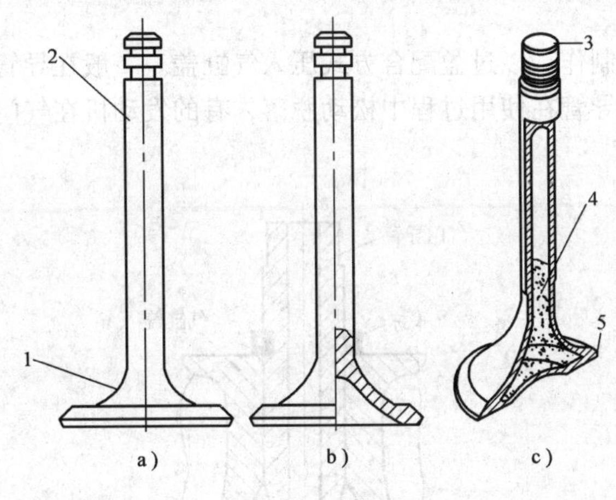

图 3-22　气门

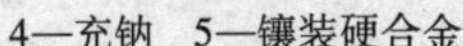

a) 平顶气门　b) 凹顶气门　c) 充钠排气门
1—气门头部　2—气门杆部　3—镶装硬合金
4—充钠　5—镶装硬合金

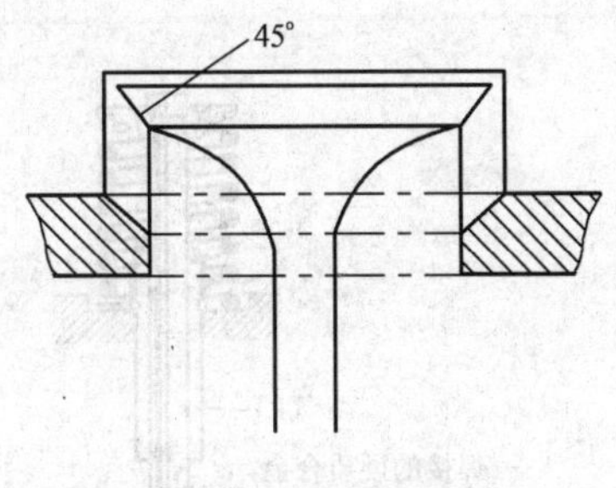

图 3-23　气门锥角

气门与气门座密封锥面相接触时形成的环状密封带，称为接触带。它应位于气门密封锥面的中部，其宽度应符合厂家的设计要求。捷达 EA827 型发动机规定：进气门为 2mm，排气门为 2. 40mm。接触带过窄则散热效果差，影响气门通过接触面向气门座圈传递热量；接触带过宽则会降低接触面上的比压值，使气门的密封性下降。

为了保证气门与气门座间密封良好，需经过配对研磨，形成连续、均匀、宽度符合要求的接触环带。研磨后的气门不能互换。

(3) 气门杆部　气门在导管中上下运动，靠气门杆部起导向和传热作用。因而，对气门杆部表面的加工精度和耐磨性有比较高的要求，以使气门与气门导管之间有合理的间隙，从而保证精确导向和排气时不沿导管间隙泄漏废气。气门杆尾端的形状取决于气门弹簧座的固定方式。如图 3-24 所示，锁瓣式是在气门杆尾端切有环槽用来安装锁瓣，将气门杆与弹簧座锁定。

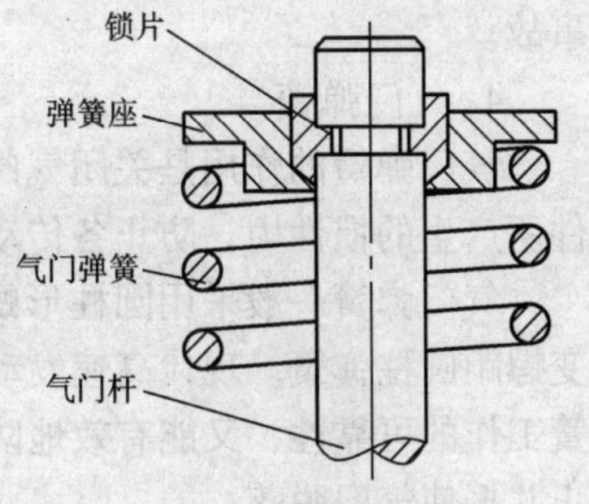

图 3-24　气门杆尾端形状与弹簧座的固定方式

为了保证在高温条件下气门工作可靠，要求气门必须有足够的强度、刚度，耐磨损、耐高温不易变形，且质量要尽可能地小。因此，一般进气门采用合金钢(如铬钢或镍铬钢)制作，排气门则采用特种耐热合金钢(如硅铬钢等)制作。捷达 EA827 型发动机的进气门采用铬镍钴合金钢整体锻造而成；排气门则采用双金属结构，头部用耐热、耐蚀的合金钢制造，杆部所用材料与进气门所用材料相同，两部分通过摩擦焊接技术焊成一体。气门的密封锥角均为 45°，为了提高气门寿命，有的气门密封锥面上堆焊了一层铬镍钴高强度合金，如图 3-25 所示。有的发动机采用充钠排气门，如图 3-22c 所示。

2. 气门导管

气门导管的作用是气门运动的导向作用，以保证气门作上下往复运动时不发生径向摆动，准确落座，与气门座正确贴合；同时起导热作用，将气门杆的热量传给缸盖及水套。

气门导管用耐磨性和导热性较高的材料制作，以过盈配合方式压入气缸盖。一般在导管的上端装有骨架式橡胶气门油封。为了防止导管在使用过程中松动脱落，有的发动机在气门导管的中部加装定位卡环，如图 3-26 所示。

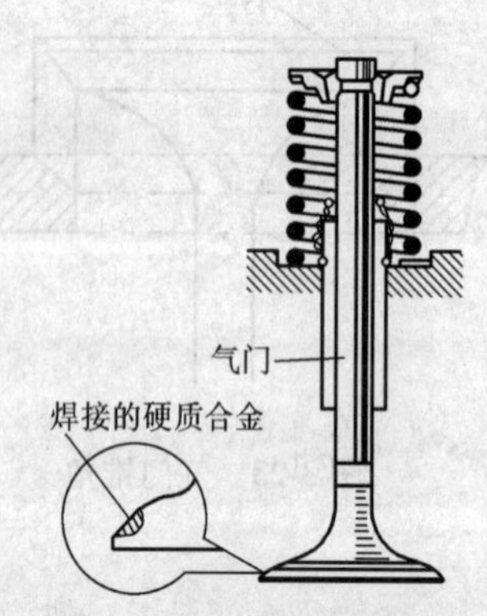

图 3-25 气门密封锥面的高强度合金

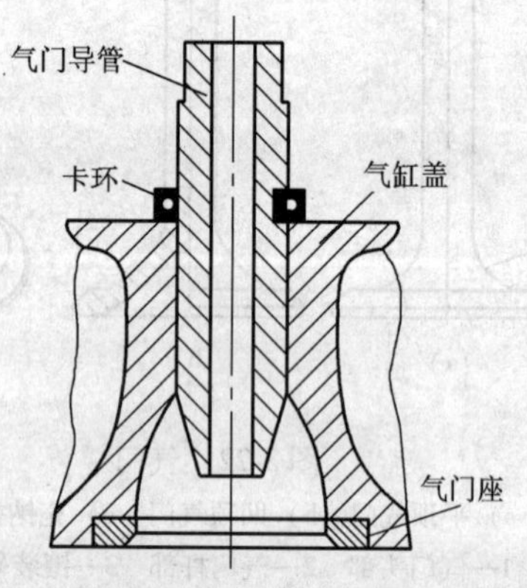

图 3-26 气门导管

3. 气门座

气门座有两种：一种是在气缸盖上直接镗削加工而成；另一种是用合金铸铁或奥氏体钢单独制作成气门座圈，用冷缩法镶入气缸盖中，如图 3-27 所示。镶入式气门座的导热性差，加工精度要求高，如果镶入时公差配合选择不当，高温下工作时易脱落，容易导致重大机械事故。

4. 气门弹簧

气门弹簧的作用是关闭气门，靠弹簧张力使气门压在气门座上，克服气门和气门传动组件所产生的惯性力，防止各传动件彼此分离而不能正常工作。

气门弹簧一般采用圆柱形螺旋弹簧，如图 3-28 所示。为了防止弹簧发生共振，可采用变螺距圆柱弹簧。现代高速发动机多采用同心安装的内、外气门弹簧，这样既提高了气门弹簧工作的可靠性，又能有效地防止共振的发生。安装时，内、外弹簧的螺旋方向相反，以防止共振使气门脱落。

四、气门传动组主要零部件

气门传动组主要包括：凸轮轴及其传动机构、挺柱、推杆和摇臂等。

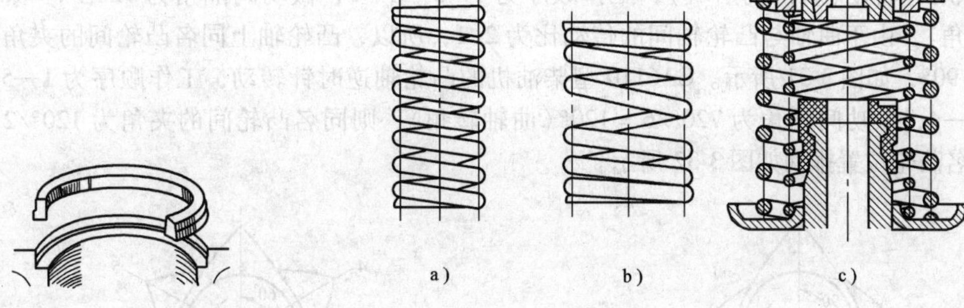

图 3-27　气门座圈

图 3-28　气门弹簧
a）等螺距圆柱弹簧　b）变螺距圆柱弹簧　c）双弹簧

1. 凸轮轴

凸轮轴是气门传动组中的主要部件，其作用是控制气门的开闭及其升程的变化规律。下置凸轮轴式汽油机，还依靠凸轮轴来驱动汽油泵、机油泵和分电器等装置。

（1）凸轮轴的结构　凸轮轴主要由凸轮和轴颈两部分组成。

单根凸轮轴一般将进气凸轮和排气凸轮布置在同一根凸轮轴上，其结构如图 3-29 所示。双上置凸轮轴配气机构的两根凸轮轴，一根是进气凸轮轴，上面布置有各缸的进气凸轮。另一根是排气凸轮轴，上面分布有各缸的排气凸轮。

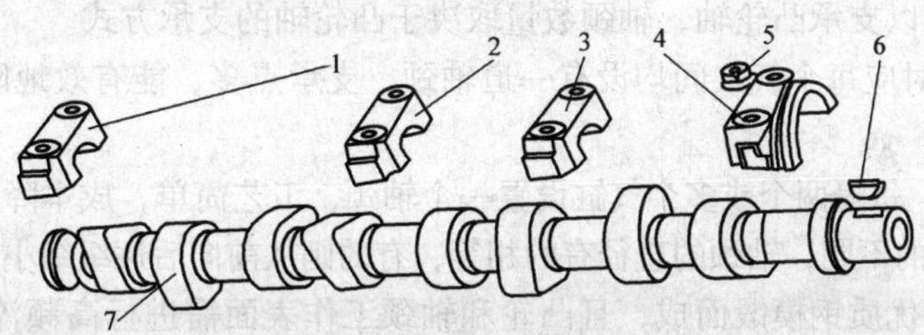

图 3-29　单凸轮轴的结构
1、2、3、4—轴承盖　5—螺母　6—半圆键　7—凸轮

气门的开闭时刻及其升程变化规律，主要取决于控制气门的凸轮外部轮廓曲线。凸轮轮廓形状如图 3-30 所示，O 为凸轮旋转中心（也是凸轮轴的轴心），$\overset{\frown}{E}$ 为凸轮的基圆，$\overset{\frown}{AB}$和$\overset{\frown}{DE}$为过渡段，$\overset{\frown}{BCD}$为凸轮的工作段。当凸轮按图中箭头方向转至 A 时，挺柱不动，气门关闭；凸轮转过 A 点后，挺柱开始上移，到达 B 点时，气门间隙消除，气门开始开启；凸轮转到 C 点时，气门升程（开度）最大凸轮转到 D 点时，气门关闭。$\overset{\frown}{BCD}$所对应的夹角称做气门开启持续角。

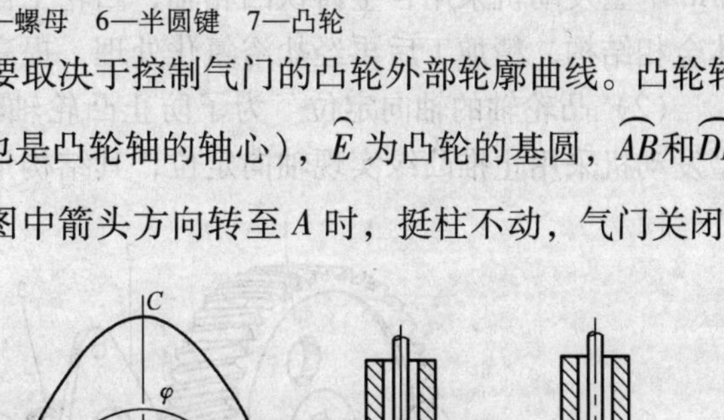

凸轮轮廓$\overset{\frown}{BCD}$段的形状直接决定了气门的升程及其升降过程的运动规律。

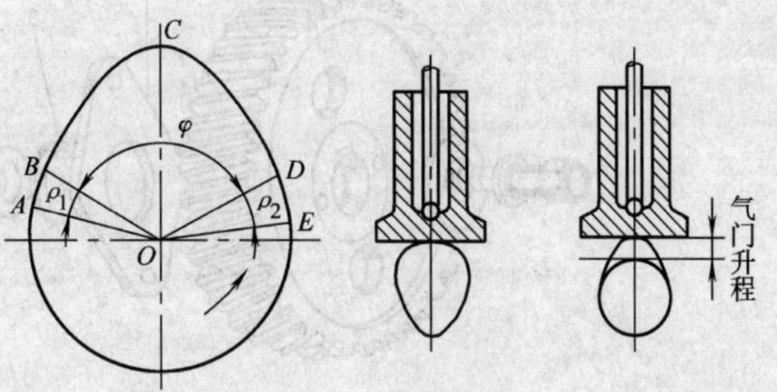

图 3-30　凸轮轮廓形状

凸轮轴上各缸同名凸轮相对角位置的

排列，与凸轮轴的转动方向、各缸的工作顺序和做功间隔角有关。捷达 EA827 型发动机的凸轮轴顺时针转动(从前向后看)，工作顺序为 1—3—4—2，做功间隔角为 720°/4 = 180°(曲轴转角)，由于曲轴与凸轮轴间的传动比为 2:1，所以，凸轮轴上同名凸轮间的夹角为 180°/2 = 90°，如图 3-31 所示。CA6110 型柴油机的凸轮轴逆时针转动，工作顺序为 1—5—3—6—2—4，做功间隔角为 720°/6 = 120°(曲轴转角)，则同名凸轮间的夹角为 120°/2 = 60°，同名凸轮位置排列如图 3-32 所示。

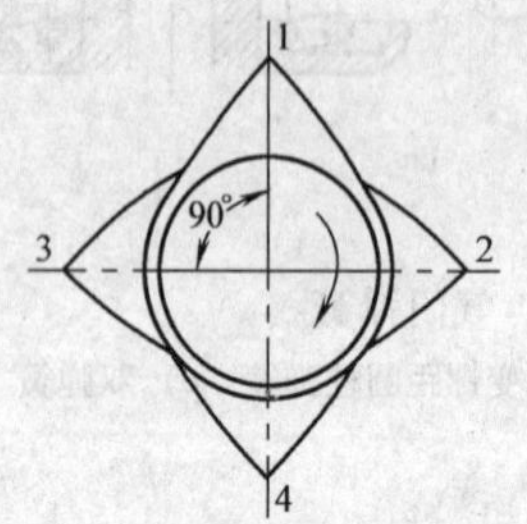

图 3-31　4 缸发动机同名凸轮位置排列

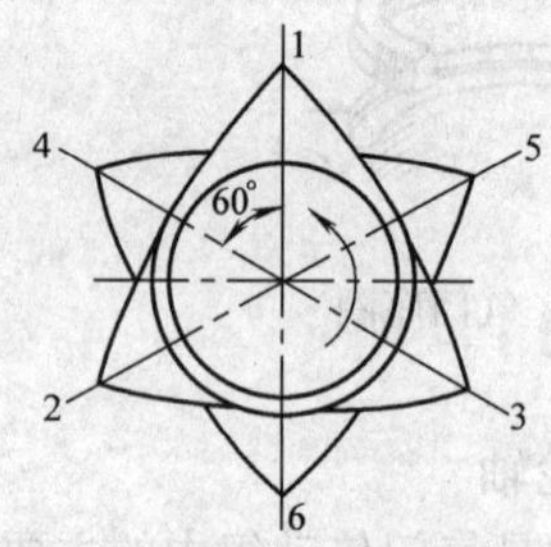

图 3-32　6 缸发动机同名凸轮位置排列

同一气缸进、排气(异名)凸轮间的相对角位置排列取决于凸轮轴的转动方向和发动机的配气相位。按照四冲程发动机的工作原理来分析，排气和进气相差一个行程，即曲轴转角 180°，反映到凸轮轴上排气凸轮和进气凸轮间的相对角位置为 180°/2 = 90°。但由于气门早开晚闭，且进、排气门早开角与晚闭角不等，造成了凸轮间的夹角不再是 90°，一般都大于 90°。

凸轮轴轴颈用以支承凸轮轴，轴颈数量取决于凸轮轴的支承方式。

1）全支承。对应每个气缸间均设有一道轴颈，支承点多，能有效地防止凸轮轴变形对配气相位的影响。

2）非全支承。每隔两个或多个气缸设置一个轴颈，工艺简单，成本降低，但支承刚性较差。由于装配方式的不同，轴颈的直径有的相等，有的则从前向后逐级缩小，以便于安装。

凸轮轴一般用优质钢模锻而成，且凸轮和轴颈工作表面需进行高频淬火(中碳钢)或渗碳淬火(低碳钢)处理。近年来，越来越多的凸轮轴改用合金铸铁或球墨铸铁铸造。捷达 EA827 型发动机采用合金铸铁凸轮轴，凸轮工作表面采用电弧熔工艺，使表层组织形成莱氏体金相结构，精加工后再经盐浴氮化处理，提高了凸轮轴的工作寿命。

(2) 凸轮轴的轴向定位　为了防止凸轮轴轴向窜动，一般设有轴向定位装置。CA6110 型发动机采用止推凸缘实现轴向定位，其结构形式如图 3-33 所示。捷达 EA827 型发动机利

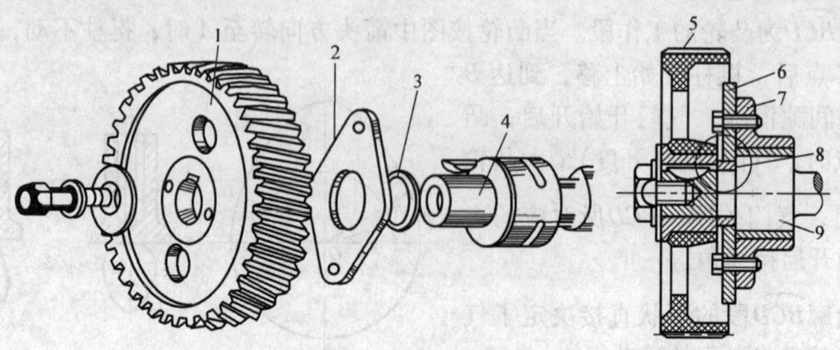

图 3-33　凸轮轴的轴向定位

1、5—正时齿轮　2、6—止推凸缘　3、8—止推座　4、9—凸轮轴　7—气缸体

用凸轮轴第五轴承盖的两端面实现轴向定位。

2. 挺柱

挺柱的作用是将凸轮轴旋转时产生的推动力传给推杆（下、中置凸轮轴）或气门（上置凸轮轴）。挺柱一般用耐磨性好的合金钢或合金铸铁等材料制造。

（1）普通挺柱　常见的挺柱主要有筒形和滚轮式两种，其结构形式如图 3-34 所示。

通常，挺柱底部工作面设计为平面，使两者的接触点偏离挺柱轴线，如图 3-35 所示。工作中，当挺柱被凸轮顶起时，接触点间的摩擦力使挺柱绕自身轴线旋转，以实现均匀磨损。

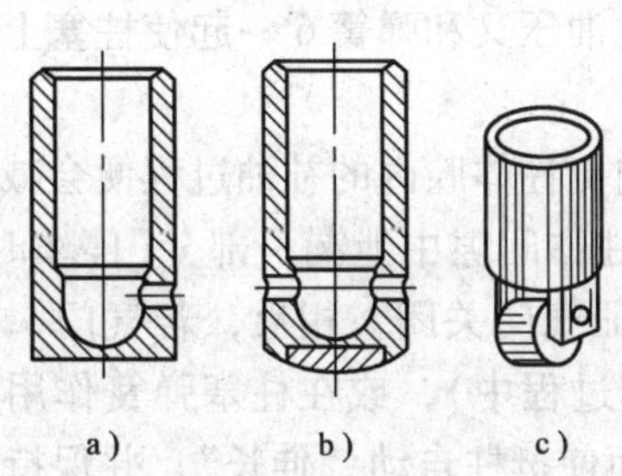

图 3-34　普通挺柱

a）筒形平面　b）筒形球面　c）滚轮式

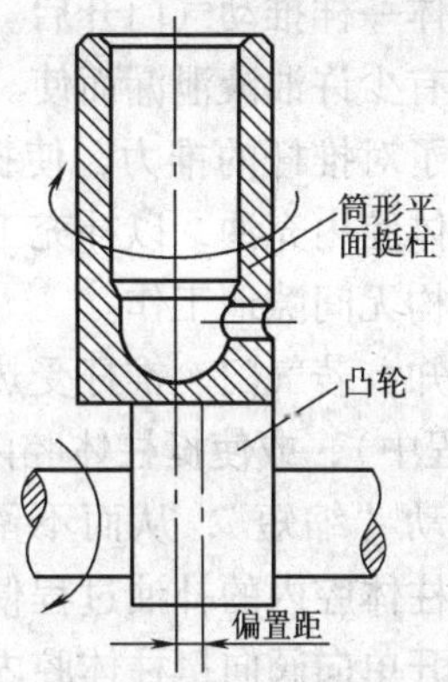

图 3-35　挺柱与凸轮的偏置

筒形挺柱质量较轻，一般和推杆配合使用。滚轮式挺柱结构较为复杂，但其与凸轮间的摩擦阻力小，适合于中速大功率柴油机。

挺柱可直接安装在气缸体一侧的导向孔中，也可安装在可拆卸的挺柱架中。

（2）液压挺柱　采用预留气门间隙的方法，可以解决气门传动组件受热膨胀可能给气门工作带来的不利影响；但气门间隙的存在，会使配气机构在发动机工作温度较低时，导致气门间隙变大出现撞击而产生噪声。为了消除这一弊端，有些中小型发动机采用了液压挺柱。如一汽捷达 EA827 型发动机、上海桑塔纳 JV 发动机均采用液压挺柱。

1）液压挺柱的作用。液压挺柱可自动补偿气门间隙，并具有以下优点：

① 取消了调整气门间隙的零件，使结构更简单。

② 不需调整气门间隙，简化了装配后的调整过程。

③ 消除了由气门间隙引起的冲击和噪声，减轻了气门传动组件之间的摩擦。

2）液压挺柱的构造。如图 3-36 所示，挺柱体 1 内装有柱塞 4，柱塞 4 上端压有球座 3 作为推杆的支承座，同时将柱塞内腔堵住。柱塞弹簧 6 用来将柱塞经常压向上方，卡簧 2 用来对柱塞限位。柱塞下端单向阀架 5 内装有碟形弹簧 8，用以关

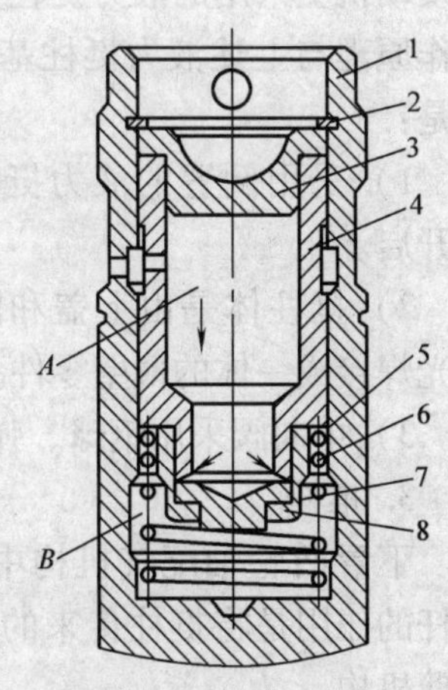

图 3-36　液压挺柱

1—挺柱体　2—卡簧　3—球座　4—柱塞　5—单向阀架　6—柱塞弹簧　7—单向阀　8—碟形弹簧　A—柱塞腔　B—挺柱体腔

闭单向阀7。

3）液压挺柱的工作原理。当气门关闭时，润滑油经挺柱体和柱塞上的油孔压进柱塞腔A内，并推开单向阀充入挺柱体腔B内。柱塞便在挺柱体腔内油压及柱塞弹簧6的作用下上行，与气门推杆压紧，整个配气机构不存在间隙。但此压力远小于气门弹簧的张力，气门不会被打开，只是消除间隙。与此同时，挺柱体腔B内油液已充满，单向阀7在碟形弹簧8的作用下关闭。

当凸轮转到工作面使挺柱上推时，气门弹簧的张力便通过推杆作用在柱塞上，由于单向阀7已关闭，柱塞4便推压挺柱体腔B内的油液使压力升高，由于液体的不可压缩性，挺柱便像一个刚体一样推动气门开启。在此过程中，由于挺柱体腔内油压较高，在柱塞与挺柱体的间隙处将有少许油液泄漏而使“挺柱缩短”，但不致影响正常的工作。当凸轮转到非工作面时，解除了对推杆的推力，使挺柱腔内油压降低，于是，主油道的油压将再次推开单向阀，向挺柱体腔内充油，以补充工作时的泄漏，并且此油压又和弹簧6一起使柱塞上推，如此使配气机构无间隙地工作。

由此可知，若气门、推杆受热膨胀，挺柱回落后向挺柱体腔内的补油过程便会减少补油量(工作过程中)，或使挺柱体腔内的油液从柱塞与挺柱体间隙中泄漏一部分(停车时)，从而使挺柱自动“缩短”，从而不留气门间隙而仍能保证气门关闭。相反，若气门、推杆冷缩，则向挺柱体腔内的补油过程便会增加补油量(工作过程中)，或在柱塞弹簧作用下将柱塞上推，吸开单向阀向挺柱体腔内补油(停车时)，从而使挺柱自动“伸长”，并保持配气机构无间隙传动。

采用液力挺柱可消除配气机构中的间隙，减小各零件的冲击载荷和噪声，同时凸轮轮廓可设计得比较陡些、气门开启和关闭更快，以减小进排气阻力，改善发动机的换气，提高发动机的性能(特别是高速性能)。

一汽捷达EA827型发动机、上海桑塔纳JV的发动机上采用的液力挺柱如图3-37所示。其工作原理与上述液力挺柱基本相同，其结构特点是：

1）采用倒置的液力挺柱，直接推动气门的开启。

2）挺柱体是由上盖和圆筒经加工后再用激光焊接成一体的薄壁零件。

3）单向阀采用钢球、弹簧式结构。

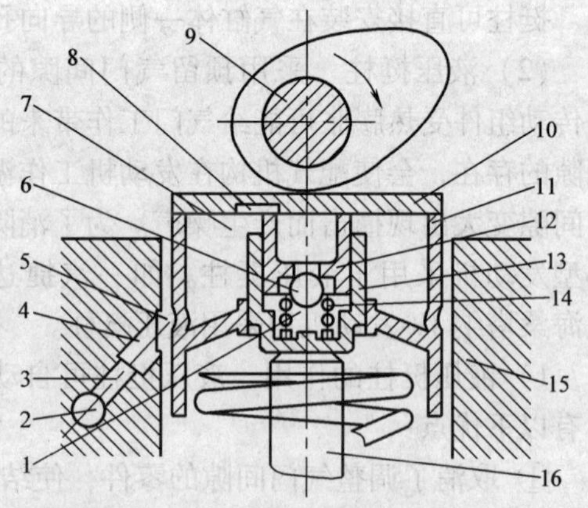

图3-37 发动机液力挺柱

1—高压油腔 2—缸盖油道 3—量油孔 4—斜油孔 5—柱塞与缸盖间隙 6—球阀 7—低压油腔 8—键形槽 9—凸轮轴 10、12—柱塞 11—柱塞焊缝 13—油缸 14—补偿弹簧 15—缸盖 16—气门杆

3. 推杆

下置凸轮轴配气机构中有细而长的推杆。推杆的作用是将挺柱传来的凸轮推动力传递给摇臂机构。

4. 摇臂

摇臂的作用是将推杆或凸轮传来的力改变方向后传给气门，使其开启。

摇臂组件主要有：摇臂、摇臂轴、支承座、气门间隙调整螺钉等，如图3-38所示。

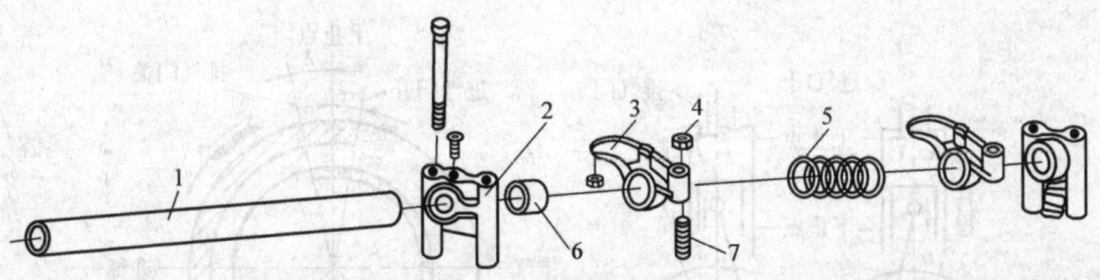

图 3-38　摇臂组件

1—摇臂轴　2—支座　3—摇臂　4—锁紧螺母　5—定位弹簧　6—衬套　7—气门间隙调整螺钉

摇臂是一个以中间轴孔为支点的双臂杠杆，短臂一侧装有气门间隙调整螺钉，长臂一端有一圆弧工作面用来推动气门。为了提高其工作寿命，长臂圆弧工作面需经焠火处理。

信息资料单 3　气 门 间 隙

发动机工作中，气门及其传动件将因温度升高而膨胀。如果气门及其传动件之间，在冷态时无间隙或间隙过小，则在热态下，气门及其传动件受热膨胀，势必引起气门关闭不严，造成发动机在压缩和做功行程中的漏气，会使发动机功率下降。为了消除上述现象，通常在发动机冷态装配时，在气门及其传动机构中留有适当的间隙，以补偿气门受热后的膨胀量。这一预留间隙称为气门间隙，如图 3-39 所示。

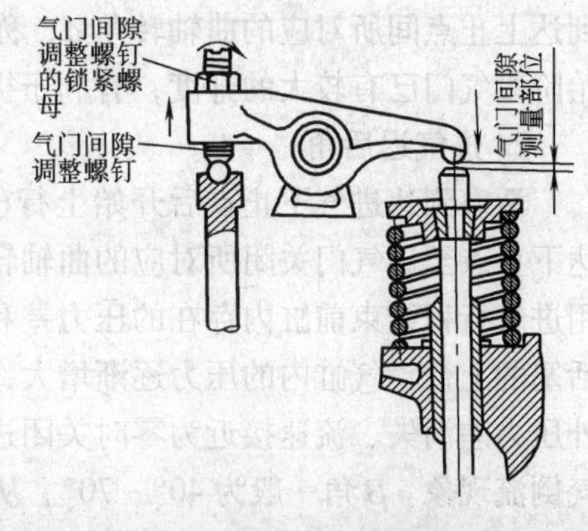

图 3-39　气门间隙

气门间隙的大小一般由发动机制造厂家根据试验确定。一般冷态下，进气门间隙为 0.25 ~ 0.30mm，排气门间隙为 0.30 ~ 0.35mm。间隙过小，则发动机在热态下可能会发生漏气现象，导致功率下降，甚至烧损气门；间隙过大，则传动零件之间将产生撞击，噪声增大，且使气门开启持续时间减少，导致进气量减少和排气不彻底。

信息资料单 4　配 气 相 位

配气相位是指进、排气门的实际开闭时刻，通常用曲轴转角来表示。图 3-40 所示是以曲轴转角绘制的配气相位图。

前面在介绍四冲程发动机工作原理时，为了便于理论分析与阐述，简单地把进、排气过程分别看作是在活塞的一个行程(即曲轴旋转 180°内)完成的。实际上，由于发动机转速较高，一个行程所占时间很短，例如当四冲程发动机以 3000r/min 的转速运转时，一个行程的时间仅 0.01s，况且凸轮驱动气门开启也需要一个过程，气门全开的时间就更短了。在这样短的时间内难以做到进气充分、排气彻底。为了改善换气过程，气门的开启和关闭时刻已不在上、下止点处，而是采用提前打开和迟后关闭气门来延长进、排气时间，使发动机的实际进、排气行程所对应的曲轴转角均大于 180°。

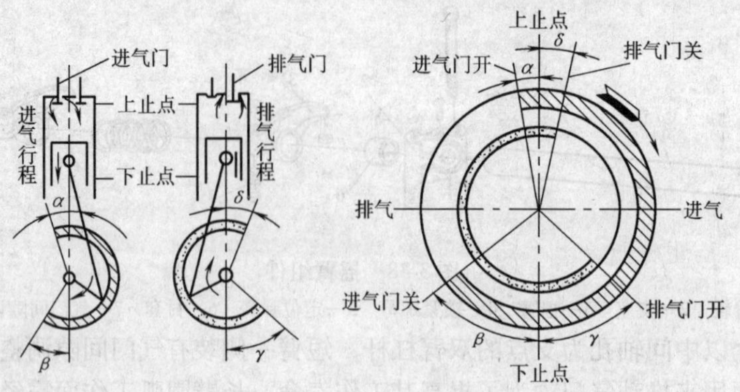

图 3-40　配气相位图

一、进气相位

1. 进气提前角

在排气行程接近终了，活塞到达上止点之前，进气门便提前开启。从进气门开启到活塞到达上止点间所对应的曲轴转角 α，称为进气提前角。进气门提前开启，保证了进气行程开始阶段气门已有较大的开度，有利于提高充气量。α 角一般为 10° ~30°。

2. 进气迟后角

活塞到达进气下止点后开始上行(压缩行程开始)，上行一段后关闭进气门。从活塞到达下止点至进气门关闭所对应的曲轴转角 β，称为进气迟后角。进气门迟后关闭能够充分利用进气行程结束前缸内存在的压力差和较高的气流惯性继续进气。活塞经过下止点后，随着活塞的上行，气缸内的压力逐渐增大，进气气流速度也逐渐减小，从理论上讲，当气缸内、外压力差消失、流速接近为零时关闭进气门，此时对应的 β 角最佳。若 β 角过大，会引起进气倒流现象。β 角一般为 40° ~70°。从以上分析可知，若进气门持续开启时间用曲轴转角来表示，则进气持续角应为 $180° + \beta + \alpha$。

常见车型配气相位参数见表 3-1(仅供参考)。

表 3-1　常见车型配气相位参数

型号 \ 开闭时刻	进气门开（上止点前）(α)	进气门关（下止点后）(β)	排气门开（下止点前）(γ)	排气门关（上止点后）(δ)
CA6110	27° ±6°	51° ±6°	67° ±6°	25° ±6°
6102Q	14°	50°	56°	16°
CA6113	27° ±6°	51° ±6°	67° ±6°	25° ±6°

二、排气相位

1. 排气提前角

在做功行程，活塞到达下止点之前，排气门提前打开。从排气门打开至活塞到达下止点间所对应的曲轴转角 γ，称为排气提前角。排气门适当提前打开，虽然损失了一定的做功行程和功率，但可以利用较高的缸内压力将大部分废气迅速排出，待活塞上行时，缸内压力已大幅下降，可以使排气行程所消耗的功率大为减少。此外，高温废气提前排出也有利于防止发动机过热。γ 角一般为 40°～80°。

2. 排气迟后角

活塞越过排气上止点，延迟一定时刻后才关闭排气门。从活塞到达上止点到排气门关闭所对应的曲轴转角 δ，称为排气迟后角。δ 角一般为 10°～30°。由于活塞到达上止点时，气缸内的压力仍高于外部大气压，且废气气流有一定的惯性，适当延迟排气门关闭时刻可以利用此压力和气流惯性使废气排出得更干净。

若排气门开启持续时间用曲轴转角表示，则排气持续角应为 $180° + \gamma + \delta$。

三、气门重叠

如图 3-40 所示，由于进气门在上止点前开启，而排气门在上止点后关闭，则在上止点附近，会出现同一段时间内进、排气门同时开启，进气道、燃烧室、排气道三者相通的现象，这种现象通常称为气门重叠。对应的曲轴转角 $(\alpha + \delta)$ 称为气门重叠角。气门重叠期间进、排气门的开度均比较小，且由于进气气流和排气气流的惯性较大，短时间内不会改变流向，因而只要气门重叠角选择适当，就不会出现废气倒流入进气管和新鲜气体随废气排出的现象。若选择不当，气门重叠角过大，发动机小负荷运转时，则会出现上述现象，致使发动机换气质量下降。

合理的配气相位由制造厂家根据发动机结构和性能要求的不同，通过反复试验来确定。

信息资料单 5 发动机的换气过程

发动机的进气过程和排气过程，统称为换气过程。其任务是将废气尽可能排除干净，吸入更多的新鲜混合气或空气，使发动机尽可能发出大的功率与转矩。

本节将阐述换气过程的组成、充气效率及其影响因素、提高充气效率的措施。

一、四冲程发动机的换气过程

（一）换气过程

发动机工作时，上一循环排气门开启至下一循环进气门关闭的全过程，称为四冲程发动机的换气过程。它约占 410°～480°曲轴转角。根据气体流动的特点，换气过程可分为自由排气、强制排气和进气 3 个阶段。

1. 自由排气阶段

排气门开始开启到气缸内压力接近于排气管内压力的阶段，称为自由排气阶段。此阶段一般在下止点前开始。为了减小排气所消耗的功，当排气行程开始时，排气门已有较大的开度。排气门应提前开启，一般开启提前 40°～80°的曲轴转角，即排气提前角。在排气门开始开启的初期，气缸内压力大于排气管压力 2 倍以上的排气状态，称为超临界流动状态。此时，通过排气门口的废气流速达到该状态下的声速。当排气温度为 600～900℃时，通过排气口的废气流速可达 500～600m/s。废气以声速流过排气门口后突然膨胀，会产生特殊的噪声，所以，排气系统须装有消声器。

当气缸内压力与排气管压力之比下降到 2 倍以下时，称为亚临界状态。此阶段废气流过排气门口的速度低，不会产生特殊的噪声。

在全负荷、高转速的情况下，需要排出的废气量大，排气的时间更短。为使缸内压力及时减小、减小排气阻力，要求高转速下排气门提前开启角度要大。因此，转速高的发动机的排气门提前开启角度总是比转速低的发动机的排气门提前开启角度大。

2. 强制排气阶段

上行的活塞将废气强制排出的阶段，称为强制排气阶段。如果排气门在活塞到达上止点时关闭，在活塞接近上止点时，排气门的开度已经很小，这会增大排气阻力，使气缸内残余废气量增加，且增加排气所消耗的功。因此，排气门一般迟闭 10° ~35°的曲轴转角，即排气迟后角。整个过程的持续时间相当于曲轴转角 230° ~290°。

3. 进气过程

在强制排气的后期，活塞处于上止点前某一曲轴转角时，进气门就开始打开；当活塞到达上止点，进气行程开始时，进气门已有较大的开启面积，可使新鲜气体顺利充入气缸。当进气行程结束，活塞到达下止点后某一曲轴转角，进气门才关闭。其目的是利用气流的惯性与压力差继续向气缸内充气，增加充气量。整个进气过程持续时间相当于曲轴转角 230° ~290°。气门重叠期间进气管、气缸、排气管连通起来，可以利用气流压力差和惯性清除缸内废气，增加进气量。非增压发动机的气门重叠角为 20° ~60°曲轴转角。若气门重叠角过大，可能会引起废气倒流入进气管的现象。将非增压发动机进气门、排气门的实际开、闭时刻用相对于上、下止点位置的曲轴转角的环形图来表示，如图 3-41 所示。

（二）换气损失与泵气损失

1. 换气损失

换气损失分排气损失和进气损失两部分，如图 3-42 所示。

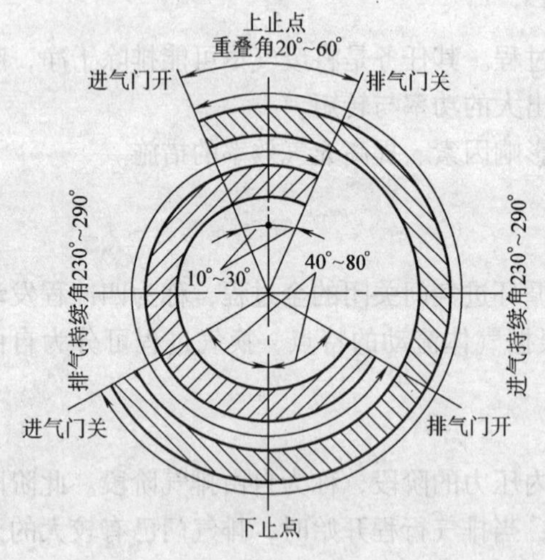

图 3-41 非增压发动机的配气相位图

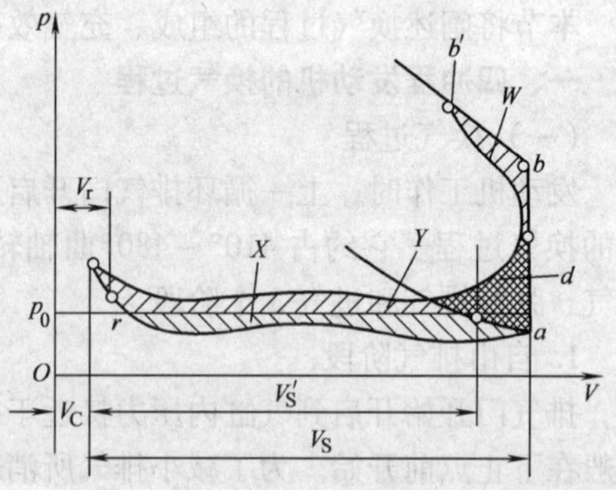

图 3-42 四冲程发动机的换气损失

W—自由排气损失 Y—强制排气损失

X—进气损失 X + Y - d—泵气损失

（1）排气损失 从排气门提前打开到进气行程开始，缸内压力达到进气管内压力前循环功的损失，称为排气损失。它可以分为：

1）自由排气损失：由于排气门提前打开，排气压力线从 b′点开始偏离理论循环膨胀线而引起的膨胀功的减少，用图中面积 W 表示。

2）强制排气损失：活塞将废气推出所消耗的功，用图中面积 Y 表示。

若排气提前角增大，则面积 W 增大，而面积 Y 相应减小；反之，若排气提前角减小，则 W 减小，Y 增大。最有利的面积是使 $(W+Y)$ 为最小，则排气损失最小。

（2）进气损失　进气过程中克服进气系统的阻力所消耗的功，称为进气损失，用图中面积 X 表示。它比排气损失小。进气损失与排气损失之和，即为换气损失，用面积 $(W+X+Y)$ 表示。

2. 泵气损失

泵气损失是换气损失的一部分，用面积 $(X+Y-d)$ 表示。

二、四冲程发动机的充气效率

换气过程常用的评价指标有：循环充量、充气效率和单位时间充量。

1. 循环充量 ΔG

每循环实际进入气缸内的充量的质量，称为循环充量 ΔG_o。循环新气充量大，才可能使循环的最高压力提高，作用于活塞的推力增大，从而使发动机获得较大的输出转矩。所以，循环新气充量大是发动机转矩提高的必要条件。但是，循环充量不能用来评定不同工作容积发动机换气过程的好坏，只能在相同工作容积时进行比较。即两台发动机工作容积相同时，若其中一台在相应转速下的循环充量大，则该发动机的进气系统设计的更合理。

2. 充气效率（充气系数）η_v

实际进入气缸的充量 ΔG 与进气状态下充满气缸工作容积的理论充量 ΔG_0 之比，称为充气效率 η_v。

所谓进气状态是指机器所在地的大气状态（非增压机型）和增压器压气机出口的气体状态（增压机型）。

充气效率 η_v 是评价发动机换气过程完善程度的指标，它不受气缸容积的影响。在发动机试验台上测出某工况时空气进入发动机的流量 G(kg/s)，计算出大气状态下该工况时能充入发动机的空气量 G_o。

充气效率 η_v 的一般范围：汽油机为 0.75～0.85；柴油机为 0.75～0.9。

可见，大气状态下能充入气缸工作容积的空气量 ΔG_0 是常数，与发动机转速无关。因此，充气效率随转速 n 变化的趋势与循环充量 ΔG 随转速 n 变化的趋势相同。

3. 单位时间充量 G

单位时间内进入气缸内的充量的质量，称为单位时间充量 G。单位时间充入的充量与发动机有效功率紧密相关。汽油机单位时间充量越大，单位时间内燃烧的气体数量越多，单位时间内做的功越多，因而功率越大。柴油机单位时间充量越大，单位时间内喷入气缸的柴油量可以相应增加，因而功率也可以提高。显然，发动机的功率首先取决于单位时间充量的大小。

单位时间充量 G 及循环充量 ΔG 随转速 n 变化的曲线如图 3-43 所示。

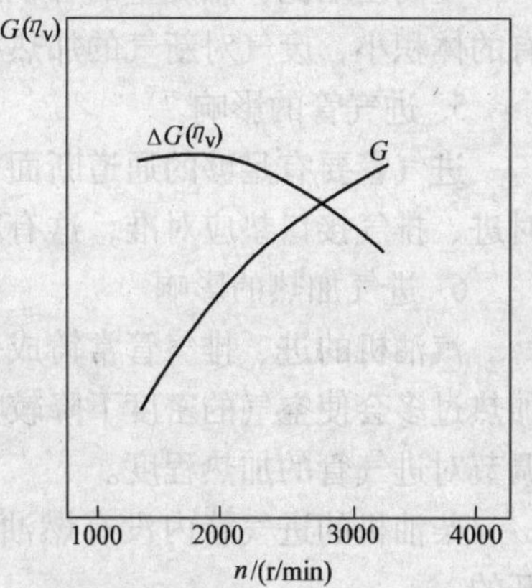

图 3-43　单位时间充量 G 及循环充量 ΔG 随转速 n 变化的曲线

如图 3-43 所示，在较低的转速范围内，随着转速的增加循环充量 ΔG 也增加（从曲线可见，使单位时间充量增加很快）。当循环充量 ΔG 达到最大值后，转速增加，循环充量有所下降，致使单位时间充量的增长减慢。此后，转速继续增加，单位时间充量逐渐接近于一个极限值。这是因为进气通过气门口的流速达到声速时，单位时间充量（流量）达到了极限。

采用较浓的混合气（$a<1$），转速高，循环充量大（充气效率大），循环热转换为指示功的效率高，发动机机械损失小，才能使发动机的有效功率大。同样，采用较浓的混合气，充气效率、指示效率、机械效率的乘积大，才能使发动机的转矩大。

三、影响充气效率的主要因素

充气效率增大使发动机的功率及转矩增大，所以分析影响充气效率的因素具有重要的意义。影响充气效率的因素主要有以下几个方面：

1. 转速和配气相位的影响

图 3-44 所示为进气门迟闭角对充气效率和有效功率的影响。图中的实线为进气门迟闭角为 40°时的曲线，虚线为迟闭角为 60°时的情况。可见，在低转速时，由于 η_v 在 60°迟闭角时下降了，所以有效功率较低；高转速时，由于 η_v 增加，所以有效功率提高。

2. 负荷的影响

汽油机在一定转速下，负荷（阻力矩）减少，则节气门开度要相应减少，进气流动的阻力增大，使循环充量、充气效率及单位时间充量均下降。

柴油机在一定转速下，负荷减少，循环充量、充气效率、单位时间充量基本不变，只是循环喷入燃烧室内的燃油量相应减少。

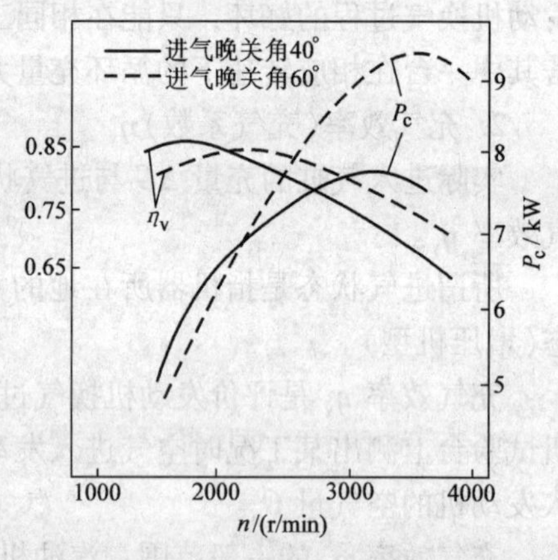

图 3-44 进气门迟闭角对充气效率和有效功率的影响

3. 空气滤清器的影响

使用空气滤清器是为了减少进入气缸的灰尘，减少发动机气缸的磨损，因而空气滤清器应经常维护，使滤清效果好又不致进气阻力过大；否则，充气性能会下降，使发动机的功率及转矩下降，并使油耗增加。

4. 压缩比的影响

提高压缩比，燃烧室的容积相对减小，则残余废气量相对下降，吸气开始时废气膨胀占有的体积小，废气对新气的加热相对减少，从而使充气效率提高。

5. 进气管的影响

进气管要有足够的通道断面，拐弯处应有较大的圆角，管内表面应光滑而无积炭，安装时进、排气接口垫应对准，这有利于提高充气效率。

6. 进气加热的影响

汽油机的进、排气管常铸成一体，以利用排气管加热进气管，这对汽油的蒸发有利。但加热过多会使空气的密度下降较大，使充气系数降低。有的汽油机在排气管内装有阀，用来调节对进气管的加热程度。

柴油机的进气管内没有燃油的蒸发问题，不需要进气加热，所以进气管和排气管是分开的。

四、提高发动机充气效率的措施

1）降低进气系统的阻力损失，提高进气终了的压力。具体的措施有：

① 减小空气滤清器的阻力。空气滤清器性能的影响较大。

② 减小进气管的沿程阻力和局部阻力，如加大通道面积、减少弯道和截面的突变，保持管道内表面光滑。

③ 减小进气门的空气流动阻力，如加大进气门直径以增加流通能力；增加气门数以增加流通截面，如3气门、4气门、5气门等。

④ 改进凸轮的廓线设计，加大进气门开启时间与截面积。

2）降低排气系统的阻力损失，主要减小排气门、排气道与排气管的阻力，从而减少缸内残余废气。

3）减少进气过程中高温零件对工质的加热，维持发动机冷却系统的技术状况良好，分置进、排气管。

4）合理利用换气过程的动态效应，在压缩波到达进气门时关闭进气门，在膨胀波到达排气门时关闭排气门。

5）合理选择配气相位。

6）采用可变配气相位与可变进气系统，以提高气门的流通能力。如利用波动效应、惯性效应及通过旋转件的转动，来改变进气管长度和容积的可变进气系统；如惯性增压式电控可变进气机构的充气效率的改进。

信息资料单6　可变配气相位与气门升程电子控制

常见的双气门机构与4气门机构的配气正时主要考虑提高发动机的有效功率和转矩，但在发动机怠速运转时，动力性急剧下降，燃油经济性很差。为避免此种现象，有些汽车采用一种可变配气相位与气门升程的电子控制（VTEC）机构，来控制进气时间与进气量，从而使发动机输出不同的输出功率。本田汽车的VTEC结构如图3-45所示。

1. 结构

装有VTEC机构的发动机的每个气缸都配置有两个进气门和两个排气门。它的两个进气门有主次之分，即主进气门和次进气门。每个进气门均由单独的凸轮通过摇臂来进行驱动。驱动主、次进气门的凸轮分别称为主、次凸轮。与主、次进气门接触的摇臂分别称为主、次摇臂。主、次摇臂之间设有一个特殊的中间摇臂，它不与任何气门直接接触。3个摇臂并列成一排，均可在摇臂轴上转动。凸轮轴上铸有3个不同升程的凸轮分别与主摇臂、次摇臂和中间摇臂相对应，分别称为主凸轮、次凸轮和中间凸轮，如图3-46所示。其中，中间凸轮的升程最大，它是按发动机4气门同时工作时能够输出最佳功率的要求而设计的；主凸轮的升程小于中间凸轮的，它是按发动机低速工作时单气门开闭要求设计的；次凸轮的升程最小，最高点只是稍微高于基圆，其作用只是在发动机怠速运转时，通过次摇臂稍微打开次气门，以免燃油集聚在次进气门处。中间摇臂的一端和中间凸轮接触，另

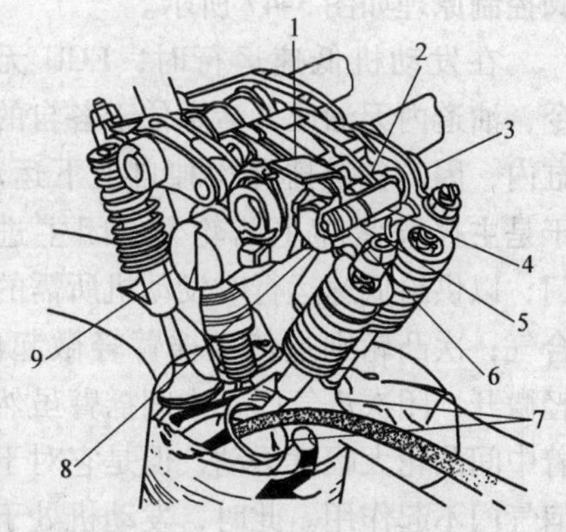

图3-45　本田汽车的VTEC机构

1—正时板　2—中间摇臂　3—次摇臂　4—同步活塞B　5—同步活塞A　6—正时活塞　7—进气门　8—主摇臂　9—凸轮

一端在低速时可自由运动。3 个摇臂在靠近气门一端均有一个油缸孔。油缸孔中都安置有利用油压控制的活塞，它们依次为正时活塞、主同步活塞、中间同步活塞和次同步活塞。

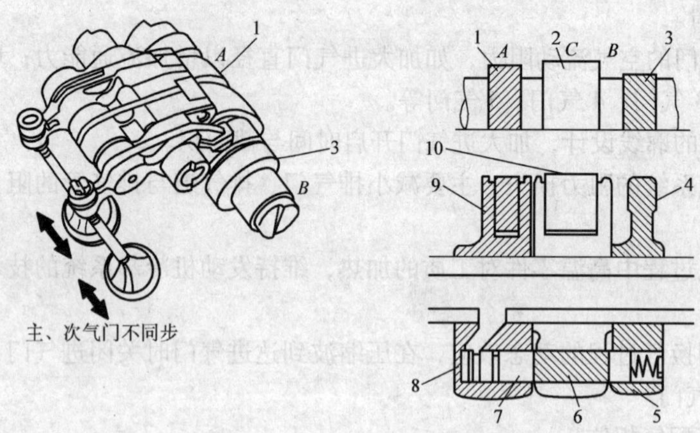

图 3-46 VTEC 机构低速工作时

1—主凸轮 2—中间凸轮 3—次凸轮 4—次摇臂 5—次同步活塞

6—中间同步活塞 B 7—主同步活塞 A 8—正时活塞 9—主摇臂 10—中间摇臂

2. 工作原理

VTEC 机构是采用一根凸轮轴上设计两种(高速型和低速型)不同配气正时和气门升程的凸轮，利用液压进行切换的装置。高、低速的切换是根据发动机的转速、负荷、冷却液温度及车速监测，由 ECU 进行计算处理后将信号输出给电磁阀来控制油压而进行切换的。

VTEC 不工作时，正时活塞和主同步活塞位于主摇臂缸内，和中间摇臂等宽的中间同步活塞位于中间摇臂油缸内，次同步活塞和弹簧一起位于次摇臂油缸内。正时活塞的一端和液压油道相通，液压油来自工作油泵，油道的开启由 ECU 通过 VTEC 电磁阀控制。VTEC 电磁阀控制原理如图 3-47 所示。

在发动机低速运行时，ECU 无指令，油道内无油压，活塞位于各自的油缸内，因此各个摇臂均独自上下运动。于是主摇臂紧随主凸轮开、闭主进气门，以供给低速运行时发动机所需的混合气；次凸轮则迫使次摇臂轻微起伏，轻微开、闭次进气门；中间摇臂虽然随着中间凸轮大幅度运动，但是它对于任何气门不起作用。此时，发动机处于单进双排工作状态，吸入的混合气不到高速时的一半。由于仍然是所有气缸参与工作，所以发动机运转十分平稳。

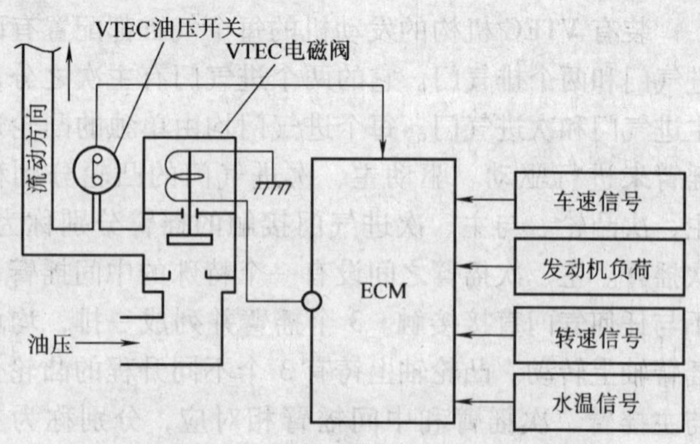

图 3-47 VTEC 电磁阀控制原理

如图 3-48 所示，当发动机高速运行时，即发动机转速在 2300 ~ 2500r/min、车速在 5km/h 以上、冷却液温度在 -5℃以上，发动机负荷达到一定程度时，发动机控制单元 ECU 就会向 VTEC 电磁阀供电以开启工作油道；于是工作油道中的压力油就推动活塞移动，压缩弹簧。这样，主摇臂、中间摇臂和次摇臂就被主同步活塞、中间同步活塞和次同步活塞串联为一体，成为一个同步活动的组合摇臂。由于中间凸轮的升程大于另外两个凸轮的升程，而且凸轮转角提前，故组合摇臂随中间摇臂一起被中间凸轮驱动，主、次气门都大幅度地同步开、闭，使配气相位变化，从而使发动机气缸内吸入的混合气量增多，满足发动机全负荷工作时的进气要求。

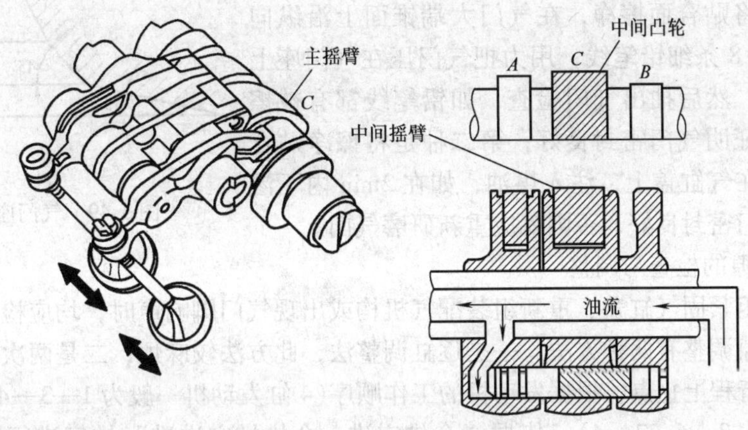

图 3-48　VTEC 机构高速工作时

信息资料单 7　配气机构的故障与检查调整

一、配气机构的主要故障

1. 气门杆与气门导管配合间隙过大

故障现象：润滑油耗量过多，发动机工作冒蓝烟。

故障原因：气门杆与导管配合间隙过大，气门油封老化或损坏。

2. 正时齿轮打齿

故障现象：正时齿轮有异响，柴油机工作声音异常或熄火。

故障原因：一是螺栓螺母松退掉入正时齿轮室；二是正时齿轮材质不佳，导致正时齿轮的损坏；三是凸轮轴与轴套配合间隙过大，导致正时齿轮啮和位置变化。

3. 气门间隙变化

故障现象：气门间隙过大或过小，发动机工作声音异常，并伴随气门拍击声。

故障原因：摇臂轴严重磨损，摇臂总成紧固螺栓松动或气门间隙调整螺钉松退。

4. 配气相位失准

故障现象：点火声音异常，功率不足，油耗增加。

故障原因：一是气门间隙失准；二是正时齿轮磨损严重；三是凸轮高度磨损严重；四是正时齿轮记号装配失准。

二、气门座的铰削、研磨、密封性检查和配气机构的调整

1. 气门座的铰削与研磨

更换座圈或气门后发生单边磨损导致密封性变差，可用 45°铰刀铰修环带的宽度，用 75°或 15°铰刀修整其环带的位置，如图 3-49 所示。

铰修后的气门座与涂有研磨砂的气门配对研磨。气门研磨有两种方法，一是机械研磨，二是手工研磨。其研磨要领是一镦、二蹭、三旋转。研磨好的气门与气门座应有一条连续乌色环带。

研磨好的气门应进行密封性能的检查。其检查方法有两种：一是将贴合面擦净，在气门大端锥面上沿纵向均匀地画上6~8条细铅笔线，用力把气门压在气门座上并旋转1/8转，然后抽出气门检查，如铅笔线都有被擦掉的痕迹，则证明气门密封良好；第二种是将擦净贴合面的气门组装在气缸盖上，注入煤油，如在2min内不渗漏，则说明气门密封良好，否则就应重新研磨气门。

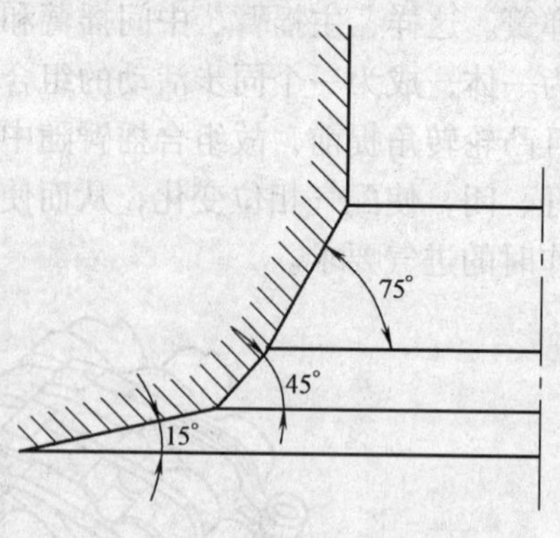

图3-49　气门座的锥角

2. 气门间隙的检查与调整

按规定力矩紧固气缸盖、重新组装配气机构或出现气门脚响声时，均应检查、调整气门间隙。气门间隙调整有两种方法：一是逐缸调整法，此方法较麻烦；二是两次调整法：先找出第一缸压缩行程上止点，根据发动机的工作顺序(4缸发动机一般为1—3—4—2,6缸发动机一般为1—5—3—6—2—4)，依据“全排空进、全排排空进进”排序进行调整，这样可以不考虑进、排气门的排序情况。

气门的规定间隙有发动机冷态时间隙和发动机热态时间隙之分，如CA6110型柴油机冷态间隙：进气门为0.30mm，排气门为0.35mm；其热态间隙：进气门为0.25mm，排气门为0.30mm。

第一次调整完毕后，摇转曲轴360°，再调整剩下的气门。

对于有减压机构的柴油机，在调整气门前，必须把减压机构手柄放在工作位置上；调完气门间隙后再复查一次，达到规定值后安装气门罩盖。

3. 配气相位的检查

配气相位失准会导致内燃机工作不稳、冒烟和功率下降等。在使用过程中，除装配失误外，因配气机构部分零件的磨损也会改变配气相位。因此，内燃机必须定期检查配气相位。

配气相位的检查方法有两种：一是动态检查法，即内燃机着火运转时测定配气相位，这种检查需要一定设备；二是静态检查法，即内燃机静止时用百分表和角度盘来检查配气相位。角度盘可以固定在曲轴前端或后端，亦可随曲轴旋转，并在角度盘附近机体上做一固定指针；百分表装在磁力表架上，把表架放在气缸盖上平面，百分表头抵在进气门弹簧座上。

检查前要把气门间隙、凸轮轴轴向间隙调整到标准值，然后再找出1缸排气上止点，移动指针与刻度盘上的“0”相对，百分表头与进气门弹簧座相抵。

旋转曲轴，观察气门的移动及百分表指针停止的时刻。此时指针在刻度盘指示的刻度值即是进气门打开的提前角。顺转内燃机曲轴，在下止点后也是在百分表指针刚停止时立刻停转内燃机，此时指针在刻度盘上指示的刻度值减去180°即是进气门关闭的迟后角。

将所测数值与该机规定值相比较，通过偏差的大小进行分析，找出原因并加以维修。如进气门开启角提前或迟后，关闭角相应提前或迟后，这种现象主要是因为正时齿轮装配记号失准、齿轮磨损严重、齿侧间隙过大、凸轮轴与凸轮轴齿轮之间滚键等。进气开启角迟后，关闭角相应提前，这种现象主要是因为凸轮轴磨损严重，凸轮高度不够，应更换凸轮轴。

三、气门下陷量的检查与维修

气门座经多次铰削和研磨后直径增大，而气门修磨后直径减小，气门将下沉，这样会使内燃机压缩比下降。因此，在内燃机修理过程中，必须检查气门的下陷量，如图 3-50 所示。

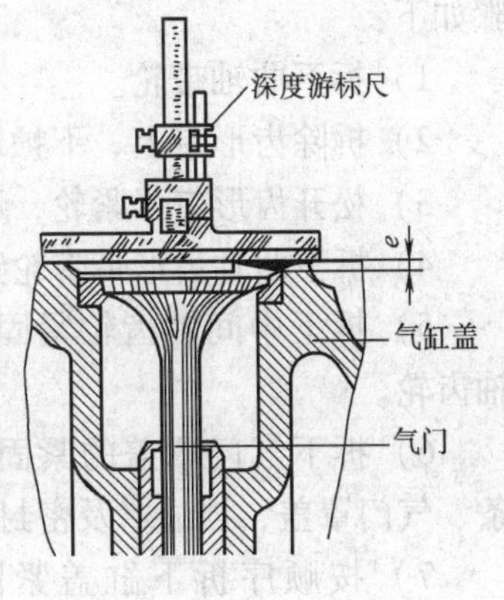

图 3-50　检查气门的下陷量

当下陷量超出规定值，CA6110 型柴油机进、排气门超出 2mm 时，应重新换座圈或镗孔下座圈进行修复。镗孔下座圈时应注意以下几点：一要选用与母体金属材料相近的金属材料制做镶圈；二是过盈量要合适，过大会损伤座圈，过小会松动。冷态下一般采用 0.05～0.15mm 过盈量，热态下一般采用 0.20～0.25mm 过盈量。零件表面粗糙度较低时，采用过盈量小值，反之采用大值。

技能单 1　配气机构的结构观察

一、结构观察

配气机构靠凸轮驱动，旋转的曲轴齿轮带动凸轮轴正时齿轮旋转，凸轮轴上按工作次序排列的凸轮依次推动挺杆，推杆通过调整螺钉顶起摇臂的一端，另一端推动气门下行，气门开启，按各缸工作次序使进、排气门依次打开或关闭，完成发动机的相应行程。由于曲轴正时齿轮齿数是凸轮轴正时齿轮齿数的 1/2，所以，曲轴每转两圈，凸轮轴转一圈，即发动机完成了一个工作循环 4 个行程。

CA6110 型发动机也是典型的顶置式配气机构。其凸轮轴上有 6 个进气凸轮、6 个排气凸轮，凸轮轴 4 个轴颈支承在缸体的轴承孔中，轴承孔中有巴氏合金轴承，最后一道轴承孔与主油道相通，并与凸轮轴内腔相通，内腔与各凸轮轴颈相通，起到各轴颈润滑的作用，一个油孔一直通向气缸体螺栓孔，并通过缸盖螺栓孔至摇臂座进入摇臂轴，润滑各摇臂轴套。

凸轮轴的纵向定位由凸轮轴前端止推凸缘限制。凸缘用两个螺栓固定在缸体上。凸缘与凸轮轴第一轴颈面的距离，就是凸轮轴的纵向间隙。

挺柱是中空桶形的，安装在机体的挺柱孔中。在凸轮轴旋转运动中，凸轮顶面将带动挺柱体上下运动，由于凸轮与挺柱为偏置所以挺柱同时作旋转运动，使挺柱底平面磨损均匀。

摇臂轴支承在各摇臂轴支架上，每个支架分别用一个缸盖螺栓和一个支架螺栓固定在气缸盖上。为了防止摇臂轴在工作时转动，摇臂后端的球头螺钉作为气门间隙的调整螺钉。

气门组由气门、气门弹簧、气门弹簧座、气门锁块、气门导管等组成。气门导管上装有油封，防止润滑油从导管的配合间隙中被吸入气缸内，造成积炭而影响工作。气缸盖上镶有气门座圈。

二、配气机构的拆装

奥迪 100JW 发动机配气机构，采用同步齿形带驱动的单根上置凸轮轴、单列顶置气门、液压筒形挺柱、直顶式配气机构。

1. 配气机构的拆卸

奥迪 100JW 发动机配气机构的解体应在专用的拆装架（VW540）上进行。解体时，应使用专用工具先拆除发动机气缸盖上的各附件，然后按照由外到内的顺序进行分解。其解体步

骤如下:

1) 拆下曲轴带轮。

2) 拆除齿形带上、下护罩。

3) 松开齿形带张紧轮，取下齿形带，拆下张紧轮。

4) 拆下曲轴齿形带带轮紧固螺栓，拆下曲轴齿形带带轮，如图3-51所示。

5) 拆下中间轴齿轮紧固螺栓，拆下中间轴齿轮。

6) 拆下气门罩盖的紧固螺母，取下加强条、气门罩盖、挡油罩及密封衬垫。

7) 按顺序拆下缸盖紧固螺栓，取下气缸盖。

8) 先松1、3、5道轴承盖螺母，再松2、4道轴承盖螺母，取下轴承盖及凸轮轴。轴承盖按顺序排列或打上装配标记，不得错乱。

9) 取出液压挺柱，按顺序排列或在内壁上做出标记。

10) 用专用工具压下气门弹簧，取出气门锁片、气门弹簧座、气门弹簧、气门油封及气门，各组件按顺序摆放好，不得错乱。

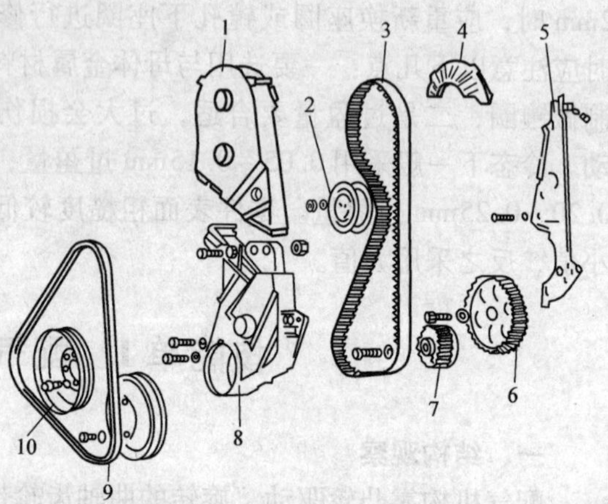

图3-51 齿形带传动分解

1—齿形带上护罩 2—张紧轮 3—齿形带 4—齿形带护板 5—齿形带后盖板 6—惰轮 7—齿形带带轮 8—齿形带下护罩 9—V带 10—V带轮

2. 配气机构的装配

按拆卸时的逆顺序操作，并注意下列事项:

1) 装配前必须对零部件进行清洗、检验。

2) 气门组件、液压挺柱、凸轮轴轴承盖等部件必须按原位装入，不得装错。

3) 各紧固件必须按规定顺序和拧紧力矩拧紧。

4) 安装齿形带时，必须使凸轮轴齿形带轮上的标记与气门罩盖平面平齐。

技能单2 一汽解放CA6110型柴油机气门间隙的检查调整

检查调整气门间隙如图3-52所示:

1) 拆下气门室罩盖。

2) 检查并紧固气缸盖螺栓及摇臂轴支架螺栓。

3) 找1缸压缩上止点。在摇转曲轴时观察1缸进气门由开到关后，从飞轮检视口观察飞轮上的上止点标记与飞轮壳上的指针对准，或观察曲轴减振器上的“0”与指针对准，即为1缸压缩上止点。

4) 按发动机工作顺序1—5—3—6—2—4，以“全、排、排、空、进、进”的对应气门进行调整。

5) 摇转曲轴一周(至上止点标记)即为6缸压缩上止点，再检查调整另外6个气门。

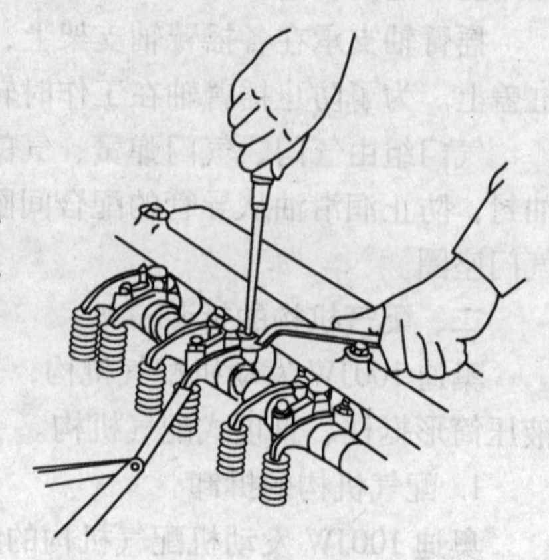

图3-52 检查调整气门间隙

6）摇转曲轴一周，复查先调的6个气门。

7）再摇转曲轴一周，复查后调的6个气门。

8）装复气门室盖。

技能单3　配气相位的检查

配气相位检查的操作步骤：

1）检查、调整好气门间隙。

2）将刻度盘安装在曲轴的前端。

3）在气缸盖平面上固定好百分表架，装上百分表，如图3-53所示。

4）摇转曲轴，准确找到第1缸上止点位置，将指针固定好，并使其对准刻度盘上的“0”位置。显然，第1缸的下止点为180°，其他各缸的上、下止点在刻度盘上的读数则可根据曲轴的形状准确找到。第4缸上、下止点时的读数与第1缸相同；第2、3缸上止点时的读数为180°，下止点时的读数为“0”。

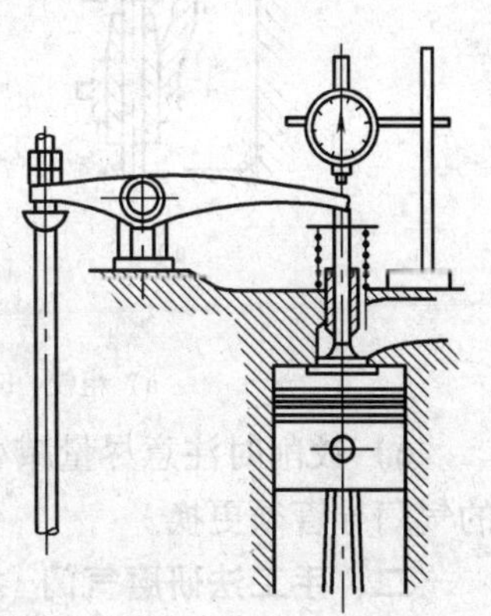

图3-53　配气相位的检查

5）检查某一气门的开闭时刻时，在该气门处于完全关闭状态下，将百分表触头抵在该气门弹簧座上，并使触头受到一定程度的压缩。缓慢转动曲轴，当百分表表针开始微动时，指针所指刻度盘上的读数与该缸相应止点位置时的读数差，即为气门提前角。继续转动曲轴，当百分表触头与弹簧座脱离接触后，再一次相抵时，观察百分表，当表针由摆动到完全停止摆动时，指针所指刻度盘上的读数与该缸另一止点位置时的读数之差，即为气门迟闭角。

6）为准确起见，可重复检查2~3次，取平均值。

技能单4　气门与气门座铰研

一、铰削气门座

1）根据气门头的直径和环带斜面的角度选择一组合适的铰刀，并根据气门杆的直径选择合适的铰刀杆。铰刀杆以插入气门导管内能灵活转动而不松旷为宜。

2）根据进、排气门环带斜面的不同角度选择气门座铰刀，并将铰刀固定在铰刀杆上。发动机气门头部斜面角度一般是45°，每组气门铰刀有45°、15°和75° 3种不同的角度，如图3-54所示。铰刀又分为精铰刀和粗铰刀两种。

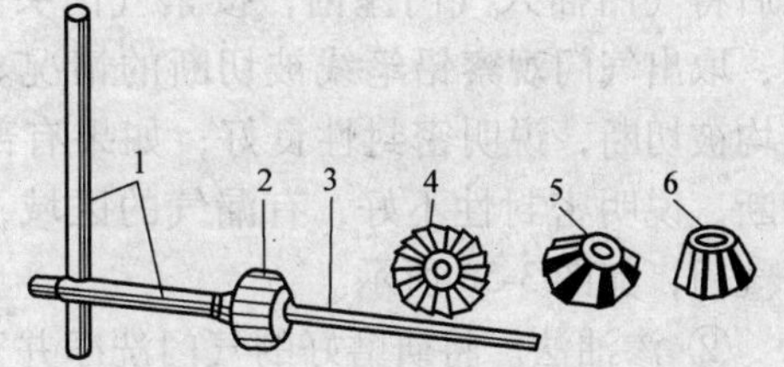

图3-54　气门座铰刀

1—刀杆与刀架　2—45°精铰刀　3—刀杆导向部分　4—15°铰刀　5—45°粗铰刀　6—75°铰刀

3）粗铰45°斜面，直到消除烧蚀的痕迹为止。气门座密封环带有硬化层时，可先用粗砂布垫在铰刀下面磨除硬化层，以免影响铰削的质量。

4）铰修气门座斜面宽度。用15°铰刀在气门座斜面上方缩小其宽度，用75°铰刀在气门座斜面下方缩小其宽度。气门座接触环带的位置应位于其斜面的中间并偏向于气门杆部。如环带偏向斜面上部，须加大15°斜面的铰削量进行修整；如环带偏向气门杆部，则须加大75°斜面的铰削量进行修整。

气门座斜面接触环带的宽度一般在2～2.5mm之间。

5）精铰45°斜面。气门座铰削顺序如图3-55所示。

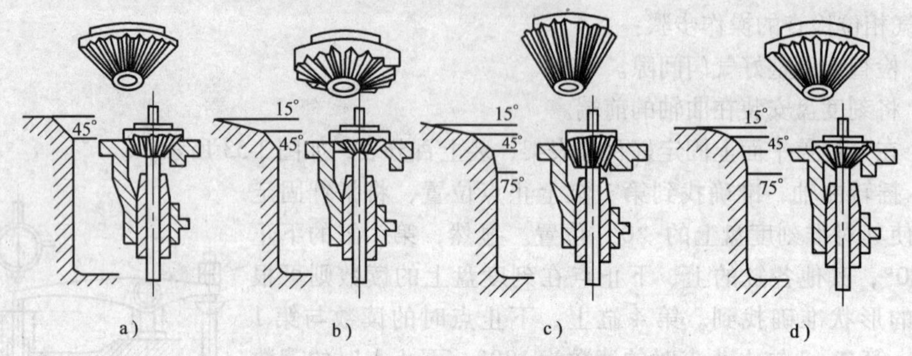

图3-55 气门座的铰削顺序

a）粗铰 b）接触面偏上，铰上口 c）接触面偏下，铰下口 d）精铰

6）铰削时注意尽量减小铰削量。在整个圆周上用力要均匀；铰刀不能倒转；磨损过大的气门导管须更换。

二、手工法研磨气门

研磨气门应将气门、气门座、导管清洗干净。通过选配，应使各缸气门头部下陷量趋于一致，并在气门头部平面做好位置记号，以免错乱。

1）在气门斜面上涂一层气门研磨砂，在气门杆上涂润滑油，将气门插入导管内，用粗砂研磨，后用细砂精磨。

2）使用气门捻子将气门上下往复并旋转进行研磨，以变换气门与座的磨合位置，保证研磨均匀。研磨时不要过分用力，以免将斜面环带变宽或磨出凹形槽痕。

3）当气门斜面与气门座斜面研出一条完整、乌洁的环带时，将气门砂洗净，在斜面上涂润滑油，再研磨3～5min即可。

4）研磨好的接触环带应乌洁，接触宽度一般为2～2.5mm。

5）检查气门与气门座的密封性。

① 划线法。用铅笔在气门密封环带上沿圆周划出均布的若干条与母线平行的铅笔线，然后将气门插入气门座内，按紧气门头并旋转1/8圈，取出气门观察铅笔线被切断的情况。如果铅笔线均被切断，说明密封性良好；如果有部分线条被切断，说明密封性不好，有漏气的区域，需重新研磨气门，如图3-56所示。

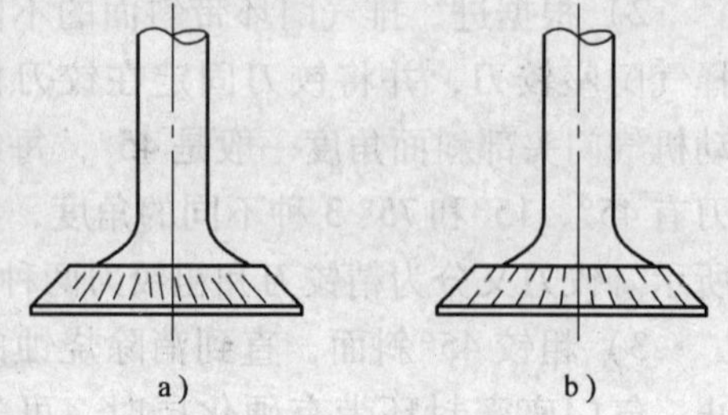

图3-56 划线法

a）密封情况不良 b）密封情况良好

② 渗油法。将研磨好的气门洗净并安装好，将气缸盖倒置，然后在气门顶面上倒入煤油。若在5min内没有渗漏，即为良好；若有渗漏，说明密封性不好，需要重新研磨。

模块四　汽油喷射式燃料供给系

学习目标：能解释汽油喷射系统的分类及电控汽油喷射系统的组成、功用；理解电控汽油喷射系统的构造及工作原理；能够进行燃油喷射系统主要部件的拆装、检测及电喷发动机的故障诊断与检修。

信息资料单1　汽油喷射系统概述

一、汽油喷射的基本概念

1. 汽油机燃料供给系的功用

汽油机所用的燃料是汽油。汽油在输入气缸前或在气缸内按一定的比例与空气混合形成均匀的混合气。这种按一定比例混合的汽油和空气的混合物，称为可燃混合气。可燃混合气中燃油含量的多少称为可燃混合气浓度。

汽油机燃料供给系的功用是：根据发动机各种不同功况的要求，配制出一定数量和浓度的可燃混合气，供入气缸，使之燃烧做功。最后，燃料供给系还应将燃烧产物——废气排至大气中。

2. 汽油喷射的基本概念

传统的汽油机燃料供给系统以化油器为主。化油器式发动机存在的主要缺点是充气效率较低、混合气质量分配不够均匀，从而影响发动机的动力性、经济性，且化油器式发动机的排放性能较差，不利于环保，因此，化油器式燃料供给系已被汽油喷射式燃料供给系取代。电控燃油喷射系统通过直接或间接测得进入气缸的空气质量，发动机控制器控制喷油器将一定数量和压力的汽油直接喷射到进气歧管或气缸中，与进入的空气在进气管或气缸中混合而形成可燃混合气。

二、汽油喷射的优点

1）进气管道中没有狭窄的喉管，空气流动阻力小，充气效率高，增加了发动机的功率和转矩。

2）进气温度较低而使爆燃燃烧得到有效控制，可以采用较高的压缩比。

3）发动机的冷起动性和加速性较好。

4）可对空气与燃油的混合比与点火提前角进行精确的控制，使发动机在任何工况下都处于最佳的工作状态，对过渡工况的动态控制更是传统化油器式发动机无法实现的。

5）多点汽油喷射系统可使发动机各缸混合气的分配更均匀、合理。

6）可节省燃料并减少废气中的有害成分(具有急减速断油功能)。

采用汽油喷射系统的发动机与传统的化油器式发动机相比，可使发动机的功率提高5%~10%，油耗降低5%~10%，有害排放减少15%~20%。

三、汽油喷射系统的类型

汽油机燃料喷射系统的种类较多，归纳起来有下列几种分类。

（一）按喷射装置的控制方式分类

按喷射装置控制方式的不同，可以将汽油喷射系统分为机械控制式（K 型）、机电结合控制式（K-E 型）和电子控制式（EFI 型）3 类。

1. 机械控制式（K 型）

机械控制式汽油喷射系统如图 4-1 所示。该系统早在 20 世纪五六十年代就被应用于汽车发动机上。机械式燃油喷射装置的结构特点是：喷油器的动作是通过调节燃油喷射压力的方法来实现的；大多数采用浮板式空气流量计，以机械方式检测进气量并推动燃油分配器柱塞，实现对喷油器供油压力和喷油量的控制。由于其控制的局限性已经被电子控制式汽油喷射系统所取代。

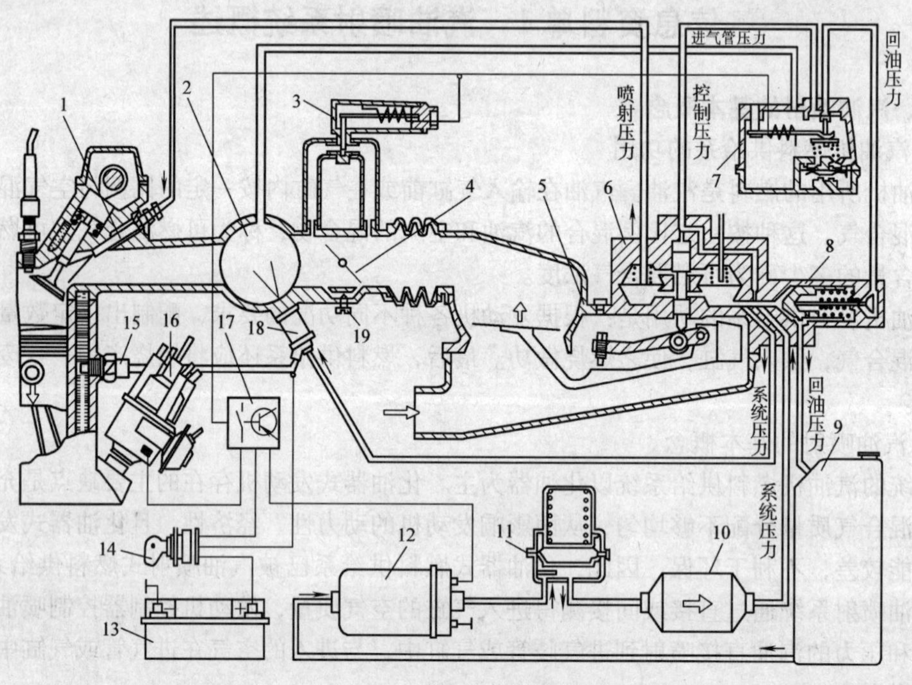

图 4-1 机械控制式汽油喷射系统

1—喷油器 2—进气管 3—怠速稳定阀 4—节气门 5—空气流量计 6—燃油量分配器 7—暖车调节器 8—燃油压力调节器 9—汽油箱 10—燃油滤清器 11—蓄压器 12—电动燃油泵 13—蓄电池 14—点火开关 15—热敏时控开关 16—分电器 17—控制继电器 18—冷起动阀 19—怠速调节螺钉

2. 机电结合控制式（K-E 型）

机电结合式汽油喷射系统如图 4-2 所示。该系统是在机械控制式汽油喷射系统的基础上加以改进而成的。它与机械控制式燃油喷射系统的主要区别：在燃油分配器上安装了一个由电子控制单元（发动机 ECU）控制的电液式压差调节器；增加了用于检测发动机转速、负荷、温度以及反映混合气燃烧状况的氧传感器等。发动机 ECU 根据传感器输入的信号，控制电液式压差调节器动作，通过改变燃油分配器燃油计量槽进、出口油压差，调节燃油供给量，以满足发动机在不同工况下对混合气的不同要求。

机电结合控制式汽油喷射系统不仅提高了对混合气浓度的调节，而且也为功能扩展提供了条件。随着电子工业的不断发展，机电结合控制式汽油喷射系统已经被电子控制式燃油喷射系统所取代。

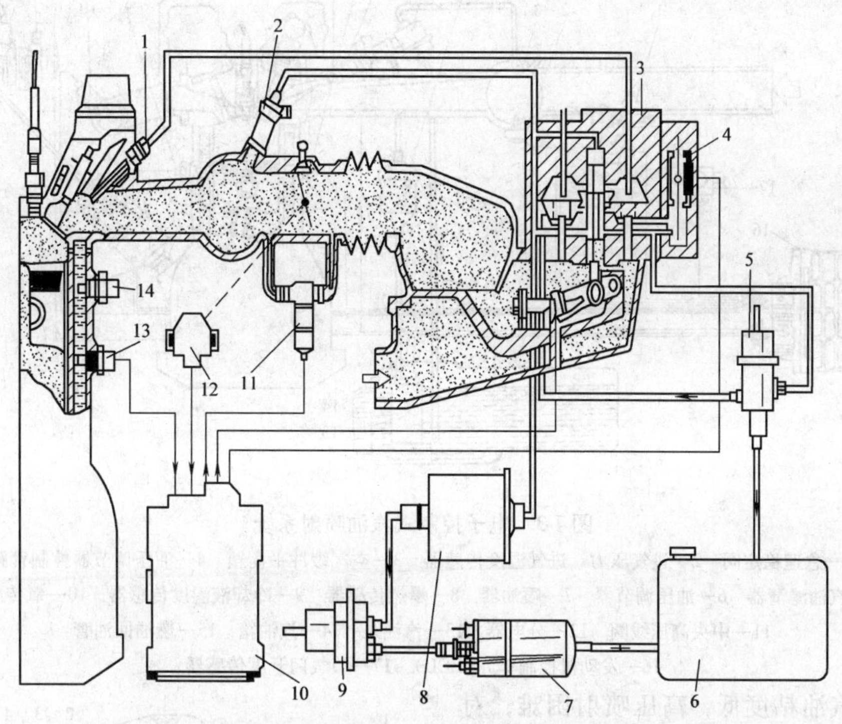

图 4-2　机电结合式汽油喷射系统

1—喷油器　2—冷起动喷油器　3—燃油分配器　4—电液式压差调节器　5—油压调节器　6—油箱　7—电动燃油泵　8—燃油滤清器　9—蓄压器　10—电子控制单元(发动机 ECU)　11—怠速空气调节器　12—节气门位置开关　13—温度传感器　14—热限时开关

3. 电子控制式(EFI 型)

电子控制式汽油喷射系统如图 4-3 所示。该系统在 20 世纪六七十年代基本只控制汽油燃油的供给，20 世纪 80 年代开始与点火控制一起构成发动机控制系统。该系统通过各种传感器监测发动机的运行状态参数(转速、空气流量、大气压力、进气温度、冷却液温度、排气中的氧含量等)，发动机 ECU 对相关参数进行分析、比较、计算后，发出控制喷油量和点火时刻等的多种执行指令，通过对喷油时间长短(喷油脉宽)的调节来控制喷油量，实现对混合气空燃比的精确控制。

(二) 按喷油器的布置方式分类

按喷油器布置方式的不同，可以将汽油喷射系统分为多点喷射和单点喷射两种。多点喷射又分为进气道喷射和气缸内喷射。

1. 多点喷射

多点喷射的特点是在每个气缸分别安装各自的喷油器，每一气缸所需的喷油量分别由各自的喷油器供给。为提高发动机的冷起动性能，通常还在进气歧管前的进气道内加装冷起动喷嘴，以提高发动机的冷起动性能。

进气道喷射可以采用低压供油方式，并将喷油器装在进气歧管靠近进气门的位置。气缸内喷射需采用高压供油方式(一般约为 3.0 ~ 4.0MPa)，才能将燃料通过喷油器直接喷入气

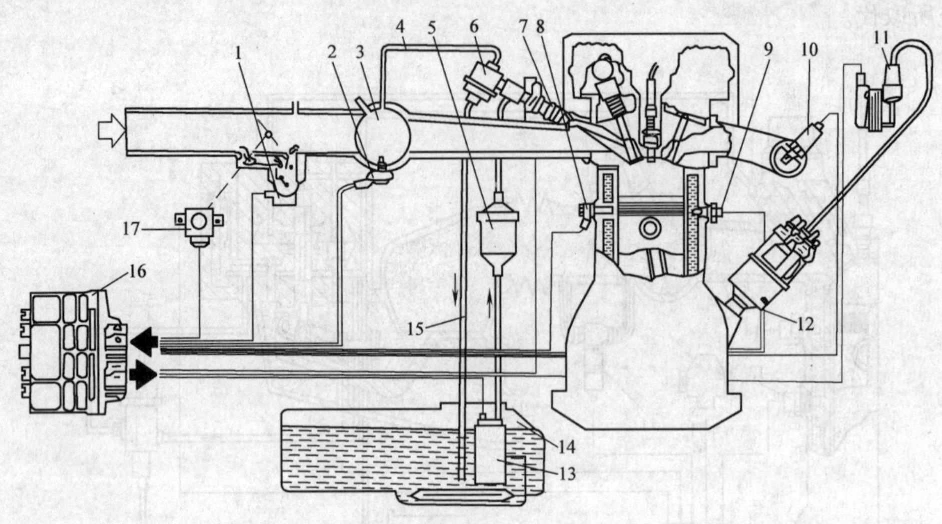

图 4-3 电子控制式汽油喷射系统

1—怠速稳定阀 2—进气压力、进气温度传感器 3—空气缓冲平衡箱 4—油压调节器控制管路 5—汽油滤清器 6—油压调节器 7—喷油器 8—爆燃传感器 9—冷却液温度传感器 10—氧传感器 11—中央高压线圈 12—分电器 13—汽油泵 14—汽油箱 15—燃油回油管 16—发动机控制单元(ECU) 17—节气门开度传感器

缸。由于汽油粘度低，高压喷射困难，对供油装置要求高，成本高。目前，四冲程汽油机多采用进气道喷射。

2. 单点喷射

单点喷射是在节流阀体上安装一只或两只喷油器，如图 4-4 所示，向进气歧管中喷油形成燃油混合气，在进气行程时燃油混合气被吸入气缸内。这种喷射系统因喷油器位于节流阀体上集中喷射，故又称节流阀体喷射系统(TBI)。例如典型的美国通用汽车公司的 TBI 系统。其特点是采用很低的喷油压力(只有 0.1MPa)，降低了对泵油系统各零部件的要求，成本低，结构简单，维修调整方便；但对燃油喷射的控制、分配和雾化水平等却不如多点喷射系统。国产奇瑞轿车配用单点电控燃油喷射系统。

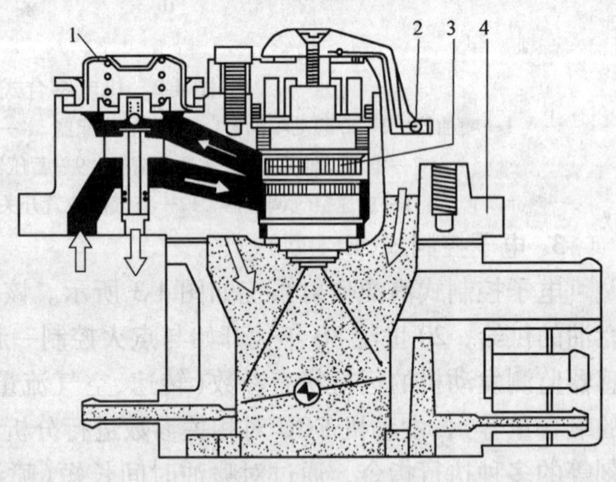

图 4-4 单点喷射系统

1—压力调节器 2—空气温度传感器 3—电磁喷油器 4—节气门体 5—节气门

（三）按燃料喷射方式分类

按喷油器喷射燃料方式的不同，可以将汽油喷射系统分为连续(稳定)喷射方式和间歇(脉冲)喷射方式两大类。

1. 连续喷射方式

连续喷射方式大多应用于机械控制式或机电结合控制式汽油喷射系统中，在发动机运转期间汽油连续不断的喷射，其喷油量的大小不取决于喷油器，而取决于燃油分配器中燃油计量槽的开度及进、出油口间的压差。

2. 间歇喷射方式

间歇喷射方式广泛地应用于现代电控汽油喷射系统中，在发动机运转期间汽油间歇喷射，其喷油量大小取决于喷油器喷油阀的开启时间，即电脑指令的喷油脉冲宽度。

（四）按空气量的检测方式分类

按对空气量的检测方式的不同，可以将电控汽油喷射系统分为歧管压力计量式(D 型)和空气流量计量式(L 型)两种。

1. D 型电控汽油喷射系统

该系统通过进气歧管绝对压力传感器检测进气歧管绝对压力，来间接测量发动机吸入的空气量。桑塔纳 2000GLi 型轿车发动机采用的即为 D 型系统。由于进气流在进气管内的压力波动，该方法的测量精度较差。

2. L 型电控汽油喷射系统

该系统通过空气流量计检测空气流量，来测量发动机吸入的空气量，实行对空燃比的精确控制。空气流量计对空气流量的检测又可分为体积流量型和质量流量型。

（1）体积流量型　采用翼片式(叶片式)空气流量计或卡门旋涡式空气流量计。即通过计量气缸充气的体积量，将该物理量转变成电信号输送至电子控制单元(ECU)，电子控制单元(ECU)依据空气流量计、进气温度传感器、大气压力传感器等的相关数据计算出与该体积的空气相适应的燃油质量，以控制混合气空燃比在最佳值。德国博世(Bosch)公司将这种类型的电控汽油喷射系统称之为 L-Jetronic 系统，如图 4-5 所示。

（2）质量流量型　采用热线式空气流量计或热膜式空气流量计。采用这种方法计量空气的电控汽油喷射系统，直接测量进入气缸内的空气的质量，将该空气的质量转换成电信

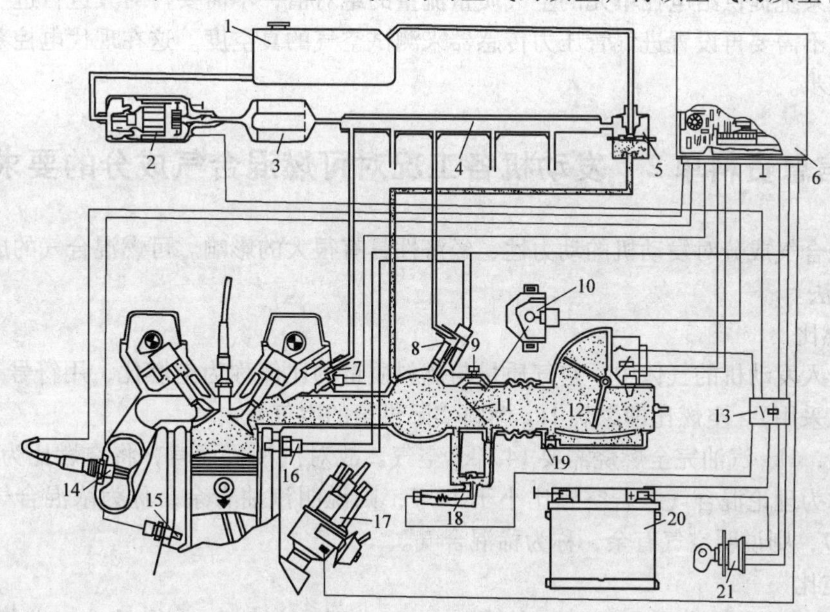

图 4-5　L 型电控汽油喷射系统

1—燃油箱　2—汽油泵　3—滤清器　4—供油总管　5—压力调节器　6—电控单元　7—喷油器　8—冷起动阀　9—怠速调节螺钉　10—节气门位置传感器　11—节气门　12—空气流量计　13—继电器组　14—氧传感器　15—发动机温度传感器　16—温度时间开关　17—分电器　18—补充空气阀　19—怠速混合器调节螺钉　20—蓄电池　21—点火开关

号，输送给电子控制单元作为控制空燃比的主要数据。Bosch 公司的 LH-Jetronic 系统即为热线式电控汽油喷射系统，如图 4-6 所示。

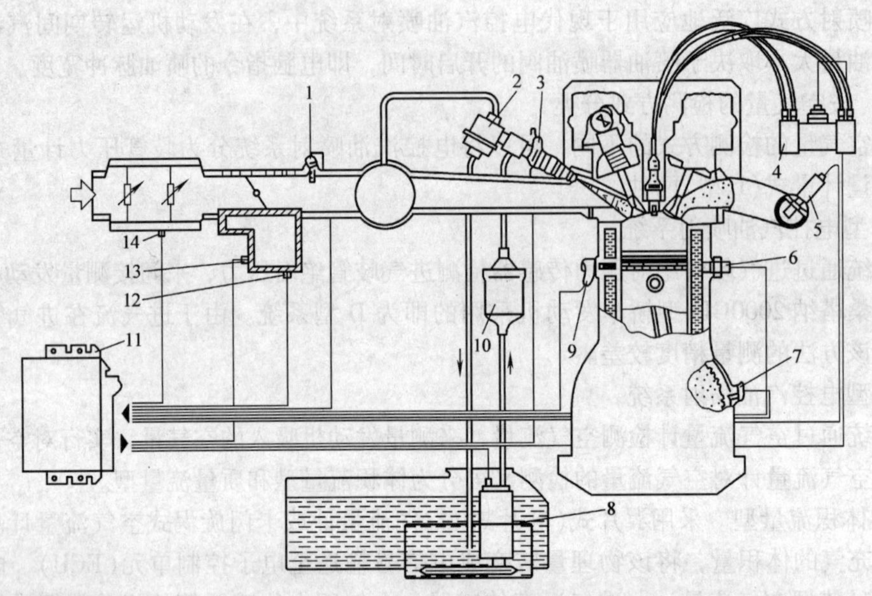

图 4-6 桑塔纳 2000GSi 型轿车的 L 型电控汽油喷射系统

1—进气温度传感器 2—油压调节器 3—喷油器 4—点火线圈 5—氧传感器 6—冷却液温度传感器 7—转速传感器 8—电动燃油泵 9—爆燃传感器 10—汽油滤清器 11—电子控制单元(ECU) 12—节气门控制器 13—怠速电动机(与节气门控制单元一体) 14—热线式空气流量计

采用此系统提供给电控单元的空气质量流量的绝对值，不需要再对其进行进气真空度的修正，也就不需要再设置进气管压力传感器来测试空气的真空度。这在现代电控系统中是一个较大的进步。

信息资料单 2 发动机各工况对可燃混合气成分的要求

可燃混合气成分对发动机的动力性、经济性具有很大的影响。可燃混合气的成分通常有 3 种表示方法。

1. 空燃比

实际吸入发动机的气体中，空气质量与燃料质量的比值称为空燃比，用符号 R 表示(多为欧美国家采用)。空燃比即燃烧 1kg 燃料实际供给的空气量。

理论上，1kg 汽油完全燃烧需要 14.7kg 空气。故对汽油机而言，将空燃比为 14.7 的可燃混合气称为理论混合气。若空燃比小于 14.7，则说明汽油有余，称为浓混合气。若空燃比大于 14.7，则说明空气有余，称为稀混合气。

2. 燃空比

空燃比的倒数称为燃空比，用符号 λ 表示，即 $\lambda = 1/R$(λ 为日本工业标准，JIS 多采用)。

3. 过量空气系数

燃烧 1kg 燃料实际供给的空气质量与理论上 1kg 燃料完全燃烧所需的空气质量之比，称为过量空气系数，用符号 a 表示。

根据上述定义，$a=1$ 的可燃混合气即为理论混合气，$a<1$ 的可燃混合气为浓混合气，$a>1$ 的可燃混合气为稀混合气。

当 $a=1.05\sim1.15$ 时，可使所有的汽油分子获得足够的氧气而完全燃烧，经济性最好，故称为经济混合气。但是空气过量使燃烧速度减小，热损失增加而使平均有效压力和发动机的功率略有下降。

当 $a=0.85\sim0.95$ 时，因混合气中汽油分子较多而使燃烧速度加快，热损失减小，最高压力高，输出的功率最大，故称功率混合气。但因混合气中空气含量不足，致使其燃烧不完全，经济性较差。

混合气过浓($a<0.85$)、过稀($a>1.15$)时，发动机的动力性和经济性均不理想，即功率下降，油耗剧增。当 $a\geqslant1.4$ 时，由于混合气过稀不能被电火花点燃；当 $a=1.4$ 时，称为着火下限；$a=0.4$ 时也不能被电火花点燃，称为着火上限。

综上所述，由于发动机必须根据运转状态使可燃混合气浓度发生变化，因此，为了满足汽油发动机在各种工况下都能配制出最佳的混合气浓度，现代车用汽油机均采用了电控燃油喷射系统。它通过控制单元改变控制喷油器开启的脉冲宽度，自动配制出合适浓度的可燃混合气，来满足发动机在各种工况下的需求。

信息资料单3 电控汽油喷射系统的组成和工作原理

尽管汽油发动机电子控制系统类型繁多，但它们都具有相同的控制原则：以电子控制单元(ECU)为控制核心，以空气流量计和发动机转速为控制基础，以喷油器、点火器和怠速空气调整阀等为控制对象，保证获得与发动机各种工况相匹配的最佳混合气和点火时刻。相同的控制原则决定了各类电控系统具有相同的组成和类似的结构。发动机电子控制系统一般由空气供给系统、燃油供给系统和电子控制系统3部分组成。

一、空气供给系统

空气供给系统的功用是控制并测量吸入发动机的空气量，提供形成可燃混合气所需的空气。它主要由空气滤清器、空气流量计、节气门体、进气总管、进气歧管和怠速空气阀等组成。

以L型汽油喷射系统为例，发动机在运行时，空气流量由节气门控制；空气经空气滤清器过滤，由空气流量计计量后，通过节气门体进入进气总管，再分配到各进气歧管内，空气与喷油器喷出的汽油混合后被吸入气缸内燃烧。

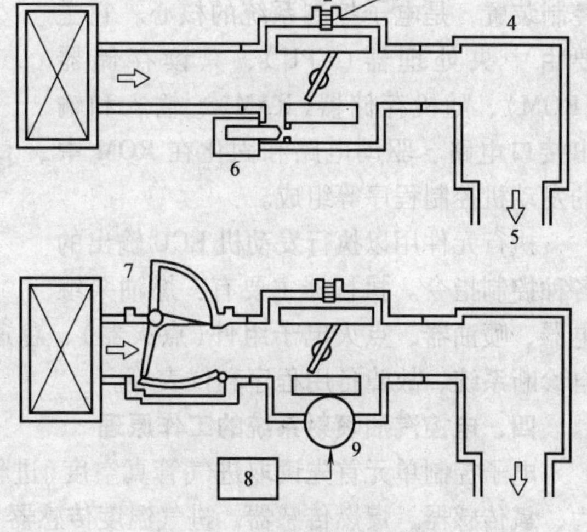

图4-7 怠速及快怠速控制

1—空气滤清器 2—节气门体 3—怠速调整螺钉 4—进气总管 5—进气歧管 6—怠速空气阀 7—空气流量计 8—ECU 9—怠速控制阀

如图4-7所示，在发动机冷却液温度较低时，为加快暖机过程，怠速空气阀加大旁通空气通道的开度，以满足快怠速时所需较多的空气量，空气绕过节气门直接进入进气总管。随着发动机冷却液温度的升高，怠速空气阀调节的旁通空气通道开度逐渐减小，旁通空气量也随之减小，发动机转速逐渐降低至正常怠速。

二、燃油供给系统

燃油供给系统的功用是供给气缸燃烧所需的汽油。它主要由燃油泵、燃油滤清器、燃油脉动阻尼器、喷油器、燃油压力调节器和输油管等组成，如图4-8所示。

燃油被燃油泵从油箱中泵出，经燃油滤清器滤去燃油中的杂质，进入供油总管。总管中的油压由压力调节器调节，脉动阻尼器消除喷油时产生的微小脉动，以确保喷油量精确。喷油器根据发动机ECU的指令，开启喷油阀，将适量的燃油喷入各进气歧管或进气总管中。

三、电子控制系统

电子控制系统的功用是根据发动机运转状况和车辆运行状态，确定汽油的最佳喷射量和点火时刻等。该系统主要由传感器、电子控制单元(ECU)和执行元件(执行器)组成。

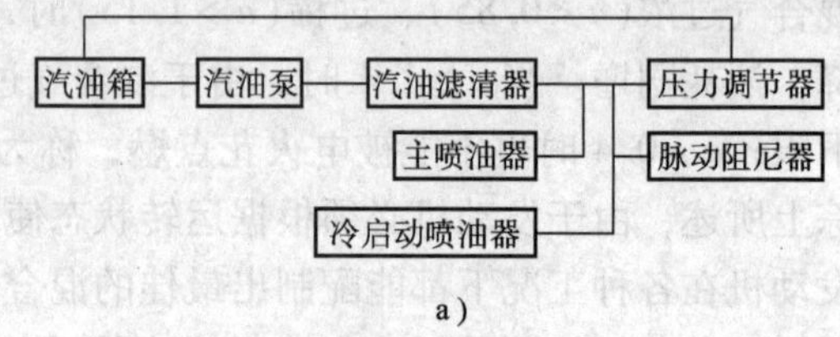

a)

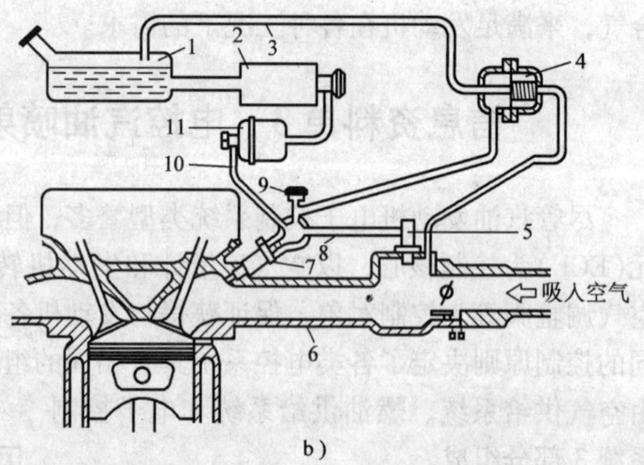

b)

图4-8　燃油供给系统

a) 系统框图　b) 系统构成图(MPI)

1—燃油箱　2—燃油泵　3—回油道　4—燃油压力调节器　5—冷起动喷油器　6—各缸进气歧管　7—喷油器　8—输油管　9—燃油脉动阻尼器　10—进油管　11—燃油滤清器

传感器用以监测发动机的实际运行状况，将发动机各种工况下的运行参数转变为电信号输送到电子控制单元(ECU)。传感器主要有：空气计量传感器、进气温度传感器、大气压力传感器、进气歧管绝对压力传感器、曲轴位置传感器、凸轮轴位置传感器、节气门位置传感器、发动机转速传感器、氧传感器、爆燃传感器等。

电子控制单元(ECU)是一种电子综合控制装置，是电子控制系统的核心。它主要由中央处理器(CPU)、只读存储器(ROM)、随机存储器(RAM)、输入和输出接口电路、驱动电路和固化在ROM中的发动机控制程序等组成。

执行元件用以执行发动机ECU输出的各种控制指令。执行器主要有：燃油泵继电器、喷油器、点火电子组件(点火器)、怠速控制(ISC)阀、废气循环控制阀(EGR阀)、自诊断系统、故障备用程序和仪表等。

四、电控汽油喷射系统的工作原理

电子控制单元首先读取进气管真空度(进气流量)、发动机转速、冷却液温度、大气压力、氧传感器、爆燃传感器、进气温度传感器、节气门位置传感器输入的信息，然后将这些信息与储存在ROM存储器中的预置信息进行比较，进而确定在这种状态下发动机所需的供油量和点火提前时间。预先存储在存储器内的信息是由发动机优化数据实验获得的。进气歧管真空度(或进气量)和发动机转速是主要参数，电子控制单元根据主要参数可以确定在此工况下的基本燃油供给量和基本的点火时刻；其他几个参数为修正参数，对基本量起修正作用。

信息资料单4　空气供给系主要装置的结构与工作原理

一、空气流量计

空气流量计是测量发动机进气量的装置，用于L型汽油喷射系统中。

空气流量计一般设置在空气滤清器与节气门体之间，也有的安装在空气滤清器上，还有的将空气流量计与节气门体做成一体安装在发动机上。

空气量信号是用来确定基本喷油量的主要依据之一。按其结构形式的不同，可将其分为以下4种。

（1）翼片式空气流量计　为体积流量型，在20世纪70年代较为流行，如图4-9所示。

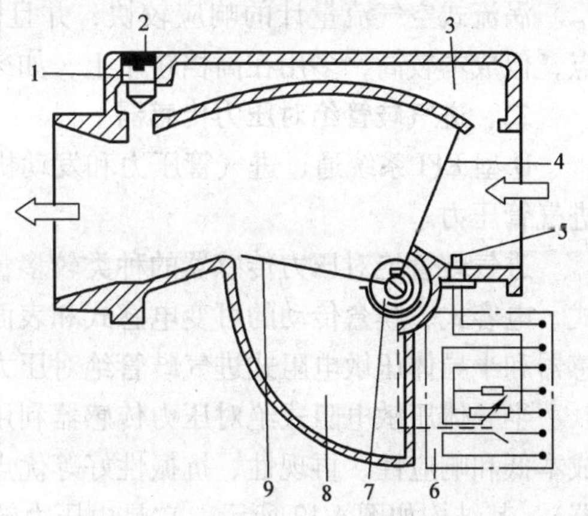

图4-9　翼片式空气流量计的结构示意图

1—CO调整螺钉　2—密封垫　3—旁通空气道　4—翼片　5—空气温度传感器　6—电位计　7—回位弹簧　8—缓冲室　9—缓冲板

（2）卡门旋涡式空气流量计　为体积流量型，三菱和丰田汽车上用的较多。

（3）热线式空气流量计　为质量流量型，在20世纪80年代初开发研制，目前应用最为广泛。

（4）热膜式空气流量计　为质量流量型，美国通用汽车公司研制，大多应用在通用和日本五十铃公司生产的汽车上，我国生产的电控燃油喷射发动机也广泛应用。

图4-10和图4-11所示分别为反光镜检测方式和超声波检测方式的卡门旋涡式空气流量计的结构简图。

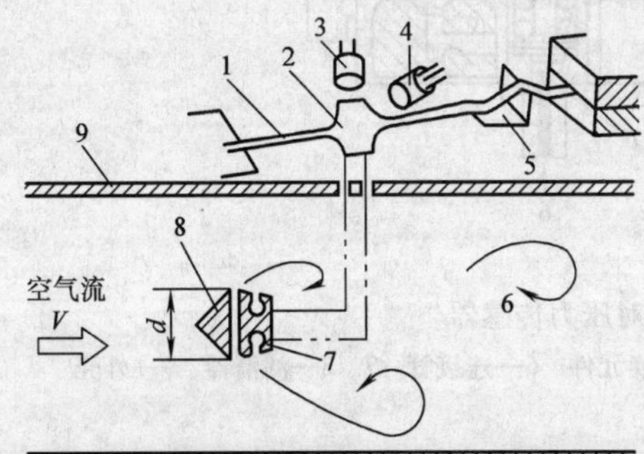

图4-10　卡门旋涡式空气流量计（反光镜检测方式）的结构简图

1—支承杆　2—反光镜　3—LED　4—光电管　5—板簧　6—卡门旋涡　7—导压管　8—涡流发生器　9—管路

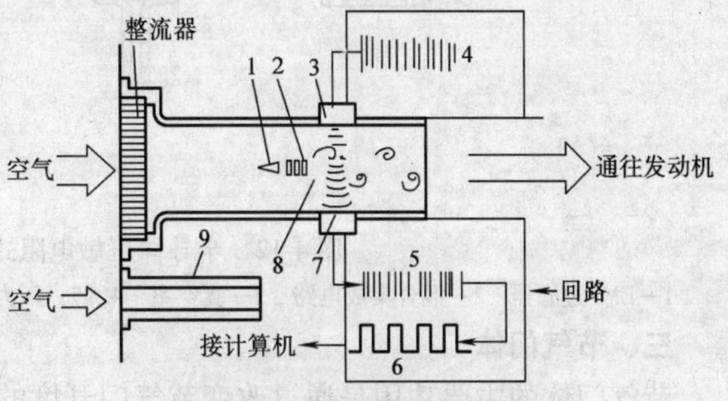

图4-11　卡门旋涡式空气流量计（超声波检测方式）的结构简图

1—涡流发生器　2—涡流稳定板　3—信号发生器　4—超声波发生器　5—与涡流对应的疏密声波　6—整形矩形波（脉冲）　7—接受器　8—卡门涡旋　9—旁通通路

反光镜检测方式的卡门旋涡式空气流量计是把涡流发生器两侧的压力变化，通过导压孔引向薄金属制成的反光镜表面，使反光镜产生振动；反光镜振动时将发光管投射的光反射给光电管；对反光信号进行检测，即可求得旋涡的频率。

超声波检测方式的卡门旋涡式空气流量计是利用卡门旋涡引起的空气密度变化引起的超声波的振幅、频率及相位变化进行测量的。在空气流动方向的垂直方向安装有超声波发生器和信号发生器，在其对面安装有超声波接收器。从信号发射器发出的超声波受卡门旋涡造成的密度变化的影响，到达接收器时其振幅、相位和频率发生变化，接收器经整形、放大后形成与涡流数目相对应的矩形脉冲信号，输送给发动机 ECU，发动机 ECU 据此对比、计算出实际进气量。

涡流式空气流量计的响应较快，并且同时具有进气阻力小、无磨损、测量精度高等优点，但成本较高，多用在高档轿车上，如凌志 LS400 轿车及部分三菱轿车。

二、进气歧管绝对压力传感器

D 型 EFI 系统通过进气管压力和发动机转速推算发动机进气量，用绝对压力传感器测定进气管压力。

进气歧管绝对压力传感器的种类较多，根据信号产生原理的不同可分为半导体压敏电阻式、电容式、膜盒传动的可变电感式和表面弹性波式等。其中，电容式进气歧管绝对压力传感器和半导体压敏电阻式进气歧管绝对压力传感器在发动机电控系统中的应用较为广泛。

半导体压敏电阻式绝对压力传感器利用的是半导体的压敏效应，具有尺寸小、精度高、成本低和响应性、再现性、抗振性好等优点(桑塔纳 2000GLi 轿车 AFE 发动机使用此类传感器)。其结构如图 4-12 所示。它是由压力转换元件和把转换元件输出信号进行放大的混合集成电路等构成的。

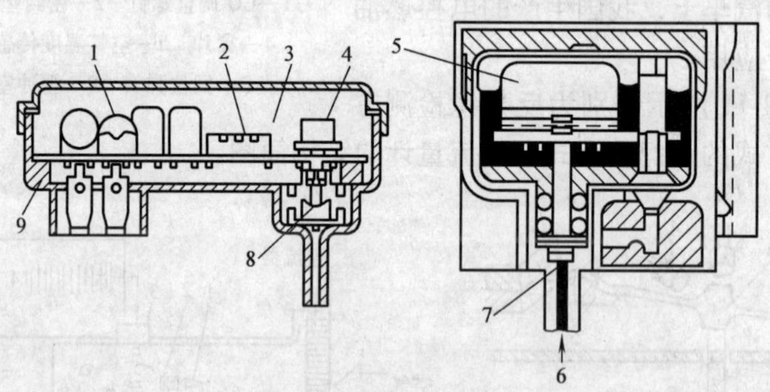

图 4-12 半导体压敏电阻式绝对压力传感器

1—EMI 过滤器 2—混合集成电路 3—真空室 4、5—压力转换元件 6—连接管 7、8—滤清器 9—外壳

三、节气门体

节气门体的主要功用是通过改变节气门开度的大小，来改变进气道截面积，控制发动机运转工况，通过节气门位置传感器检测发动机的负荷。因燃油供给方式不同、对发动机怠速控制方式不同等原因，其结构也不尽相同。

(一) 单点喷射式节气门体

奇瑞轿车为单点喷射系统节气门体。结构特点：零件少，结构紧凑，有一个全新的内部几何形状，有效地改善了喷油器的燃油雾化质量，为获得改善发动机性能所需的最佳混合气提供有效的保障。节气门体安装在进气管上。其结构如图 4-13 所示。

单点喷射式节气门体主要由进油管、回油管、燃油压力调节器、底部供给式喷油器(IWM)、进气温度传感器、节气门位置传感器、怠速控制步进电动机、靠近节气门体的热水环路、怠速空气旁通道、绝对压力信号通道、曲轴箱通风循环管、进气歧管中的燃油蒸气再循环管等组成。

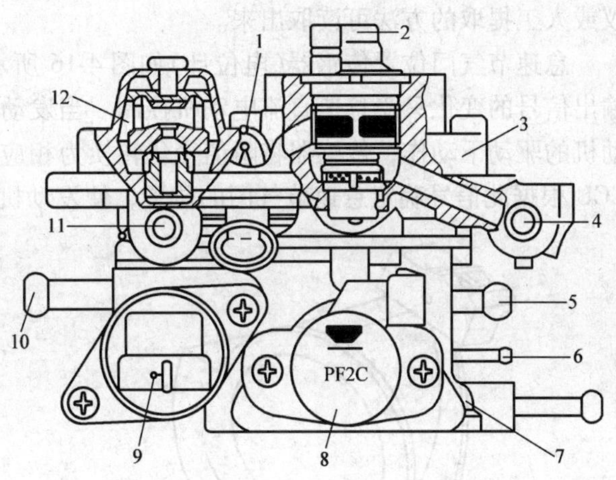

图 4-13　奇瑞轿车单点喷射系统节气门

1—进气温度传感器　2—喷油器　3—上体　4—燃油进口　5—热水接口　6—再循环电磁阀　7—下体　8—节气门位置传感器　9—怠速执行器　10—热水接口　11—回油口　12—压力调节器

（二）多点喷射式节气门体

图 4-14 所示为多点喷射式节气门体的结构。它主要由节气门、节气门位置传感器、怠速调整螺钉和石蜡型怠速空气阀等组成。

（三）整体式节气门体

桑塔纳 2000GSi 轿车 AJR 发动机及捷达都市先锋轿车发动机等均采用整体式节气门体，如图 4-15 所示。整体式节气门体主要由节气门位置传感器、怠速节气门位置传感器、怠速开关、怠速直流电动机和齿轮驱动机构组成。其中，节气门位置传感器、怠速节气门位置传感器为线性输出型传感器，怠速开关为开关式输出型传感器。发动机怠速不能人工调整，只能通过电控系统故障诊断仪的基本设定功能进行怠速设定。

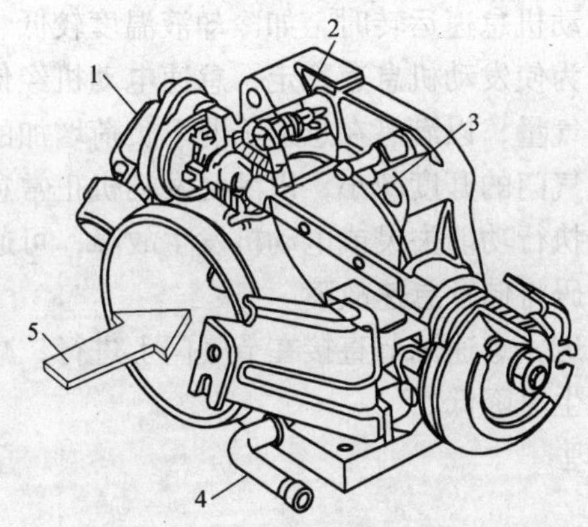

图 4-14　多点喷射式节气门体的结构

1—节气位置传感器　2—怠速调整螺钉　3—节气门　4—冷却液连接管　5—从空气滤清器来的空气

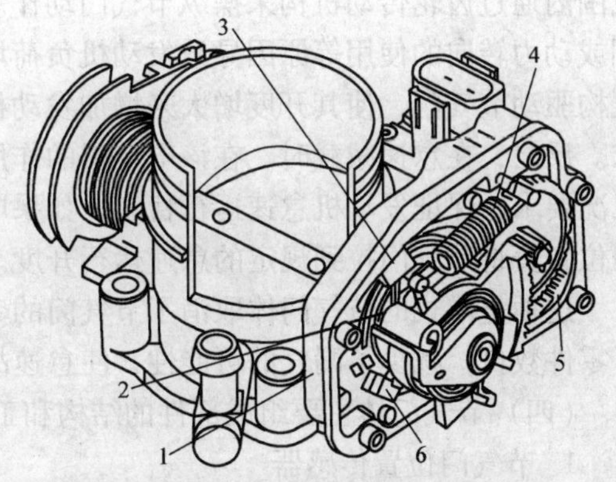

图 4-15　捷达都市先锋轿车发动机节气门体

1—整体式怠速稳定装置　2—怠速开关　3—怠速节气门位置传感器　4—应急弹簧　5—怠速电动机　6—节气门位置传感器

节气门位置传感器用于检测节气门开度信号，判断发动机的各种运行工况。发动机控制单元依据其信号进行各工况下的燃油量和点火正时的控制。如果控制单元没有得到节气门位置传感器信号，控制单元将根据发动机转速和空气流量信号计算出一个替代值。此时，发动机处于应急运转状态(故障模式运转)。故障信号以故障码的形式储存，通过电控系统诊断仪或人工提取的方法可读取出来。

怠速节气门位置传感器(电位计)如图 4-16 所示。它与怠速直流电动机连接在一起，其输出信号的变化只受怠速直流电动机控制。当发动机进入怠速工况时，节气门在怠速直流电动机的驱动下动作，传感器将阻值变化转换为相应的电信号输送给发动机控制单元(ECU)。ECU 根据此信号确定怠速节气门的位置，使发动机在怠速负荷变化时稳定运行。

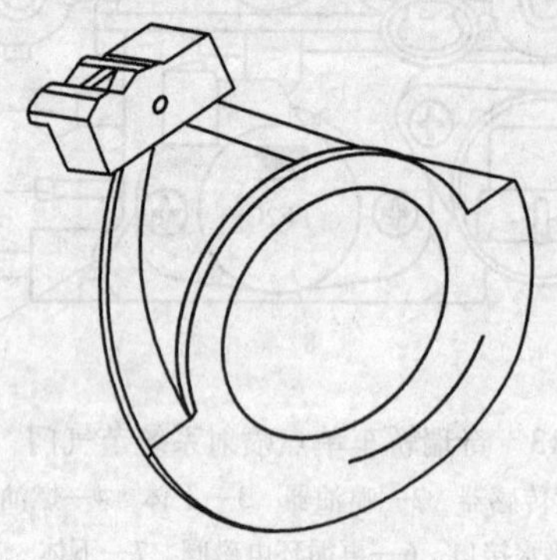

图 4-16 怠速节气门电位计

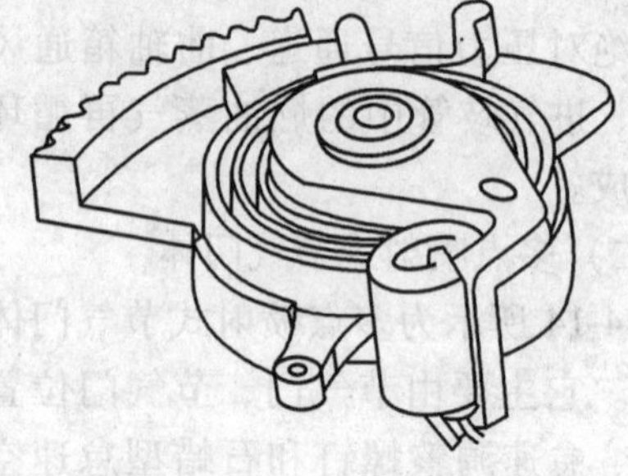

图 4-17 怠速开关

怠速开关如图 4-17 所示。它与节气门主驱动轴直接连接，是触点式开关。当节气门主驱动装置复位时，触点开关闭合，ECU 检测到发动机已进入怠速工况，根据该信号及此时发动机的负荷来调节供油量和发动机转速。如果此信号中断，ECU 将对节气门位置传感器及怠速节气门位置传感器提供的数据进行比较，根据这两个传感器的输入信号来判断节气门是否处于怠速状态。

在节气门体内还装有怠速直流电动机，它是一个受控制单元控制的电动机，在怠速调节范围内通过齿轮传动机构来操纵节气门动作。当发动机怠速运转时，如冷却液温度较低、空调或动力转向的使用等原因导致发动机负荷增大，为使发动机怠速稳定，怠速电动机经传动机构驱动节气门，使其开度增大来增加发动机的进气量，以满足在怠速工况下负荷增加的要求。反之，在怠速减载时，在该电动机的作用下节气门的开度减小，以满足发动机正常怠速工况要求，保证发动机怠速运行稳定。如果电动机执行功能失灵或电动机发生故障，可通过回位弹簧将节气门拉到规定的怠速运行开度。故障码将储存怠速故障。

这种整体式的节气门体取消了节气门的旁通通道，怠速调节直接在节气门上进行，减少了零件数目，减少了漏气的可能性，使怠速故障发生率降低。

（四）节气门体主要组成部件的结构和工作原理

1. 节气门位置传感器

节气门位置传感器安装在节气门体上，可以同时把节气门开度、怠速、负荷等信号转换成电压信号，输入发动机控制单元(ECU)中，以使控制单元可以根据发动机的各种典型工况对其喷油量及点火提前角进行最佳控制。节气门位置传感器有线性输出型和开关量输出型两种类型。

(1) 线性输出型节气门位置传感器　线性输出型节气门位置传感器的结构如图 4-18a 所示。在传感器上安装了两个与节气门联动的电刷触头，其中一个电刷触头在印制电路基片上的滑片电阻上滑动，利用电阻值的变化，测得与节气门开度对应的线性输出电压，根据输出的电压值，可知节气门的开度；另一个电刷触头在节气门关闭时与怠速触点 IDL 接触。IDL

信号主要给 ECU 提供怠速信号，用于断油控制和点火提前角修正。节气门的开度输出信号 VTA 则使 ECU 对喷油量进行控制。随着节气门开度的增大，节气门开度输出电压线性增大，如图 4-18b 所示。

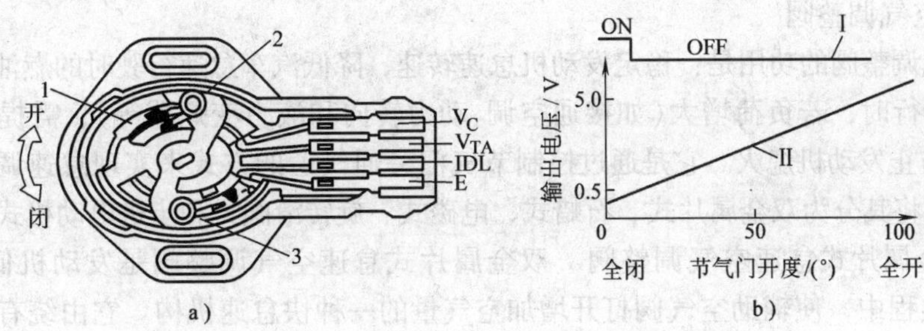

图 4-18　线性输出型节气门位置传感器结构与输出特性

a）传感器结构　b）传感器输出特性

1—电阻器　2—检测节气门开度用的电刷插头　3—检测节气门全闭用的电刷插头

Ⅰ—怠速触点信号　Ⅱ—节气门开度信号

图 4-19 所示为整体式节气门体节气门位置传感器。它设置在整体式怠速稳定装置中，直接连在节气门轴上，是一个环形电阻。当节气门位置改变时，落在节气门电阻上的滑动臂随之改变位置，使输出电阻值发生变化，随时向 ECU 提供全部调节范围内的节气门位置的信号。

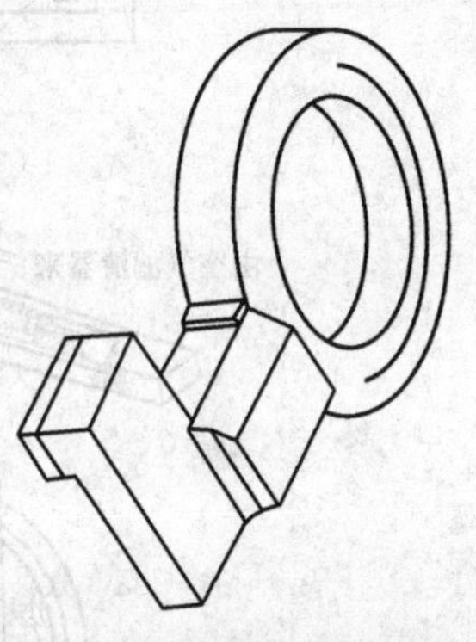

图 4-19　整体式节气门体节气门位置传感器

(2) 开关量输出型节气门位置传感器　开关量输出型节气门位置传感器由一个可动触点和两个固定触点（功率触点和怠速触点）构成，如图 4-20a 所示。可动触点可沿导向凸轮沟槽移动，导向凸轮由固定在节气门轴上的控制杆驱动。

节气门全闭时，可动触点与怠速触点接触，可检测节气门的关闭状态；当节气门开度达到 50% 以上时，可动触点与功率触点

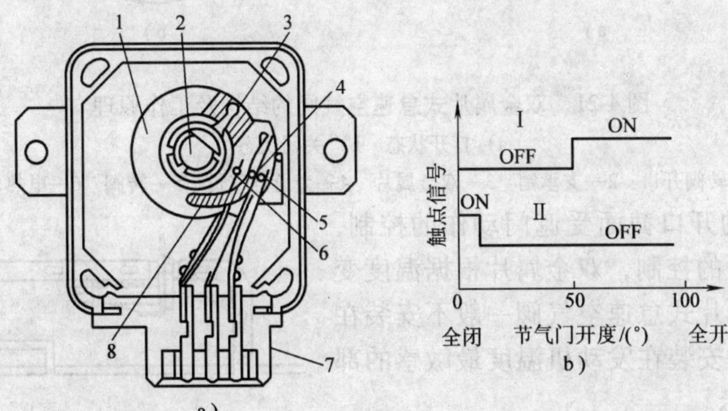

图 4-20　开关量输出型节气门位置传感器的结构与输出特性

a）传感器的结构　b）传感器的输出特性

1—导向凸轮　2—节气门轴　3—控制杆　4—可动触点　5—怠速触点　6—功率触点　7—插接器

8—导向凸轮槽　Ⅰ—功率触点输出信号　Ⅱ—怠速触点输出信号

接触，可检测节气门大开度状态；在中间开度时，可动触点与其他触点均不接触。这种传感器只能得到发动机典型工况信号。与线性输出型传感器相比，开关量输出型传感器具有结构简单、价格低廉等优点，但节气门开度的检测性差，其输出特性如图 4-20b 所示。

2. 怠速空气调整阀

怠速空气调整阀的功用是：稳定发动机怠速转速，降低汽车怠速行驶时的燃油消耗量。在发动机怠速运行时，若负荷增大（如接通空调、动力转向和液力变矩器等），需提高怠速转速（快怠速），防止发动机熄火。它是通过控制节气门旁通气道的方式来实现怠速调整的。根据其结构特点可将其分为双金属片式、石蜡式、电磁式、旋转滑阀式和步进电动机式 5 种。

（1）双金属片式怠速空气调整阀　双金属片式怠速空气调整阀是发动机低温起动时、起动后暖车过程中，使辅助空气阀打开增加空气量的一种快怠速机构。它由绕有电热线的双金属片和空气旁通道遮门等组成，如图 4-21 所示。

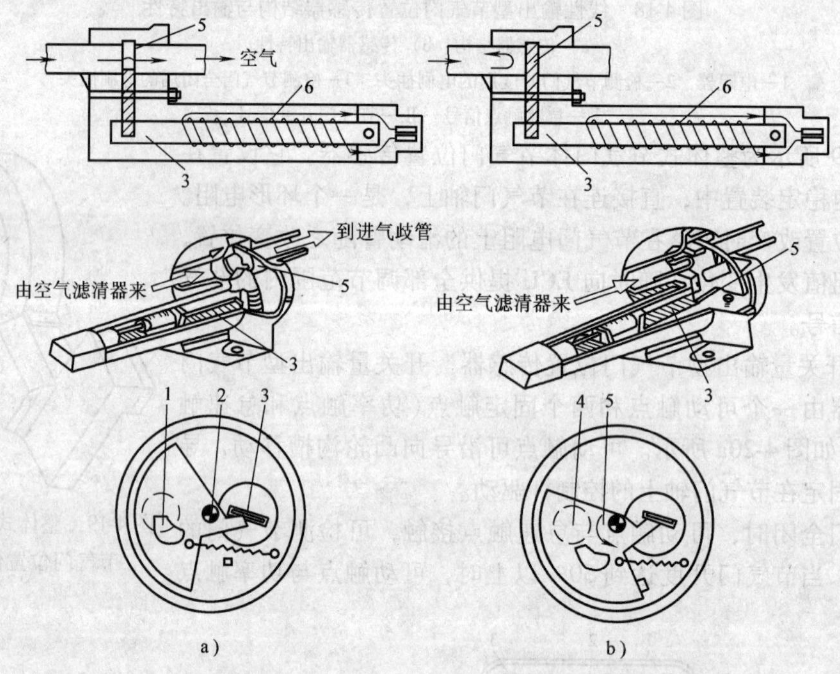

图 4-21　双金属片式怠速空气阀的结构及工作原理

a）打开状态　b）关闭状态

1—转阀开口　2—支承销　3—双金属片　4—旁通空气道　5—转阀　6—电热丝

辅助空气阀的开口截面受遮门动作的控制，而遮门受双金属片的控制，双金属片根据温度变化而变形。双金属片式怠速空气阀一般不安装在节气门体上，而是安装在发动机温度最敏感的部位，如图 4-22 所示。

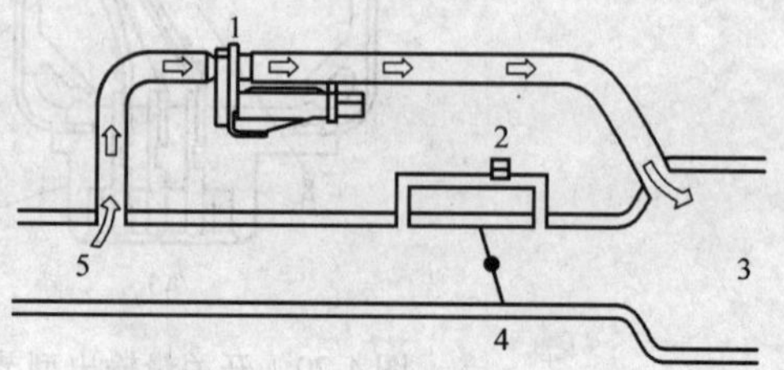

图 4-22　双金属片式怠速空气阀安装示意图

1—空气阀　2—怠速调整螺钉

3—至发动机　4—节气门　5—来自空气滤清器

发动机温度低时，遮门打开，此时因节气门关闭，从空气调整器流入额外的空气使吸入气缸的空气量增多，怠速变高，成为快怠速状态。

发动机起动后，电流通过点火开关使怠速空

气调整阀的双金属片受热而慢慢将遮门关闭，空气的流入量减少，发动机的转速下降。暖车后，遮门完全关闭空气旁通道，恢复正常怠速运转。

遮门的初起开度取决于周围温度，之后随双金属片被电热线加热弯曲而变小。一般周围温度在 -20℃以下时，遮门使旁通空气阀全开；而在 60℃以上时，遮门使旁通空气阀完全关闭。

（2）石蜡式怠速空气调整阀　石蜡式怠速空气调整阀根据发动机的冷却液温度控制空气旁通道截面积，控制力来自恒温石蜡随周围温度变化而产生热胀冷缩。为了简化结构，大多采用与节气门体加热共用的冷却液管路一体化结构，如图 4-23a 所示。图 4-23b 所示为石蜡式怠速空气调整阀的结构。

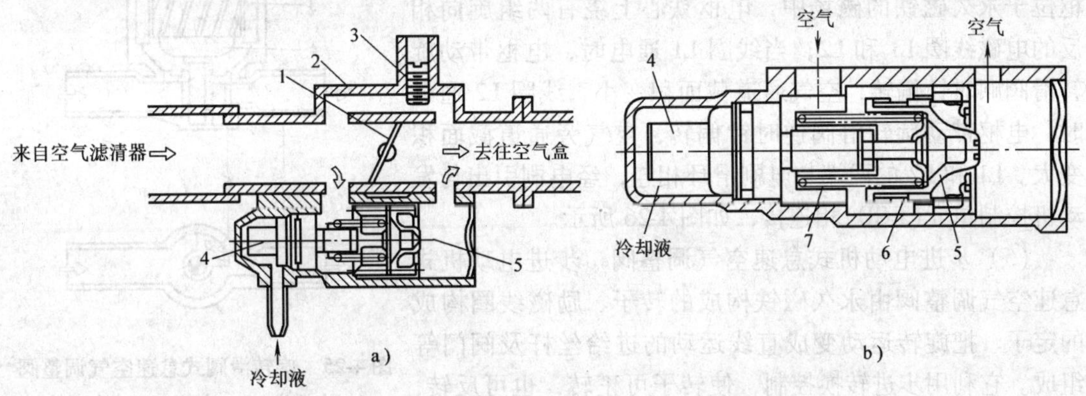

图 4-23　石蜡式怠速空气调整阀的构造

a）总体构成　b）结构

1—节气门　2—节气门体　3—怠速调整螺钉　4—恒温石蜡　5—提动阀　6—外弹簧　7—内弹簧

发机动冷却液温度较低时，恒温石蜡收缩，提动阀在外弹簧 6 的作用下打开。随着冷却液温度的升高，恒温石蜡膨胀，推动连接杆使提动阀缓慢关闭，发动机怠速转速随之降低。当暖车后，提动阀将完全关闭其空气通道，发动机恢复至正常怠速。

（3）电磁式怠速空气调整阀　图 4-24 所示为电磁式怠速空气调整阀的结构。这是一种比例电磁阀的结构形式，由电磁线圈、阀轴及阀等主要部体组成。它利用电磁线圈产生的电磁吸力，使阀轴作轴向线位移，控制阀门的位置。当弹簧力与电磁吸力达到平衡时，阀门处于稳定状态。电磁力的大小取决于发动机控制单元（ECU）送至怠速空气调整阀电磁线圈的驱动电流的大小。当驱动电流大时，电磁吸力大，阀门开度大；反之，阀门开度则小。波纹管的作用是消除阀门上、下压差对阀门

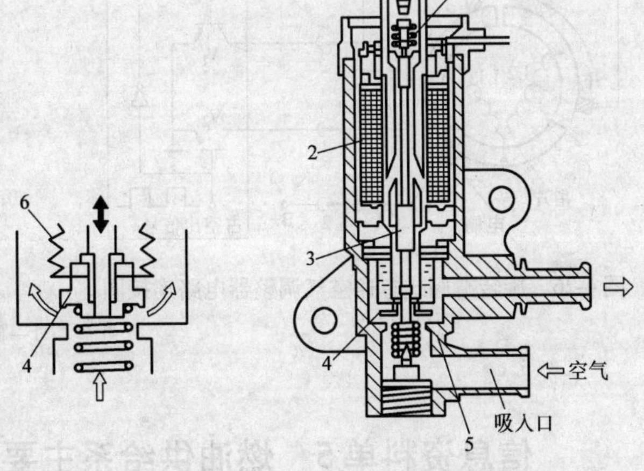

图 4-24　电磁式怠速空气调整阀的结构

1—弹簧　2—电磁线圈　3—阀轴

4—阀　5—壳体　6—波纹管

开启位置的影响。这种怠速空气调整阀的优点是响应速度非常快。

（4）旋转滑阀式怠速空气调整阀　旋转滑阀式怠速空气调整阀在实际运行时，发动机控制单元(ECU)将检测到的怠速转速实际值与储存的设定目标值相比较，并随时校正送至怠速空气调整阀的驱动信号的占空比，以实现稳定的怠速运行。所谓占空比，是指发动机ECU输出的控制信号在一个周期内通电时间与周期的比值。

图4-25所示为旋转滑阀式怠速空气调整阀。它由永久磁铁、电枢、旋转滑阀，螺旋回位弹簧和电刷等组成。旋转滑阀固装在电枢轴上，与电枢轴一起转动，控制流过通道的空气量。永久磁铁固装在外壳上形成磁场。电枢位于永久磁铁的磁场中，电枢铁心上绕有两组旋向相反的电磁线圈L1和L2，当线圈L1通电时，电枢带动旋转滑阀顺时针偏转，空气通道截面积变小，线圈L2通电时，电枢带动旋转滑阀逆时针偏转，空气旁通道截面积变大。L1和L2的两端与电刷滑环相连，经电刷引出与发动机控制单元(ECU)相连接，如图4-26所示。

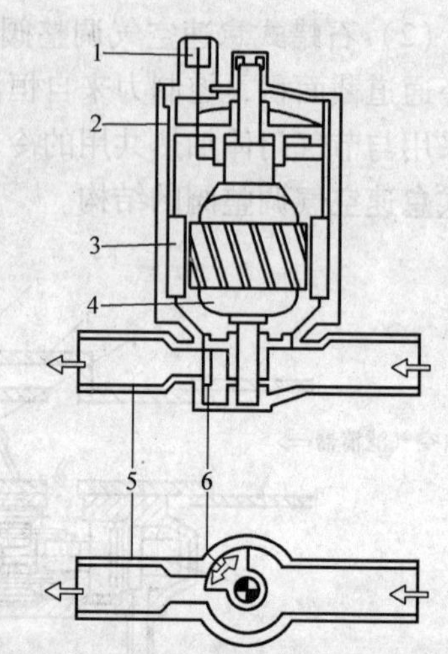

图4-25　旋转滑阀式怠速空气调整阀

1—电插头　2—外壳　3—永久磁铁　4—电枢　5—空气旁通道　6—旋转滑阀

（5）步进电动机式怠速空气调整阀　步进电动机式怠速空气调整阀由永久磁铁构成的转子、励磁线圈构成的定子、把旋转运动变成直线运动的进给丝杆及阀门等组成。它利用步进转换控制，使转子可正转，也可反转，使阀芯上下运动以达到调整旁通空气道截面积的目的。不同汽车公司所采用的步进电动机式怠速空气调整阀的结构形式略有差别，但其基本工作原理相同。步进电动机式怠速空气调整阀如图4-27所示。

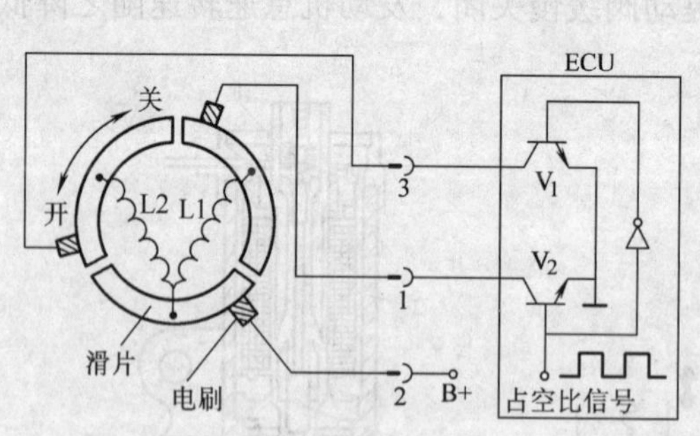

图4-26　旋转滑阀式怠速空气调整器电路连接图

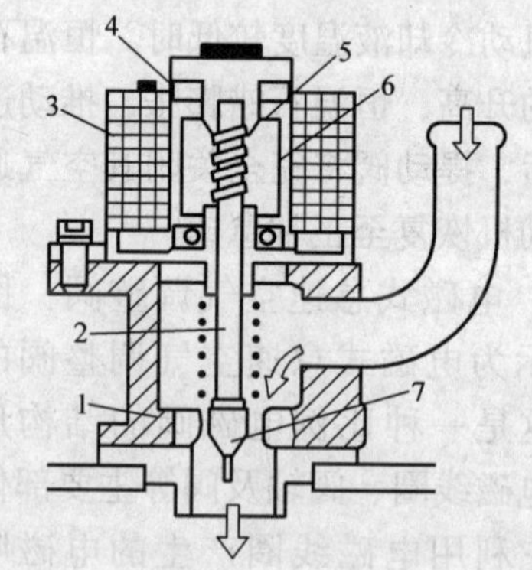

图4-27　步进电动机式怠速空气调整阀

1—阀座　2—阀轴　3—定子　4—轴承　5—进给丝杆　6—转子　7—阀芯

信息资料单5　燃油供给系主要装置的结构与工作原理

一、电动燃油泵

电动燃油泵的作用是将油箱内的燃油吸出并通过喷油器供给发动机各气缸，以满足发动机正常工作的需要。

根据电动燃油泵安装位置的不同，可将其分为内置式燃油泵和外置式燃油泵两种。内置式燃油泵将泵安装在燃油箱内；外置式燃油泵将泵安装在油箱之外的燃油管路中。内置式燃油泵不易发生气阻和漏油现象，对泵的自吸性能要求较低，且噪声小，故目前大多数电控燃油喷射系统(EFI)广泛采用内置式燃油泵。

电动燃油泵主要由泵体、永磁电动机、安全阀、单向阀和外壳等组成，其结构如图4-28所示。电动机通电时带动泵体转动，将燃油从吸油口吸入，经电动燃油泵内部，再从出油口压出，给燃油系统供油。由于流经电动燃油泵的内部，又可对永磁电动机的电枢部分进行冷却，此种燃油泵又称作湿式燃油泵。

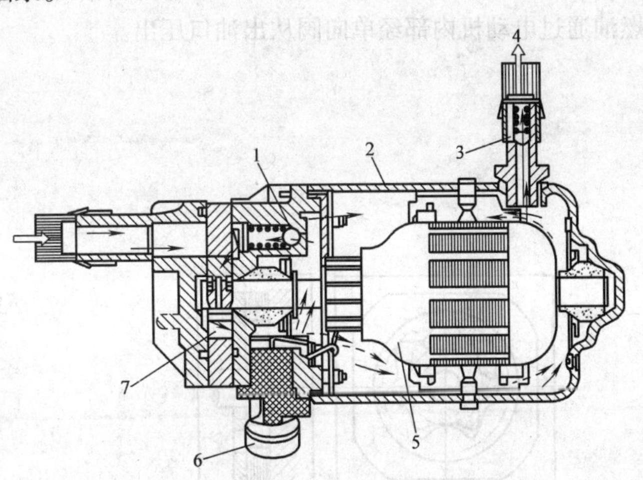

图4-28　电动燃油泵的结构

→正常的流动路线　--→安全阀开启时的流动路线

1—安全阀　2—外壳　3—单向阀　4—出油口

5—永磁电动机　6—电插接器　7—进油口

安全阀自动打开，高压燃油可回至油泵的进油室，在油泵和电动机内循环，可避免由于油路堵塞而引起管路油压过高，造成管路破裂或燃油泵损坏等现象。

泵体是电动燃油泵的主体，根据结构的不同，可分为滚柱泵、转子泵、涡轮泵和侧槽泵等。

1. 滚柱泵

滚柱泵是目前电动燃油泵中最常见的结构形式，由转子、滚柱、泵体等组成，如图4-29所示。装有滚柱的转子偏心安装在泵体内，当电动机带动转子旋转时，位于其凹槽内的滚柱在离心力作用下紧压在泵体内表面上。由于滚柱的密封作用，与转子及泵体构成了多个密封腔。在油泵运转时，密封腔的容积发生周期性变化。当密封腔的容积不断增大时，形成低压油腔，将燃油吸入；反之，形成高压油腔，高压燃油流过电动机，再经出油口压出。油泵的转子每转一圈，排出的燃油就要产生与滚柱数目相同的压力脉动，故在出口处装有油压缓冲器，以减小出口处的油压脉动和运转噪声。

2. 转子泵

转子泵主要由带外齿的主动齿轮、带内齿的从动齿轮和泵套等组成。主动齿轮偏心安装，由电动机带动旋转，由于齿轮啮合而带动从动齿轮一起旋转。在从动齿轮和主动齿轮内、外啮合的过程中，由内、外齿所密封的腔室将发生容积大小的变化；在容积增大处设置进油口，容积减小处设置出油口，即可将汽油以一定的压力泵出，其原理与滚柱泵的基本相同，如图4-30所示。

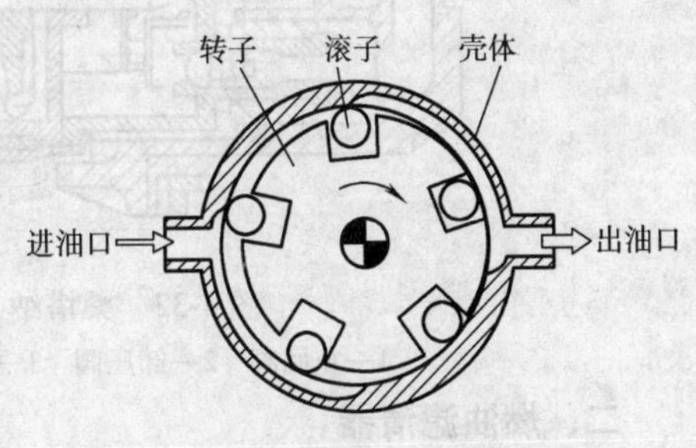

图4-29　滚柱泵的结构

3. 涡轮泵

涡轮泵又称再生泵，泵的燃油输送和压力的建立完全是由液体分子之间的动量转换实现的。其结构由部分组成：圆周上有许多叶片的叶轮和两个在相对于叶片部位开有合适通道法兰组成的壳体，如图 4-31 所示。当电动机驱动叶轮旋转时，位于叶轮外侧叶片沟槽前、后的液体因摩擦作用产生压力差，将多个叶片沟槽的压力差循环叠加后使燃油升压，升压后的燃油通过电动机内部经单向阀从出油口压出。

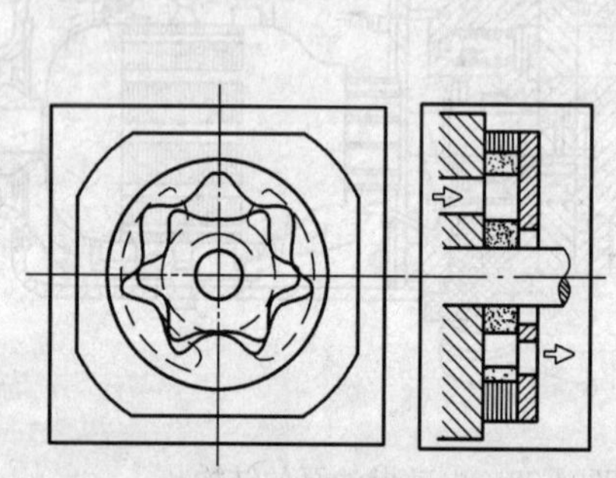

图 4-30 转子泵

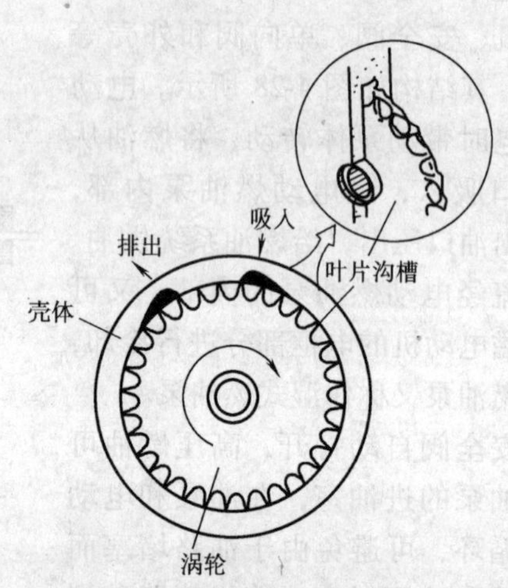

图 4-31 涡轮泵的结构

涡轮泵泵油压力波动小，外形尺寸小，质量轻，工作可靠，但效率较低。在电控燃油喷射系统中一般不单独使用涡轮泵。

上述几种泵体单独与电动机组成电动汽油泵时，也称单级泵。汽油在高温和低压时，易汽化形成气泡，导致供油量不足，所以在有些汽车的燃油系统中采用双级泵，即一个为低压泵，另一个为主输油泵，两者串联；低压泵用于分离蒸气，而主输油泵用于提高压力，两者合成为一个组件，由一只电动机驱动。图 4-32 所示为桑塔纳 2000 轿车采用的双级电动汽油泵。工作时，低压涡轮叶片泵从油箱内吸入汽油，再输入泵内的高压转子泵经加压后输出。

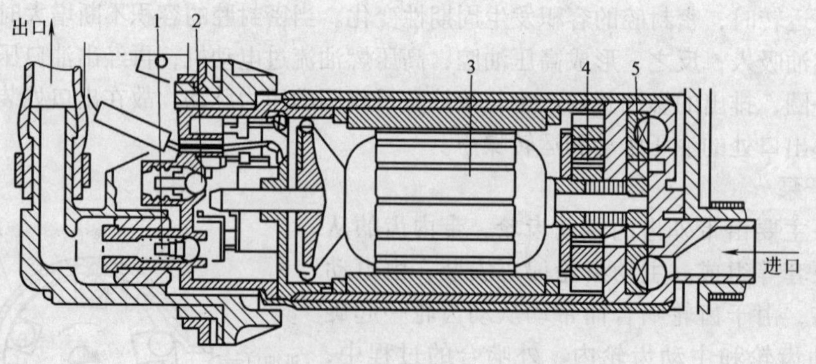

图 4-32 桑塔纳 2000 轿车采用的双级电动汽油泵

1—止回阀 2—卸压阀 3—电动机 4—高压转子泵 5—低压涡轮叶片泵

二、燃油滤清器

燃油滤清器安装在电动汽油泵出口一侧的高压油路中，其功用是除去汽油中的固体杂质，防止燃油供给系统堵塞和减少机件磨损。它一般是整体形的一次性产品，主要由壳体和滤芯等组成，如图 4-33 所示。

三、燃油脉动阻尼器

燃油脉动阻尼器的功用是减小因喷油器喷油时使油路油压产生的微小波动和降低噪声。它的主要结构为膜片和弹簧组成的减振机构，如图 4-34 所示。膜片将脉动阻尼器隔成膜片室和燃油室，膜片室内安装有弹簧，将膜片压向燃油室。当燃油压力增高时，膜片弹簧被压缩，使燃油室容积增大，减缓燃油压力的增加；反之，当燃油压力降低时，在弹簧力的作用下，燃油室容积减小，减缓燃油压力的降低。

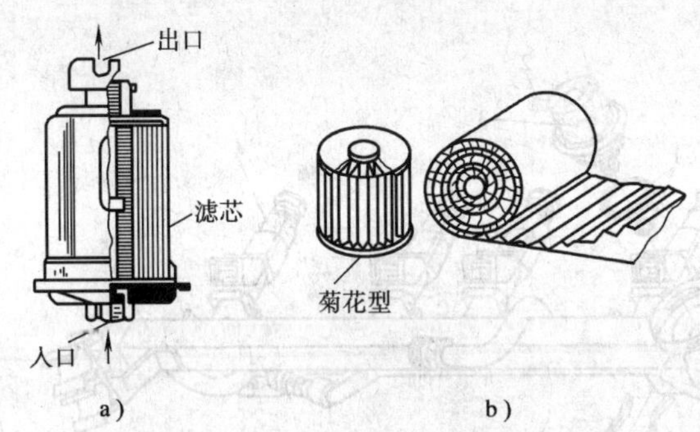

图 4-33　燃油滤清器

a) 燃油滤清器的结构　b) 滤芯

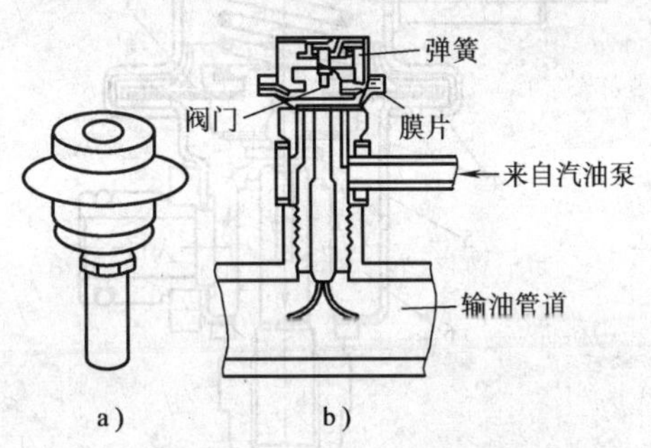

图 4-34　燃油脉动阻尼器

a) 外观图　b) 工作原理图

四、燃油压力调节器

发动机控制单元(ECU)对喷油量的控制，是通过控制喷油器电磁线圈通电时间的长短来实现的。当燃油系统的绝对油压和喷油器喷口处的进气歧管的空气压力差不为定值时，即使喷油器电磁线圈的通电时间相同，喷油量也是不相同的。燃油压力调节器的功用是使发动机在任何工况下，燃油系统的绝对油压和进气歧管的空气压力之间的差值恒定不变，保证发动机控制单元(ECU)对喷油量的精确控制。燃油压力调节器的调节结果是使燃油系统的绝对油压与进气歧管空气压力的差值保持恒定不变(约为 250kPa 左右)，如图 4-35 所示。

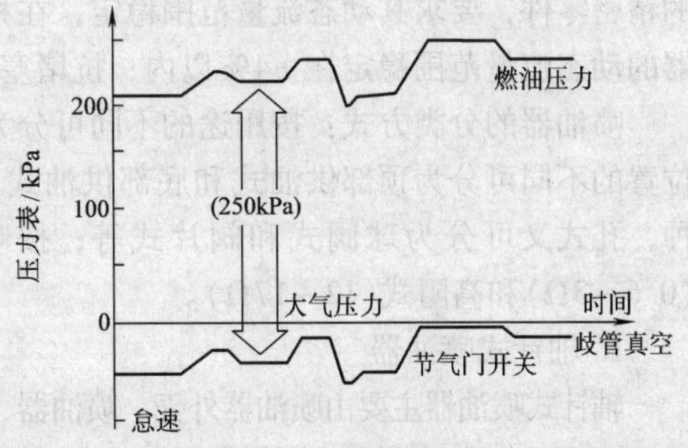

图 4-35　绝对油压与进气歧管空气压力的关系

燃油压力调节器的结构如图 4-36 所示。它主要由壳体、膜片、回油阀门和校正弹簧等组成。膜片将燃油压力调节器分隔成弹簧室和燃油室，膜片下端带有阀门，用以控制回油口。弹簧室通过通气管与进气歧管相通，以进气歧管压力变化来控制弹簧室的真空度。燃油压力调节器的入口与安装喷油器的管道相连接，出口通过油管与燃油箱相通。当节气门后进气管压力降低时(发动机负荷减小)，膜片带动阀门上移，开大回油口，使燃油系统的绝对油压相应降低。当进气管压力增大时(发动机负荷增大)，膜片带动阀门下移，回油口关小，如此使燃油系统的绝对油压上升。燃油压力调节器使喷油器内油压和进气歧管处空气压力差值保持恒定。当发动机停止工作时，在弹簧力作用下，阀门关闭，使系统内保持一定的残余压力以利于发动机起动。

五、燃油总管

燃油总管的功用是将燃油均匀、等压地输送给各个喷油器，同时还具有储油、蓄压的作用。其容积油量相对于发动机的循环喷油量要大很多，可以防止燃油压力的波动，供给各喷油器以等量的燃油。图4-37所示为桑塔纳2000GSi轿车AJR发动机的燃油总管、各缸喷油器及燃油压力调节器组合件。

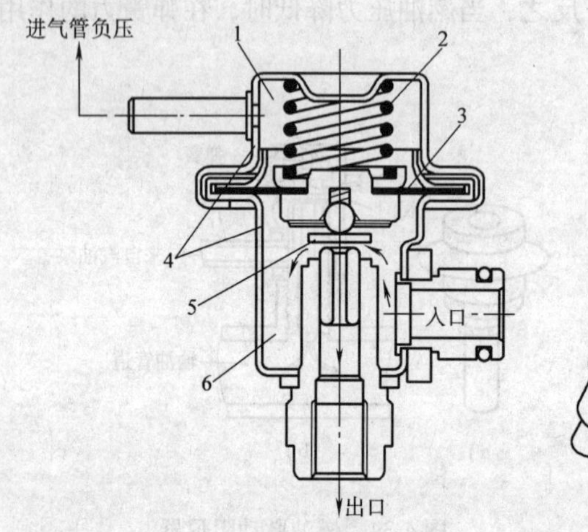

图4-36 燃油压力调节器的结构
1—弹簧室 2—弹簧 3—膜片 4—壳体 5—阀 6—燃料室

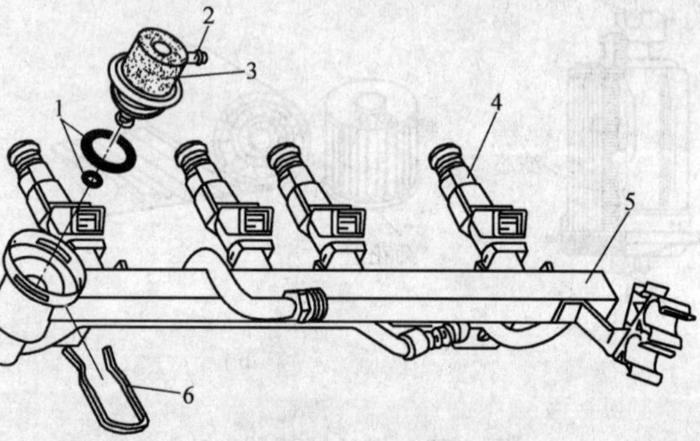

图4-37 燃油总管、各缸喷油器及燃油压力调节器组合件
1—O形密封圈 2—与进气歧管相连 3—燃油压力调节器 4—喷油器 5—燃油总管 6—卡簧

六、喷油器

喷油器是发动机电控汽油喷射系统的一个重要执行元件。它接受ECU传来的喷油脉冲信号，将一定量的汽油适时、准确地喷入进气管内(气缸内)。它是一种加工精度要求很高的精密零件，要求其动态流量范围稳定，在相当于6亿次喷射的使用寿命内，必须保持喷油器的动态流量范围稳定在±4%以内；抗堵塞、抗污染能力以及雾化性能好。

喷油器的分类方式：按用途的不同可分为单点式喷油器和多点式喷油器；按燃油的送入位置的不同可分为顶部供油式和底部供油式；按喷油口形式的不同可分为轴针式和孔式两种，孔式又可分为球阀式和阀片式等；按喷油器的驱动电路形式的不同可分为低阻式(0.6～3Ω)和高阻式(12～17Ω)。

1. 轴针式喷油器

轴针式喷油器主要由喷油器外壳、喷油器、针阀、套在针阀上的衔铁及电磁线圈等组成，如图4-38所示。电磁线圈无电流时，喷油器内的针阀被螺旋弹簧压在喷油器出口处的密封锥形阀座上。当发动机控制单元(ECU)发出喷油脉冲信号时，喷油器的电磁线圈电路被触发接通，电磁线圈产生磁场吸力，吸动衔铁带动针阀离开阀座上升约0.1mm，燃油从针阀和针阀座之间精密环形缝隙中喷出。为使燃油充分雾化，针阀前端采用喷油轴针。当喷油信号结束后，喷油器电磁线圈的电流被切断，电磁力迅速消失，在喷油器螺旋弹簧的作用下，针阀迅速回位，阀门关闭，喷油器停止喷油。喷油器吸动时间及下降时间约为1～1.5ms。

针阀式喷油器的抗堵塞、抗污染能力较强，雾化性能较好。

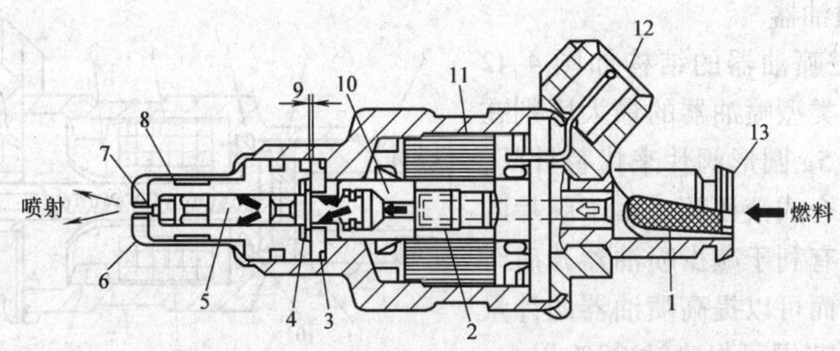

图4-38　轴针式喷油器的结构

1—滤清器　2—弹簧　3—调整垫　4—凸缘　5—针阀　6—壳体

7—喷口　8—阀体　9—行程　10—衔铁　11—电磁线圈

12—电插头　13—油管插头

一般燃油都经燃油总管分配到各喷油器，从顶部供油并在喷油器体内轴向流动，只有在针阀开启喷油时燃油才能流动。在发动机温度较高时，易产生气阻，影响汽车的热起动性能。在现代汽车上采用底部供油方式电磁喷油器日趋广泛，其结构如图4-39所示。

2. 球阀式喷油器

球阀式电磁喷油器的结构如图4-40所示。其结构与轴针式的主要区别在于针阀的结构不同。球阀式喷油器的针阀是由钢球、导杆和衔铁用激光束焊接成整体，质量(1.8g)只有普通轴针式的一半。为保证燃油密封性，轴针式喷油器必须有较长的导向杆；球阀具有自定心作用，无需较长的导向杆，所以球阀的针阀质量轻，具有良好的密封性。其工作过程与针阀式的相似。图4-41所示为同等级的球阀式阀针与轴针式阀针的比较。

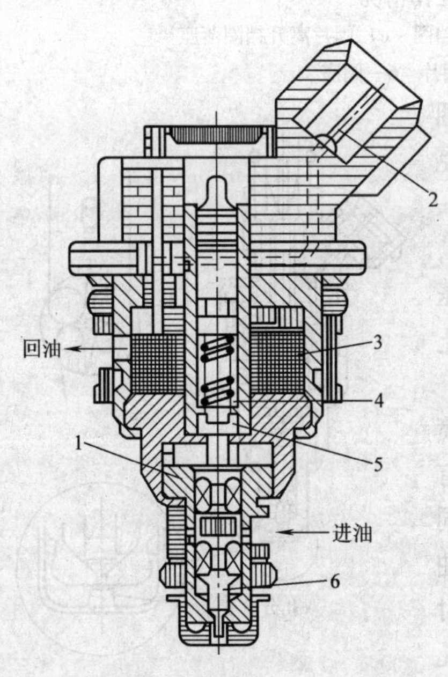

图4-39　底部供油方式电磁喷油器的结构

1—针阀体　2—接电端口　3—电磁线圈

4—弹簧　5—衔铁　6—针阀

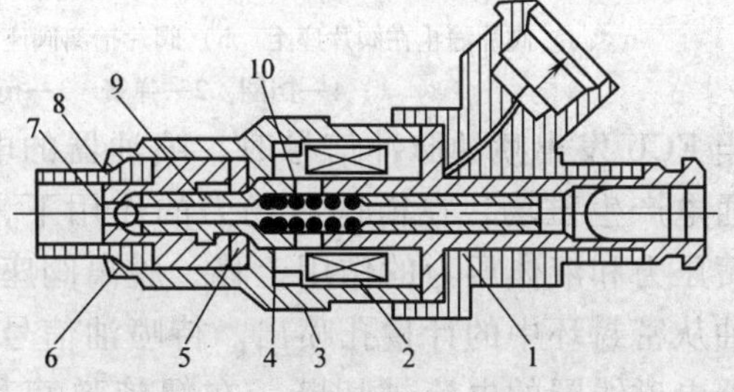

图4-40　球阀式电磁喷油器的结构

1—壳体　2—电磁线圈　3—喷油器体　4—衔铁　5—挡块

6—护套　7—喷孔　8—阀座(位置)　9—针阀　10—弹簧

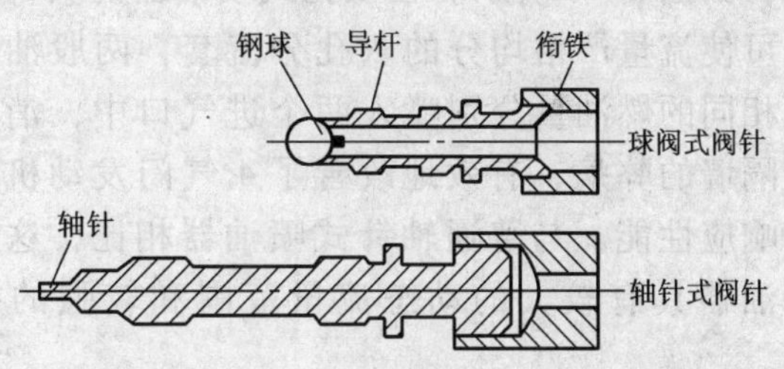

图4-41　球阀式阀针与轴针式阀针的比较

3. 阀片式喷油器

阀片式电磁喷油器的结构如图 4-42 所示。它与其他类型喷油器的最大区别在于：只用一块 0.5g 圆形阀片来代替针阀，并与孔式阀片组合成液压阀。由于阀片的运动惯量极小，有利于减少喷油器开启时的滞后时间，因而可以提高喷油器的计量精度，动态流量范围可提高达 20% 以上，工作噪声低，而且耐久性及抗堵塞能力等明显优于普通针阀式喷油器。

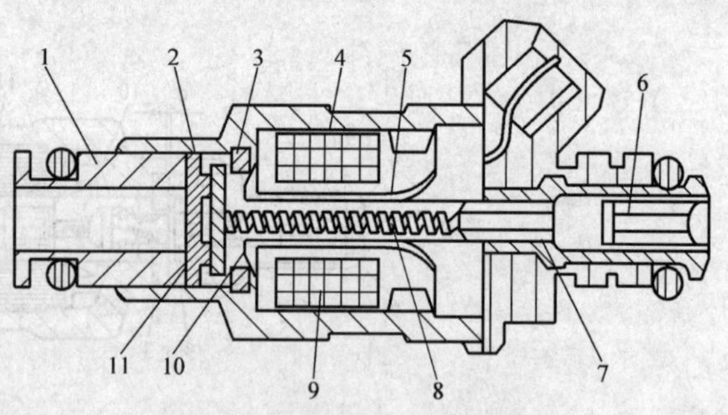

图 4-42 阀片式电磁喷油器的结构

1—喷嘴套 2—阀座 3—挡圈 4—喷油器体 5—铁心 6—滤清器 7—调压滑套 8—弹簧 9—电磁线圈 10—限位圈 11—阀片

阀片式喷油器的阀片工作情况如图 4-43 所示。当电磁线圈无电流通过时，阀片被螺旋弹簧压力和液体压力紧压在阀座上。当 ECU 发出喷油脉冲信号时，喷油器的电磁线圈立刻通电产生磁场，在衔铁磁场力的作用下，阀片克服弹簧压力和液体压力的作用上移，脱离阀座密封环，压力油从密封环中的计量孔喷出。待喷油信号结束后，喷油器电磁线圈的电流被切断，在螺旋弹簧和液体压力的作用下，阀片迅速回位，阀门关闭，喷油器停止喷油。

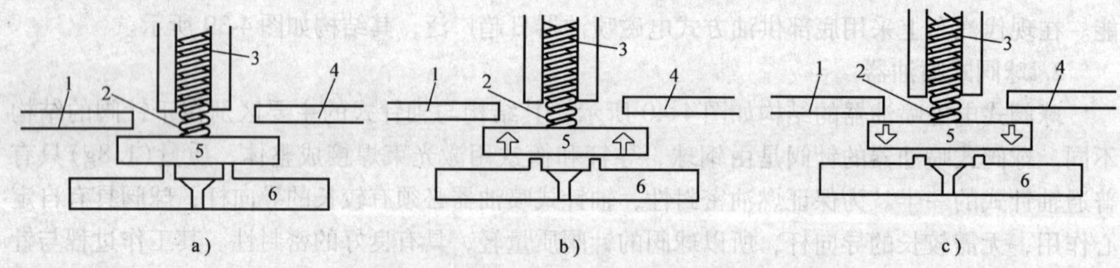

图 4-43 阀片式喷油器的阀片工作情况

a) 阀片静止在阀片座上 b) 阀片抬离阀座直到抵住挡圈 c) 阀片离开挡圈落座

1、4—挡圈 2—弹簧 3—衔铁 5—阀片 6—阀座

此外，在现代 4 气门发动机上广泛采用双孔式喷油器，如图 4-44 所示。在双孔式喷油器的头部加装有一个可使流量严格均分的双孔分流套，两股油束能同时将相同的燃油量分别喷入两个进气口中，消除燃油附着隔墙的弊病，有效地改善了 4 气门发动机的瞬时加速响应性能。与普通轴针式喷油器相比，这种双孔式喷油器具有较大的动态流量范围和较强的抗堵塞能力。

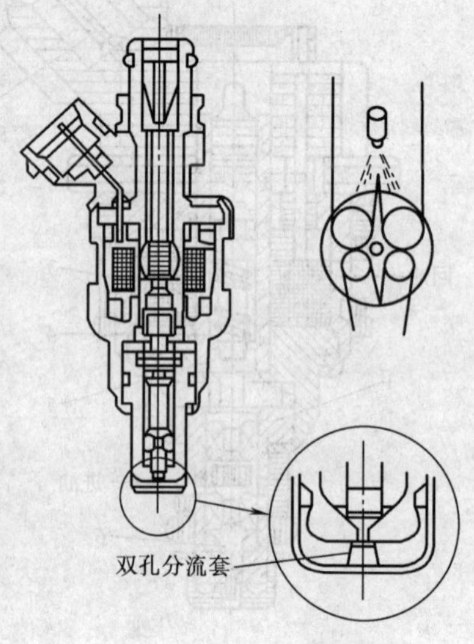

图 4-44 双孔式喷油器

信息资料单6　电子控制系统

电子控制系统主要由传感器、电子控制单元(ECU)和执行元件(执行器)组成。

一、电子控制器

发动机电子控制器也称发动机电子控制单元，简称发动机ECU。它是一种电子综合控制装置，具有如下功能：接收传感器或其他装置的输入信息，并给传感器提供2V、5V、9V、12V不等的参考(基准)电压；将输入的信息转变为计算机所能接收的信号；存储、计算、分析处理信息；计算出输出值；存储相应车型的特点参数；存储运算中的数据，存储故障信息；运算分析功能；根据信息参数计算出执行命令数值；将输入与输出的信息与标准值对比，查出故障；输出执行命令；将计算机输出信号通过放大电路将信号放大，控制执行器工作或输出故障信息。

发动机ECU不仅用于控制燃油喷射系统，还具有点火提前角的控制、怠速控制、排放控制、进气控制、增压控制、故障自诊断、失效保护和备用控制系统等多项控制功能。

发动机ECU的基本组成如图4-45所示。它主要由输入回路、A/D转换器、微型计算机(微机)和输出回路等组成。

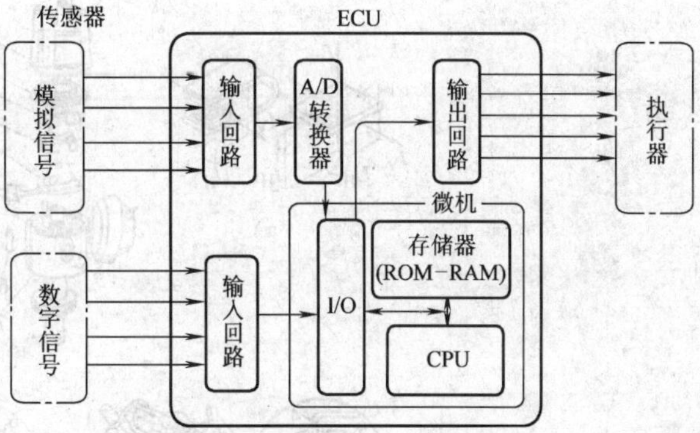

图4-45　发动机ECU的基本组成

二、传感器

在空气供给系统和燃油供给系统中，已经介绍了多种传感器，下面介绍电控燃油喷射系统中其他常见的传感器。

1. 发动机转速与曲轴位置传感器

发动机转速传感器用以检测发动机转速，曲轴位置传感器用以检测活塞上止点及曲轴转角，它们一般制成一体。发动机转速与曲轴位置传感器是发动机电子控制系统中最主要的传感器之一，其信号是控制点火时刻和喷油时刻不可缺少的信号。它可安装在曲轴前端、飞轮上、凸轮轴前端和分电器内。它主要有电磁感应式、霍尔感应式和光电感应式等类型，其中电磁感应式与霍尔感应式的应用较广。

(1) 电磁感应式　实际安装在分电器内的电磁感应式传感器的结构如图4-46所示。它主要由永久磁铁、信号线圈和转子等组成。G转子(曲轴位置传感器转子)和Ne转子(转速传感器转子)固定在分电器轴上，与分电器轴同步转动，信号线圈固定在分电器壳体上。

(2) 霍尔感应式　霍尔感应式传感器是利用霍尔效应原理，产生与曲轴转角相对应的脉冲电压信号进行工作的。如图4-47a所示，当电流I通过磁场中的半导体基片，且电流方向与磁场方向垂直时，在垂直于电流和磁场方向的半导体基片的横向侧面上会产生一个与电流和磁场强度成正比的霍尔电压。

霍尔传感器可以安装在发动机的曲轴前端、凸轮轴后端、飞轮壳上、分电器内部等部位。图4-47b所示为安装于分电器内的霍尔式传感器结构图。它主要由开槽的触发叶轮、触

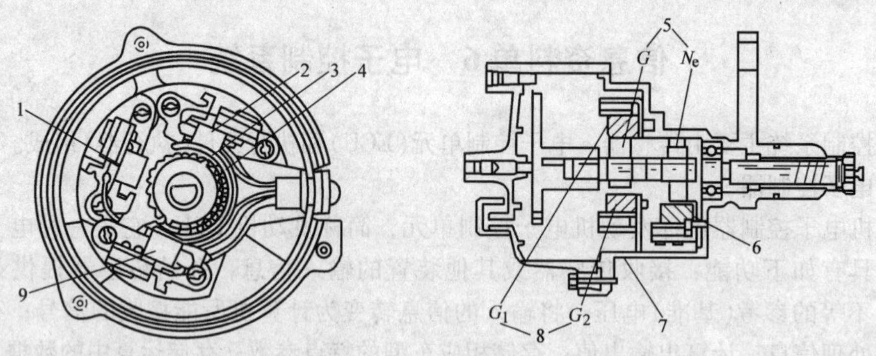

图 4-46 电磁感应式传感器

1、6—N_e 感应线圈 2—G_1 感应线圈 3—N_e 转子 4—G 转子 5—G、N_e 转子 7—分电器 8—G_1、G_2 感应线圈 9—G_2 感应线圈

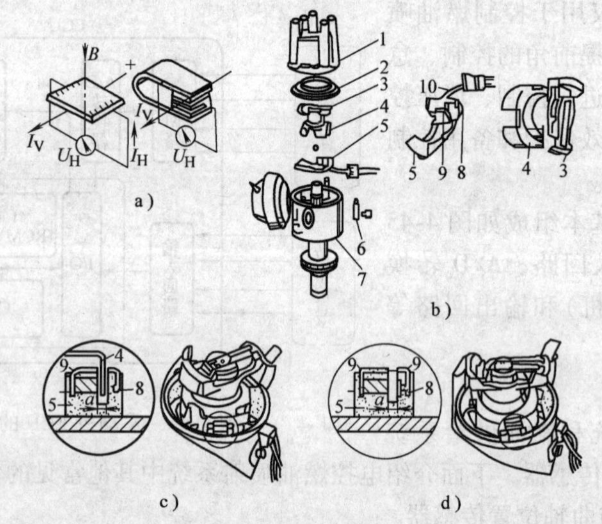

a）

b）

c）

d）

图 4-47 霍尔感应式传感器

a）霍尔效应原理图 b）霍尔传感器结构图 c）磁路被旁路 d）磁路通路

1—分电器盖 2—防尘罩 3—分火头 4—开槽的触发叶轮 5—触发开关 6—固定板 7—分电器外壳 8—半导体基片 9—带导板的磁铁 10—专用插座

发开关、半导体基片、带导板的磁铁等组成。触发叶轮的片数等于发动机的缸数，触发叶轮由分电器轴带动旋转，叶片不断的进出磁场的空气隙。

如图 4-47c 所示，当触发叶轮的叶片进入空气隙时，磁铁被叶片旁通，磁力线不能到达半导体基片，这时，传感器无霍尔电压输出。如图 4-47d 所示，当触发叶轮以其缺口对着空气隙时，磁力线经导板、空气隙到达半导体基片构成回路，这时传感器输出霍尔电压。

霍尔电压变化的时刻可以反映曲轴的位置，单位时间内霍尔电压变化的次数可以反映发动机的转速。

（3）光电感应式 光电感应式传感器的结构如图 4-48 所示。它主要由发光二极管、光敏二极管、遮光盘和控制电路组成。光电感应式传感器安装在分电器内，或直接安装于凸轮轴轴端。发光二极管、光敏二极管和控制电路均固定在板座上。遮光盘随分电器或凸轮轴转动，其边缘分布有360条缝隙，每转过一条缝隙对应凸轮轴1°转角，曲轴2°转角，还刻有表示一缸上止点位置的缝隙和60°(6缸发动机)或90°(4缸发动机)间隔的间隙。遮光盘位于发光二极管和光敏二极管之间，当遮光盘的转动挡住发光二极管的光线时，光敏二极管截止，控制电路输出低电平；当缝隙对准发光二极管和光敏二极管时，光线照射到光敏二极管上，控制电路输出高电平。遮光盘转一圈，传感器上输出360个脉冲信号。此信号输入发动机ECU作为转速信号。而缝隙较宽的一缸上止点位置标记和60°(或90°)间隔缝隙所控制的电路将向ECU输入一缸上止点位置信号和缸序判别信号。

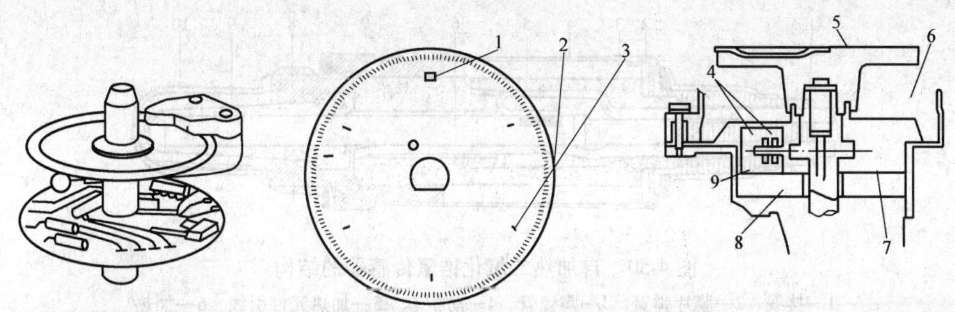

图4-48　光电感应式传感器

1—第一记忆(120°标记)　2—1°标记　3—120°标记　4—发光二极管　5—分火头　6—防尘罩　7—切割板　8—线路基库　9—光敏二极管

2. 冷却液温度传感器

冷却液温度传感器用于检测发动机冷却液的温度。其信号输入发动机ECU，使发动机ECU对基本喷油量进行修正；在怠速时，信号又是发动机ECU控制怠速控制装置的主要信号源。常见的冷却液温度传感器为热敏电阻式，其结构和控制电路如图4-49所示。

半导体热敏电阻具有随温度变化而阻值变化的特性，常分为负温度系数和正温度系数两种。负温度系数热敏电阻的特性是随温度的升高，电阻值下降；正温度系数热敏电阻的特性是随温度的升高，电阻值上升。当冷却液温度的变化引起电阻值变化时，发动机ECU检测到的THW(冷却液温度)信号随之变化，发动机ECU据此对喷油量进行修正和控制怠速。

3. 进气温度传感器

进气温度传感器的功用是检测发动机的进气温度，并将其转变成电信号传给发动机ECU，作为其电控系统控制功能的修正信号，以便对喷油量等进行修正，精确地控制空燃比与点火时刻。进气温度传感器也常采用热敏电阻式，其结构原理与冷却液温度传感器的

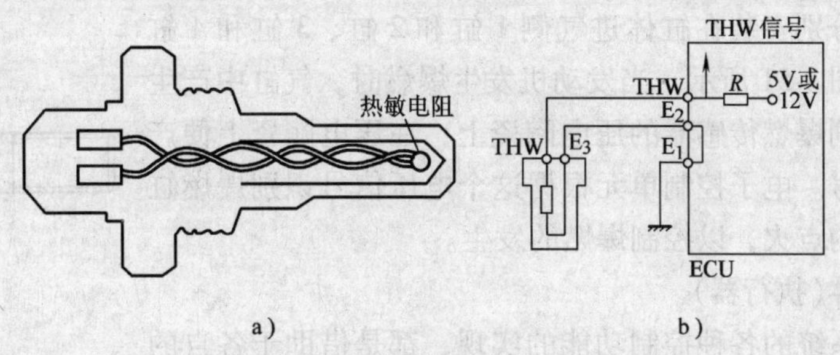

图4-49　冷却液温度传感器

a）结构　b）控制电路

相同。

4. 氧传感器

氧传感器通过检测发动机废气中氧的含量，向发动机电子控制单元(ECU)反馈混合气的浓度信息。单氧传感器安装在三元催化反应器之前的排气管上；双氧传感器的前氧传感器安装在三元催化器之前的排气管上，后氧传感器安装在三元催化器之后、消声器之前的排气管上。目前使用的氧传感器主要有氧化锆式和氧化钛式两种。图4-50所示为自加热二氧化锆式氧传感器的结构。

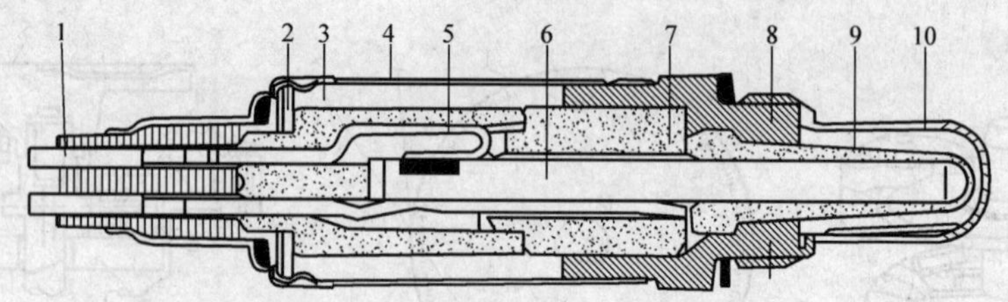

图4-50 自加热二氧化锆氧传感器的结构

1—接线 2—膜片弹簧 3—陶瓷管 4—防护套 5—加热元件引线 6—加热元件 7—连接件 8—传感器壳体 9—传感器活性陶瓷 10—防护套

氧传感器用于产生电压信号的敏感元件是二氧化锆(ZrO_2)，其外表面有一层铂，铂的外面还有一层陶瓷，起保护铂电极的作用。氧传感器敏感元件的内侧通大气，外侧通发动机排出的废气。当温度在400℃以上时，敏感元件两侧的氧含量有较大的差异，两侧面之间就会产生一个电动势。敏感元件内侧因通大气而氧含量高，当混合气稀时，废气中的氧含量较多，敏感元件两侧的氧含量差异很小，产生的电动势也很小(0.1V左右)；而当混合气过浓时，废气中氧的含量极少，敏感元件两侧氧浓度差异较大，产生的电动势也较大(0.8V左右)。

传感器内部的加热器接12V电压，用于加热敏感元件，使其快速达到正常工作温度(300~850℃)。加热电阻一般为5~7Ω。氧传感器的故障一般可用解码器测出；在无检测仪器时，可以用手工闪码的方式进行诊断检查。

5. 爆燃传感器

发动机电子集中控制系统中已经广泛应用了点火时刻闭环控制的方法，有效地抑制了发动机爆燃现象的发生。爆燃传感器是这一控制系统中必不可少的重要部件，它的功用是检测发动机有无爆燃现象，并将信号送入发动机ECU。

上海桑塔纳2000GSi轿车AJR发动机及捷达轿车4缸20气门发动机都采用了2个压电式爆燃传感器，分别安装在缸体进气侧1缸和2缸、3缸和4缸之间，其结构如图4-51所示。当发动机发生爆燃时，气缸中产生的爆燃信号传递到爆燃传感器的压电陶瓷上，在压电陶瓷上便产生了一个电压信号。电子控制单元根据这个电压信号识别爆燃缸位，并推迟该缸的点火，以控制爆燃的发生。

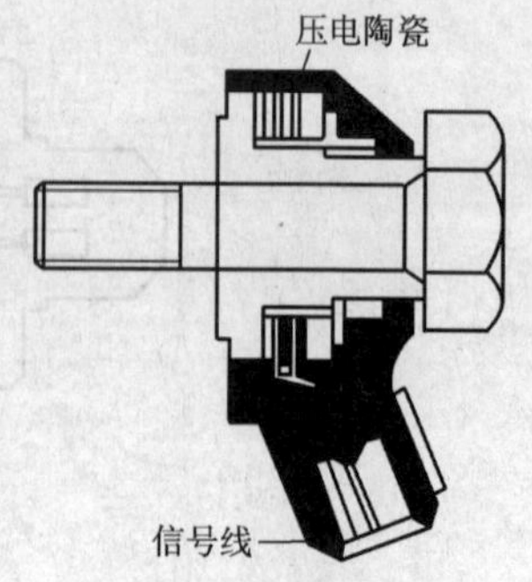

图4-51 爆燃传感器

三、执行元件(执行器)

发动机电控系统的各种控制功能的实现，都是借助于各自的执行器来完成的。由于发动机电控系统具备的控制功能不同，各种车型上控制发动机的执行器也不相同，主要的执行器有：电动汽油泵、电磁喷油器、怠速控制调整阀、点火装置以及各类继电器等。这里主要介绍点火装置及继电器，其他执行器已在相关内容中作过介绍。

（一）点火装置

无分电器点火系统是在微机控制的基础上，将点火系统中的分电器总成用电子控制装置取而代之后制造而成的，又称直接点火系统。它利用电子分火控制技术将点火线圈的次级绕组直接与火花塞相连，即把点火线圈产生的高压电直接送给火花塞进行点火，实现了点火系统全电子化的目标。

桑塔纳2000GSi 轿车 AJR 发动机、捷达王轿车发动机采用的都是无分电器点火系统。它主要由带点火模块的点火线圈、高压线、火花塞及各种传感器组成，如图 4-52 所示。点火由发动机控制单元实施集中控制，点火顺序为 1—3—4—2 缸。点火时两缸同时串联点火，一个气缸处于排气行程终了，另一个气缸处于压缩行程终了。由于处于排气行程的气缸内压力较低，火花塞击穿电压较低，点火能量消耗较少，对处于压缩行程的另一个气缸的点火效果影响不大。无分电器点火系统的优点是：无旋转件，无机械磨损，高压导线数量少，对无线电干扰小。

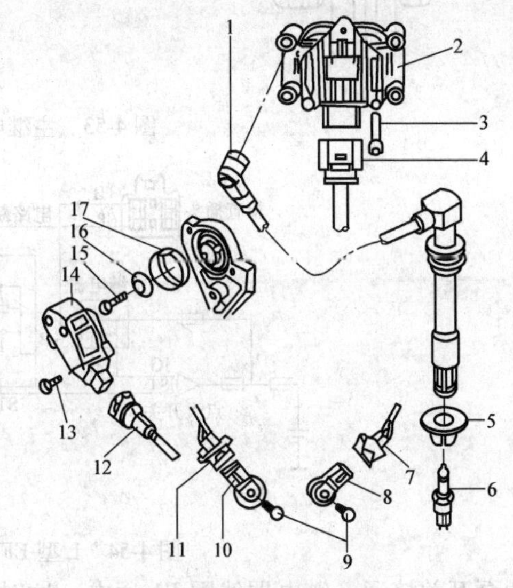

图 4-52　无分电器点火系统

1—分缸高压线　2—带点火模块的点火线圈　3—固定螺栓　4—连接插头　5—盖　6—火花塞　7—连接插头　8、10—爆燃传感器　9、13、15—螺栓　11、12—连接插头　14—霍尔传感器　16—垫片　17—霍尔传感器隔板

无分电器点火系统中的主要部件是点火线圈及点火模块。点火线圈及点火模块装在一个壳体里，固定在气缸体上。点火线圈的壳体上有各缸排序标识 A、B、C、D，对应的缸号分别是 1、2、3、4。1、4 缸共用一个点火线圈，2、3 缸共用一个点火线圈。点火模块根据电子控制单元的指令控制点火线圈初级绕组的通、断电，从而使次级点火线圈在初级电流截断的瞬间产生点火高压。

（二）继电器

1. 主继电器

主继电器是给电子控制系统各部分供电的继电器。主继电器的结构和电路如图 4-53 所示。接通点火开关后，电流将通过主继电器线圈，使其触点闭合，接通电子控制系统各部分的供电线路。

2. 断路继电器

L 型 EFI 系统油泵控制电路如图 4-54 所示。其中断路继电器的作用是：当发动机停转后，自动切断汽油泵的电源。

在 L 型燃油喷射系统中，油泵开关装在空气流量计内。发动机起动时，点火开关起动端（ST）接通，电路断开继电器内线圈 L2 通电，继电器触点闭合，电源向油泵电动机通电，油泵开始工作。发动机起动后，吸入的空气流使空气流量计内的翼片转动，空气流量计内的

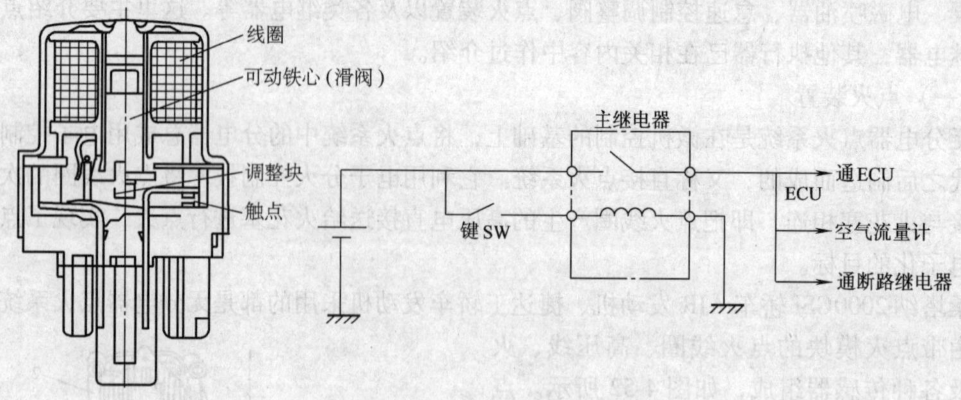

图 4-53 主继电器的结构和电路

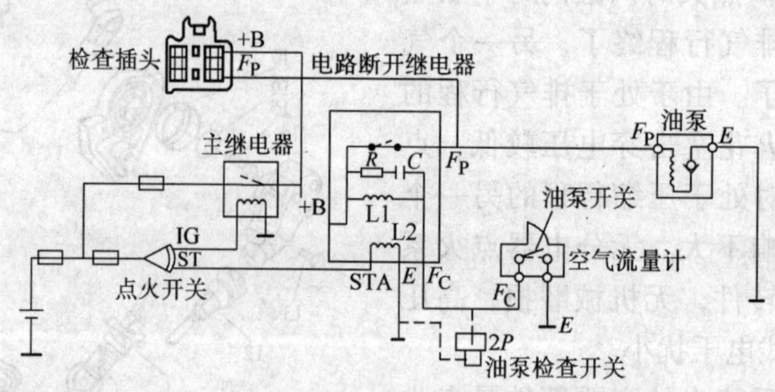

图 4-54 L 型 EFI 系统油泵控制电路

燃油泵开关接通，继电器线圈 L1 通电。这时，即使起动端(ST)断开，其继电器触点仍呈接通状态。当发动机由于某种原因停止转动时，空气流量计内的油泵开关断开，继电器线圈 L1 断电，继电器触点断开，油泵停止工作。

在检查油泵工作情况时，可用跨接线连接插座内的 + B 和 F_P 端子，当点火开关位于接通(ON)位置时，燃油泵就能工作。

信息资料单 7 电控汽油喷射系统的控制

现代汽车发动机的电子控制系统大部分采用集中控制系统。其控制内容随厂家、车型、生产年代、销售地域的不同而差异较大。

一、燃油喷射的控制

燃油喷射的控制主要是指喷油正时控制和喷油量的控制。发动机 ECU 对喷油量的控制主要是：根据空气流量计检测的进气量和发动机转速确定基本喷油量；根据冷却液温度、进气温度、节气门开度、蓄电池电压等参数加以修正，最后确定喷油时间的长短(脉冲宽度)；根据曲轴位置传感器的信号确定喷油时刻，而获得该工况下的最佳空燃比。

二、点火系统的控制

现代汽车广泛采用计算机控制点火系统。计算机控制点火系统利用发动机转速、负荷、曲轴位置、冷却液温度、进气温度等传感器信号，由计算机选择或计算点火提前角，根据结果控制点火线圈中初级电流的通断，控制点火系统的工作。

三、辅助控制

现代汽车发动机的电子控制系统，除完成燃油喷射控制、点火控制外，还同时进行怠速控制和排放控制等多种控制功能。随着计算机控制功能的不断扩展，电子控制系统的控制项目在不断增多。现将常见的控制项目介绍如下。

(一) 怠速控制

怠速控制的实质是对怠速时充气量的控制、怠速时喷油量的控制。

怠速控制的方式因车型的不同而不同，一般内容有：起动控制、暖车(快怠速)控制、反馈控制、发动机转速变化的预控制、负荷增大时的怠速控制以及学习控制等。

怠速充气量的控制类型及方法因车型而异，对电控燃油喷射发动机来讲，目前可分为两种基本类型：一种是控制节气门旁通通道空气量的旁通空气道式；另一种是直接控制节气门关闭位置的节气门直动式。两种怠速充气量控制都是利用调节空气通路面积的方法来控制空气流量的。在节气门直动式怠速充气量控制中，必须克服沿节气门关闭方向增加的回位弹簧作用力，其响应性不如旁通空气道式。旁通空气道式怠速充气量控制是目前较常见的一种。

(二) 排放控制

1. 油箱通风控制

为了防止汽油箱向大气中排放汽油蒸气而产生污染，现代轿车普遍采用了由发动机控制单元(ECU)控制的活性炭罐蒸发污染控制装置，如图4-55所示。

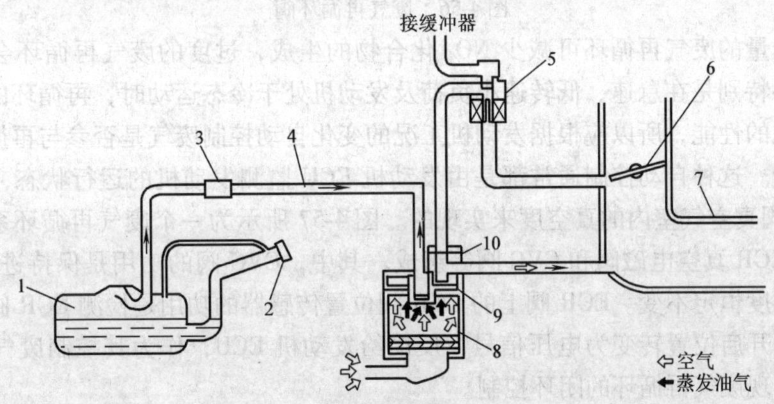

图4-55　活性炭罐蒸发污染控制装置

1—油箱　2—油箱盖附真空泄放阀　3—燃料单向阀　4—蒸气通气管路
5—EGR炭罐控制电磁阀　6—节气流孔　7—进气歧管　8—活性炭罐　9—定量排放小孔　10—排放控制阀

油箱中的燃油蒸气通过单向阀进入炭罐上部，空气从炭罐下部进入清洗活性炭。发动机工作时，ECU根据发动机的转速、温度、空气流量等信号，控制活性炭罐电磁阀的动作，来控制排放控制阀上部的真空度，从而控制排放阀的开、闭动作。当排放控制阀打开时，汽油蒸气通过排放控制阀中的定量孔吸入进气歧管，然后进入气缸烧掉。

2. 废气再循环系统

废气再循环(Exhaust Gas Recirculation)简称EGR，是目前国外用于净化NO_x的一种有效措施。它将一部分废气引入进气管，与新鲜空气混合后进入气缸燃烧，降低了燃烧室内的最高温度，使NO_x的生成量减少。通常，废气再循环程度用EGR率来表示，其定义是：

$$EGR率 = EGR流量/(吸入空气量 + EGR流量)$$

资料表明，当 EGR 率达到 15% 时，NO_x 的排放量即可减少 60%；但是 EGR 率增多时，会使发动机动力性能下降，HC 含量上升。利用 ECU 来控制 EGR 率，既能使 NO_x 有效性降低，又可保证发动机的动力性。EGR 电子控制系统的主要功能就是选择 NO_x 排放量多的发动机运转范围，进行适量的 EGR 率控制。

废气再循环主要执行部件为废气再循环阀(EGR 阀)，如图 4-56 所示。EGR 阀主要由膜片、回位弹簧、阀门和阀座等组成，膜片上方为真空气室，阀门与膜片连动。如图 4-56c 所示，它安装在进气歧管和排气歧管之间的特殊通道中，因此，控制 EGR 阀真空气室中的真空度，即可控制再循环废气量。

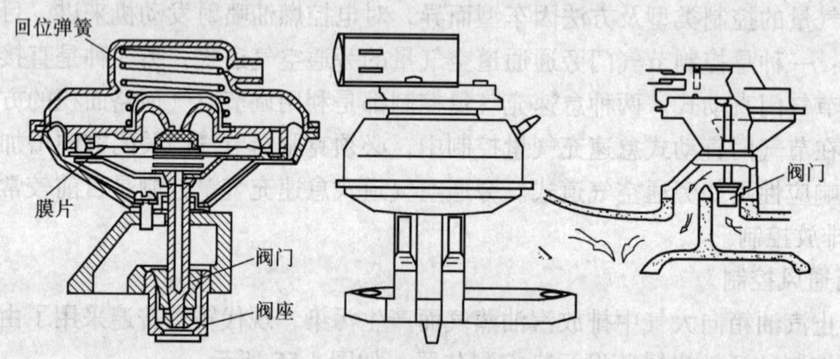

图 4-56 废气再循环阀

适时、适量的废气再循环可减少 NO_x 化合物的生成，过度的废气再循环会影响发动机的正常工作；特别是在怠速、低转速小负荷及发动机处于冷态运动时，再循环的废气将会明显影响发动机的性能，所以应根据发动机工况的变化自动控制废气是否参与再循环及参与再循环的废气量。这种自动控制通常都是由发动机 ECU 监测发动机的运行状态，通过电磁阀来控制 EGR 阀真空气室内的真空度来实现的。图 4-57 所示为一个废气再循环系统。它主要由 EGR 阀、EGR 真空电磁阀和 CVC 阀等组成。其中，CVC 阀的功用是保持进入 EGR 真空电磁阀的真空度恒定不变。EGR 阀上的 EGR 阀位置传感器的功用是检测 EGR 阀的开度，并利用电位计将开启位置转变为电压信号，反馈给发动机 ECU，作为其控制废气再循环的参考信号，以实现废气再循环的闭环控制。

该系统的工作过程是：在发动机工作时，发动机 ECU 根据发动机转速、空气流量、进气管压力、冷却液温度、点火时刻、EGR 阀位置等信号，控制 EGR 真空电磁阀的电磁线圈的通电时间的长短，控制进入 EGR 阀真空气室的真空度，来控制 EGR 阀的开度而改变参与再循环的废气量。

3. 三元催化反应器闭循环控制

三元催化反应器是一种能使 CO、HC 和 NO_x 3 种有害成分同时得到净化的控制装置。其结构如图 4-58 所示。它装在消声器前面。在催化剂的作用下，它利用汽车排气中的氧气做氧化剂，把 CO 与 HC 氧化为二氧化碳、水，以碳氢和氢气做还原剂使 NO_x 还原成氮气。

由于三元催化反应器要求发动机空燃比较精确地控制在理论空燃比附近的某一狭窄范围内，它常与电控喷油系统结合在一起使用；用氧传感器检测排气中的氧浓度，向发动机 ECU 输入一个排气中氧浓度变化的电信号，构成一个控制空燃比的反馈电路，使发动机混

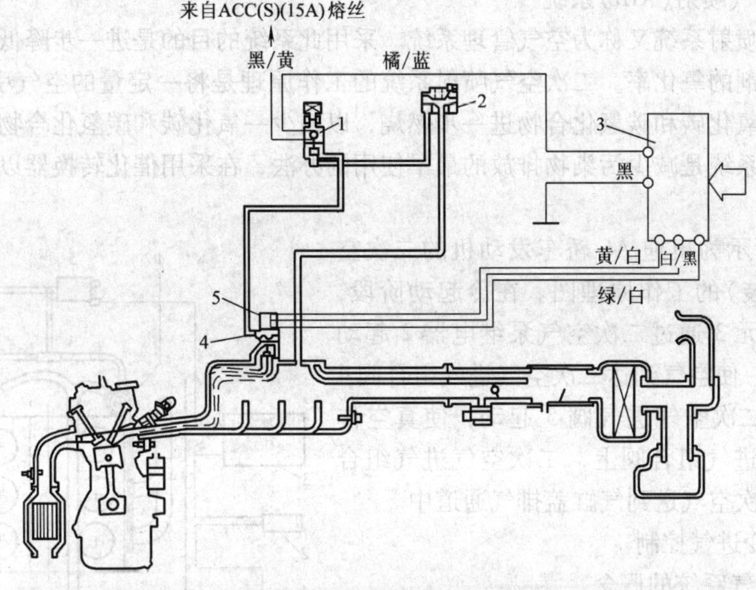

图 4-57　废气再循环系统

1—EGR 电磁阀　2—CVC 阀　3—ECU　4—EGR 阀　5—EGR 位置传感器

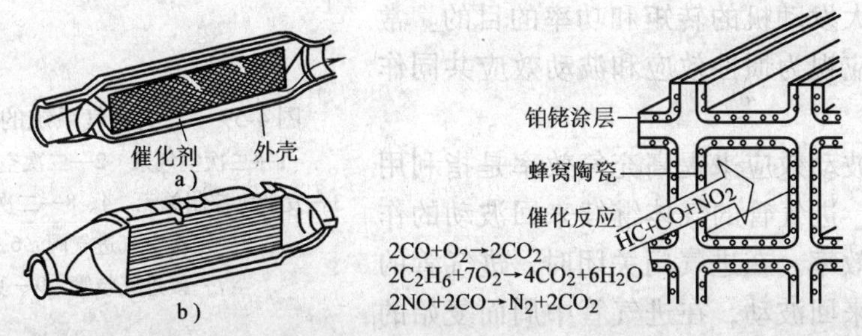

图 4-58　三元催化转化器的结构

a）颗粒状态催化剂　b）裂体蜂窝状催化剂

合气空燃比经常控制在理论空燃比附近，而获得最佳的净化效果。

三元催化反应器由不锈钢外壳、载体和催化层 3 部分组成。三元催化反应器的载体分氧化铝、多孔陶瓷和金属网 3 种，目前应用最多的为陶瓷载体。

常用的催化剂为贵重金属和金属氧化物，近年来有的汽车采用稀土金属作为催化剂。贵重金属包括铂、钯、铑等。一个三元催化反应器中所含的贵重金属约为 1 ~ 3g。金属氧化物包括氧化锰-氧化铜、氧化铬-氧化铜、氧化镍-氧化铜等。

一般三元催化反应器理想的使用温度为 400 ~ 800℃。若温度过高，则催化剂与载体层之间易烧结，产生过热老化，导致活化表面减少。当温度超过 1000℃时，会丧失催化功能。未燃烧的混合气进入反应器，易使催化反应器温度急剧升高，最高可达 1400℃（这样的温度足够使载体材料熔化）。采用三元催化反应器的汽车，要注意保证点火系统工作的可靠性。

铅化物易堵塞三元催化反应器的载体通孔与催化层活化表面的孔隙，使有效面积减少，因此，采用三元催化反应器的汽车必须使用无铅汽油。

4. 二次空气喷射(AIR)系统

二次空气喷射系统又称为空气管理系统。采用此系统的目的是进一步降低排气中的有害物及提高催化剂的氧化率。二次空气喷射系统的工作原理是将一定量的空气引入排气管中，使废气中的一氧化碳和碳氢化合物进一步燃烧，以减少一氧化碳和碳氢化合物的排放。采用二次空气喷射系统是减少污染物排放的最早使用的办法，在采用催化转换器以后，这一方法仍然采用。

图4-59所示为奥迪A6轿车发动机的二次空气系统(属选装)的工作原理图。在冷起动阶段，发动机控制单元3通过二次空气泵继电器2起动二次空气泵1，使空气到达二次空气进气组合阀4和8。此时，二次空气进气阀5起动，使真空作用到二次空气进气组合阀上，二次空气进气组合阀开启，将二次空气送到气缸盖排气通道中。

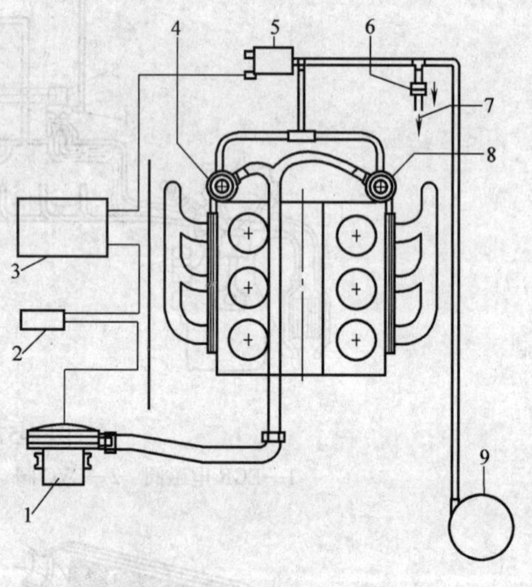

图4-59 二次空气系统的工作原理图
1—二次空气泵 2—二次空气泵继电器
3—发动机控制单元 4、8—二次空气进气组合阀
5—二次空气进气阀 6—单向阀
7—接进气歧管 9—真空罐

（三）可变进气控制

1. 可变进气系统的概念

可变进气系统是利用发动机工作时进气管道进气动态效应来提高充气效率，以达到在发动机转速范围内增大发动机的转矩和功率的目的。常将进气动态效应视为惯性效应和波动效应共同作用的结果。

利用进气波动效应来提高充气效率是指利用进气门关闭后，进气管的气体继续来回波动的作用来提高充气效率。在进气门关闭时，进气管的气流还在继续来回波动，在进气管中周而复始的来回传播，致使进气门处压力时高时低。如果进气管的形状、长度和直径合适，有利于压力波的反射和谐振，使正压波与下一个循环进气过程重合，就能使进气终了时的压力升高，达到提高充气效率的目的。

2. 可变进气系统的结构形式

汽车发动机上采用设置动力腔、谐振腔及各种结构形式的可变进气系统，按照气体压力波传播的特点设计进气道，来利用进气动态效应提高充气效率。

合适的进气道长度、直径(横截面面积)与发动机转速有关。一个长度和截面积固定的进气道，只能在一定的转速范围内有较好的动态效应和充气效果。一般在低速工作时，较细长的进气道充气效果较好；在高转速工作时，短而粗的进气道充气效果较好。如果采用长度可变的进气道，可使发动机在较大的转速范围内都会有较好的充气效果。在不同车型上采用的可变进气系统也不完全相同。

图4-60所示为奥迪V6发动机可变进气系统的进气歧管。在发动机的进气歧管内设置有进气转换阀，它接受发动机ECU的控制。

发动机转速低于4100r/min时，每个气缸进气道中的转换阀门总是处于关闭位置，形成路径较长而截面较小的进气管道，如图4-60a所示。当转速大于4100r/min时，进气道中的转换阀门开启，构成路径较短而截面较大的进气管道，如图 4-60b 所示。

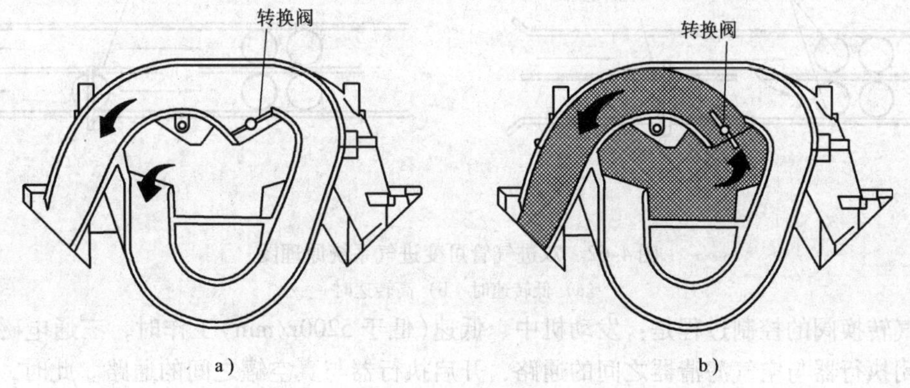

图 4-60　奥迪 V6 发动机的可变进气系统的进气歧管

a）转换阀关闭时　b）转换阀开启时

图 4-61 所示为日产汽车发动机可变进气系统原理图。当发动机在低速中、小负荷工作时，转换阀关闭，进气仅通过细长的进气管流入，可以产生强烈的旋流，提高进气流速；由于细长管的动态效应，改善了中低速的转矩特性。在发动机高转速、大负荷工作时，转换阀开启，短而粗的进气管道提高了充气量，可获得较大的功率。

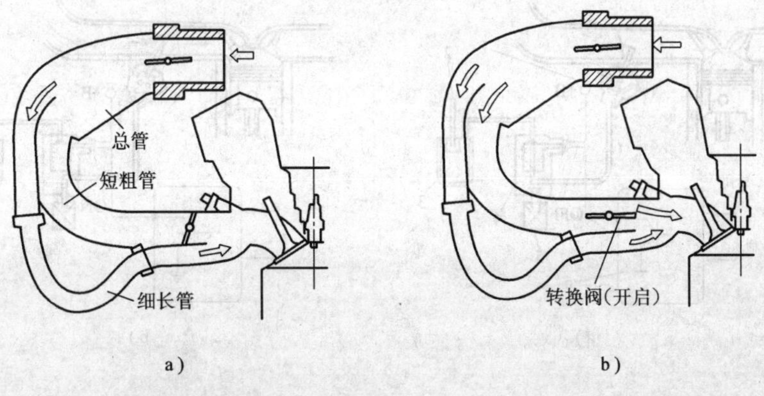

图 4-61　日产汽车发动机可变进气系统原理图

a）中、低速工作时　b）高转速工作时

3. 可变进气转换阀的控制

可变进气转换阀的控制方法因车型的不同而有所差异。下面以日本丰田汽车公司采用的双进气管可变进气系统为例进行说明，如图 4-62 所示(图中只画带有转换阀的进气道，另一不带转换阀的进气道未画)。

图 4-62 中，进气道中的进气转换阀的关闭和开启是由膜片执行器来完成的；执行器膜片室内的工作压力由三通电磁阀进行控制；三通电磁阀的工作受发动机 ECU 控制。

三通电磁阀不通电时，膜片式执行器与三通电磁阀的空气滤清器(通大气)之间的通路被关断(OFF)，膜片执行器与真空罐之间形成通路(ON)，此时，真空罐的负压作用在执行器膜片室。当三通电磁阀通电时，膜片式执行器与空气滤清器(大气)之间形成通路(ON)，而膜片式执行器与真空罐之间的通道则被关断(OFF)，此时，大气压作用在执行器膜片室。

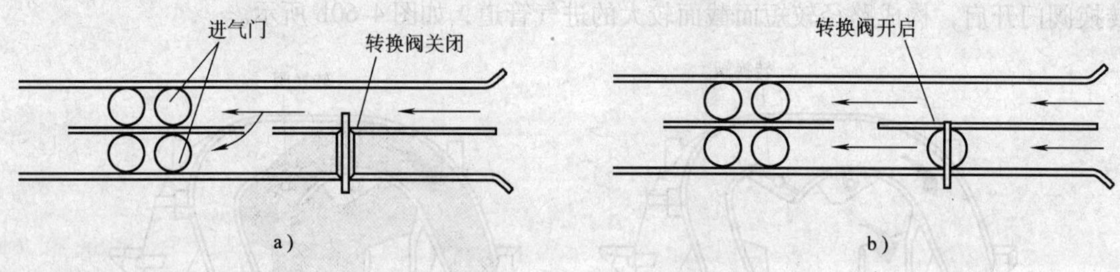

图 4-62　双进气管可变进气系统原理图
a）低转速时　b）高转速时

进气转换阀的控制过程是：发动机中、低速(低于 5200r/min)工作时，三通电磁阀不通电，关闭执行器与空气滤清器之间的通路，开启执行器与真空罐之间的通路。此时，储存在真空罐的进气歧管的负压通过三通电磁阀作用到执行器的膜片室，吸力作用使执行器带动拉杆，关闭进气转换阀门，即关闭了各气缸中的一个进气道，如图 4-63a 所示。

当发动机高速工作时(5200r/min 以上)，ECU 输出控制信号，使驱动电路三极管导通，三通电磁阀通电工作。三通电磁阀通电后，关闭执行器与真空罐之间的通路，开启执行器与空气滤清器之间的通路，此时，空气滤清器进入的大气作用到执行器的膜片室，通过拉杆使进气转换阀打开，各气缸的进气通道扩大为两个，如图 4-63b 所示。

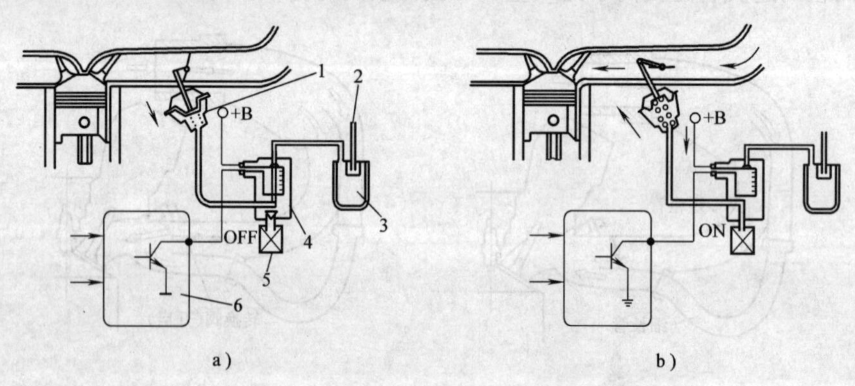

图 4-63　发动机可变进气控制系统原理图
a）中低速工作时　b）高转速工作时
1—膜片式执行器　2—至进气歧管(负压)　3—真空罐　4—三通电磁阀　5—滤清器　6—ECU

（四）故障自诊断系统

在现代汽车发动机的电子控制系统中，一般都设有故障自诊断系统。该系统可以在发动机运转过程中监测发动机控制系统的工作情况，诊断其在工作中出现的故障。当系统出现故障时，ECU 的故障诊断电路将该故障以故障码的形式储存在发动机 ECU 的 RAM 中，同时，点亮设在仪表板上的发动机故障警告灯(有部分汽车不设此灯,例如捷达系列)，提醒驾驶员应及时检修，并自动起动后备系统。当用检测设备插入专用检测接口时，可将故障码或数据流读出来，即进行数据交流。这样可以快速排除故障。没有专用工具时，可以通过设在仪表板上的发动机故障诊断灯的闪光码读出故障信息(不同的发动机具体方法不同,检修车辆时，应该掌握相关资料)。

（五）安全保险功能和后备系统

1. 安全保险功能

安全保险功能是在 ECU 检测出故障后，采取的一种保险措施。

当某些传感器或其电路出现故障时，如果发动机 ECU 仍继续按正常的方式控制发动机运转，可能使发动机或其他部件也出现问题。当发动机 ECU 诊断出故障时，除前面提到的故障报警、内存故障码外，安全保障功能可以立即发挥作用，使发动机 ECU 不再使用已经发生故障的传感器及其电路输入的信号，而采用存储器中预先存入的代用值来替代，使控制系统继续工作，以确保车辆能继续行驶。对于个别重要的信号(发动机转速传感器、曲轴位置传感器)发生故障而有可能危及发动机安全运行时，发动机 ECU 会立即采取强制性措施，切断燃油喷射使发动机停止运转，以确保车辆安全。具有自诊断功能的发动机控制系统，一般都同时具有安全保险功能。

2. 后备系统

后备系统又称为后备功能。当 ECU 内的微处理器出现故障时，后备系统将接通备用集成电路(IC)，用固定的信号(ECU 把燃油喷射和点火正时控制在预定水平上)控制发动机进入强制运行，作为一种备用功能使车辆继续行驶，以使驾驶员能将车辆开到检修厂进行维修。后备系统只能维持基本功能，不能保持正常的运行性能。

信息资料单 8　电控汽油喷射系统的故障诊断

电控汽油喷射系统是一个较为复杂的控制系统，虽然大多数电控系统都有故障自诊断功能，为了进一步确诊故障，单凭观察和经验判断是不够的，必须选用合适仪器并正确操作进行诊断。否则，可能使原本完好的部件造成损坏，或更换本不应该更换的部件，造成不必要的经济损失。

一、故障诊断的注意事项

所有汽车电子控制系统对高压、高温都很敏感，因此在使用维修中必须注意以下几点：

1）无论发动机是否在运转，只要点火开关接通时，决不可断开任何 12V 电气工作装置，以免某一线圈的自感作用产生瞬时高压，损坏计算机和传感器。以下列举的是不能断开的部分电气装置：蓄电池的线缆、混合气控制电磁阀、步进电动机、电磁喷油器、二次空气喷射电磁阀、点火装置的导线、ECU 的 PROM(可编程序只读存储器)、ECU 的导线、鼓风机电动机导线插接器、空调离合器导线等。

2）跨接起动车辆时，须先断开点火开关，然后装、拆跨接线缆。

3）音响的扬声器不能装在靠近 ECU 的地方，以免扬声器的磁铁损坏 ECU 中的电路和电子元件。

4）在车身上使用电弧焊时，应首先断开 ECU 的电源。在靠近 ECU 或传感器的地方进行车身修理作业时，应特别小心。

5）在装卸 PROM 时，操作人员应先将身体所带的静电消除，否则，操作人员身上的静电会损坏 ECU 电路。

6）如刮水器器泄漏，应尽快修理，以免装在发动机舱下壁板上的 ECU 受潮而损坏。

7）除在测试程序中特殊说明外，不能用指针式欧姆表测试 ECU 传感器，而应使用高阻抗的数字测试表(10MΩ 以上)测试。

8）维修人员进出车厢时，其身上的静电放电可能产生很高的电压，所以，对ECU控制的数字式仪表进行维修作业或靠近这种仪表时，应首先将身上的静电消除。

二、故障诊断的基本原则

如果诊断排除一个可能涉及ECU的发动机故障，首先应该判定故障是否与ECU有关。如果发现发动机有故障，而警告灯并未被点亮，多数情况下，该故障可能与发动机ECU无关，就应该像发动机没有ECU一样，按照基本诊断程序进行检查。否则，可能遇到的是一个本来与ECU无关的简单故障，却去检查传感器、执行器和电路等，花费很多时间，而真正的故障反而没有找到。

在进行故障诊断与维修之前，应该阅读该车的维修手册；按维修手册的要求步骤进行诊断，会收到事半功倍的效果。

三、故障诊断的一般程序

发动机ECU故障的诊断，应按步骤进行。故障诊断的程序一般按6个步骤进行，即客户意见搜集、目测检查、基本检查、自诊断测试、疑难故障诊断和部件检修等。

（一）客户信息搜集

为迅速地查找故障源，必须了解故障出现时的情形、条件、如何发生及是否已检修过等与故障有关的信息。认真倾听客户对故障现象的描述，尽管客户的描述可能被曲解或者不全面，也可能自相矛盾，但它有可能显示关键的信息。最好的做法是：在倾听客户的初步意见后仔细思考，对故障进行初步的诊断，随后询问一些有关的问题确定或否定初步诊断的结论，必要时对典型故障作一些记录；如允许，进行点火试验或发动机运转试验来验证故障判断的准确性。

（二）目测检查

目测检查的目的是为了在进入更为细致的测试和诊断之前，解决一些一般性的故障。目测检查的内容主要包括以下几项：

1）拆检空气滤清器，检查滤芯及其周围是否被脏物堵塞。

2）检查真空软管是否有接错、破裂、老化或挤坏现象。

3）检查电控系统线束上的插接器是否错位、松动、断开、腐蚀，导线是否有破损，电路是否有断路、短路等现象。

4）传感器和执行器有无明显损伤。

5）发动机运转时，检查进、排气歧管及氧传感器处是否有泄漏，排气是否顺畅，供油管油压是否正常。

（三）基本检查与调整

基本检查与调整主要包括基本怠速和基本点火正时的检查和调整。在进行基本检查时，使发动机冷却液温度达到正常工作温度（约为80℃以上、100℃以下），同时，关闭车上所有附加电气装置，如空调、灯光、音响、除霜等。ECU控制的直接点火系统（DIS），其基本点火角度大多为固定式的，无须再做调整，只须作点火正时的检查。在通用公司、福特公司和丰田公司的某些车辆中，还需跨接诊断插头使系统进入场地维修模式状态，再实施基本检查。不同的车型，其进行基本检查的步骤不尽相同，具体的操作详见相应的维修手册。下面仅以丰田公司凌志（Lexus LS—400）汽车为例加以说明。

1. 基本怠速的检查

1）起动发动机使冷却液温度达到正常工作温度。

2）关掉所有附加电器装置。

3）关掉空调电源开关。

4）变速杆置于“N”挡位置。

5）如图 4-64 所示，连接转速表，转速表信号接柱接诊断插座的“IGO”插头，置转速表于“四缸”挡。

6）检查怠速。正常范围：

600～700r/min（进气温度 10℃以上）；

750～850r/min（进气温度低于 10℃）。

7）若怠速不在规定范围内，调节节气门位置调整螺钉。若仍不符合要求，按疑难故障诊断测试处理。

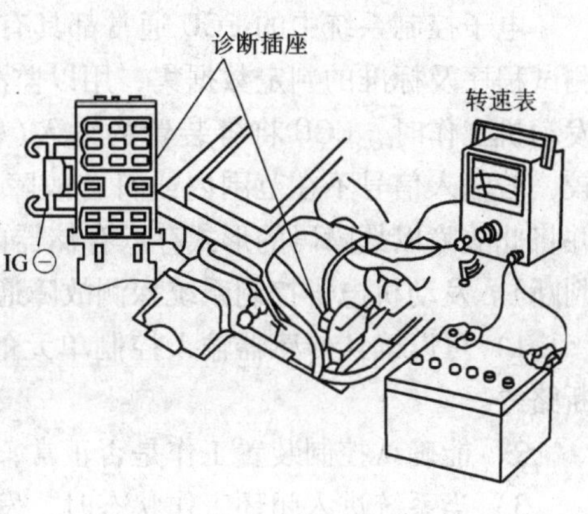

图 4-64 转速表的连接

2. 基本点火正时的检查

1）起动发动机使冷却液温度达到正常温度。

2）变速杆置于“N”位置。

3）使发动机转速稳定在怠速转速。

4）用跨接线连接诊断插座的“TE_1”和“E_1”插头。

5）如图 4-65 所示，连接正时灯，用正时灯信号感应夹夹住 6 号高压线。

6）检查基本点火正时。正常范围：8°～12°。

7）若基本点火提前角不在规定范围内，检查节气门是否完全关闭，节气门位置传感器的“IDL”和“E_2”接线柱是否相通以及进气门开启时间是否合适等。若上述 3 项均正常，以疑难故障测试处理。

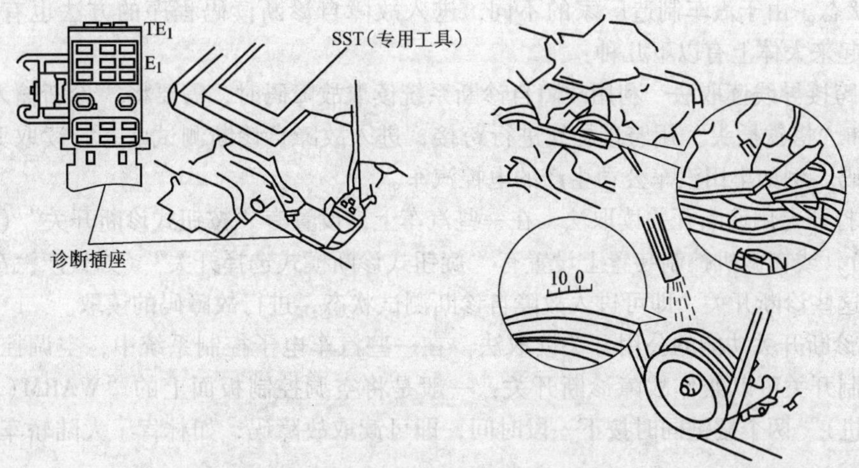

图 4-65 正时灯及跨接线的连接

由此可见电子控制发动机的怠速和点火正时的检查与化油器发动机的相比，有较大的差异，故在进行基本检查时，必须严格按维修手册中的步骤进行。

（四）自诊断测试

1. 故障的识别与存储

电子控制系统中的ECU通常都具有自诊断功能，内部大都存储有监测各个控制回路的测试程序及标准的判定数据集，用以监测控制系统各传感器和执行机构运行的技术状况。在发动机工作时，ECU将各装置的输入（输出）信号和CPU中已标定的标准数值范围进行比较，若输入信号不在范围内或符合故障标准，则ECU认定该装置所在的系统有故障发生，并将此故障以故障码的形式存入存储器内，同时将发动机警告灯点亮（维修人员可由此进行判断）。发动机电子控制系统探测故障通常有以下特点：

1）可以确认传感器输入控制单元的信号是否正常，传感器输入信号线路是否有短路、断路等。

2）能确认控制装置工作是否正常，控制回路线路中是否有断路、短路等故障。

3）当系统进入闭环工作状态时，发动机电子控制系统能确定氧传感器是否能正确反馈混合气空燃比的信号，对空燃比控制系统进行监控。

控制系统中某些故障现象可能会影响发动机的工作性能，而控制系统对此并没有进行监测，不会产生故障码；但这些故障有可能会引起发动机控制器以其他故障码形式输出。例如，燃油压力、配气正时、气缸压缩力、燃油喷油器等技术参数的变化，会直接影响混合气的形成过程，其故障现象可能会与氧传感器有关的故障码形式被存储或输出。当制动真空助力系统渗漏或阻塞时，可能会产生一个与进气歧管绝对压力传感器有关的故障码存入电控系统的存储器中。电控系统不能确定控制电路中插头松动或损坏的故障，但可能产生一个作为这些故障结果的故障码。

故障码只表明故障的结果，它可以指明故障的大致范围，但不能直接确定故障的确切部位。获得故障码后，还需进一步检查，找出发生故障的部件和线路。

2. 故障码的读取方法

当维修人员想利用自诊断系统读取存储的故障码时，首先要进入故障自诊断系统的“读码”状态。由于汽车制造厂家的不同，进入故障自诊断读码程序的方法也有一定的差别，归纳起来大体上有以下几种：

（1）跨接导线读取法　利用故障自诊断系统读取故障码时，需要将“诊断输入插头（或端子）”和“搭铁插头”用跨接导线进行跨接，进入故障自诊断测试状态，读取RAM中存储的故障码。例如丰田汽车公司生产的电控汽车。

（2）打开专用诊断开关读取法　在一些汽车上，设置有“按钮式诊断开关”（如天津三峰客车等），或在微机控制装置上设置有“旋钮式诊断模式选择开关”（如日产汽车等），按压或旋转这些诊断开关，即可进入故障自诊断测试状态，进行故障码的读取。

（3）诊断开关功能的公用开关读取法　在一些汽车电子控制系统中，空调控制面板上的相关控制开关可以兼作故障诊断开关：一般是将空调控制板面上的“WARM（加温）”/“OFF（关机）”两个按键同时按下一段时间，即可读取故障码，如林肯·大陆轿车、凯迪拉克轿车等。

（4）利用点火开关的约定操作程序读取法　在规定时间内将点火开关进行“NO-OFF-ON-OFF-ON”循环一次，即可使微机故障自诊断系统进入故障自诊断状态。美国克莱斯勒汽车公司生产的轿车的电子控制系统即采用这种方法。

（5）利用加速踏板的约定操作程序读取法　在规定的时间内将加速踏板连续踩下5次，

即可使微机故障自诊断系统进入故障自诊断状态。如宝马 300、500、700、800 和 M5 系列车型装备的 DME3.1 发动机电子控制即采用这种方法。

(6) 利用专用检测仪读取法 各种汽车电子控制系统均配备有专用的故障检测仪(俗称解码器)，将该仪器与汽车电子控制系统故障检测插头(或插座)相连，便可直接进入故障自诊断测试状态，进行故障码的读取。大众汽车公司生产的汽车(如捷达、桑塔纳等)只能用专用检测仪才能读取故障码。

(7) 利用 OBD—Ⅱ测试仪读取法 各汽车上的自诊断系统因其厂家、车型、生产年代的不同，诊断插座、起动故障码的程序和进入诊断模式的方法、故障码显示的方法和内容都各有不同。1994 年美国汽车工程师协会(SAE)倡导提出了第二代车载自诊断系统—OBD—Ⅱ系统。该系统对诊断测试模式、故障码、诊断插座(插接器)、诊断(扫描)工具等有关诊断系统的内容进行了统一，有助于诊断系统的标准化，为全球汽车电控系统的维修提供了极大的方便。1996 年以后，世界主要汽车制造厂，已基本上采用了 OBD—Ⅱ标准。这种自诊断系统故障码的读取必须采用专用检测仪。

3. 故障码的显示方法

自诊断系统通常将其诊断的结果以故障码的形式显示出来。故障码的含义在相应的维修手册上都有详细的解释。可以很方便地找到故障源。虽然自诊断系统显示故障码的方式各具特色，但常见的显示方法有以下几种：

(1) 数字显示 目前，在一些高档轿车上已有较多的应用，如林肯·大陆、卡迪拉克等。在进行自诊断测试时，故障码将以数码的形式显示在组合仪表的信息显示屏上(一般在温度显示屏上)，如图 4-66 所示。

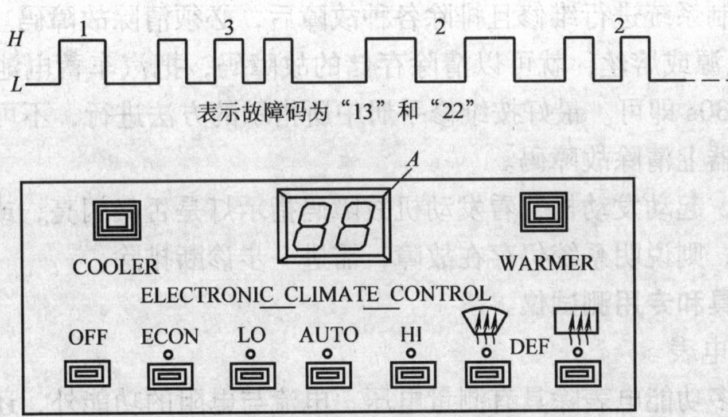

图 4-66 数字显示故障码

H—灯亮 *L*—灯灭 *A*—自诊断码指示故障

(2) 脉冲电压显示 大部分自诊断系统均采用脉冲电压显示方式，即由自诊断输出插头(STO)向外输送脉冲电压信号，以仪表板上“检查发动机”(CHECK ENGLNE)指示灯的闪烁显示故障码。如图 4-66 所示，*H*(灯亮)、*L*(灯灭)表示故障码为“13”和“22”。

(3) 发光二极管(LED)显示法 某些汽车的故障自诊断系统中，故障码可由一个或多个发光二极管进行显示。发光二极管通常安装在计算机控制装置(电脑)上。其指示故障码的方式也有所不同。采用一个 LED 时，其指示方式与仪表板上的故障指示灯闪示故障码的方式相同；采用两个LED时，一般为两个不同颜色的发光二极管，红色发光二极管闪示十位，绿色发光二极管闪示个位，两个LED共同显示故障码；采用4个LED显示时，各发光二极管分别代表8、4、2、1，如图4-67所示。显示故障码时，将发亮的LED所代表的数码相加即为所显示的故障码，如图4-68所示。

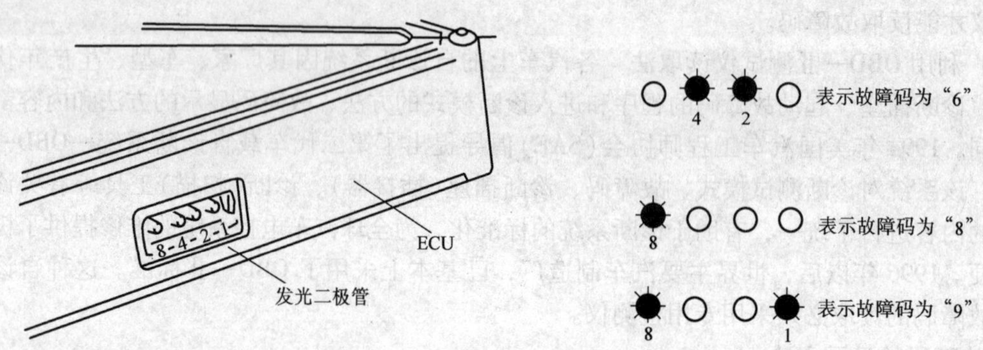

图4-67 装在微机装置上的4个LED　　图4-68 4个LED显示故障码

（4）专用仪器显示法 在现代汽车上通常都配有专门的故障码阅读器接口，专用的故障码阅读器与该接口连接，便可直接在阅读器上显示或打印故障码。一些高级检测仪器内还存有系统故障诊断卡，在进行计算机故障自诊断操作时，仪器可直接显示故障的区域、检查的方法、检测的标准数据等。这种仪器对不同的车型，或同一车型不同年份的汽车电控系统，其诊断项目、标准数据均不相同，只要换用相同的故障诊断卡就可以很方便地使用。

4. 故障码的清除

在对汽车微机控制系统进行维修且排除各种故障后，必须清除故障码。一般而言，断开通往发动机ECU的电源或熔丝，就可以清除存储的故障码，把汽车蓄电池负极或计算机电控系统的熔丝拔掉约30s即可。最好按维修手册中所指示的方法进行，不可随意拆除蓄电池负极；还可以在解码器上清除故障码。

在清除故障码后，起动发动机，看发动机故障码指示灯是否又闪亮，或解码器内是否还有故障码出现。如有，则说明系统仍存在故障，需进一步诊断排除。

四、常用检测工具和专用测试仪

1. 数字式多功能电表

汽车专用数字式多功能电表除具有测量电压、电流与电阻的功能外，还能测量发动机转速、闭合角度、百分比、频率、压力、时间、电容、电感、温度、半导体元件等，常见的有笛威TWAY9206、TWAY9406A、OTC电表等。图4-69所示为OTC电表的结构图。

2. 燃油压力表

燃油压力表用以检测燃油供给系统和燃油喷射系统的工作压力。一般电控汽油喷射系统的供油总管上设有专用的油压检测孔，以便检测时和燃油压力表连接，如图4-70所示。

3. 喷油器清洗器

喷油器堵塞会导致混合气变稀、燃油喷射形状变差、发动机性能变坏，所以必须定期对其检查、清洗。

喷油器清洗大致可分为车下清洗和车上清洗两种。图4-71所示为一种随车进行的喷油

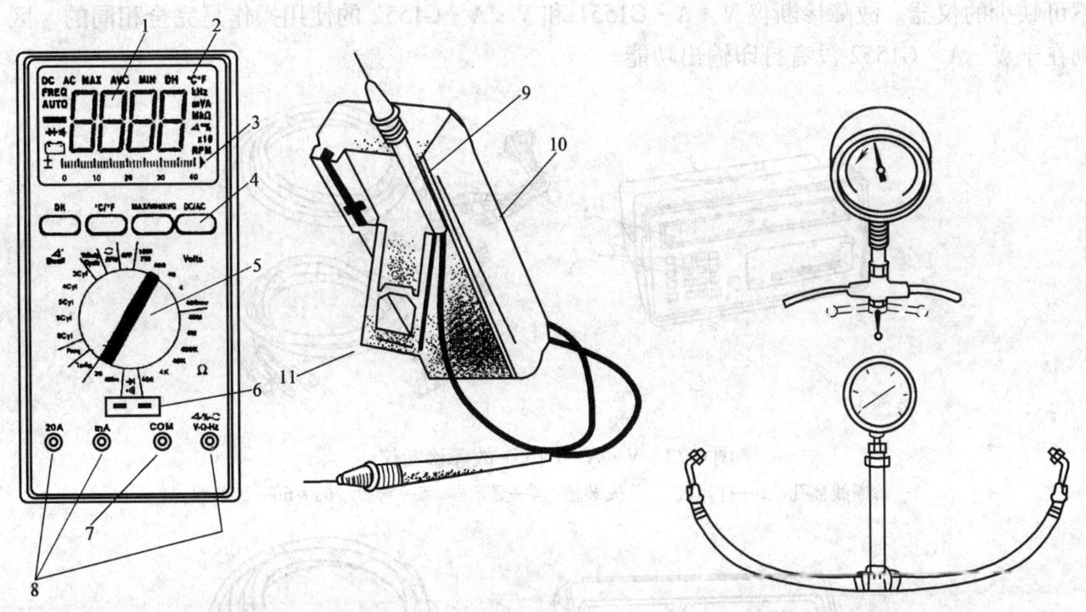

图 4-69　OTC 电表的结构图

1—4 位数显示屏　2—功能符号显示　3—示波点显示　4—功能钮　5—选择旋转开关　6—温度插头　7—黑色测试线插头　8—红插头　9—表笔　10—表壳　11—表架

图 4-70　燃油压力表

器清洗器。此清洗器的最大优点是无须拆下喷油器即可随车进行清洗。清洗器内装有除炭剂和一个电动燃油泵。电动燃油泵所用的电源为220V 交流电，清洗时只要将清洗器的连接管与燃油总管上的油压检测口连接即可。油压调节器回油管与清洗器相连，同时断开汽油泵驱动电路，然后接通清洗器电动汽油泵的电路并起动发动机，发动机使用除炭剂在 2000r/min 的转速下运转 10min 后，停止发动机运转，同时断开清洗器电动汽油泵电路，即喷油器清洗工作完成。

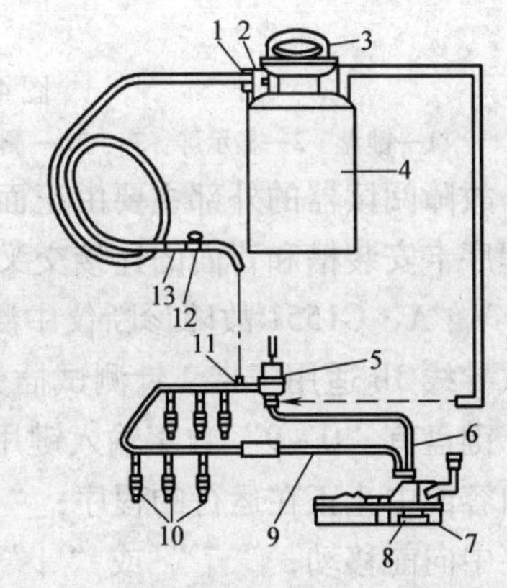

图 4-71　随车进行的喷油器清洗器

1—检测阀　2—油压表　3—除碳剂电动泵　4—喷油器清洗器　5—油压调节器　6—回油管　7—油箱　8—燃油泵　9—供油管　10—喷油器　11—油压检测口　12—阀　13—滤清器

4. 专用测试仪

当前汽车修理业专用诊断测试仪大多是台式发动机故障分析仪，但市面上销售的一些便携式发动机 ECU 测试仪也很实用。它一般都具备如下功能：

1）从发动机电脑的存储器中读取所存储的故障码。

2）在发动机运转或汽车行驶时，对发动机微机控制系统的参数进行动态测试。

3）发动机检修后，根据操作者的指令清除发动机 ECU 中存储的故障码。

4）汽车维修人员可在发动机运转或停止状态下，通过检测仪向执行器发出工作指令，以检测各执行器的工作情况。

图 4-72、图 4-73 所示为 V·A·G1551 和 V·A·G1552 故障诊断仪，是维修大众轿车

不可缺少的仪器。故障诊断仪 V·A·G1551 和 V·A·G1552 的使用操作是完全相同的，区别在于 V·A·G1552 没有打印输出功能。

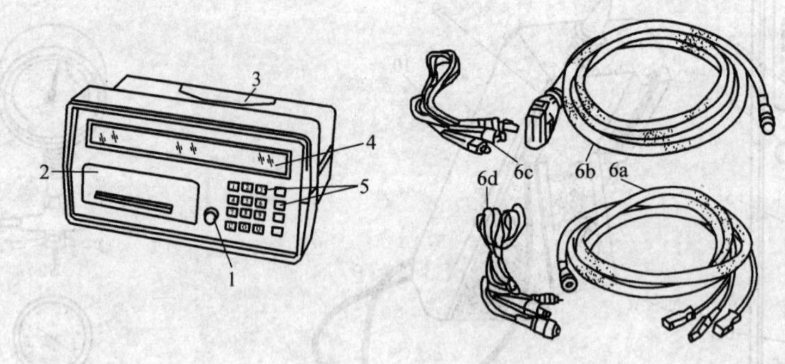

图 4-72　V·A·G1551 故障诊断仪

1—诊断线插孔　2—打印机　3—安装槽　4—显示屏　5—键盘　6a~6d—诊断线

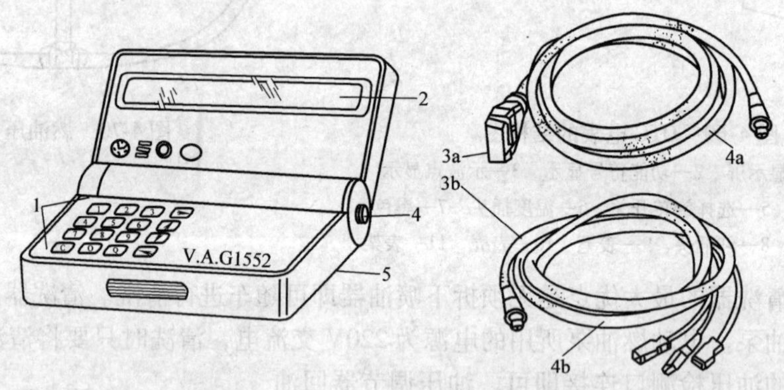

图 4-73　V·A·G1552 故障诊断仪

1—键盘　2—显示屏　3a、3b—测试导线　4a、4b—测试导线插座　5—程序卡及 RS422 插口的盖板

故障阅读器的外部主要由正面显示器、键盘、打印机和诊断连线插孔以及位于后上半部的程序卡安装槽和背面的连接交叉点组成。显示屏可以输出各种信息和提供各种功能。

V·A·G1551 故障诊断仪中测试导线 3a 适用于带 16 针测试插头的车辆(桑塔纳 2000)，测试导线 3b 适用于带 2 针测试插头的车辆。

键盘有“0~9”数字输入键用来输入数字；“C”键用来清除输入内容，回到前一级操作内容或中止正在运行的程序；“Q”键用来进行(或确认)输入，“→”键用来在程序中或文字中向前移动；“↑”或“↓”键用来改变功能 10“修正”中的修正值以及在功能 04“基本设置”和功能“读取量块”中的测量值块中移动；“HELP”键可得到操作信息。

技能单 1　燃油喷射系统主要部件的拆装与检测

一、结构观察

桑塔纳 2000 轿车 AFE 发动机的燃油喷射系统主要部件如图 4-74 所示，这些部件在车上的安装位置如图 4-75 所示。

桑塔纳 2000 轿车 AJR 发动机的燃油喷射系统主要部件如图 4-76 所示，这些部件在车上的安装位置如图 4-77 所示。

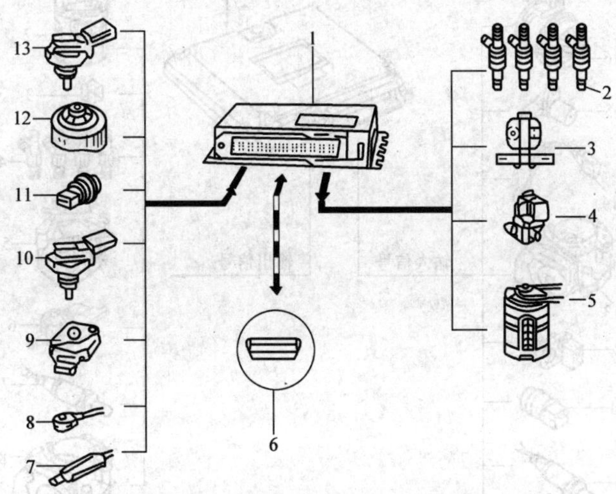

图 4-74　AFE 发动机的燃油喷射系统主要部件

1—ECU　2—喷油器　3—点火线圈　4—怠速稳定阀　5—汽油泵　6—故障诊断仪接口　7—氧传感器
8—爆燃传感器　9—节气门位置传感器　10—进气温度传感器　11—冷却液温度传感器
12—霍尔传感器　13—进气压力传感器

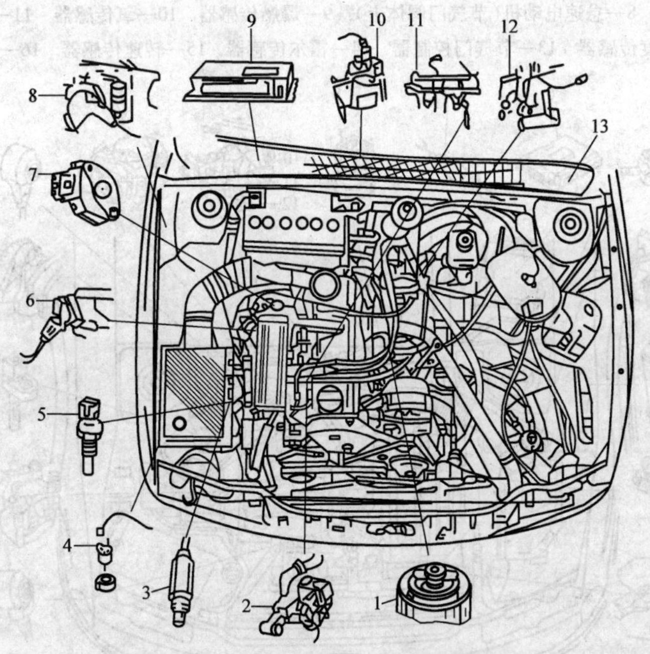

图 4-75　AFE 发动机的燃油喷射系统主要部件在车上的安装位置

1—分电器(霍尔传感器)　2—怠速旁通阀　3—氧传感器　4—活性炭罐电磁阀　5—冷却液温度传感器
6—进气压力/进气温度传感器　7—节气门位置传感器　8—活性炭罐　9—ECU　10—点火线圈
11—喷油器　12—爆燃传感器　13—中央线路板

二、拆装与检测(AFE 发动机)

1. 冷却液温度传感器

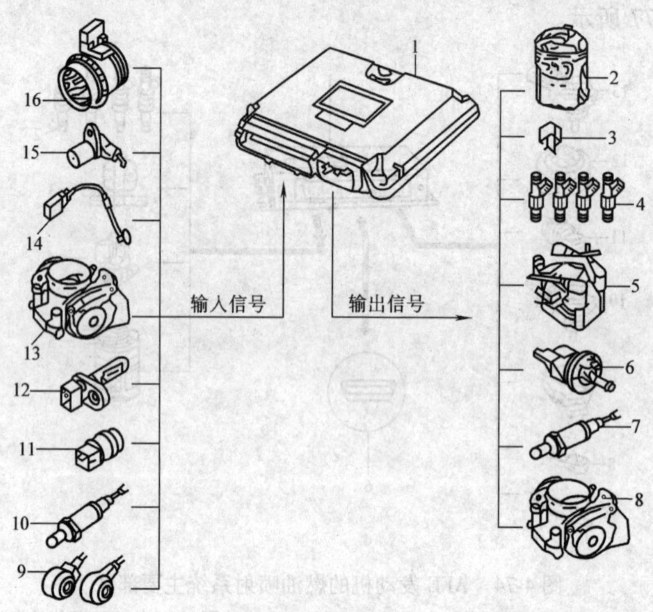

图 4-76 AJR 发动机的燃油喷射系统主要部件

1—ECU 2—电动油泵 3—油泵继电器 4—喷油器 5—点火线圈 6—活性炭罐电磁阀 7—氧传感器加热器 8—怠速电动机(节气门阀体上) 9—爆燃传感器 10—氧传感器 11—冷却液温度传感器 12—进气温度传感器 13—节气门控制器 14—霍尔传感器 15—转速传感器 16—空气流量计

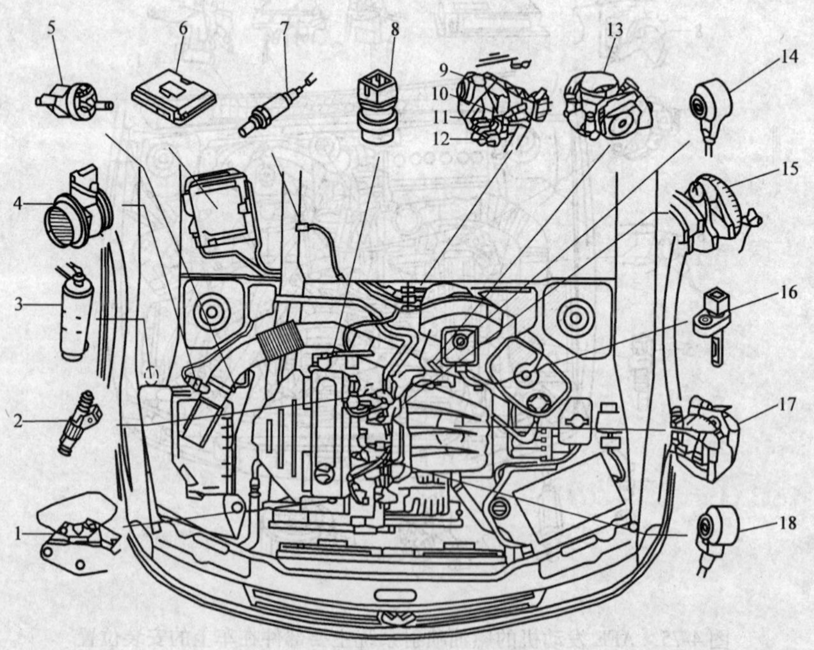

图 4-77 AJR 发动机的燃油喷射系统主要部件在车上的安装位置

1—霍尔传感器 2—喷油器 3—活性炭罐 4—空气流量计 5—活性炭罐电磁阀 6—ECU 7—氧传感器 8—冷却液温度传感器 9—转速传感器接线口(灰色) 10—1 号爆燃传感器接线口 11—氧传感器接线口(黑色) 12—2 号爆燃传感器接线口 13—节气门体 14—2 号爆燃传感器 15—转速传感器 16—进气温度传感器 17—点火线圈 18—1 号爆燃传感器

1）断开点火开关，拔下传感器上的插接器。

2）选择数字式万用表的电阻挡，如图4-78所示，测出传感器两脚之间的电阻值。正常范围为：冷却液温度在20℃时为2200～2700Ω，在80℃时为280～350Ω。

3）选择数字式万用表的测温挡，并通过℃/℉钮选择摄氏温度，如图4-79所示，测量冷却液的温度并做记录。

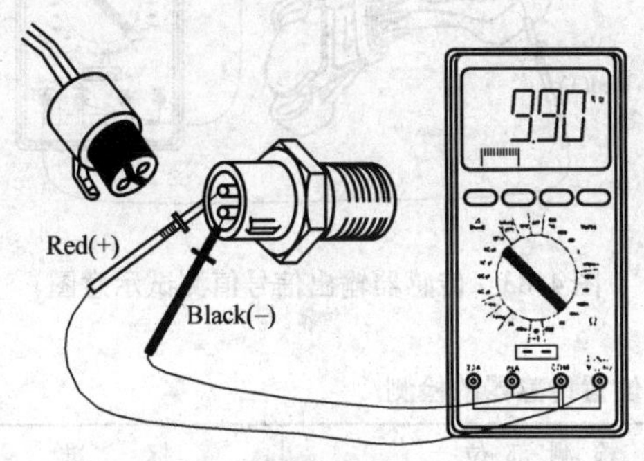

图4-78 电阻测试示意图

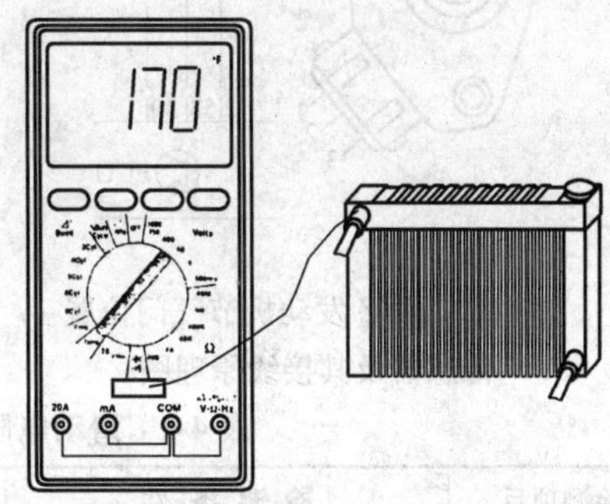

图4-79 温度测试示意图

4）闭合点火开关，选万用表的电压挡，并通过AC/DC钮选择DC(直流电压挡)，如图4-80所示。通过传感器插接器测试发动机ECU提供给传感器的参考电压值为5V左右。

5）断开点火开关，如图4-81所示，将传感器和插接器之间用跨接线接好。

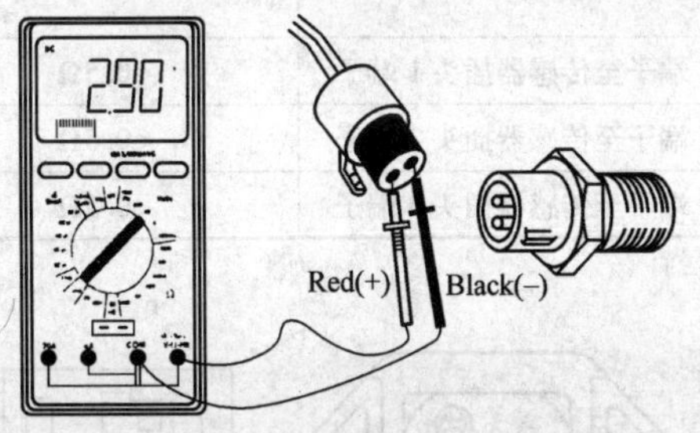

图4-80 参考电压测试示意图

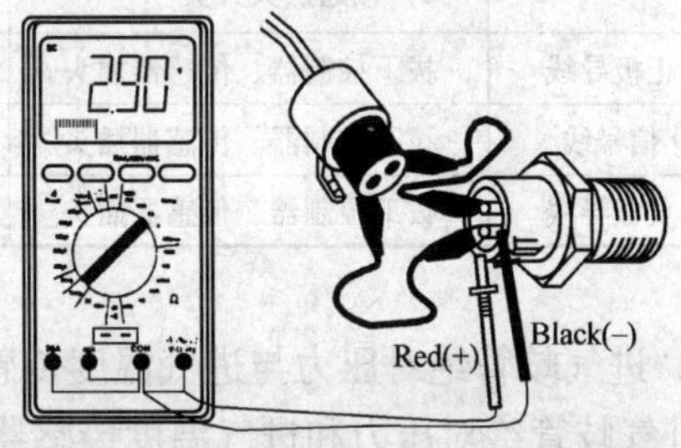

图4-81 传感器输出信号测试示意图

6）起动发动机，用万用表的直流电压挡(DC)检测传感器的输出电压(应为0.5～0.25V,具体电压值与温度有关)。电压值过大、过小或电压值不符合规定，则说明传感器失效，应予更换。

7）断开点火开关，拆下跨接线，将插接器牢固的插在传感器上。

2. 节气门位置传感器

节气门位置传感器安装于节气门体上，其接线原理图如图4-82所示。

1）将点火开关断开，拔下传感器上的插接器，在传感器和插接器之间用跨接线接好，如图4-83所示。

2）用万用表直流电压挡(DC)，在连续转动节气门轴的同时，检查传感器的插座触点1与3之间的电源电压，触点2与3之间的信号输出电压，应符合表4-1的规定，触点2与3之间的信号输出电压的变化应当是连续的，否则表示传感器损坏。

3）用万用表电阻挡检测线束电阻。断开点火开关，拔下控制器线束插头，检测两插头上各端子之间导线电阻，应符合表4-1规定；如果阻值过大或为无穷大，说明线束与端子接触不良或断路，应予修理。

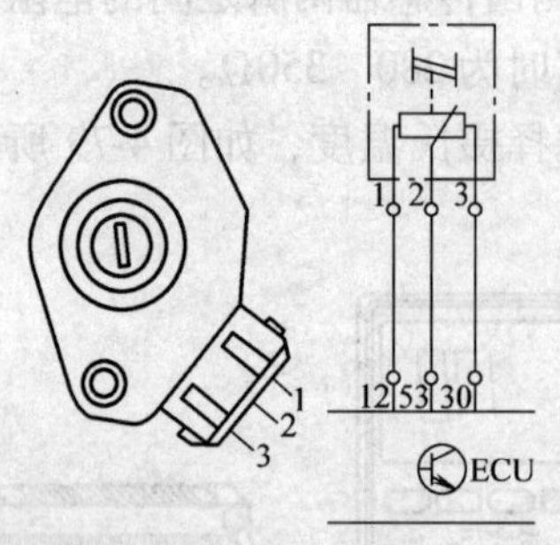

图 4-82 AFE 发动机节气门位置传感器及其接线原理图

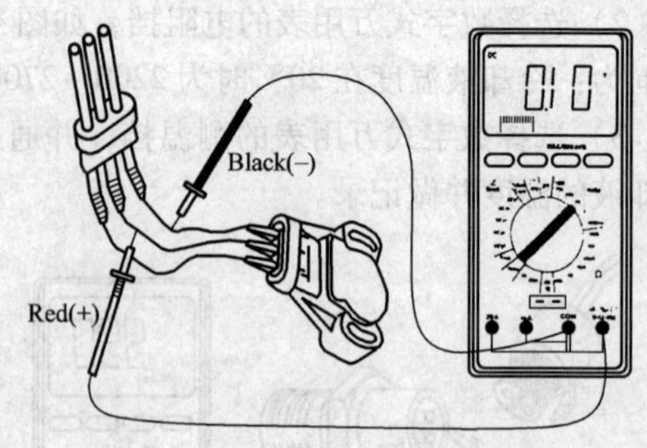

图 4-83 传感器输出信号值测试示意图

表 4-1 滑动电阻式节气门位置传感器的检测

G69 检测项目	检测条件	检测部位	标准
G69 电源电压	接通点火开关	传感器 1 端子至负极端子 3	约为 5V
G69 信号电压	1）节气门关闭 2）接通点火开关	传感器信号输出端子 2 至负极端子 3	0.1 ~ 0.9V
G69 信号电压	1）节气门全开 2）接通点火开关	传感器信号输出端子 2 至负极端子 3	3.0 ~ 4.8V
G69 正极导线	拔下控制器、传感器插头	控制器 12 端子至传感器插头 1 端子	<0.5Ω
G69 信号线	拔下控制器、传感器插头	控制器 53 端子至传感器插头 2 端子	<0.5Ω
G69 负极导线	拔下控制器、传感器插头	控制器 30 端子至传感器插头 3 端子	<0.5Ω

3. 进气歧管绝对压力与进气温度传感器

进气歧管绝对压力和进气温度传感器制成一体，如图 4-84 所示。安装在节气门后方的进气管上。

1）断开点火开关，拔下控制器线束插头和传感器线束插头。用万用表电阻挡检测两插头上各端子之间导线电阻，应符合表 4-2 的规定。如果阻值过大或为无穷大，说明线束与端子接触不良或断路，应予修理。

2）断开点火开关，用跨接线将传感器和插接器连接起来，万用表选择直流电压挡(DC)。

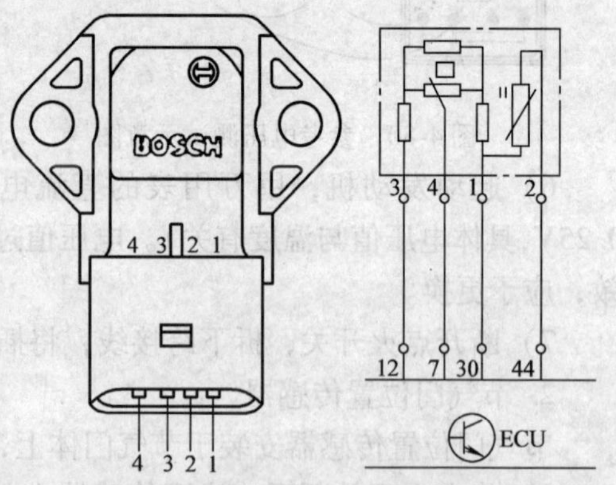

图 4-84 进气压力与进气温度传感器的外形及接线原理图

① 接通点火开关，检测传感器电源端子导线(传感器端子 3 连接的导线)与搭铁端导线(传感器端子 1 连接的导线)之间的电源电压，应为 5V 左右。

② 接通点火开关，检测传感器输出导线(传感器端子 4 连接的导线)与搭铁端导线之间的信号电压，应为 3.8 ~ 4.2V。起动发动机，检测发动机怠速时信号电压，应为 0.8 ~

1.3V。当加大节气门开度时，信号电压应随节气门开度的加大而升高。

表 4-2　进气压力传感器线束的检测

检测项目	检测条件	检测部位	标准值
进气压力传感器正极导线	拔下控制器、传感器插头	控制器 12 端子至传感器插头端子 3	<0.5Ω
进气压力传感器信号线	拔下控制器、传感器插头	控制器 7 端子至传感器插头端子 4	<0.5Ω
进气温度传感器负极导线	拔下控制器、传感器插头	控制器 30 端子至传感器插头端子 1	<0.5Ω
进气温度传感器信号线	拔下控制器、传感器插头	控制器 44 端子至传感器插头端子 2	<0.5Ω
进气压力传感器电源电压	接通点火开关	传感器端子 1 与端子 1	5V
进气压力传感器信号电压	接通点火开关、发动机不转	传感器端子 4 与端子 1	0.8~1.3V
进气压力传感器信号电压	发动机怠速运转	传感器端子 4 与端子 1	向高变化
进气温度传感器电源电压	接通点火开关拔下插头	传感器端子 2 与端子 1	5V
进气压力传感器信号电压	接通点火开关插上插头	传感器端子 2 与端子 1	5~3V

③ 检查温度传感器端子 2 与端子 1 之间的信号电压，应为 0.5~3V（与温度有关）。如果信号电压不符合上述规定，说明传感器失效，应予更换。

3）断开点火开关，拆下跨接线，将插接器插在传感器上。

4. 氧传感器

氧传感器安装在排气管处，其接线原理图如图 4-85 所示。

（1）检测氧传感器电压　选择万用表直流电压（DC）挡检测氧传感器的加热电源电压和信号输出电压。如果电压值不符合表 4-3 的规定，说明传感器失效或燃油控制系统有故障，应予检修。

（2）检测线束电阻　选择万用表电阻挡，断开点火开关，拔下控制器线束插头和传感器线束插头，检测两插头上各端子之间导线电阻，应当符合表 4-3 的规定。如阻值过大或为无穷大，说明线束与端子接触不良或断路，应予修理。

5. 霍尔传感器

霍尔传感器安装在分电器内，其接线原理图如图 4-86 所示。

1）断开点火开关，拔下传感器上的插接器。

2）闭合点火开关，选择万用表直流电压（DC）挡，检测插接器端子 12 与端子 48 之间的电源电压，应为 5V。

3）断开点火开关，用跨接线连接传感器和插接器。

4）拔下点火线圈插头，并取下分电器盖。

5）选择万用表直流电压（DC）挡，并设定 MAX/MIN 钮，点火开关闭合后，人工转动曲轴带轮，测试霍尔传感器端子 2 与端子 3 之间的输出电压值，应为约 2V 的电压波动值。

表 4-3　氧传感器的检测

检测项目	检测条件	检测部位	标准值
G69 电源电压	发动机起动并怠速运行	检测传感器两根白色导线间的电压	12~14V
G69 信号电压	发动机起动并怠速运行	检测传感器灰色导线与白色导线间的电压	交替显示 0.2V 与 0.8V

（续）

检测项目	检测条件	检测部位	标准值
模拟故障检测 G69 信号电压	1）发动机起动并怠速运行 2）拔下油压调节器真空软管并将调节器管口密封	检测传感器灰色导线与白色导线间的电压	显示 0.8V 短时稳定，然后开始摆动
加热元件电阻	拔下氧传感器插头	传感器插座两根白色导线端子	0.5～20Ω
G69 信号正极线	拔下控制器、传感器插头	控制器 28 端子至传感器插头端子 4	<0.5Ω
G69 信号负极线	拔下控制器、传感器插头	控制器 10 端子至传感器插头端子 3	<0.5Ω
G69 加热元件正极导线	断开点火开关，拔下传感器插头	点火开关端子 15 至传感器插头端子 1	<0.5Ω
G69 加热电源负极导线	断开点火开关，拔下传感器插头	传感器插头端子 2 至搭铁端子 31	<0.5Ω

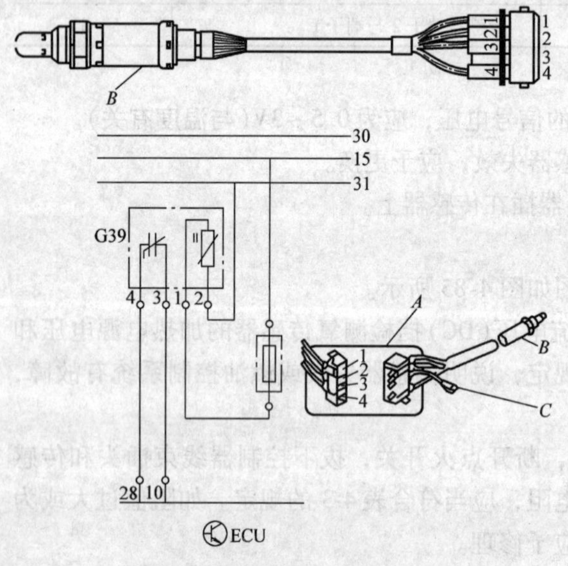

图 4-85 氧传感器的接线原理图
1—电加热元件正极 2—电加热元件负极
3—氧传感器负极 4—氧传感器正极
A—氧传感器加热插头 B—氧传感器 C—接地线

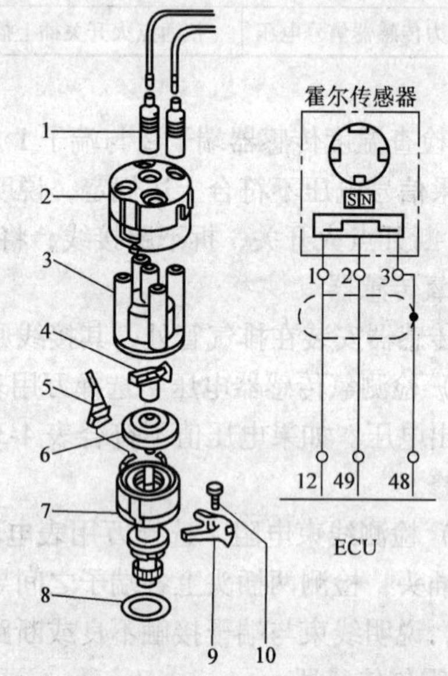

图 4-86 AFE 发动机霍尔传感器及其接线原理图
1—高压线 2—绝缘罩 3—分电器盖 4—分火头
5—霍尔传感器 6—防尘罩 7—分电器壳体 8—密封垫
9—分电器压板 10—压板螺钉

技能单 2 大众系列轿车故障诊断与检修

一、故障码的读取

大众系列轿车采用故障阅读器 V·A·G1551 和 V·A·G1552。

1. 诊断仪器的安装

捷达王轿车的自诊断接口位于中央继电器盘支架的右侧，如图 4-87 所示。故障阅读器 V·A·G1551 和 V·A·G1552 通过诊断连线 V·A·G1551/3 与车上诊断接口接通（连接前应先关闭点火开关）。蓄电池电压应大于 11V，发动机接地良好。

奥迪 A6 轿车自诊断接口在左前护膝内，如图 4-88 所示。

桑塔纳2000GLi/2000GSi型轿车的自诊断接口在变速杆前，如图4-89所示。

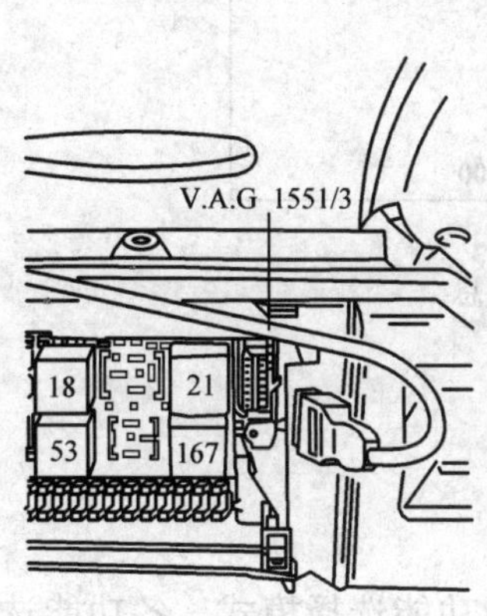

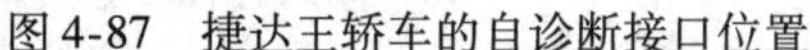

图4-87　捷达王轿车的自诊断接口位置

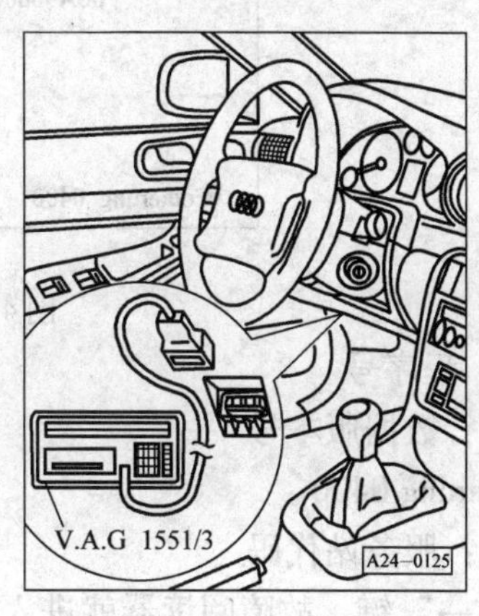

图4-88　奥迪A6轿车自诊断接口位置

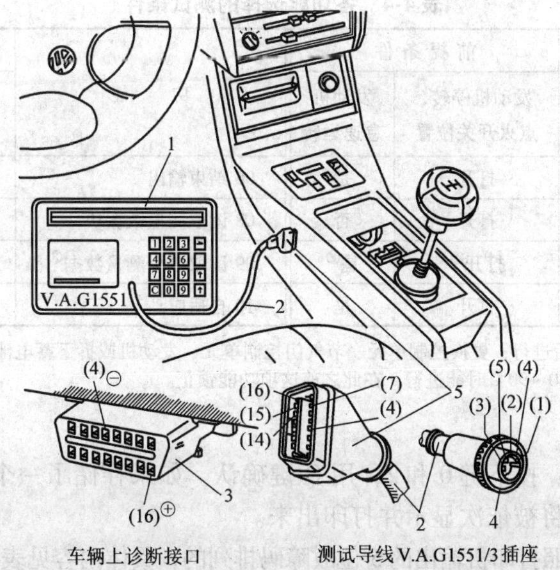

图4-89　自诊断测试仪的安装

1—故障阅读仪V·A·G1551或汽车系统测试仪V·A·G1552　2—导线(V·A·G1551/3)

3—车上的诊断接口　4—导线与故障阅读器的连接插头　5—导线与车上诊断口连接插头

2. 自诊断仪器的操作

1）打开点火开关或起动发动机，按所需的功能开始操作。在快速数据传递模式下，输入地址码01，选择发动机电子控制，用Q键确认后便自动显示控制单元信息。具体信息如图4-90所示。

图4-90中显示符号含义如下。

06A906018G：Motronic控制单元型号

1.6L：发动机排量为1.6L

R4/5V：发动机结构形式(4缸直列式5气门)

MOTR：系列标识(发动机)

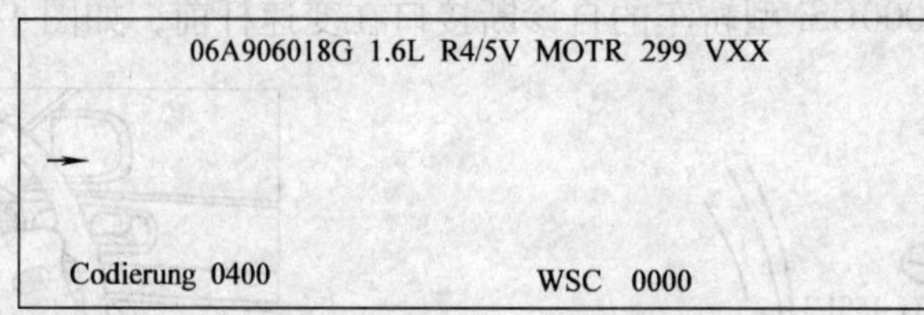

图 4-90 控制单元显示信息

299：程序号

VXX：数据版本号

Codierung 0400

WSC：服务站代码

按“→”键，故障阅读器就进入快速数据传递下的功能选择模式。各功能选择的测试条件见表 4-4。

表 4-4 各功能选择的测试条件

功能	前提条件		功能	前提条件	
	发动机停转，点火开关位置	发动机怠速运转		发动机停转，点火开关位置	发动机怠速运转
02 查询故障存储器	打开	是	06 结束输出	打开	是
03 执行元件诊断	打开	否	08 读取测量数据块	打开	是
04 基本调整	打开①	是②	09 读取单个测量数据③	×	×
05 清除故障存储器	打开	是	10 自适应③	×	—

① 必须在下述工作完成后进行：更换控制单元、节气门控制单元、发动机或拆下蓄电池接线。

② 仅在冷却液温度高于 80 ~ 90℃时能进行，在此之前这项功能锁止。

③ 目前仅用于厂内检测。

2）进行故障查询：按下键 0 和 2，用 Q 键确认。如果存储了一个或多个故障，当按下“Print”键后，故障码将被依次显示并打印出来。

捷达王故障表是按照打印机输出的 5 位故障码排列的，具体内容见表 4-5(已译成中文)。

3）按下键 0 和 5，选择功能“清除故障码”，用 Q 键确认输入。

4）再按下键“→”，按下键 0 和 6，选择功能“结束输入”，用 Q 键确认。

二、排除故障

按故障码表 4-5 排除打印出的故障后，按照故障码所示内容，进行相关修理；修理内容结束后，将故障码清除。然后验证修理是否合格，必须对车辆进行路试。试车中应满足冷却液温度达到 80 ~ 90℃。重新提取故障码，如果没有故障存储，再按“→”键退回“功能选择”，再按下键 0 和 6，选择“结束输出”功能，按 Q 键确认。

表 4-5 捷达王故障码表

故障码	V·A·G1551 或 V·A·G1552 显示信息	故障原因	故障表现	故障排除方法
	无故障	如果车辆上有故障，故障没有被自诊断识别		

（续）

故障码	V·A·G1551 或 V·A·G1552 显示信息	故障原因	故障表现	故障排除方法
00282	怠速电动机 V60 输出打不开/对地短路	怠速电动机导线对地短路	冷起动性能不佳 冷车怠速不稳 怠速不稳 负荷交变	检查怠速电动机 V60 及其线路 检查节气门控制单元 J338 及其线路
	怠速电动机 V60 输出打不开/正极短路	怠速电动机对蓄电池正极短路 导线短路 怠速调节超过极限值		
	怠速电动机 V60 短路	导线与怠速电动机之间短路 怠速电动机内部短路		
00513	发动机转速传感器 G28 无可靠信号	G28 松动 传感器齿轮松动	发动机停转	检查 G28 的牢固性、传感器靶轮的牢固性
	发动机转速传感器 G28 无信号	信号导线断路或对地短路，或正极短路 接地线断路或对正极短路 G28 松动或损坏 G28 的护板导线断路	发动机无法起动 发动机停转	检查 G28 及其线路
00515	霍尔传感器 G40 对地短路	G40 与发动机控制单元之间的连接导线对地短路 G40 损坏	发动机在全负荷时动力输出不足 废气排放值不正常 油耗高	检查 G40 及其线路
	霍尔传感器 G40 断路/对正极短路	G40 与发动机控制单元之间的信号连接线有短路或对正极短路 G40 损坏 窗口位置错位		
0516	怠速开关 F60 对地短路	导线对地短路 F60 损坏	怠速不良 起动时行驶性能不良	进行基本调整；检查 F60 检查节气门控制单元
	怠速开关 F60 断路/对正极短路	接地线有断路点 导线对正极短路 F60 损坏		
00518	节气门电位计 G69 对地短路	导线对地短路 F69 损坏	供油不良 负荷交变 废气排放值升高 对全负荷不能识别 功率及转矩损失	进行基本调整；检查 G69 检查节气门控制单元
	节气门电位计 G69 断路/对正极短路	接地线有断路点 导线对正极短路 G69 损坏		
	节气门电位计 G69 不可靠信号	接触不良 G69 损坏		

（续）

故障码	V·A·G1551 或 V·A·G1552 显示信息	故障原因	故障表现	故障排除方法
00522	冷却液温度传感器 G62 对地短路	导线对地短路 G62 损坏	冷起动性能不好 热起动性能不好 无怠速转速自适应	检查 G62 及其线路
	冷却液温度传感器 G62 断路/对正极短路	接地线中有断路点 导线对正极短路 G62 损坏		
	冷却液温度传感器 G62 不可靠信号	G62 损坏	油耗升高	
00524	爆燃传感器 1—G61 断路/对地短路	导线断路或对地短路 G61 损坏	功率降低 油耗升高	G61
00525	λ 传感器 G39 无信号	导线断路或对地短路 G39 损坏	无 λ 调节 有汽油味 油耗升高 行驶性能差 废气排放值升高	检查 λ 传感器及其线路、λ 传感器的调整
	λ 传感器 G39 对地短路	导线对地短路 G39 损坏		
	λ 传感器 G39 对正极短路	导线对正极短路 G39 损坏		
	λ 传感器 G39 不可靠信号	G39 损坏		
00527	进气温度传感器 G72 对地短路	导线对地短路 G72 损坏	热起动性能差 废气排放值升高	检查 G72 及其线路
	进气温度传感器 G72 断路/对正极短路	导线接地线中有断路点 导线对正极短路 G72 损坏		
00530	怠速节气门电位计 G88 断路/对正极短路	接地线中有断路点 导线对正极短路 G88 损坏	冷起动性能差 怠速转速不在允许范围内 冷车怠速不良 怠速不稳	检查 G88 及其线路；检查节气门控制单元及其线路
	怠速节气门电位计 G88 对地短路	导线对地短路 G88 损坏		
00532	电源电压信号太高	蓄电池电压超过 16V		检查发电动机
	电源电压信号太低	蓄电池低于 10V		检查蓄电池充电状况
00533	怠速调节超过自适应界限	节气门控制单元的节气门支管变脏 V60 卡死 进气系统密封不良	怠速转速不在允许范围内	清洗节气门控制单元的节气门支管；检查节气门控制单元；检查进气系统的密封性(漏气)进行怠速调整
00540	爆燃传感器 2—G66；断路/对地短路	导线断路或对地短路 G66 损坏	功率降低 油耗升高	检查 G66 及其线路
00543	转速超过最大值	转速超过 7100r/min	可能发动机有故障	检查发动机故障并清除故障存储器

（续）

故障码	V·A·G1551 或 V·A·G1552 显示信息	故障原因	故障表现	故障排除方法
00553	空气流量计 G70 断路/对地短路	导线断路或对地短路 G70 损坏	功率降低 油耗升高 废气排放值升高	检查清洁 G70 及其线路；检查进气系统密封性
	空气流量计 G70 对正极短路	导线对正极短路 G70 损坏 空气流量计 G70 与发动机之间漏气		
	空气流量计 G70 不可靠信号	G70 变脏 G70 损坏		
00561	混合气自适应超过自适应界限	燃油系统压力太低 空气流量计信号错误 排气装置到催化反应器之间密封不良 空气流量计后有漏气处 喷油阀烧焦	车辆有时抖动 油耗升高 怠速有时不良	给汽车加油，并检查燃油系统压力；检查空气流量计；消除密封不良现象；检查进气系统密封性（漏气）；检查喷油量
	混合气自适应低于自适应界限	燃油系统压力太高 空气流量计信号错误 润滑油中有燃油 喷油阀密封不良	车辆有时抖动 油耗升高 怠速偶尔不良 有黑烟，火花塞积炭	给车加油，并检查燃油系统密封性；检查空气流量计；在进行一次长时间远距离行驶后或更换一次机油后消失，应先读取测量数据块，显示组 008；检查喷油量
00577	爆燃调节，1 缸超过调节界限	燃油质量不好 发动机有不正常噪声 爆燃传感器屏蔽板导线断路 插头接触不良 爆燃传感器拧紧力矩不正确	油耗高 功率降低 发动机运转不稳 不能达到最高车速	要加注标号最低为 91ROZ 的汽油；检查爆燃传感器；读取测量数据块，显示组 014 及 015；拧紧爆燃传感器（20N·m）
00578	爆燃调节，2 缸超过调节界限	见故障码 00577，1 缸	见故障码 00577，1 缸	见故障码 00577，1 缸
00579	爆燃调节，3 缸超过调节界限	见故障码 00577，1 缸	见故障码 00577，1 缸	见故障码 00577，1 缸
00580	爆燃调节，4 缸超过调节界限	见故障码 00577，1 缸	见故障码 00577，1 缸	见故障码 00577，1 缸
00625	无速度信号	速度传感器无信号输出	行驶性能不好	检查速度传感器及其线路
00635	λ 传感器加热器断路/对地短路	导线断路/对地短路 G39 损坏	有汽油味	检查 λ 传感器加热器及其线路
	λ 传感器加热器对正极短路	对正极短路 G39 损坏		

（续）

故障码	V·A·G1551 或 V·A·G1552 显示信息	故障原因	故障表现	故障排除方法
00668	车上正电电压 30 号线信号太小	蓄电池接线已拆除 蓄电池正极与控制单元连接的导线脱开或导线断路	喷油、节气门控制单元和高度的自适应值被清除 起动问题 行驶性能差	检查发动机控制单元正电压线路
01165	节气门控制单元 J338 基本调整错误	发动机控制单元没有与节气门控制单元匹配 基本调整没有进行到底，如：由于在此过程中操作起动机或者节气门卡死	怠速转速不在允许范围内	进行基本调整
01177	发动机控制单元损坏	控制单元内部损坏 行驶性能不好	行驶性能不好 发动机停机	更换 J220
01247	活性炭罐 N80 电磁阀断路/对地短路	导线断路或对地短路 N80 损坏	部分负荷时偶尔发抖 有汽油味	检查 N80 及其线路
	活性炭罐 N80 电磁阀对正极短路	导线对正极短路 N80 损坏		
01249	1 缸喷嘴 N30 对地短路	通向控制单元的导线对地短路 喷油阀坏，有短路	排放值升高 起动性能差 行驶性能差 供油差 怠速不稳	检查喷嘴 N30 及其线路
	1 缸喷嘴 N30 断路/对正极短路	导线断路或通向控制单元的导线中有对正极短路		
01250	2 缸喷嘴 N31 对地短路	见故障码 01249，1 缸	见故障码 01249，1 缸	检查喷嘴 N31
	2 缸喷嘴 N31 断路/对正极短路	见故障码 01249，1 缸		
01251	3 缸喷嘴 N32（见故障码 01249,1 缸）	见故障码 01249，1 缸	见故障码 01249，1 缸	检查喷嘴 N33
01252	4 缸喷嘴 N33（见故障码 01249,1 缸）	见故障码 01249，1 缸	见故障码 01249，1 缸	检查喷嘴 N34
01259	燃油泵继电器 J17 断路/对地短路	在 J17 和控制单元之间的导线有断路或对地短路 J17 无正极电压 J17 损坏	有断路点：发动机不转 有对地短路：发动机继续运转；点火开关打开时，电流大，因为继电器始终吸合，燃油泵始终工作	检查 J17 及其线路
	燃油泵继电器 J17 对正极短路	J17 和控制单元之间导线有对正极短路		

模块五　柴油机燃料供给系

学习目标： 能解释柴油机燃料供给系的功用、组成和基本概念、混合气形成与燃烧、燃烧室类型与特点；能叙述喷油器、喷油泵、调速器、柴油滤清器、输油泵、万向节、废气涡轮增压器等结构及工作原理；能叙述PT供油系统、电控柴油喷射系统等基本组成与基本工作原理；能叙述A型泵调速器(两极调速器、全程调速器)的结构与工作过程；能正确拆装喷油器和进行喷油器的试验；能正确检查、调整柴油机的供油提前角；能对喷油泵进行台上试验；能诊断并排除柴油机燃料供给系的常见故障。

信息资料单1　柴油机燃料供给系的作用与组成

柴油机使用的燃料是柴油。柴油的粘度大，蒸发性差，不具备在气缸外部与空气形成均匀的混合气的条件，故采用高压喷射，在压缩行程接近终了时把柴油喷入气缸，与气缸内的高温、高压的空气形成混合气自行发火燃烧。

一、柴油机燃料供给系的组成

柴油机燃料供给系由燃油供给、空气供给、混合气形成及废气排出装置组成，如图5-1所示。

燃油供给装置由柴油箱、输油泵、低压油管、柴油滤清器、喷油泵、高压油管、喷油器和回油管组成。

空气供给装置由空气滤清器、进气管和气缸盖内的进气道组成。

混合气形成装置由气缸、活塞、气缸盖与燃烧室组成。

废气排出装置由气缸盖内的排气道、排气管及排气消声器组成。

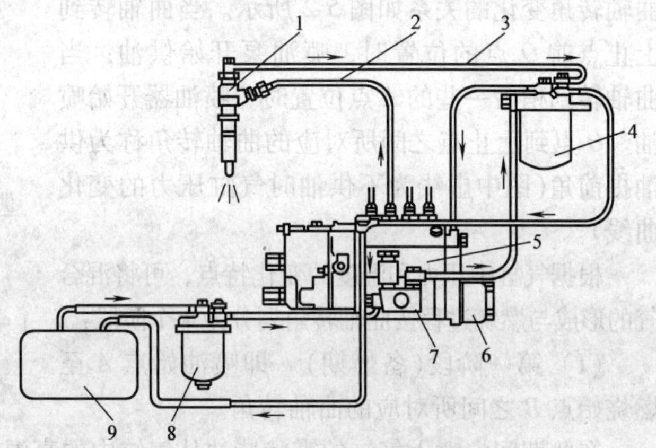

图5-1　柴油机供给系的组成示意图

1—喷油器　2—高压油管　3—回油管　4—柴油细滤清器　5—喷油泵　6—供油提前自动调节器　7—输油泵　8—柴油粗滤清器　9—柴油箱

二、柴油机供给系的作用

柴油机供给系的作用是储存、滤清柴油，根据柴油机不同的工况要求，按其工作顺序定时、定量、定压并以一定的喷油质量将柴油喷入燃烧室，使其与空气迅速混合燃烧，再将燃烧后的废气排入大气。

三、柴油机供给系的工作原理

柴油机在工作过程中，依靠输油泵的作用不断地将油箱中的柴油吸出，并经柴油滤清器滤去杂质后，输入喷油泵的低压油腔；通过柱塞和出油阀将燃油压力提高，经高压油管输送到喷油器；燃油呈雾状喷入燃烧室，在燃烧室内形成混合气。由于输油泵的供油量大于喷油泵所需供油量，过量的柴油便经回油管回到滤清器或油箱。

从柴油箱至喷油泵入口处这段油路中的油压是由输油泵建立的，一般为0.15～0.3MPa，故这段油路称为低压油路。从喷油泵到喷油器这段油路中的油压是由喷油泵的柱塞和出油阀建立的，一般在10MPa以上，故称此段油路为高压油路。

在柴油机燃油供给装置维修和装配后，必须将柴油机整个油路中的空气排除，使柴油充满喷油泵，为此在输油泵上装有手动油泵，以满足油路中的空气排除。喷油泵凸轮轴的前端与供油提前器连接，后端与调速器组成一体，它们分别起喷油定时和自动调节喷油量的作用。

信息资料单2　柴油机混合气的形成和燃烧室

一、可燃混合气的形成与燃烧

柴油机在进气行程中进入气缸的是纯净空气，在压缩行程接近终了时，将喷油器形成的雾状柴油以规定压力喷入气缸，随即在燃烧室内形成混合气，并在高温、高压的条件下，混合气自行着火燃烧，故混合气形成时间极短，而且存在喷油、蒸发、混合和燃烧重叠进行的过程。在柴油机压缩和作功过程中，气缸内气体压力 p 随曲轴转角变化的关系如图5-2所示。当曲轴转到上止点前 O 点的位置时，喷油泵开始供油；当曲轴转到稍后一些的 A 点位置时，喷油器开始喷油。O 点到上止点之间所对应的曲轴转角称为供油提前角(图中虚线为不供油时气缸压力的变化曲线)。

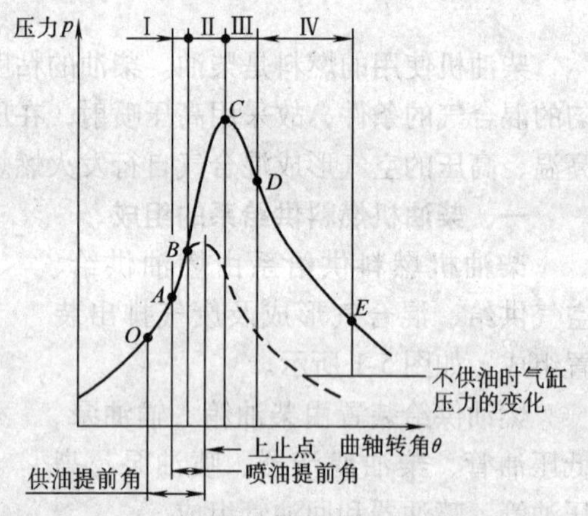

图5-2　气缸压力与曲轴转角的关系

Ⅰ—备燃期　Ⅱ—速燃期　Ⅲ—缓燃期　Ⅳ—后燃期

根据气缸中压力和温度的变化特点，可将混合气的形成与燃烧过程按曲轴转角划分为4个阶段：

(1) 第一阶段(备燃期)　即喷油始点 A 至燃烧始点 B 之间所对应的曲轴转角。

在此期间，喷入气缸的雾状柴油从气缸内的高温空气中吸收热量，逐渐蒸发、扩散，与空气混合，并进行燃烧前的化学准备。若备燃期时间过长，缸内积存的油量增多，则一旦燃烧，会造成气缸内的压力急剧升高，致使发动机噪声增大、工作粗暴、机件磨损加剧。因此，备燃期的长短是影响柴油发动机工作粗暴程度的重要因素。

(2) 第二阶段(速燃期)　即燃烧始点 B 与气缸内产生最大压力点 C 之间所对应的曲轴转角。

从 B 点起，火焰自火源处向四周迅速传播，燃烧速度迅速增加，急剧放热，缸内温度和压力迅速上升，至 C 点时压力达到最高值。在此期间，早已喷入但尚未来得及蒸发的柴油以及在燃烧开始后陆续喷入的柴油，便能在已燃气体的高温作用下迅速蒸发、混合和燃烧。

(3) 第三阶段(缓燃期)　即从最高压力点 C 至最高温度点 D 为止的曲轴转角。

在此阶段，燃气温度继续升高，但由于氧气减少，废气增加，燃烧条件变差，故燃烧越来越慢。喷油过程一般在缓燃期内结束。

(4) 第四阶段(后燃期)　从 D 点起，燃烧在逐渐恶化的条件下于膨胀行程中缓慢进行，直到停止(E 点)。在此期间，压力和温度均降低。

由于柴油的蒸发性和流动性较差，且柴油机混合气形成时间极短，使得柴油难以在燃烧前彻底雾化蒸发并同空气均匀混合，即柴油机可燃混合气的品质较差。因此，柴油机采用较大的过量空气系数，使喷入气缸的柴油能够燃烧得比较完全。

为改善混合气的形成条件，不致出现太长的备燃期，保证柴油机工作柔和，除了选用十六烷值较高的柴油，采用较高的压缩比(15 ~ 22)以提高气缸内空气温度、促进柴油蒸发等，还要求喷油器必须有足够的压力(一般在 10MPa 以上,以利于柴油的雾化)。此外，在燃烧室内形成强烈的空气运动，促进柴油与空气的均匀混合。

二、燃烧室

由于柴油机混合气的形成和燃烧均在燃烧室中进行，所以燃烧室的结构将直接影响混合气的形成与燃烧。对燃烧室的要求，一是配合喷油形成良好均匀的混合气，改善燃烧；二是要求燃烧室的结构紧凑，以减小散热损失，提高热效率。

柴油机燃烧窜的种类较多，通常分为统一式燃烧室和分隔式燃烧室两大类。

鉴于现在柴油发动机多采用统一式燃烧室，在这里介绍统一式燃烧室。

统一式燃烧室是由气缸壁和凹形活塞顶与气缸盖底面所包围的单一内腔构成。这种燃烧室一般用于多孔喷油器将柴油直接喷射到燃烧室中，借喷射油束的形状和燃烧室形状的配合以及燃烧室内的空气涡流运动，迅速形成可燃混合气，故此种燃烧室又称为直接喷射式燃烧室。利用在气缸盖上铸出的螺旋气道使进入气缸的空气呈涡流状，以促进油气混合是直接喷射式燃烧室的一大特点。空气经由螺旋进气道进入气缸时，会产生绕气缸轴线旋转的进气涡流，来帮助燃油与空气的混合。

常见的统一式燃烧室结构形式有 ω 形燃烧室、球形燃烧室和 U 形燃烧室，如图 5-3 所示。

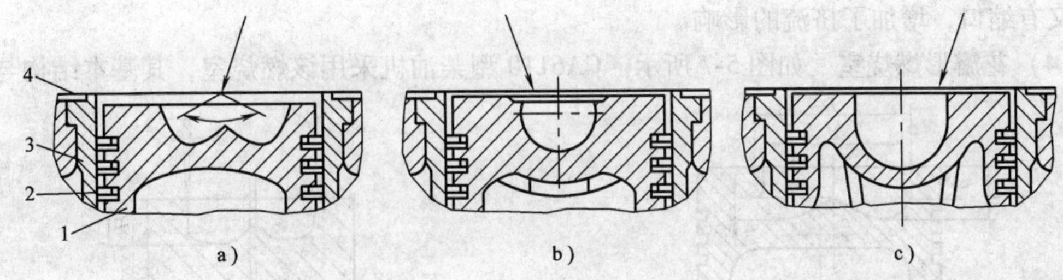

图 5-3　统一式燃烧室结构形式

a) ω 形燃烧室　b) 球形燃烧室　c) U 形燃烧室

1—活塞　2—活塞环　3—气缸套　4—气缸盖　→—柴油喷射方向

目前，车用柴油机大都采用 ω 形燃烧室及其各种改进型。以 ω 形为例，其燃烧室主要靠喷油形状与燃烧室形状相配合，利用进气涡流和挤流(在压缩行程上止点附近,活塞顶部的空气被挤入燃烧室时形成的气流)等空气运动形成可燃混合气。这类燃烧室要求喷油系统喷油压力高，并采用小孔径多孔喷油器，喷出雾状的燃油均匀地分布在燃烧室空间，吸收空气的热量而蒸发，并借助气流运动迅速与空气混合；另有少量燃油被喷到燃烧室壁面，形成油膜，在燃烧开始后才迅速蒸发而参加燃烧。

ω形燃烧室形状较简单，易于加工，结构紧凑、散热面积小、热效率高，有利于冷机起动，对配套的燃料供给系要求较高。

为了更好地提高直喷式燃烧室的燃烧过程，在传统ω形燃烧室的基础上，发展出了多种新型燃烧室。新型燃烧有着各自的特点。

（1）挤流口式燃烧室　如图5-4所示，它为降低柴油机噪声的改善排放而设计的，主要是缩小了燃烧室凹坑唇口处的尺寸来产生强烈的压缩挤流，从而产生空气的紊流运动。其主要优点是：①能防止燃气从活塞顶上碗形室过早地向燃烧室容积传播；②可保持燃烧室壁温较高，以防止火焰熄灭并能促进油滴蒸发。

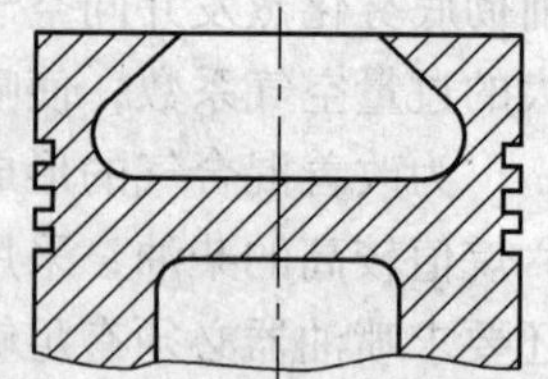

图5-4　挤流口式燃烧室

（2）四角ω形燃烧室　如图5-5所示，它利用四角ω形凹坑组织二次扰动(除了进气涡流外,拐角处又形成小旋涡)来实现燃油和空气的良好混合，以提高燃烧速度。

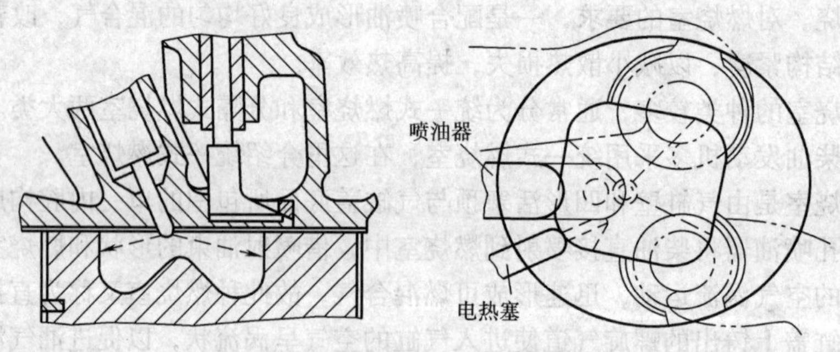

图5-5　四角ω形燃烧室

（3）微涡流燃烧室　如图5-6所示，微涡燃烧室由两部分组成：上部为四角形，下部分为圆形，两部分经切削加工圆滑过渡。这种燃烧室集中了ω形和四角ω形二者的优点，同时又有缩口，增加了挤流的影响。

（4）花瓣形燃烧室　如图5-7所示。CA6110型柴油机采用该燃烧室，其基本结构与ω

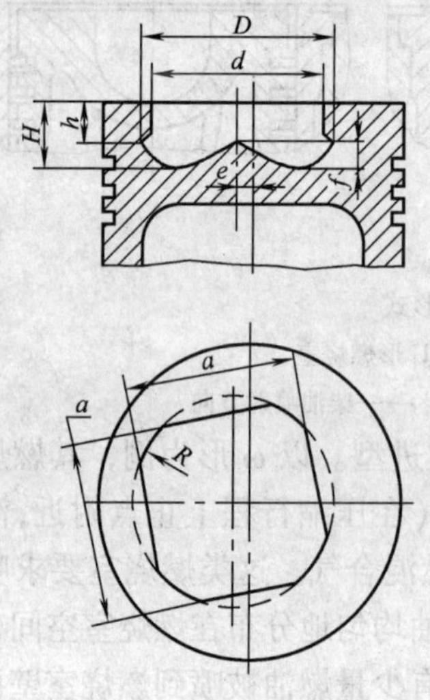

图5-6　微涡流燃烧室

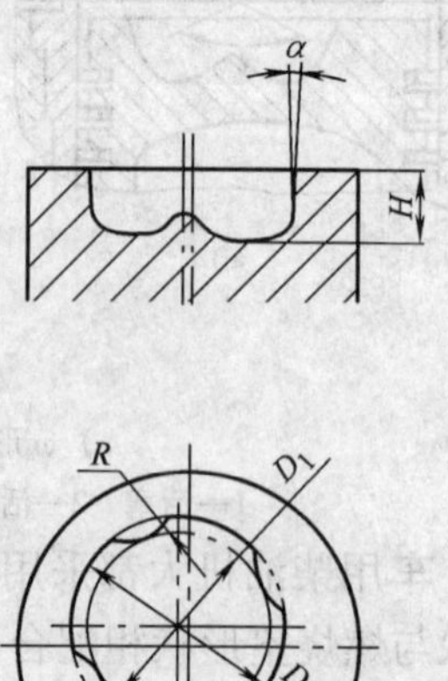

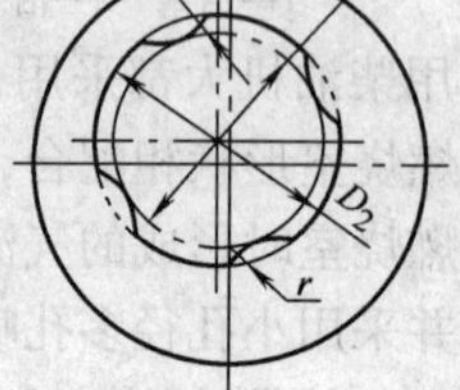

图5-7　花瓣形燃烧室

形燃烧室近似，仅横截面形状呈花瓣状。它利用花瓣形所具有的几何特点，选择进气涡流、喷油系统和燃烧室形状，将三者良好地匹配，可保证柴油机具有较低的燃油消耗率。其经济运行区宽广，起动性能好，减小了噪声、降低排污以获得较佳的综合指标。

信息资料单3 喷 油 器

喷油器的作用是将喷油泵供给的高压油以一定的压力、速度和方向喷入燃烧室，使喷入燃烧室的燃油雾化成细粒分布在燃烧室中，以利于混合气的形成和燃烧。

根据混合气的形成与燃烧的要求，喷油器应具有一定的喷射压力、射程、合理的喷射锥角。此外，喷油器在规定的停止喷油时刻其针阀应能迅速的回落，以避免发生滴漏现象而引起爆燃。

目前，车用柴油机绝大多数采用闭式喷油器，即喷油器在不喷油时，喷孔被针阀关闭，将燃烧室与喷油器的油腔彻底分隔开。常用的闭式喷油器可分为孔式喷油器和轴针式喷油器两种。孔式喷油器多用于直接喷射式燃烧室，轴针式喷油器则主要用于分隔式燃烧室。

一、喷油器的结构与工作原理

1. 孔式喷油器

（1）孔式喷油器的结构　如图5-8所示，孔式喷油器由针阀、针阀体、顶杆、调压弹簧、调压螺钉及喷油器体等零件组成。其中最主要的是用优质合金钢制成的针阀和针阀体成对精密偶件。针阀下端的圆锥面与针阀体下端的环形锥面共同起密封作用，如图5-9所示，用于打开或切断高压柴油与燃烧室的通路。针阀底部有一环形锥面位于针阀体的环形油槽中，该锥面承受燃油压力推动针阀向上运动。针阀顶部通过顶杆承受调压弹簧的预紧力，使针阀处于关闭状态。该预紧力决定针阀的开启压力或喷油压力，调整调压螺钉可改变喷油压力的大小(拧入时压力增大,反之压力减小)，通过调压螺钉盖将其锁紧固定。喷油器工作时，从针阀偶件间隙中泄漏的柴油经回油管插头螺栓流回回油管。为防止细小杂物堵塞喷油器，在某些喷油器进油插头中装有缝隙式滤芯，如图5-10所示。柴油从滤芯的两个平面 A 进入，穿过棱边 B 进入滤芯的另两个平面 C 才能进入喷油器，棱边 B 即起过滤作用。

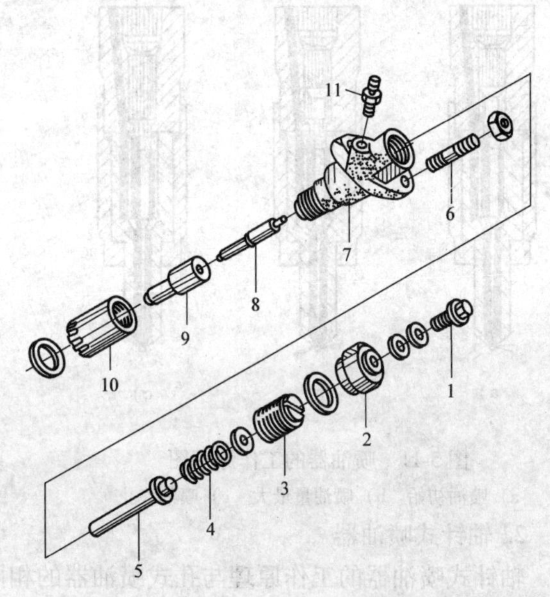

图5-8　柴油机孔式喷油器

1—插头螺栓　2—调压螺钉盖　3—调压螺钉　4—调压弹簧　5—顶杆　6—螺柱　7—喷油器体　8—针阀　9—针阀体　10—喷油器紧帽　11—螺栓

（2）孔式喷油器的工作原理　柴油机工作时，来自喷油泵的高压柴油经喷油器体与针阀体中的油道进入针阀中部周围的环状空间。油压作用在针阀的锥形承压环带上形成一个向上的轴向推力，此推力克服调压弹簧的预压力及针阀偶件之间的摩擦力使针阀向上移动，针

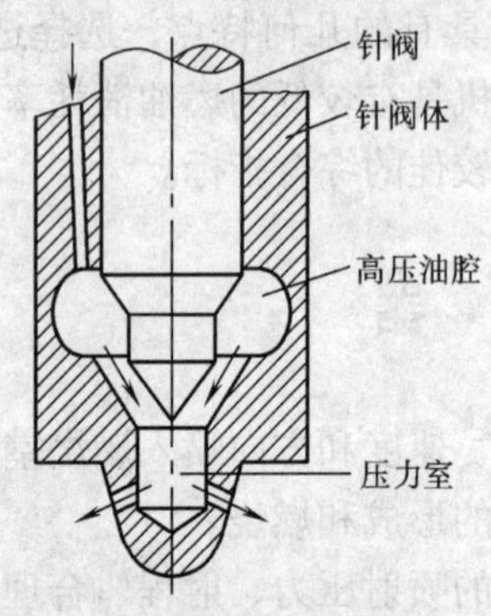

图5-9 孔式喷油器

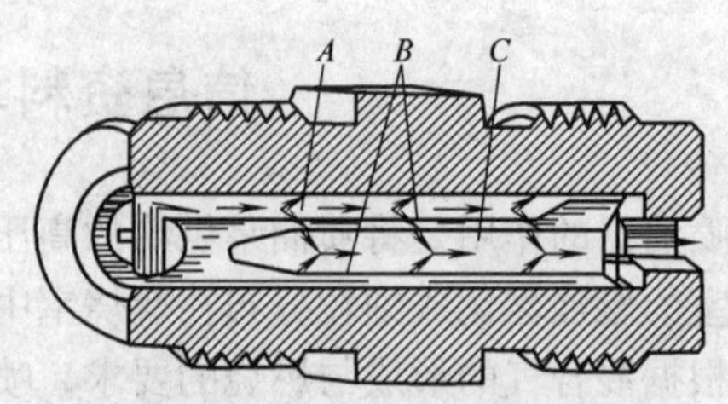

图5-10 缝隙式滤芯的工作原理图

阀下端锥面离开针阀锥形环带，打开喷孔，高压柴油喷入燃烧室。喷油泵停止供油时，高压油路内的压力迅速下降，针阀在调压弹簧作用下及时回位，将喷孔关闭，如图5-11所示。

孔式喷油器的特点是喷孔数目较多，一般为1~8个喷孔；喷孔直径较小，一般为0.2~0.8mm；喷孔数目和分布的位置，根据燃烧室的形状和要求而定。

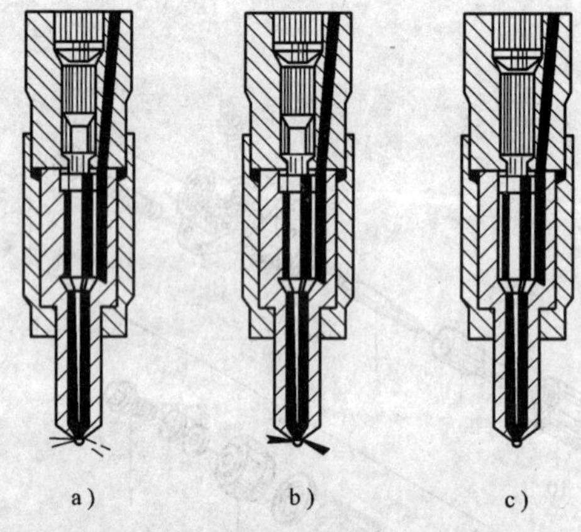

图5-11 喷油器的工作原理图

a）喷油初始 b）喷油量最大 c）喷油终止

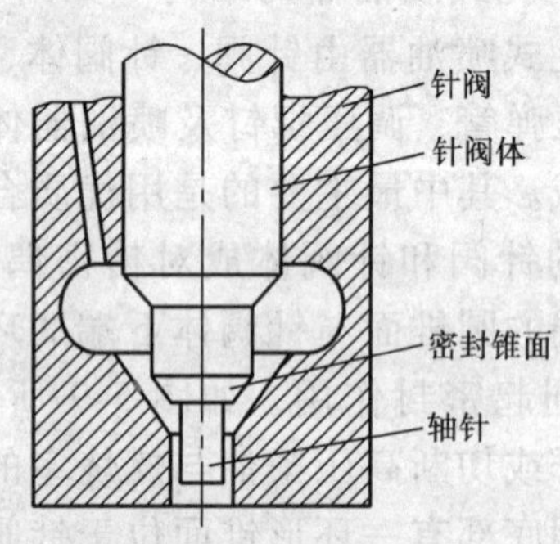

图5-12 轴针式喷油器

2. 轴针式喷油器

轴针式喷油器的工作原理与孔式喷油器的相同。其构造特点是针阀体下端的密封锥面以下还延伸出一个轴针，其形状可以是倒锥形和圆柱形，如图5-12所示。轴针伸出喷孔外，使喷孔成为圆柱状的狭缝（轴针与孔的径向间隙一般为0.005~0.25mm），使喷出的燃油呈空心的锥状或柱形，如图5-13所示。

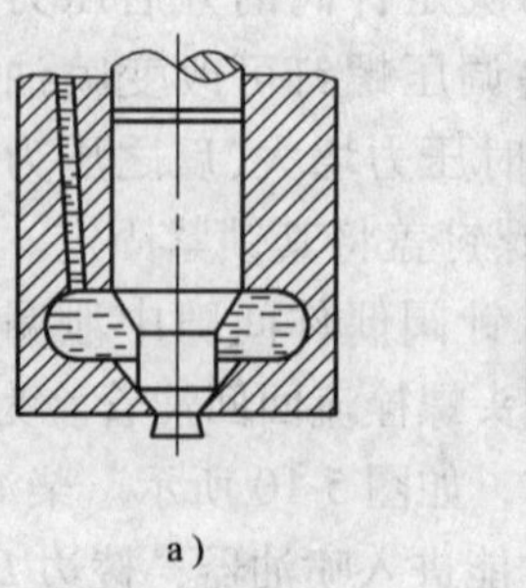

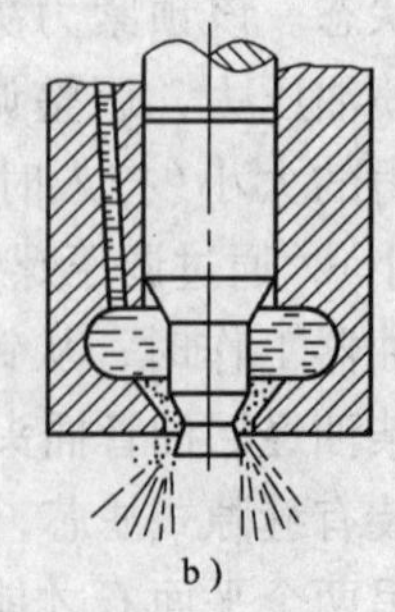

图5-13 轴针式喷油器的喷油情况

a）不喷油 b）喷油

轴针式喷油器的喷孔直径一般在1~3mm范围内，喷油压力为10~14MPa，喷孔直径大，加工方便。工作时，由于轴针在喷孔内往复运动，能清除喷孔中的积炭和杂物，工作可靠。它适用于对喷雾要求不高的涡流室式燃烧室和预燃室式燃烧室。

二、喷油器的拆卸

喷油器的固定方式有圆孔压板固定和叉形压板固定。

1）首先拆下高压油管和固定螺母，取出总成。

2）清洗外部，在喷油器试验台上进行检验，检查喷射初始压力、喷油质量和漏油情况，如质量不好必须解体。

3）先分解喷油器上部，旋松调压螺钉紧固螺母，取出调压螺钉、调压弹簧和顶杆。

4）将喷油器倒夹在台虎钳上，旋下针阀体紧固螺母，取下针阀体和针阀。

5）针阀偶件用清洁的柴油浸泡；分解针阀与针阀体，分解过程中应注意保护针阀的表面，以防划伤。

6）喷油器垫片分解后应与原配喷油器体放置在一起，喷油器与座孔间的垫圈应与原喷油器体放置在一起。

信息资料单4　喷　油　泵

喷油泵即高压油泵(简称油泵)，一般和调速器连成一体。其作用是使燃油通过喷油泵的工作形成高压，根据柴油机各种不同工况的要求，定时、定量、定压的将高压燃油送至喷油器，然后经喷油器喷入燃烧室。

一、对多缸柴油机喷油泵的要求

1）保证定时：严格按照规定的供油时刻开始供油，并保证一定的供油持续时间，不可过长。

2）保证定量：根据柴油机负荷的大小供给相应的油量，以满足负荷变化的要求。

3）保证压力：向喷油器供给的柴油应具有足够的压力，以获得良好的喷雾质量。

4）对于多缸柴油机，为保证各缸工作的均匀性，要求各缸的相对供油时刻、供油量和供油压力等参数都相同。

5）供油开始和结束要求迅速干脆，避免喷油器产生滴漏或滞后等不正常喷射现象。

二、喷油泵的结构形式

柴油机的喷油泵按作用原理的不同大体可分柱塞式喷油泵和转子分配式喷油泵。

1）柱塞式喷油泵　柱塞式喷油泵性能良好，使用可靠。目前大多数柴油机均采用柱塞式喷油泵。

2）转子分配式喷油泵　转子分配式喷油泵是依靠转子驱动柱塞实现燃油的增压(泵油)及分配的。它具有体积小、质量轻、成本低、使用方便等优点，尤其体积小，利于发动机的整体布置。

三、柱塞式喷油泵泵油原理

柱塞式喷油泵利用柱塞在柱塞套内的往复运动实现吸油和压油。对于单缸柴油机，由一套柱塞偶件组成单体泵；对于多缸柴油机，则由多套柱塞偶件和泵油机构分别向各缸供油。中、小功率柴油机大多将各缸的泵油机构组装在同一壳体中，称为多缸泵，而其中每组泵油机构则称为分泵。图5-14所示为分泵的结构。泵油机构主要由柱塞偶件(柱塞和柱塞套)、出油阀偶件(出油阀和出油阀座)等组成。柱塞的下部固定有调节臂，可通过调节臂转动柱塞，使柱塞与柱塞套的相对位置改变，实现供油量的变化。

柱塞上部的出油阀由出油阀弹簧压紧在阀座上，柱塞下端与装在滚轮体中的垫块接触，柱塞弹簧通过弹簧座将柱塞推向下方，并使滚轮保持与凸轮轴上的凸轮相接触。

喷油泵凸轮轴由柴油机曲轴通过传动机构来驱动。对于四冲程柴油机，曲轴转两圈，喷油泵凸轮轴转一圈。

柱塞式喷油泵的泵油原理示意图如图 5-15 所示。柱塞的圆柱表面上铣有直线型(或螺旋型)斜槽，斜槽和柱塞上部的孔道连通。柱塞套上有两个圆孔，都与喷油泵体上的低压油腔相通。柱塞由凸轮驱动，在柱塞套内作往复直线运动，此外可通过调节臂绕自身轴线在一定角度范围内转动。

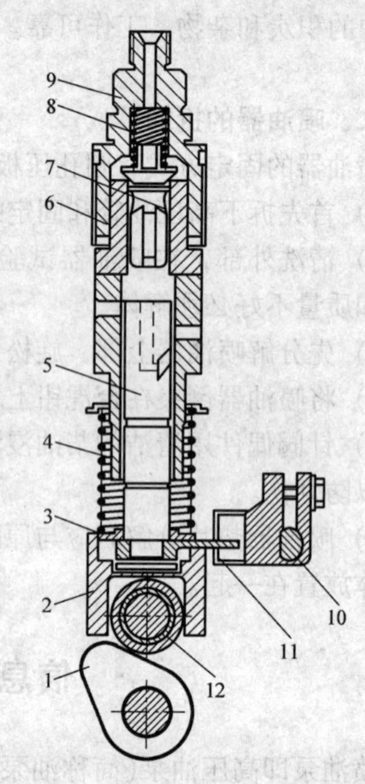

图 5-14 柱塞式喷油泵分泵的结构

1—凸轮 2—滚轮体 3—柱塞弹簧 4—柱塞套 5—柱塞 6—出油阀座 7—出油阀 8—出油阀弹簧 9—出油阀紧座 10—供油拉杆 11—调节臂 12—滚轮

1. 吸油过程

当柱塞下移到图 5-15a 所示位置时，燃油自低压油腔经进油孔被吸入并充满泵腔。

2. 压油过程

在柱塞自下止点上移的过程中，起初有一部分燃油从泵腔挤回低压油腔，直到柱塞上部的圆柱面将两

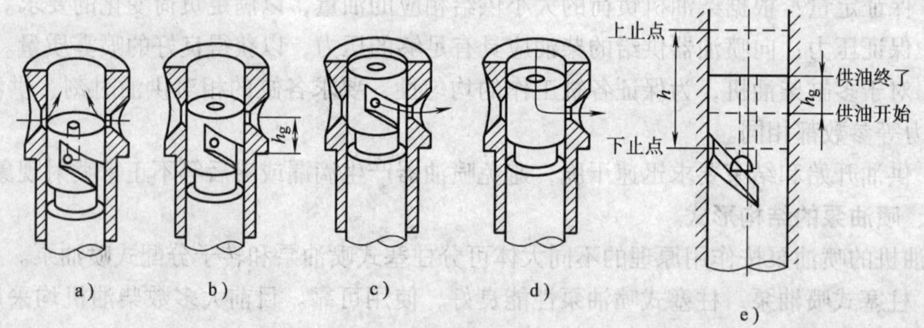

图 5-15 柱塞式喷油泵的泵油原理示意图

a) 进油过程 b) 压油过程 c) 回油过程 d) 空行程 e) 有效行程

个油孔完全封闭。如图 5-15b 所示，柱塞继续上升，柱塞上部的燃油压力迅速增高到足以克服出油阀弹簧的作用力，出油阀即开始上升。当出油阀的圆柱环形带离开出油阀座时，高压燃油便通过高压油管流向喷油器。当燃油压力高出喷油器的喷油压力时，喷油器开始喷油。

3. 回油过程

当柱塞继续上移到图 5-15c 所示位置时，斜槽与油孔开始接通，泵腔内的油压迅速下降，出油阀在弹簧压力作用下立即回位，喷油泵停止供油。此后，柱塞仍继续上行，直到凸

轮达到最高升程为止，但不再泵油。

由上述泵油过程可知，由驱动凸轮轮廓曲线的最大矢径决定的柱塞行程 h(即柱塞的上、下止点间的距离)是一定的，如图 5-15e 所示，但并非在整个柱塞上移行程 h 内都供油，喷油泵只在柱塞完全封闭柱塞套油孔之后，到柱塞斜槽和油孔开始接通之前的这一部分柱塞行程 h_g 内才泵油。h_g 称为柱塞的有效行程。显然，喷油泵每次泵出的油量取决于有效行程的长短，因此欲使喷油泵能随柴油机工况不同而改变供油量，只需改变有效行程。有效行程是通过改变柱塞斜槽与柱塞套油孔的相对位置来实现的，将柱塞转向图 5-15e 中箭头所示的方向，有效行程的供油量即增加；反之则减少。

4. 停止供油状态

当柱塞转到图 5-15d 所示位置时，柱塞斜槽与柱塞套油孔相通，因此柱塞的有效行程为零，即喷油泵处于不泵油状态。

四、国产系列柱塞式喷油泵

根据柴油机单缸功率范围对喷油泵供油量要求的不同，以柱塞行程和结构形式为基础，把喷油泵分成几个系列，再分别配以不同尺寸的柱塞直径，可组成若干种在一个工作循环内供油量不等的喷油泵，以满足各种柴油机的需要。喷油泵系列化有利于制造和维修。

目前，国产柴油机常用的柱塞式喷油泵主要有 A 型泵、B 型泵和 P 型泵。

柱塞式喷油泵一般由泵体、分泵、油量调节机构和传动机构组成。泵体有整体式和上、下分体式两种结构。上、下分体式泵体的拆装比较方便，整体式泵体的刚性好、强度高、可承受较高的喷油压力，有良好的密封性。

(一) A 型喷油泵(A 型泵)

A 型喷油泵总成是国际上通用的一种系列产品，也是国内中、小功率柴油机使用最为广泛的柱塞式喷油泵。A 型喷油泵的示意图如图 5-16 所示。

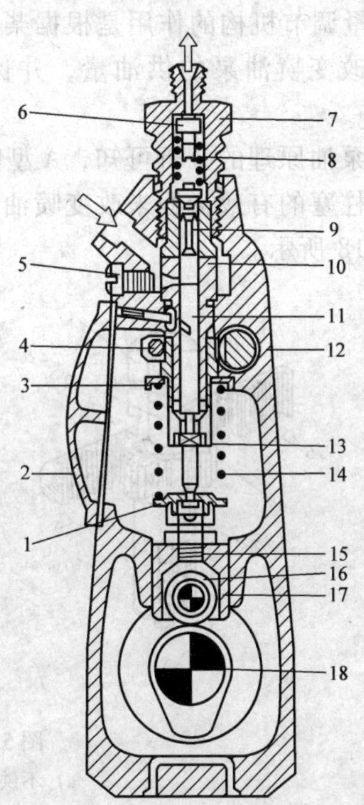

图 5-16　A 型喷油泵的示意图

1—弹簧下座　2—检视窗侧盖　3—弹簧上座　4—齿圈螺钉　5—挡油螺钉　6—减容器　7—出油阀压紧帽　8—出油阀弹簧　9—出油阀　10—柱塞套　11—柱塞　12—齿杆　13—油量控制套筒　14—柱塞弹簧　15—正时螺钉　16—滚轮　17—挺柱体　18—凸轮轴

喷油泵的分泵数目与发动机的缸数相等，各分泵的结构和尺寸完全相同。分泵主要由柱塞偶件、柱塞弹簧、上弹簧座、下弹簧座、出油阀偶件、出油阀弹簧、减容器、出油阀压紧帽等组成。柱塞上部的圆柱表面铣有与轴线成 45°夹角的直线斜槽，斜槽有径向孔与柱塞上部的轴向孔道相通。分泵的工作原理如前所述。

柱塞和柱塞套是喷油泵中的精密偶件，用优质合金钢制造，并通过精密加工和选配，严格控制其配合间隙(约为 0.002 ~ 0.003mm)，以保证燃油的增压和柱塞偶件的润滑。间隙过大时，易漏油，使油压下降；如间隙过小，则柱塞偶件的润滑困难。为保证供油压力不低于规定值，出油阀弹簧在装合后应有一定的预紧力。

出油阀常制成如图5-17所示的结构。出油阀的圆锥面是密封表面，阀的尾部同阀座内孔间为滑动配合，起运动导向作用。阀尾带有切槽，形成十字形断面，以构成出油通路。出油阀中部的圆柱面称为减压环带，其作用是在喷油泵供油停止后迅速降低高压油管中的燃油压力，使喷油器立即停止喷油。

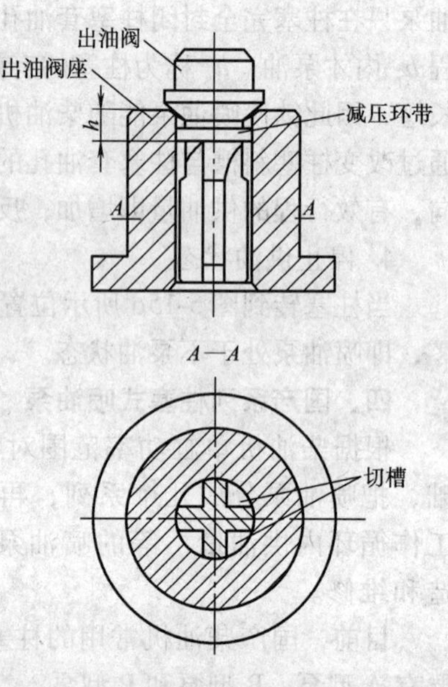

图5-17 出油阀

在出油阀压紧帽中装有一个减容器，以减少高压油腔的容积，有利于喷油过程的改善，同时起限制出油阀最大升程的作用。

出油阀座和出油阀压紧帽之间有密封垫圈，以防止高压油泄漏。出油阀压紧帽与泵体之间有密封圈，以防止低压油腔泄漏燃油。

油量调节机构的作用是根据柴油机负荷和转速的变化来改变喷油泵的供油量，并保证各缸供油量的一致。

由泵油原理的分析可知，A型喷油泵通过转动柱塞改变柱塞的有效行程来改变喷油泵的供油量。A型喷油泵采用齿杆式油量调节机构，如图5-18所示。

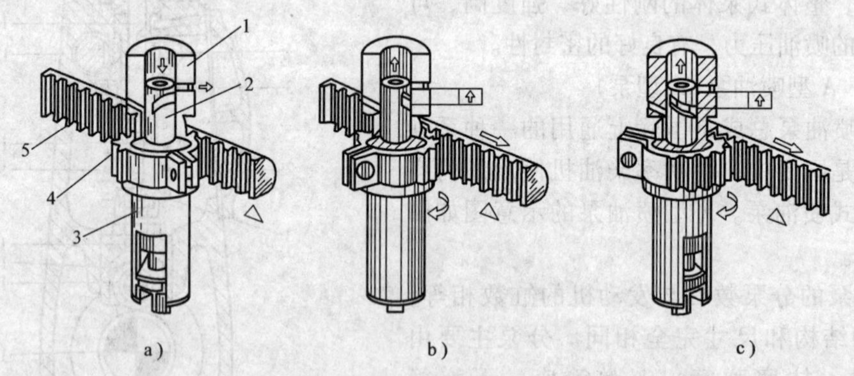

图5-18 齿杆式油量调节机构

a）不供油 b）部分供油 c）全部供油

1—柱塞套 2—柱塞 3—控制套筒 4—可调齿圈 5—齿杆

柱塞下端的条状凸块伸入套筒的缺口内，套筒则松套在柱塞套的外面。套筒的上部用紧固螺钉将可调齿圈锁定，可调齿圈与齿杆相啮合，移动齿杆即可改变供油量。当需要调整某个缸的供油量时，先松开可调齿圈的紧固螺钉，然后转动套筒，并带动柱塞相对于齿圈转动一个角度，再将齿圈固定，以改变该缸的供油量。

齿杆式油量调节装置的特点是传动平稳，但结够复杂，制造成本高。

齿杆式油量调节机构的传动机构由凸轮轴和滚轮传动部件组成。滚轮传动部件如图5-19所示。带有衬套的滚轮松套在滚轮轴上，滚轮轴支承在滚轮架的座孔中，滚轮左侧圆柱面上镶有导向块，泵体上开有轴向长槽。导向块插入该槽中，使滚轮架只能上下移动而不能转动，以保证滚轮与凸轮的相对位置。

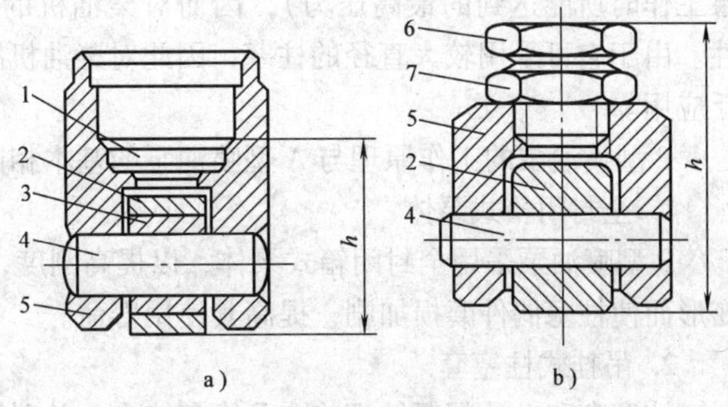

图5-19　滚轮传动部件

a）调整垫块式　b）调整螺钉式

1—调整垫块　2—滚轮　3—滚轮轴衬套　4—滚轮轴　5—滚轮架　6—调整螺钉　7—锁紧螺母

喷油泵的凸轮轴是由柴油机的曲轴通过齿轮驱动的。当凸轮轴上凸轮的凸起部分与滚轮接触时，便克服柱塞弹簧的弹力推动柱塞向上运动；当凸轮的凸起部分转过后，柱塞便在弹簧的作用下回位。为保证一个工作循环的曲轴转角内各缸都能喷油一次，四冲程柴油机的喷油泵凸轮轴的转速应等于曲轴转速的1/2。而凸轮轴各凸轮的相对位置必须符合发动机点火顺序的要求。

喷油泵供油提前角的调整方法有两种：一是改变喷油泵凸轮轴与柴油机曲轴的相对转角位置(可通过调整联轴节来实现,对多缸柴油机应各缸同时改变与柴油机曲轴的相对转角位置)；二是改变滚轮传动部件的高度(通过改变调整垫块厚度或转动调整螺钉而实现)。当松开锁紧螺母拧出调整螺钉时，滚轮传动部件高度 H 增大，于是柱塞封闭柱塞套上进油孔的时刻提前，即供油提前角增大；反之，供油提前角减小。通过调整垫块厚度或转动调整螺钉，可实现各缸供油提前角的一致，即各缸柱塞封闭柱塞套上进油孔的时刻相等。

A型泵泵体采用整体式结构，用铝合金铸成。分泵、油量调节机构及传动机构都装在泵体上，泵体上有低压油腔。输油泵输出的燃油经滤清后进入低压油道，再从柱塞套上的油孔进入各分泵的泵腔。输油泵供给的燃油量通常远大于喷油泵的需油量。当低压油腔的油压大于0.05MPa时，低压油腔的限压阀开启，多余的燃油经回油管流回油箱。

限压阀还兼有排气作用，当需要排气时(如柴油机燃料供给系拆装后或发动机长期停放后)，起动前可将限压阀上端的螺钉旋松，通过手动输油泵排除低压油路和喷油泵低压油腔内的空气；否则将影响柴油机的正常起动。

喷油泵的润滑方式有两种：一种是通过油管与发动机的主油道相连，润滑后经回油管流回发动机油底；另一种是通过泵体注油口或油尺插孔处加入润滑油，以保证传动机构的润滑。泵体下腔内的润滑油与连接在喷油泵后端的调速器壳体内的润滑油是相通的。喷油泵凸轮轴的前端轴承外装有油封。CA6110型柴油机就采用柱塞式喷油泵。

喷油泵的结构比较复杂，但只要抓住供油压力的建立、供油量的调节和供油时刻的调节三个问题，便能掌握其基本构造原理。

B型泵与A型泵的工作原理和结构基本相同，只是供油参数有所差异，以适应不同型号的柴油机的需要。

（二）P型喷油泵

在安装尺寸不变的条件下，P型喷油泵可获得相对于其他喷油泵较高的峰值压力(喷油泵工作时所能达到的最高压力），因而对柴油机的不断强化和向高速化发展有良好的适应性。由于它可采用较大直径的柱塞，因此对柴油机缸径的适应范围大，在重型柴油机上被广泛应用。

P型喷油泵的工作原理与A型喷油泵的基本相同，其结构特点如下。

1. 全封闭箱式泵体

P型喷油泵采用全封闭箱式泵体，以提高刚度，防止泵体在较高的峰值压力作用下产生变形而使柱塞偶件磨损加剧，提高其使用寿命。

2. 吊挂式柱塞套

柱塞套和出油阀偶件都装在凸缘套筒内，并利用出油阀压紧座拧紧，使之成为一个独立的组件。然后用两个螺塞将凸缘套筒固定在泵体的顶部端面上，形成一种吊挂式结构，以改善柱塞套的受力情况，且方便拆装。

3. 油量调节机构

每个柱塞的控制套筒上都装有一个与调节拉杆上的凹槽相啮合的小钢球，移动调节拉杆时，钢球便带动各柱塞控制套筒使柱塞转动，从而改变供油量。P型喷油泵的供油时刻调整可通过增减凸缘套筒下面的垫片来实现。

4. 压力润滑系统

P型喷油泵采用压力润滑。柴油机润滑系主油道的润滑油通过油管与泵体上的进油孔相连，润滑喷油泵的传动部件和调速器的部件。油面高度由泵体上回油孔的位置决定，多余的润滑油经回油孔流回油底壳。

P型泵的缺点是不便拆装，柱塞偶件无法整体从泵体中拆出，而必须先取出凸轮轴，拆出泵体底盖，然后才能从泵体下方拆出柱塞。

五、柱塞式喷油泵的供油量调整

供油量的调整包括标定工况、怠速、起动、校正供油及停止供油等项目，而各种供油量是在柴油机设计制造时，经过反复试验所确定的。

喷油泵各工况供油量的调整直接影响柴油机的输出功率、耗油量、运转平稳性和使用寿命。

标定工况供油量是保证柴油机在标定工况工作时所需要的油量。怠速供油量是柴油机无负荷运转时克服自身阻力所需要的供油量。起动供油量是便于柴油机顺利起动所需的供油量；一般为标定工况供油量的150%以上。校正供油量是柴油机短时间超负荷运转所需的加浓油量。停止供油是柴油机在需要熄火时能及时中断供油的措施。

多缸柴油机配用的多缸喷油泵各分泵的供油量不均匀度应在要求的范围内，才能保证柴油机运转平稳。一般规定标定工况供油量不均匀度不大于3%。怠速供油不均匀会使柴油机怠速运转不稳。一般规定怠速供油不均匀度不大于3%。

在调整时，首先要使调节齿杆与齿圈、齿圈与控制套筒的相互安装位置满足要求。如果位置不正确而导致供油不均匀度过大，会给调整带来不便。检查调试喷油泵必须在专用试验台上进行。

1. 标定工况供油量的调整

喷油泵以标定转速运转，转动操纵手柄至最大供油位置，测量喷油100次或200次各缸的供油量，不合标准或不均匀时，松开调节齿圈的紧固螺钉，使柱塞控制套相对于调节齿圈旋转适当角度，将调节齿圈的螺钉紧固，即可改变供油量。调整时，要判断增加或减小供油量的移动方向。若使操纵臂向增加供油方向移动时，则相应的控制套筒的旋转方向即为增油方向。

2. 怠速供油量的调整

标定工况供油量和不均匀度调整合格后，使喷油泵在怠速下运转；将操纵臂放置在怠速位置定好，然后进行测量，如不均匀度不符合要求，仍按上述方法进行调整。

一般来说，若上面两工况的供油量不均匀度合格，其他工况就能满足供油均匀性的要求。

信息资料单5 调 速 器

调速器的作用是根据柴油机负荷及转速的变化对喷油泵的供油量进行自动调节，使柴油机随负荷的变化能稳定运行。

柴油机工作时，外界负荷经常变化，柴油机在外界负荷变化时应有较稳定的转速，但实际上由于喷油泵的速度特性(在油量调节拉杆位置不变时,供油量随转速变化的关系称为喷油泵的速度特性)，无法满足这一要求。车用柴油机在运行时，由于路面的变化使负荷随之改变，而转速必然变化，要想维持原来的转速不变，就必须在负荷变化时增大或减小喷油泵的供油量。但喷油泵在转速变化时，由于柱塞套回油孔的节流作用和柱塞副漏油量的变化，将导致发动机随负荷的变化使转速降低或升高的不良现象。因此，要想维持柴油机稳定运转，就必须采用调速器这一专门装置来保证在要求的转速范围内，喷油泵随着柴油机负荷的变化而自动调节供油量，以满足汽车行驶的要求。

调速器通常可按其功能和转速传感的不同进行分类。

调速器按功能分类可以分为以下4类：

(1) 两极调速器 用于转速变化较频繁的柴油机，只稳定和限制柴油机的最低和最高转速。柴油机的工作转速由驾驶员通过加速踏板直接操纵喷油泵油量调节机构来实现。

(2) 全程调速器 用于负荷变化较大的柴油机，能控制从怠速到最高限制转速范围内任何转速下的喷油量，以维持柴油机在给定的任意转速下稳定运转，如用在拖拉机、工程机械、矿用车辆、船舶等中。

(3) 单速调速器 多用于工业用柴油机。如发电动机所用的柴油机，要求其工作转速几乎是固定不变的，装用单速调速器后，能随负荷变化自动控制喷油量以维持柴油机在所设定转速下稳定运转。

(4) 综合调速器 此类调速器的构造与全程调速器的相似，调速器只控制最低与最高转速，但亦兼备全程调速器的功能。

调速器按转速传感的不同可分为以下3类：

(1) 气动式调速器 它是利用膜片感知进气管真空度的变化，自动调节供油量达到调速的目的。此种调速器结构简单，在各种转速下均能进行调速作用，属于全程调速器，多用于小功率柴油机。

(2) 机械离心式调速器 它是利用喷油泵凸轮轴的旋转，使飞块产生离心力实现调速作用的调速器。此种调速器结构虽然复杂，但工作可靠、性能良好，故在各种柴油机上得到广泛地应用。

(3) 复合式调速器 它同时利用气动作用和机械离心作用自动控制供油量，从而实现柴油机调速的作用。

一、两极调速器

两极调速器适用于一般条件下的汽车柴油机使用，只限制柴油机工作的最低和最高转速，而在所有中间转速范围内由驾驶员控制。

1. 两极调速器的结构

图 5-20 所示为 CA6110 型和 6102Q 型柴油机采用的 RAD 型两极调速器的结构。

2. 两极式调速器的基本工作原理

两极式调速器的工作原理如图 5-21 所示。支承盘由喷油泵的凸轮轴带动旋转，其轴向位置是固定的。飞球铰接在支承盘上并随支承盘一起旋转，飞球在旋转时受离心力作用而张开，飞球臂给滑动盘一个向右的轴向力。滑动盘可沿轴向力滑动，其轴与杠杆相连，轴的右端与一球面顶块接触。调速弹簧由两根组成，外弹簧又称高速弹簧，刚性较大；内弹簧又称低速弹簧，刚性小。发动机静止时，球面顶块与弹簧滑块之间有一定的间隙。供油齿杆不仅由操纵杆通过拉杆来操纵，也受滑动盘的轴向位置控制，因此，实际工作时齿杆的位置是由操纵杆和滑动盘共同决定的。

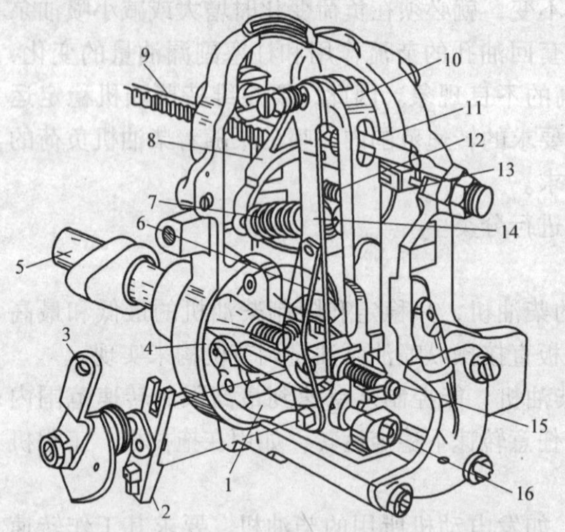

图 5-20 RAD 型两极调速器的结构

1—飞块 2—支持杠杆 3—控制杠杆 4—滚轮 5—凸轮轴 6—浮动杠杆 7—调速弹簧 8—速度调整杠杆 9—供油调节齿杆 10—拉力杠杆 11—速度调整螺栓 12—起动弹簧 13—稳速弹簧 14—导动杠杆 15—怠速弹簧 16—齿杆行程调整螺栓

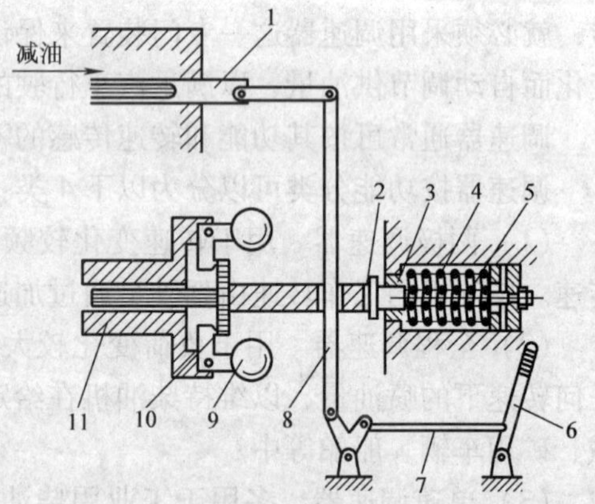

图 5-21 两极式调速器的工作原理

1—齿杆 2—球面顶块 3—弹簧滑套 4—高速弹簧 5—低速弹簧 6—操纵杆 7—拉杆 8—杠杆 9—飞球 10—滑动盘 11—支承盘

调速器的飞球即为感应元件，滑动盘即为执行机构。当柴油机负荷发生改变时，转速发生变化，飞球的离心力随之改变。飞球的离心力通过飞球臂作用到滑动盘上，产生一轴向分力 F_a，该力迫使滑动盘向右移动；滑动盘右端又受到调速弹簧的作用 F_p，因此滑动盘的位置取决于上述两力是否平衡。

其工作过程如下：当柴油机静止时，滑动盘受低速弹簧的作用靠向最左端，若操纵杆处于自由状态，齿杆就处在供油量较大位置。柴油机起动后，转速上升，飞球离心力的轴向分力 F_a 克服低速弹簧的弹力 F_p 使滑动盘右移，带动齿杆右移减油。当转速升到某一转速 n_d 时，滑动盘推动球面顶块与弹簧滑套（实际上高速弹簧座）接触，由于高速弹簧刚性大，即预压力大，即使转速继续上升，飞球的离心力也不足以推动高速弹簧座右移。因此，在转速大于 n_d 后的一段范围内，滑动盘的位置将保持不变，这时节气门齿杆就完全由人工操纵杆来控制。

如果此时外界负荷变化使转速下降（操纵杆仍呈自由状态），飞球离心力下降，低速弹簧的弹力 F_p 就会推动滑动盘左移，带动齿杆向左移加油，以保持转速回升至 n_d 稳定运转。n_d 就是最低空转转速，又称怠速。

当柴油机转速上升到标定转速 n_b 时，飞球离心力增大，其轴向分力 F_a 与高、低速弹簧的弹力相平衡。此时，如转速稍有上升，滑动盘即被推动右移，克服两弹簧的弹力带动齿杆减油。如负荷继续减小，转速继续上升，则滑动盘继续右移减油，直到外界负荷为零时，滑动盘使齿杆处于某一操纵杆位置的最小供油量位置；若操纵杆置于最大供油位置，则柴油机在最高空载转速下运行。

综上过程：当柴油机转速在最低空载转速 n_d 下运行时，调速器起作用保证转速不再下降；当柴油机转速介于 n_d 和 n_b 之间时，调速器不起作用（滑动盘位置不变），供油量只由操纵杆控制；当转速升至 n_b 时，调速器又起作用，以满足柴油机负荷降低时适当减少油量，使柴油机不致飞车，并限制了最高空载转速。

3. 两极调速器的典型结构和工作过程

如图 5-22 所示，RAD 型两极调速器用螺钉与喷油泵连接构成一体，两个飞块装在喷油泵凸轮轴上。当飞块向外张开时，飞块臂上的滚轮推动滑套沿轴向移动。导动杠杆的上端铰接于调速器壳上，下端紧靠在滑套上，其中部与浮动杠杆铰接。浮动杠杆的下部有一销轴，插在支持杠杆下端的凹槽内。控制杠杆的一臂与支持杠杆相连，另一臂则由驾驶员通过加速踏板和杆系操纵。速度调定杠杆、拉力杠杆和导动杠杆的上端均支承在调速器壳体的轴销上。用速度调整螺栓顶住速度调定杠杆，可使装在拉力杠杆和速度调定杠杆之间的调速弹簧保持拉伸状态。因此，在所有中间转速范围内，拉力杠杆始终紧靠在齿杆行程调整螺栓的头部。在拉力杠杆的中下部有一轴销，它插在支持杠杆上端的凹槽内。怠速弹簧装在拉力杠杆的下部，用于控制怠速。调速器的工作过程如下：

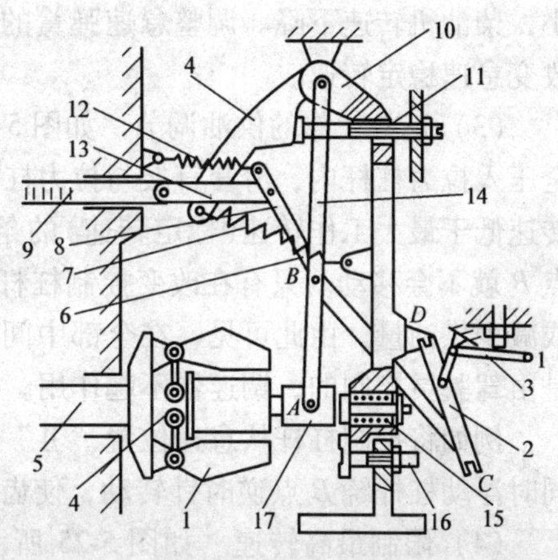

图 5-22　RAD 型两极调速器的结构示意图
1—飞块　2—支持杠杆　3—控制杠杆　4—滚轮　5—凸轮轴　6—浮动杠杆　7—调速弹簧　8—速度调整杠杆　9—供油调节齿杆　10—拉力杠杆　11—速度调整螺栓　12—起动弹簧　13—稳速弹簧　14—导动杠杆　15—怠速弹簧　16—齿杆行程调整螺栓　17—滑套

(1) 起动加浓　如图 5-23 所示，发动机静止时，两飞块在起动弹簧的作用下处于向心极限位置。起动前应将控制杠杆推至全负荷供油“Ⅰ”位置。此时，支持杠杆绕 D 点逆时针方向转动，浮动杠杆也绕 B 点逆时针方向转动，因此供油调节齿杆向增加供油的方向（图中为向左）移动。起动弹簧的作用就在于对浮动杠杆作用一个向左的拉力，使其绕 C 点作逆时针方向的偏转，同时带动 B 点(销轴)和 A 点(套筒)进一步向左移动直到飞块到达向心极限位置为止，从而保证供油调节齿杆越过全负荷进入起动最大供油位置，即起动加浓位置。

(2) 怠速稳定　如图 5-23 所示，发动机起动后将控制杠杆拉到怠速“Ⅱ”位置，发动机便进入怠速工作。飞块的离心力与怠速弹簧和起动弹簧的合力平衡时，供油调节齿杆便保持在某一位置，柴油机就在相应的某一转速下稳定地工作。若此时阻力增大使柴油机转速降低，则飞块离心力随之减小，滑套便在怠速弹簧和起动弹簧的共同作用下左移，从而使导动杠杆向左偏转，带动 B 点左移。同时，浮动杠杆绕 C 点逆时针转动，推动供油调节齿杆左移，增加供油量，使柴油机转速回升。相反，若发动机阻力下降使转速升高，则飞块的离心力增加、滑套右移，通过导动杠杆、浮动杠杆驱动供油调节齿杆右移，使供油量减小，柴油机转速下降。调整怠速弹簧的预紧力就可以改变怠速稳定转速。

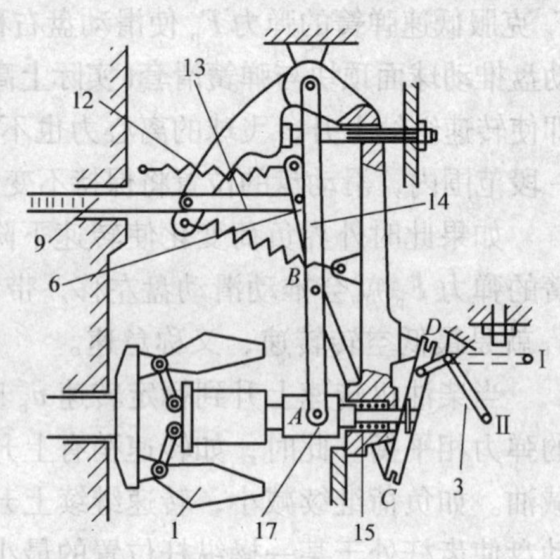

图 5-23　两极调速器的怠速工作示意图

图注同图 5-22

(3) 正常工作的供油调节　如图 5-24 所示，当柴油机超过怠速转速时，怠速弹簧被完全压入拉力杠杆内，滑套直接与拉力杠杆接触。由于拉力杠杆被大弹力的调速弹簧拉住，在转速低于最大工作转速(标定转速)的条件下，飞块的离心力不足以推动拉力杠杆，因而支点 B 就不会移动。只有在改变控制杠杆的位置时才可使供油调节齿杆左右移动，从而增加或减少供油量。由此可见，在全部中间转速范围(即正常工作转速范围)内，供油量的调节是由驾驶员控制的，调速器不起作用。

例如将控制杠杆从怠速位置“Ⅱ”推到部分负荷位置“Ⅲ”，则支持杠杆绕 D 点转动，同时浮动杠杆绕 B 点逆时针转动，使齿杆左移，从而增加了供油量。

(4) 限制最高转速　如图 5-25 所示，不管柴油机是在部分负荷还是在全负荷下工作，只要外载负荷的变化引起柴油机转速超过规定的最大转速(标定转速)时，飞块的离心力就

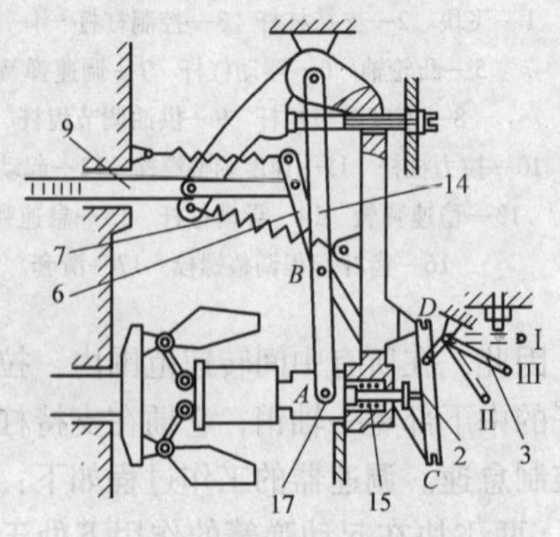

图 5-24　两极调速器正常工作转速范围内的工作示意图

图注同图 5-22

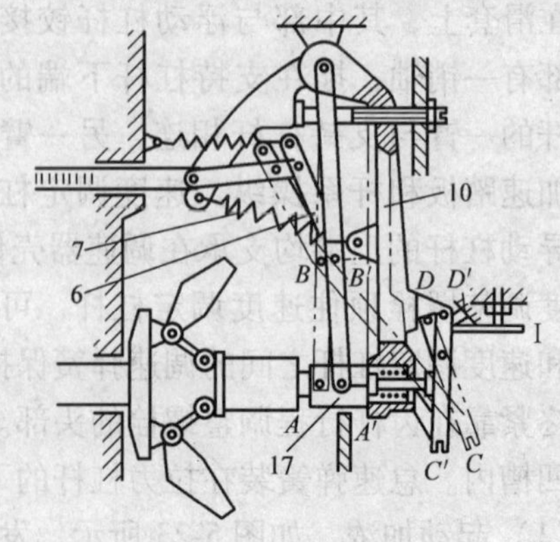

图 5-25　两极调速器限制超速的工作示意图

图注同图 5-22

能克服调速弹簧的拉力，推动滑套和拉力杠杆右移，使支点 B 移到 B'，同时 D 移到 D'、C 移到 C'，结果使供油调节齿杆向右移动，供油量减少，从而保证柴油机的转速不会超过规定值。利用调整螺栓如图 5-24 所示改变调速弹簧的预拉力，便可调节柴油机的最高转速。

二、全程调速器

全程调速器不仅能稳定怠速和限制超速，而且能控制柴油机在允许转速范围内的任何转速下稳定地工作。

RSV 调速器是德国博世(Bosch)公司 S 系列中的全程调速器，可用于 M、A、AD、P 型等喷油泵，能与汽车、拖拉机、发电机、工程机械等主机配套。

1. RSV 调速器的结构

如图 5-26 所示，它与前面的 RAD 两极调速器的结构大体相同；不同之处有：①浮动杠杆的下端与调速器壳直接铰接；②在原两极调速器的怠速弹簧处增设了油量校正装置，并在支撑杆的中部右侧的调速器壳体上增设了怠速弹簧；③装有可变调速率机构。在两极调速器中调速弹簧的预紧力是固定值，而全程调速器中调速弹簧的预紧力是可调的，不同的调速弹簧预紧力所对应调速器起作用的转速不同，从而实现了全程调速。

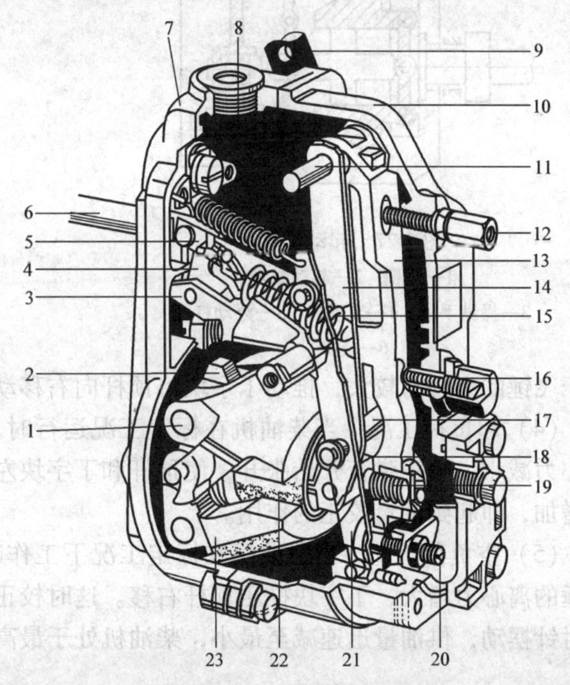

图 5-26　RSV 调速器的结构

1—飞锤销　2—飞锤支架　3—弹簧摇臂　4—弹簧挂耳　5—连杆　6—供油量调节齿杆　7—调速器前壳　8—起动弹簧　9—操纵手柄　10—调速器后壳　11—支承杆销　12—怠速限位钉　13—支承杆　14—支架　15—调速弹簧　16—怠速稳定弹簧　17—支架轴　18—丁字块　19—校正弹簧　20—行程调节螺钉　21—浮动杠杆　22—调速套筒　23—飞锤

2. RSV 调速器的工作原理

（1）起动过程　起动前将操纵手柄扳到左端，如图 5-27 所示，支撑杆下端与行程调节螺钉相碰，飞锤处于收拢位置。起动弹簧将浮动杠杆拉向左摆，带动供油调节拉杆移向起动油量位置，以保证顺利起动。此时，丁字块与支撑杆间有一定间隙，即起动油量大于标定油量。

（2）怠速工况　如图 5-28 所示，起动后操纵手柄向右扳回到怠速位置，放松调速弹簧的拉力；飞锤的离心力首先克服起动弹簧的弹力，使丁字块右移与调速杠杆相接触，继续推动调速杠杆压缩到怠速弹簧上，飞锤离心力的轴向分力与上述诸弹簧的弹力达到平衡，柴油机平稳地怠速运转。此时主要由怠速弹簧来起调速作用，但当转速降低过大时，起动弹簧也将起较大作用，使供油量增加，保持怠速的稳定。

（3）高速工况　操纵手柄离开怠速位置向左转动，相应的每个位置都对应一个调速器起作用的转速。转动角度越大，起作用的转速越高，直到该手柄与高速限位螺钉相碰时，柴油机处于最高工作转速，如图 5-29 所示。此时，支撑杆被拉紧，下端压到行程调节螺钉上。

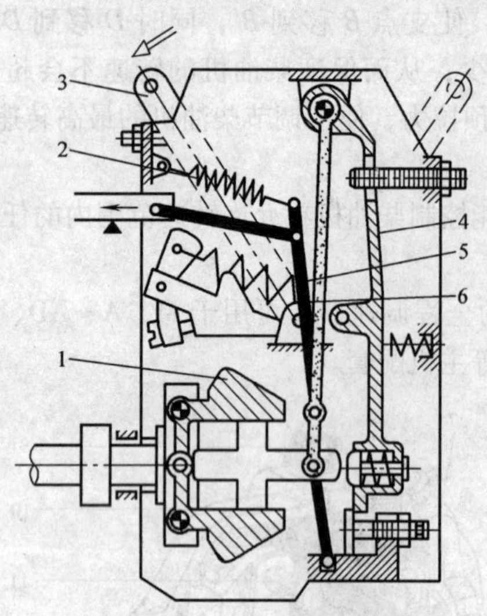

图 5-27　起动位置

1—飞锤　2—起动弹簧

3—操纵手柄　4—支承杆　5—浮动杠杆

6—支架

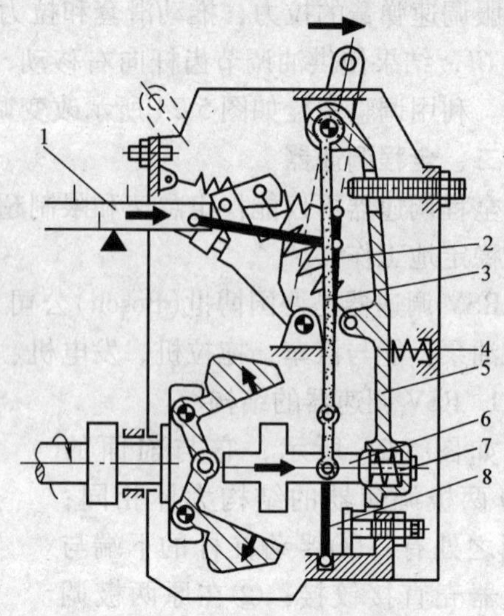

图 5-28　怠速工况

1—供油量调节齿杆　2—调速弹簧　3—支架

4—怠速稳定弹簧　5—支承杆　6—丁字块

7—顶杆　8—浮动杠杆

由于飞锤的离心力较大，推动丁字块将顶杆向右移动，压紧校正弹簧。

（4）超负荷工况　当柴油机在标定工况运行时，如出现负荷突增使转速下降，则飞锤离心力减小，校正弹簧开始张开，使顶杆和丁字块左移，带动供油量调节齿杆左移，使供油量增加，即起到油量校正的作用。

（5）空负荷工况　当柴油机在标定工况下工作时，当负荷全部卸掉而使转速突升，则飞锤的离心力增大，丁字块推压顶杆右移。这时校正弹簧已压紧，因此将推动支撑杆向右作顺时针摆动，供油量迅速减至最小，柴油机处于最高空转转速下工作，如图 5-30 所示。

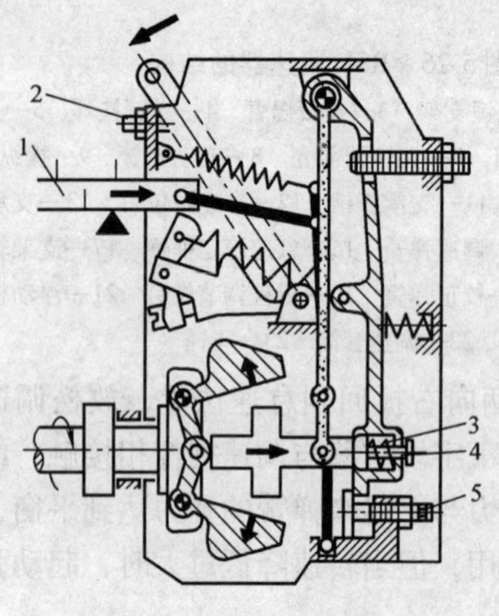

图 5-29　高速工况满负荷

1—供油量调节齿杆　2—高速限位螺钉

3—校正弹簧　4—顶杆　5—行程调节螺钉

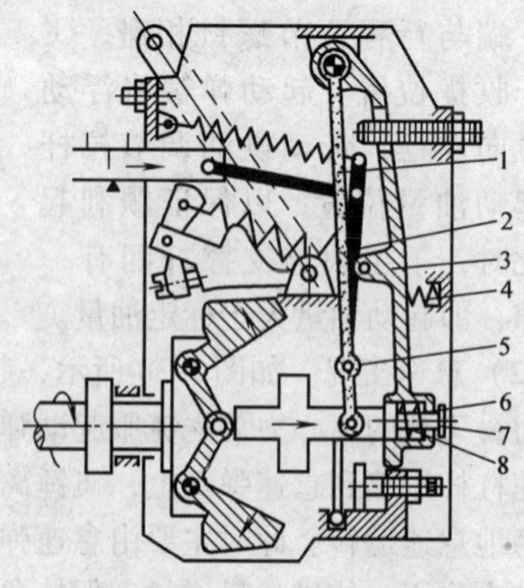

图 5-30　高速工况空负荷

1—支架　2—浮动杠杆　3—支承杆

4—怠速稳定弹簧　5—小轴　6—丁字块

7—顶杆　8—校正弹簧

（6）停机过程　如图 5-31 所示，全程调速器不带停机机构时，只需扳动操纵手柄至最右端，使弹簧摇臂上的弹簧挂耳与停机挡块相碰；弹簧摇臂将推压支架向右摆动，浮动杠杆随之顺时针转动，将供油调节齿杆拉到停油位置。如设有停机机构，则停机时只需转动停机手柄，浮动杠杆以轴为支点作顺时针转动，将供油量调节齿杆拉到停油位置。停机手柄处设有回位弹簧，在停机手柄放松后，回位弹簧即可使停机手柄返回原位，如图 5-32 所示。

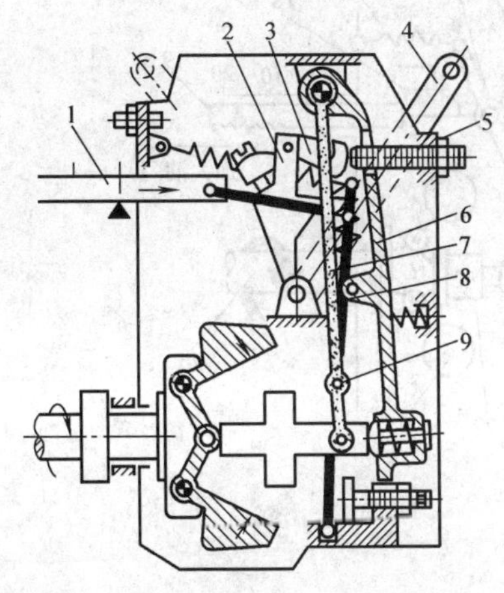

图 5-31　停车位置（无停车机构）

1—供油量调节齿杆　2—弹簧摇臂　3—弹簧挂耳　4—操纵手柄　5—停机挡块　6—支承杆　7—浮动杠杆　8—支架　9—小轴

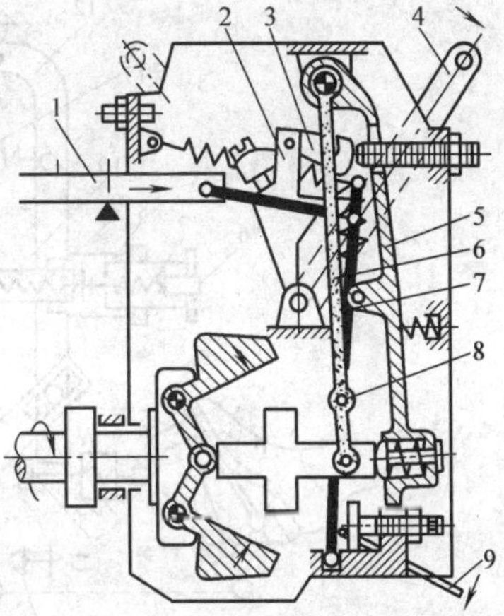

图 5-32　停车位置（有停车机构）

1—供油量调节齿杆　2—弹簧摇臂　3—弹簧挂耳　4—操纵手柄　5—支承杆　6—浮动杠杆　7—支架　8—小轴　9—停车手柄

三、综合调速器

近年来，各种专用汽车（如起重吊车，混合搅拌车等）的需求量日益增大。它们的特点是既能正常行驶，又能进行装卸吊货和混合搅拌等作业。为了适应车辆的特殊需要，日本 D. K. K 公司在 RAD 型和 RSV 型调速器的基础上发展了全程、两极两用调速器（RFD 型）。

与 RSD 型和 RSV 型调速器相比，RFD 型调速器设有调速手柄和负荷控制杆，可根据需要固定调速手柄或负荷控制杆来改变调速器的用途。如将调速手柄固定在最高转速限止器的位置，则直接和加速踏板连接的负荷控制杆起作用，即为两极调速器，它应用于一般运输机械上；如将负荷控制杆固定而由调速手柄起作用，则变为全程调速器。这样，它不仅可以应用于汽车上，而且可应用于工程机械上，改善了该种调速器的适用性。

CA6110 型柴油机装用 RFD 型两极式机械调速器，兼有部分全程式调速器的功能。RFD 型调速器的结构如图 5-33 所示。在调速器中，喷油泵凸轮轴 20 是由柴油机曲轴带动旋转的，其转速为曲轴转速的 1/2。装在喷油泵凸轮轴 20 上的一对离心重块 21 随凸轮轴一起转动，离心重块 21 通过滑套 22、滑套顶块 23、浮动杆 16、导杆 15、起动弹簧 17 以及节点 A、O、M、R 等与喷油量控制齿条 19 相连，达到控制喷油量的目的。当凸轮轴转速逐渐升高时，离心重块 21 的离心力加大向外动作，推动滑套顶块 23 向后移动，通过浮动杆 16 和导杆 15 将喷油量控制齿条 19 向后拉动，减小节气门开度。当转速逐渐降低时，离心重块向内动作，通过杆系的连动动作将齿条向前推动，增大节气门开度。驾驶员脚下的加速踏板的踏压动作通过拨叉杆 1、浮动杆 16、导杆 15、起动弹簧 17 和节点 M、O、R 等与喷油量控制齿条 19 相连，达到脚踏控制喷油量的目的。驾驶员踏下加速踏板时，N 点不动，M 点向后移动，浮动杆16绕O点转动，使R点向前移动，推动喷油量控制齿条19向前移动加大节气门开度。抬起节气门时，M点向前移动，R点向后移动，拉动喷油量控制齿条19向后移动，减小节气门开度。对于柴油机和喷油泵的控制，驾驶员要控制节气门开度，离心重块也要控制节气门开度，两者靠浮动杆16协调在一起的。

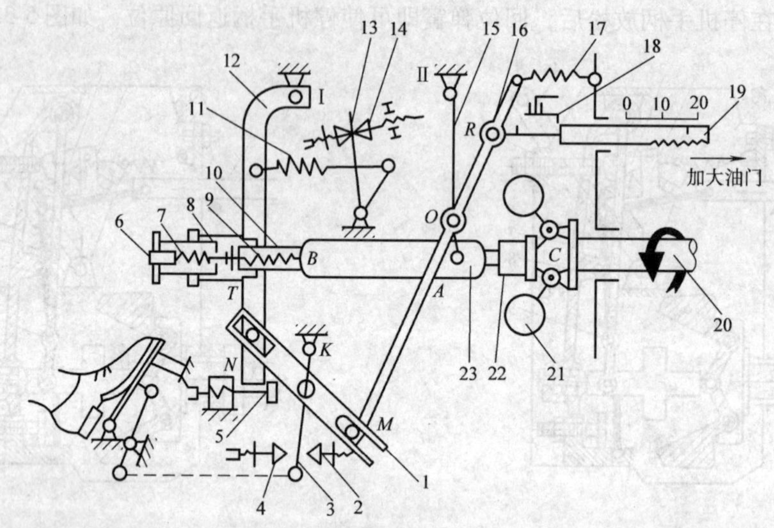

图5-33 RFD型调速器的结构

1—拨叉杆 2—怠速限位螺钉 3—负荷控制杆 4—全负荷限位螺钉 5—张紧杆限位大头螺钉 6—扭矩校正弹簧调整螺钉 7—扭矩校正弹簧 8—扭矩校正弹簧顶杆 9—怠速弹簧 10—调速弹簧顶杆 11—调速弹簧 12—张紧杆 13—调速杆 14—调速杆高速限位螺钉 15—导杆 16—浮动杆 17—起动弹簧 18—停油拨叉 19—喷油量控制齿条 20—喷油泵凸轮轴 21—离心重块 22—滑套 23—滑套顶块

由此可见浮动杆16的一端(R)拉着喷油量控制齿条19、起动弹簧17，使节气门开度加大；另一端由驾驶员的脚控制M点的前后位置，中间的一点O由离心重块控制。当发动机转速稳定在某一转速时，O点不动。这时如果驾驶员要加速，踏下加速踏板，M点就会向后移动，于是R点就向前推齿条，喷油泵加大了供油量，发动机输出更多的动力，汽车就加速。当驾驶员觉得车速已经够高而停止下压加速踏板时，M点不动。如果发动机转速还在上升，离心重块21被甩得向外分开，这时A点会带动O点向后移，把齿条拉向后，减小了节气门开度，发动机即保持在这一转速不动，从而达到稳定转速的目的。同样，调速器里的其他机构也起到控制齿条动作的作用。

信息资料单6 连接器及供油提前角调节装置

一、连接器

1. 连接器的作用

连接器不仅起传递动力的作用，而且还可以补偿安装时两轴间同轴度的偏差，以及利用两轴间少量的相对角位移来调节喷油泵的供油正时。

喷油泵的驱动如图5-34所示。曲轴前端的正时齿轮经中间传动齿轮驱动喷油泵正时齿轮。正时齿轮上均刻有正时啮合标记，必须按标记装配才能保证喷油泵的供油正时。

喷油泵正时齿轮输出轴与喷油泵凸轮轴之间用连接器连接。有的喷油泵直接利用其壳体上的弧形孔，使泵体相对于喷油泵凸轮轴转动，以调节供油正时，省略了连接器。

2. 连接器的结构和原理

常见的连接器有刚性十字胶木盘式和挠性钢片式两种。

目前，汽车上已较少采用刚性十字胶木盘式连接器，本节主要介绍挠性钢片式连接器。

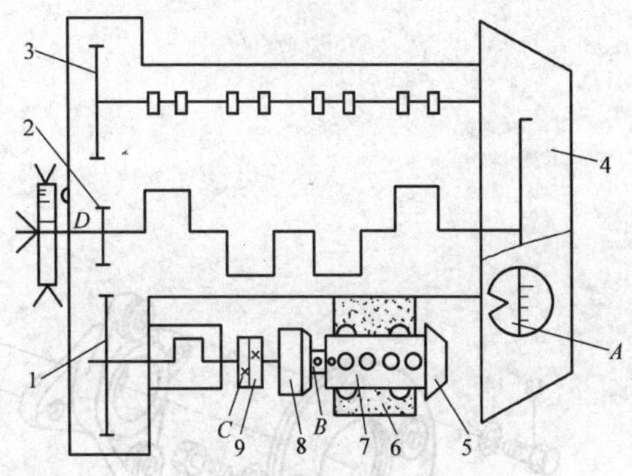

图 5-34　喷油泵的驱动和供油正时

1—喷油泵正时齿轮　2—曲轴正时齿轮　3—凸轮轴正时齿轮　4—飞轮壳　5—调速器　6—托板　7—喷油泵　8—供油提前角自动调节器　9—联轴节

CA6110 型柴油机喷油泵连接器即为挠性钢片式连接器，其结构如图 5-35 所示。安装时，要求驱动端与喷油泵凸轮轴端中心线的同心度不大于 0.3mm，摆角不大于 0.5°，伸长或压缩误差不大于 ±0.5mm。

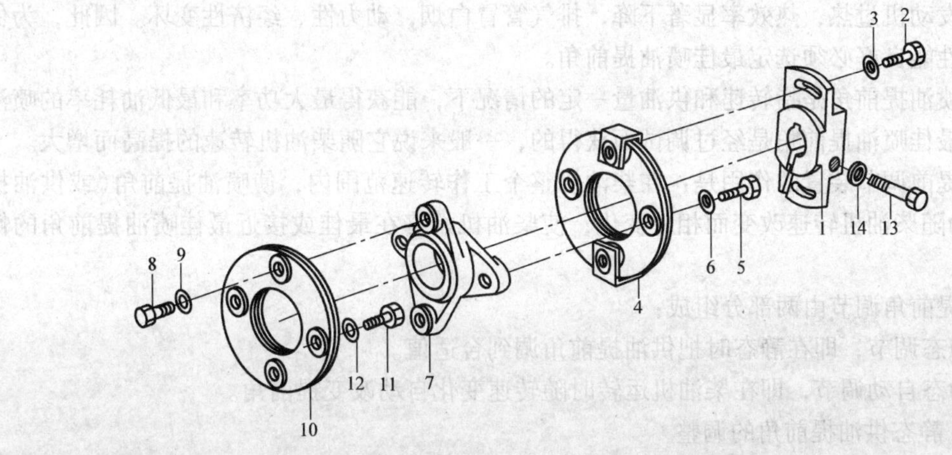

图 5-35　CA6110 型柴油机喷油泵连接器的结构

1—连接盘　2、5、8、11、13—螺钉　3、6、9、12、14—垫圈　4、10—钢片组　7—十字架

CA6110 型柴油机采用的挠性钢片式连接器实际上是一个角度变化很小的万向联轴节，传动时可以对主、从动轴的同轴度误差起补偿作用。连接器(图 5-36)的两组传动钢片，即主动传动钢片组和从动传动钢片组，主要利用其圆形弹性钢片的挠性来补偿主、从动轴间少量的同轴度偏差。

二、供油提前角调节装置

合适的喷油提前角可获得最佳时刻喷油，并获取最大的动力和较经济的油耗。喷油提前角是发动机排放指标的一个重要调整参数，它对整机性能的影响较大。

喷油提前角过大时，气缸内空气温度较低，混合气形成条件差，备燃期较长，柴油机工作粗暴(可以听到有节奏的清脆“嘎嘎”声)，油耗增高、功率下降、怠速不稳、起动困难。

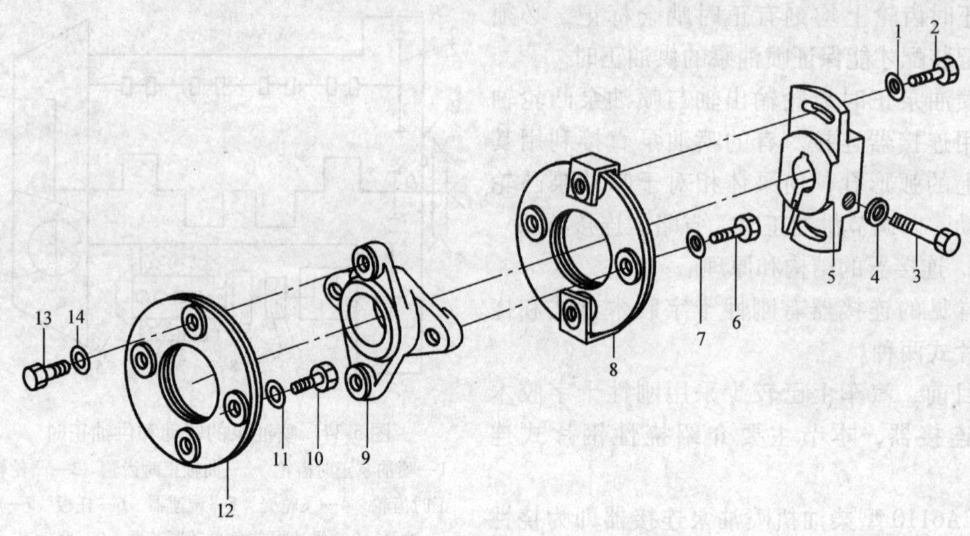

图 5-36 CA6110 型柴油机喷油泵连接器

1、4、7、14、11—垫圈 2、3、6、10、13—螺钉 5—连接盘 8、12—钢片组 9—十字架

如果喷油提前角过小，则燃油不能在上止点附近迅速燃烧，后燃期增加，燃烧温度升高、压力下降，发动机过热，热效率显著下降，排气管冒白烟，动力性、经济性变坏。因此，为保证发动机性能良好必须选定最佳喷油提前角。

最佳喷油提前角是指转速和供油量一定的情况下，能获得最大功率和最低油耗率的喷油提前角。最佳喷油提前角是经过调试而获得的，一般来说它随柴油机转速的提高而增大。

喷油提前调节装置的作用是：在柴油机整个工作转速范围内，使喷油提前角(或供油提前角)自动随柴油机转速改变而相应变化，使柴油机始终在最佳或接近最佳喷油提前角的情况下工作。

供油提前角调节由两部分组成：

1）静态调节，即在静态时把供油提前角调到合适值。

2）动态自动调节，即在柴油机运转时随转速变化自动改变提前角。

（一）静态供油提前角的调整

柴油机出厂前、工作一段时间或拆装后，都需要进行供油提前角的检查与调整。柴油机曲轴前端扭转减振器(后端飞轮上)刻有上止点及曲轴旋转角度刻线，应与机体(飞轮壳)上的标记相对。注意此时应保证是在第一缸压缩上止点附近。标记对正后，观察喷油泵的提前器壳体上的刻线与喷油泵泵体上的刻线是否对齐。如果对齐，则说明供油提前角正确，否则需调整。

供油提前角通过万向节来进行调整，如图 5-36 所示。将连接盘上的腰形孔与十字中间凸缘盘相对转动一定角度，使上述刻线对齐，紧固联结螺钉即可完成供油提前角的调整。

（二）供油提前角自动调节器

1. 供油提前角自动调节器的作用

在柴油机的工作过程中，供油提前角自动调节器根据发动机转速的变化自动调节供油提前角，从而获得较合适的供油提前角，以改善发动机的动力性和经济性。

2. 供油提前角自动调节器的结构与工作过程

喷油泵上配用的供油提前角自动调节器大部分为机械离心式，其工作原理基本相同，如图5-37所示。CA6110型柴油机采用机械离心式供油提前角调节器(位于万向节与喷油泵凸轮轴之间)，其结构如图5-38所示。

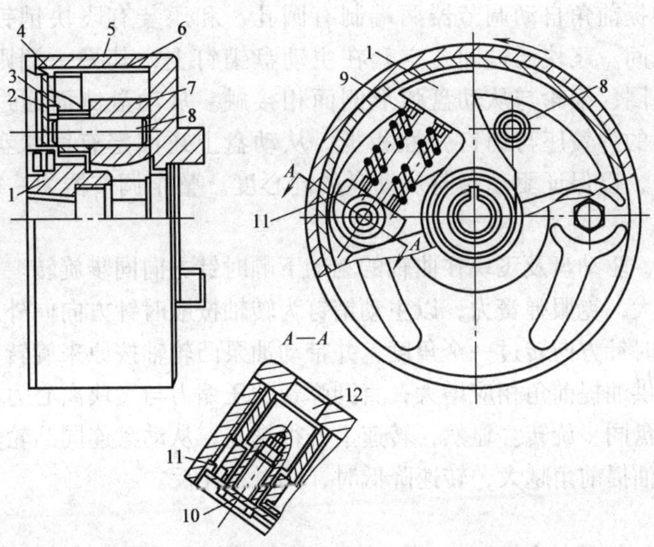

图5-37　机械离心式供油提前角自动调节器的工作原理

1—从动盘臂　2—内座圈　3—滚轮　4—密封圈　5—驱动盘　6—调节器从动盘　7—飞块　8—销钉　9—弹簧　10—螺钉　11—弹簧座圈　12—销轴

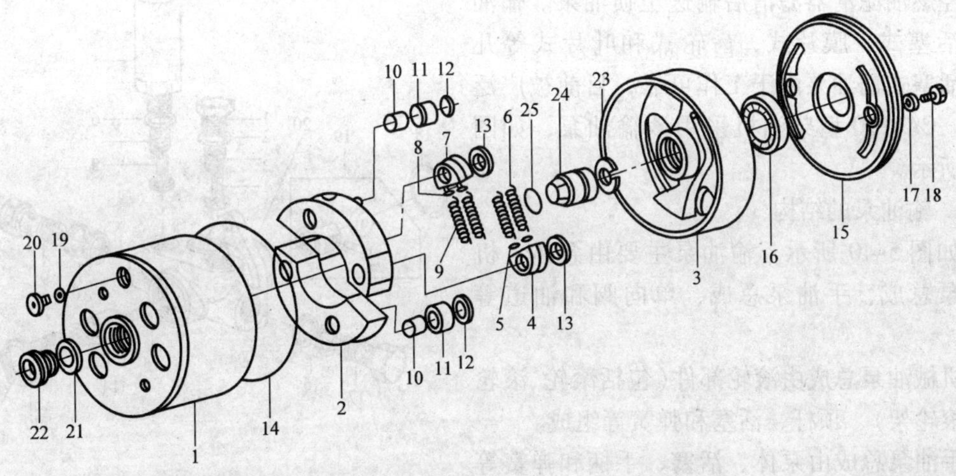

图5-38　机械离心式供油提前角自动调节器结构图

1—壳体　2—飞块　3—法兰盘　4、7—弹簧座　5、8—调整垫片　6、9—弹簧　10—内滚轮　11—外滚轮　12—垫片　13—销座　14、25—O形环　15—盖板　16—油封　17、19、21—密封垫　18—螺钉　20、22—螺塞　23—弹簧垫　24—螺母

柴油机供油或喷油提前角的最佳值随转速的变化而变化。转速增高时，混合气的形成和燃烧过程虽可加快，但转过相同曲轴转角所需的时间缩短，为使燃气最高压力仍出现在上止点稍后，供油提前角必须增大；反之变小。由于汽车用柴油机的工况变化较大，为使各种转

速下该角均为最佳，喷油泵上配有供油提前角自动调节器。

供油提前角自动调节器安装于喷油泵凸轮轴前端。供油提前角自动调节器与十字架固定，连接盘与十字架通过腰形孔连接，并接受驱动。连接盘通过半圆键与空气压缩机曲轴轴相连接。供油提前角自动调节器两端制有圆孔，和压装有飞块销钉的两个飞块介于驱动盘和从动盘之间。飞块通过圆孔空套在主动盘销钉上，其另一端则通过空套在飞块销钉上的滚轮内座圈、滚轮与从动盘弧形侧面相接触。从动盘侧面通过弹簧由螺钉固定在主动盘销钉端头的弹簧座与销钉弹性相抵。从动盘上还固定有筒状盘，其外圆面与驱动盘内圆面相配合，以保证驱动盘与从动盘的同心度。整个调节器为一密封件，内腔可注入润滑油用以润滑。

柴油机工作时，驱动盘及飞块在曲轴的驱动下顺时针方向同步旋转。当柴油机转速升高时，飞块离心力增大，克服弹簧力，以主动销钉为转轴按顺时针方向向外甩开；飞块活动端滚轮迫使从动盘顺时针方向转过一个角度，并带动油泵凸轮轴按原来旋转方向相对于驱动盘转过一个角度，使供油提前角相应增大；直到弹簧的压缩力与飞块离心力相平衡时，从动盘连同凸轮轴与驱动盘同步旋转。显然，转速上升得越高，从动盘连同凸轮轴相对驱动盘转过的角度越大，即供油提前角越大；转速降低时，其过程相反。

信息资料单 7　柴油机燃料供给系辅助装置

一、输油泵

输油泵的作用是将燃油从油箱内把燃油吸出，经燃油滤清器滤清后输送至喷油泵。输油泵有活塞式、膜片式、齿轮式和叶片式等几种。活塞式输油泵由于工作可靠，目前被广泛应用。CA6110 型柴油机采用该输油泵，如图 5-39 所示。

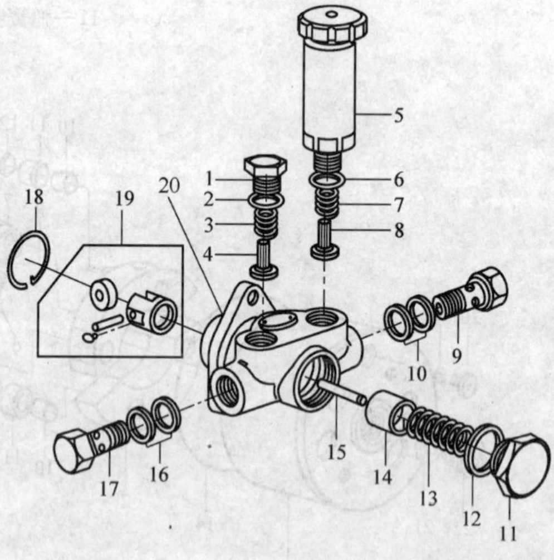

1. 输油泵的结构

如图 5-40 所示，输油泵主要由泵体、机械油泵总成、手油泵总成、单向阀和油道等组成。

机械油泵总成由滚轮部件（包括滚轮、滚轮轴和滚轮架）、顶杆、活塞和弹簧等组成。

手油泵总成由泵体、活塞、手柄和弹簧等组成。

单向阀由进油单向阀、出油单向阀和单向阀弹簧等组成。

2. 输油泵的工作原理

如图 5-41 所示，喷油泵凸轮轴转动时，轴上的偏心轮驱动滚轮、滚轮架、推杆和活塞向下运动。泵腔Ⅰ内容积减小，油压升高，进油阀被关闭，出油阀被压开，柴油由泵腔Ⅰ通过出油阀流向泵腔Ⅱ。当喷油泵凸轮轴上的偏

图 5-39　CA6110 型柴油机输油泵

1—螺塞　2、6、10、12、16—垫片　3、7—油阀弹簧　4—出油阀　5—手油泵　8—进油阀　9—进油螺钉　11—螺塞　13—活塞弹簧　14—活塞　15—顶杆　17—出油螺钉　18—卡环　19—挺杆总成　20—泵体

心轮转过时，在活塞弹簧的作用下推动活塞向上运动，泵腔Ⅱ内的油压升高，出油阀关闭，泵腔Ⅱ内的柴油经出油管输出。同时，由于泵腔Ⅰ内的容积增大，形成一定的真空度，将进油阀吸开，油箱内的柴油经进油管和进油阀被吸入泵腔Ⅰ。

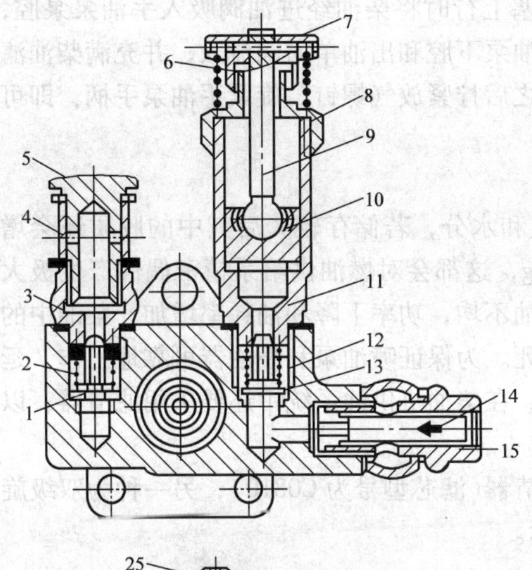

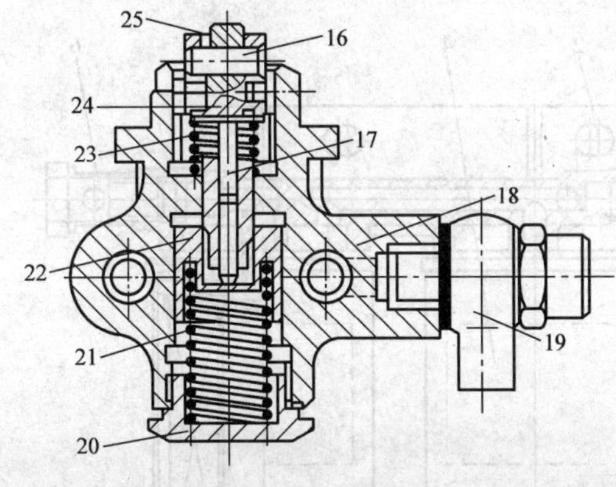

图5-40　活塞式输油泵

1—出油阀　2—出油阀弹簧　3—油管插头　4—保护套　5—出油管插头螺套　6—手柄　7—手油泵销　8—手油泵盖　9—手油泵杆　10—手油泵活塞　11—手油泵体　12—进油阀弹簧　13—进油阀　14—滤网　15—出油管插头螺栓　16—滚轮销　17—推杆　18—泵体　19—进油管插头　20—螺塞　21—活塞弹簧　22—活塞　23—滚轮弹簧　24—滚轮架　25—滚轮

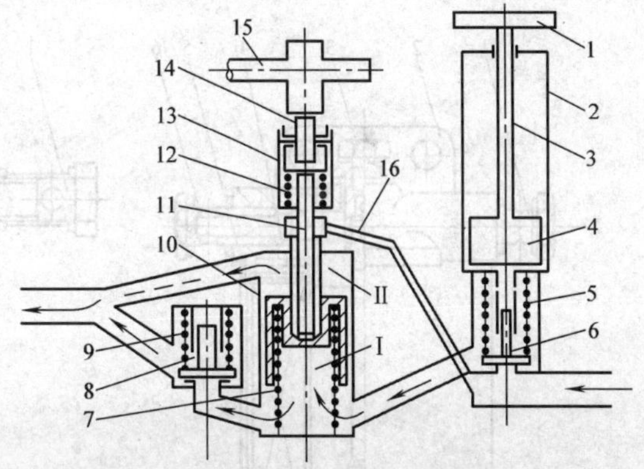

图5-41　输油泵的工作原理

1—手柄　2—手油泵体　3—手油泵杆　4—手油泵活塞　5—进油阀弹簧　6—进油阀　7—活塞弹簧　8—出油阀　9—出油阀弹簧　10—活塞　11—推杆　12—滚轮弹簧　13—滚轮架　14—滚轮　15—凸轮轴　16—回油道

活塞式输油泵的输油量取决于活塞的行程，当活塞行程等于偏心轮的偏心距时，输油量最大，一般为发动机全负荷时最大耗油量的3～4倍。输油压力取决于活塞弹簧的弹力，活塞式输油泵的输油压力一般为0.15～0.30MPa。如果输油泵的输油量大于喷油泵需要的油量，或输油泵到喷油泵的油管路阻力增大，泵腔Ⅱ内的油压会升高；此压力与活塞弹簧的弹力平衡时，活塞不能继续向上运动达到最高位置，活塞与推杆之间产生空行程，活塞的有效行程减小，输油泵的输油量也减少。喷油泵需要的油量越少则输油泵到喷油泵的阻力越大，活塞的有效行程也就越小，输油量也越少，这样即实现了输油量的自动调节。

当柴油机长时间停机后欲再起动时，应先将柴油滤清器和喷油泵的放气螺钉拧开，再将手油泵的手柄旋开，往复抽压手油泵的活塞。活塞上行时将柴油经进油阀吸入手油泵泵腔，活塞下行时进油阀关闭，柴油从手油泵泵腔经输油泵下腔和出油单向阀流入，并充满柴油滤清器和喷油泵低压油腔。将其中的空气排除干净之后拧紧放气螺钉，旋紧手油泵手柄，即可起动发动机。

二、柴油滤清器

柴油在运输和储存过程中，难免会混入杂质和水分，若储存较久后其中的胶质还会增多，使每吨柴油中的机械杂质含量多达 100 ~ 250g，这都会对燃油供给系精密偶件产生极大危害，将导致运动阻滞、磨损加剧，造成各缸供油不均，功率下降和油耗率增加。柴油中的水分会引起零件锈蚀，胶质可能导致精密偶件卡死。为保证喷油泵和喷油器可靠地工作，延长其使用寿命，除使用前将柴油严格沉淀过滤外，在柴油机供油系统中还要采用滤清器，以滤除柴油中的机械杂质和水分。

柴油滤清器有两种形式：一种为单级纸质滤清器（滤芯型号为 C0810），另一种为双级旋装式滤清器（滤芯型号为 X0710），如图 5-42 所示。

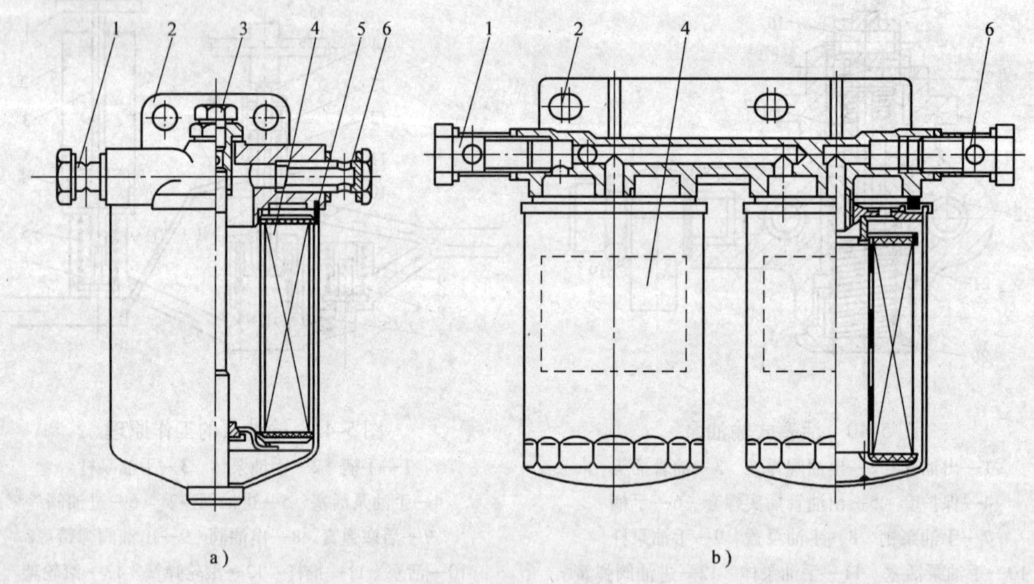

图 5-42 两种形式的柴油滤清器

a）单级纸质滤清器 b）双级旋装式滤清器

1—进油插头 2—底座 3—放气螺钉 4—滤芯 5—壳体 6—出油插头

目前，汽车用柴油机多数采用双级旋装式滤清器。图 5-42b 所示为 CA6110 型柴油机的柴油滤清器总成。由输油泵来的柴油先进入第一级滤清器的外腔，穿过滤芯后进入内腔，再经盖内油道流向第二级滤清器，从而保证更好的滤清效果。

柴油滤清器的滤芯材料有棉布、绸布、毛毡、金属网及纸质等。纸质滤芯具有流量大、阻力小、滤清效果好、成本低等优点，目前被广泛采用。

使用滤清器可使柴油中的机械杂质和尘土被滤除，水分沉淀在壳体内。每工作 100h（约相当于汽车运行3000km)后，应清除沉积在壳体内的杂质和水分，并更换滤芯。

当滤清器内的油压超过溢流阀的开启压力(0.1～0.15MPa)时，多余的柴油流回油箱，从而保证滤清器的油压在一定范围内。

信息资料单8 转子分配式喷油泵

转子分配式喷油泵按其结构的不同，分为径向压缩式分配泵和轴向压缩式分配泵。

一、径向压缩式分配泵

径向压缩式分配泵的柴油供给系统如图5-43所示。喷油器的回油流回油箱；分配泵的回油流回粗滤器，当油量过多时，又从细滤器流回油箱。

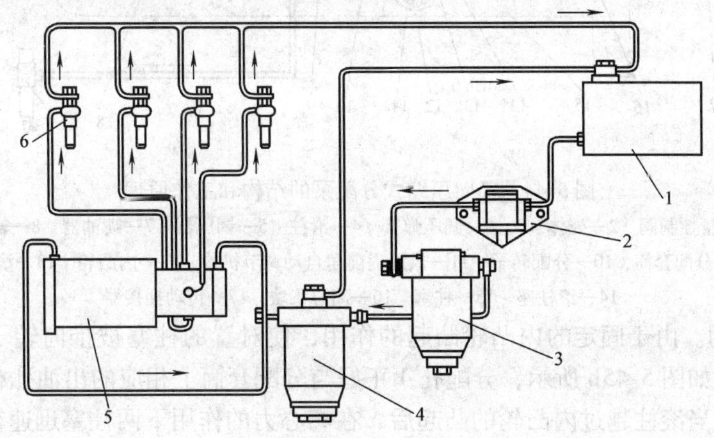

图5-43 径向压缩式分配泵的柴油供给系

1—油箱 2—膜片式输油泵 3—粗滤器 4—细滤器 5—分配泵 6—喷油器

径向压缩式分配泵的结构和工作原理如图5-44所示。它主要由旋转部分(包括分配转子10、柱塞15、滚柱13、滚柱座14)和固定部分(分配套筒9、内凸轮12)组成。

从滤清器来的清洁柴油被输油泵8泵入分配泵的高压泵头。柴油经分配套筒9的轴向油道流到分配转子10的环槽后，一路流向供油提前角自动调节机构11，另一路流向油量控制阀1。从油料控制阀出来的柴油经壳体2、分配套筒9和分配转子10的径向油道，进入分配转子的轴向中心油道，再流到两个柱塞15之间的空腔内。这段油路为低压油路。柴油受到柱塞的压缩后产生高压，经分配转子中心油道、分配孔和高压油管流入喷油器。这段油路为高压油路。

(1) 进油过程 如图5-45a所示，在分配转子的一个断面上有均匀分布的4个进油孔，当任一进油孔与分配套筒上的进油道2对上时，柴油流入转子的中心油道。转子每转一周进油4次。

(2) 配油过程 如图5-45b所示，转子的另一断面上有分配孔4，分配套筒在该断面上均布着4个出油孔。当分配孔与套筒上某一出油孔对正时，高压油输入喷油器。同样，转子每转一周可出油4次。当进油道与进油孔对正时，分配孔与出油孔相互错开；反之，分配孔与出油孔对正时，进油道与进油孔则相互错开。从轴向看，进油孔与出油孔的交角为45°。

(3) 泵油过程 如图5-44所示，分配转子10转动时，推动滚柱座14、滚柱13和柱塞

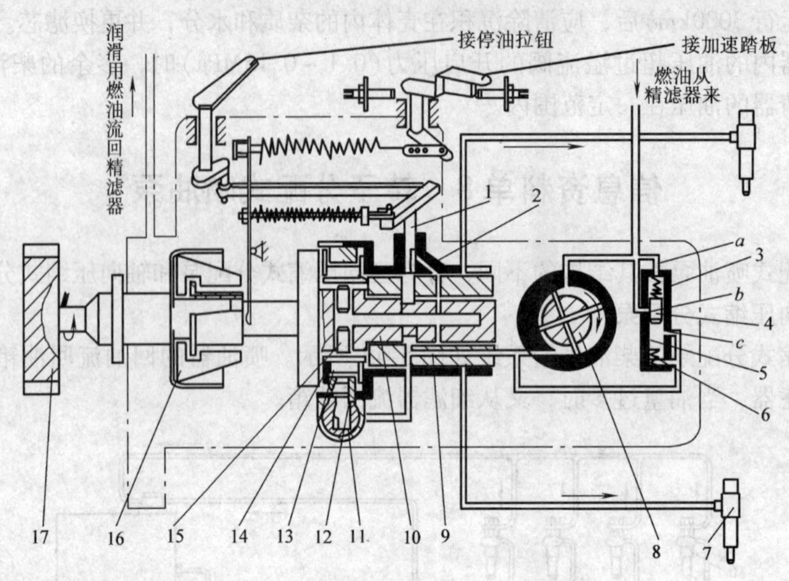

图 5-44 径向压缩式分配泵的结构和工作原理

1—油量控制阀 2—壳体 3、6—调压弹簧 4—滑柱 5—调压器 7—喷油器 8—输油泵 9—分配套筒 10—分配转子 11—供油提前角自动调节机构 12—内凸轮 13—滚柱 14—滚柱座 15—柱塞 16—离心飞块 17—传动插接器

15 绕其轴线转动。由于固定的内凸轮凸起的作用，使对置的柱塞被推向转子中心，柴油产生高压，此时，如图 5-45b 所示，分配孔 4 正好与分配套筒上相应的出油孔相对，高压柴油被送到喷油器。当滚柱越过内凸轮的凸起后，在离心力的作用下两柱塞迅速被甩向两端，使两柱塞间的空腔内产生真空度。当分配转子上相应的进油孔与分配套筒的进油道相对时，柴油就在二级输油泵压力的作用下进入柱塞间的空腔。

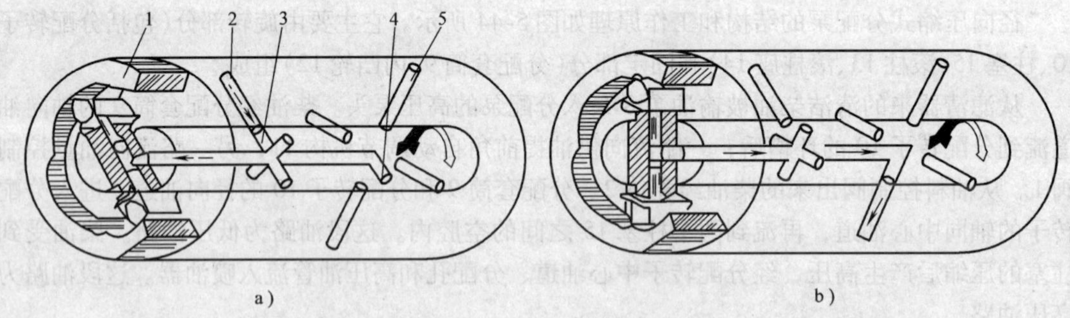

图 5-45 径向压缩式分配泵的进油和配油

a）进油过程 b）配油过程

1—内轮 2—进油道 3—进油孔 4—分配孔 5—出油孔

以上介绍了 4 缸发动机用分配泵的进油、泵油和配油过程。对于 2 缸、3 缸、6 缸发动机用的分配泵，其进油孔数、出油孔数及内凸轮的凸起数分别为 2、3、6，而工作原理则完全相同。

径向压缩式分配泵除具有零件数量少、结构紧凑、通用性高等优点外，还具有防污性好、工作中的柴油会润滑和冷却各零件的特点；但该型泵由于对分配转子和分配套筒、柱塞和柱塞孔的配合精度要求较高，存在滚柱座结构复杂及内凸轮加工不方便等缺点。

二、轴向压缩式分配泵

轴向压缩式分配泵是德国博世公司于20世纪80年代初期研制的一种新型分配泵(即VE泵)。我国南京汽车制造厂引进的意大利依维柯(IVECO)汽车的柴油发动机装用了此种泵。该泵与前述径向压缩式分配泵的主要区别在于分配转子的运动状态和调速机构不同。

轴向压缩式分配泵主要由驱动机构、第二级叶片式输油泵、高压泵头、供油提前角自动调节机构和调速器等组成。

(1) 驱动机构　如图5-46所示，其动力的输入是经分配泵驱动轴27、调速器驱动齿轮22及安装在驱动轴右端的联轴节23(主动叉)实现的。叶片式输油泵24的转子用键与驱动轴联接。

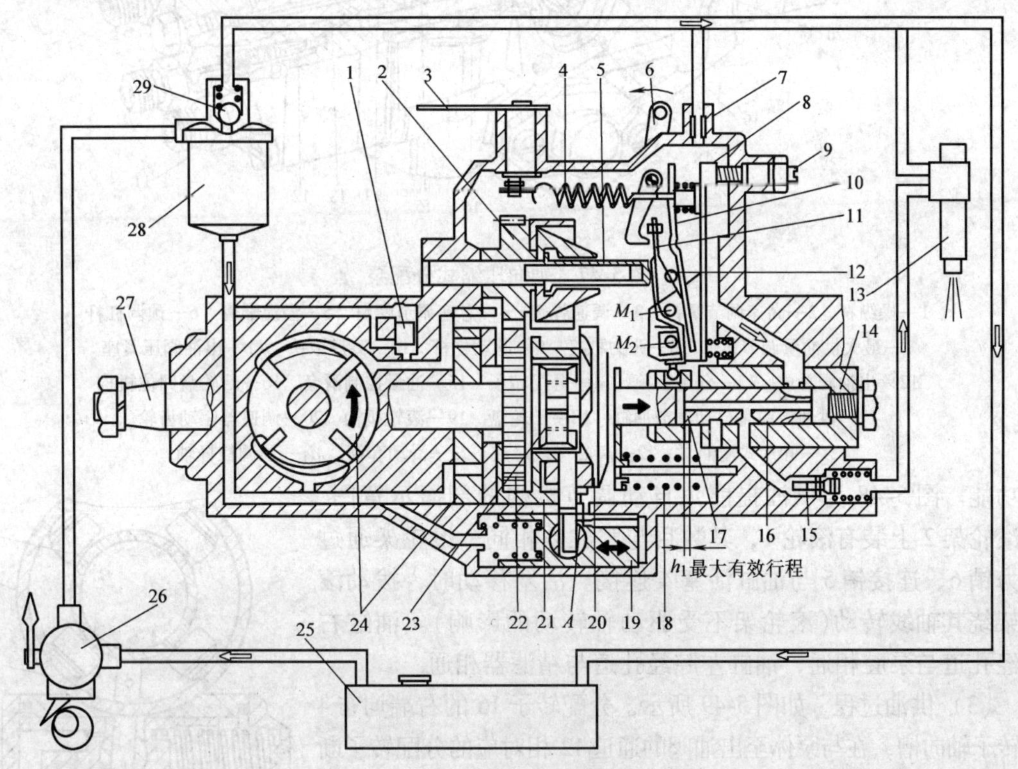

图5-46　轴向压缩式分配泵的柴油供给系

1—调压阀　2—离心飞块总成　3—操纵杆　4—调速弹簧　5—滑动套筒　6—停车操纵杆　7—溢流喉管　8—预调杠杆　9—最大供油量调节螺钉　10—张力杠杆　11—起动杠杆　12—张力杠杆限位销钉　13—喷油器　14—分配套筒　15—出油阀总成　16—分配转子　17—油量控制滑套　18—分配转子回位机构　19—供油提前角自动调节油缸　20—凸轮盘　21—滚轮机构　22—调速器驱动齿轮　23—联轴节　24—叶片式输油泵　25—燃油箱　26—膜片式输油泵　27—分配泵驱动轴　28—燃油细滤器　29—溢流阀　M_1—预调杠杆轴　M_2—起动杠杆轴

(2) 高压泵头　如图5-47所示，由凸轮盘18(端面凸轮)、滚轮机构19、凸轮盘回位机构16、联轴节(从动叉)、分配转子14、分配套筒13和泵头壳体等组合而成，起进油、泵油和配油作用。凸轮盘18左端面上的凸轮的数目，与发动机缸数相对应。

供油提前角自动调节机构安装在泵体下部，由油缸17和滚轮机构19联合作用而完成调

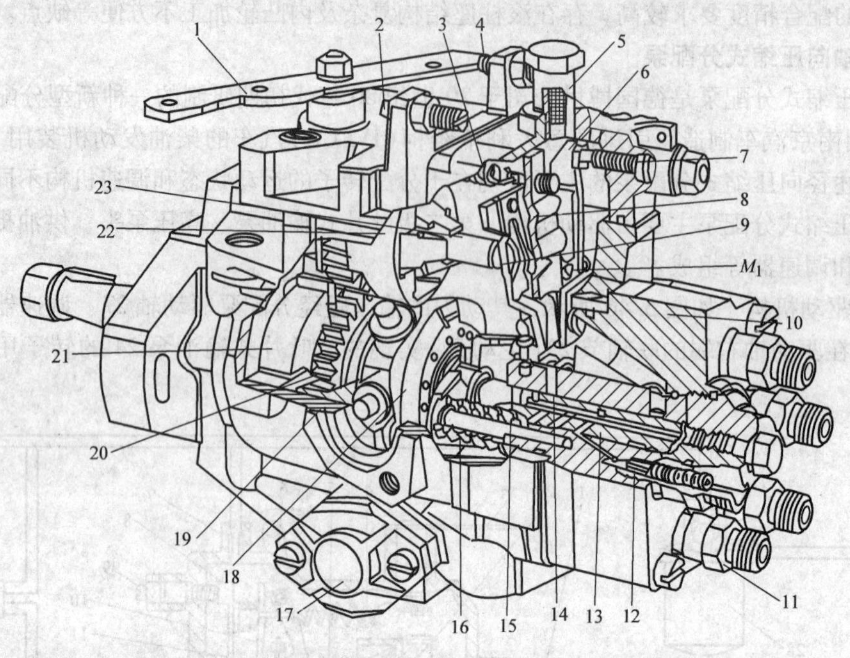

图 5-47 轴向压缩式分配泵

1—操纵杆 2—高速调节螺钉 3—调速弹簧 4—怠速调节螺钉 5—溢流喉管 6—预调杠杆 7—最大供油量调节螺钉 8—张力杠杆 9—起动杠杆 10—高压泵头 11—出油阀压紧座 12—出油阀总成 13—分配套筒 14—分配转子 15—油量控制滑套 16—凸轮盘回位机构 17—供油提前角自动调节油缸 18—凸轮盘 19—滚轮机构 20—调速器驱动齿轮 21—叶片式输油泵 22—离心飞块总成 23—滑动套筒 M_1—预调杠杆轴

节功能。图 5-48 为供油提前角自动调节机构的剖面示意图，在滚轮架 2 上装有滚轮 1，其数目与气缸数相同。滚轮架通过传力销 6、连接销 5 与油缸活塞 4 连接。活塞移动时，拨动滚轮架绕其轴线转动(滚轮架不受驱动轴转动的影响)。油缸右腔经孔道与泵腔相通，油缸左腔经孔道与精滤器相通。

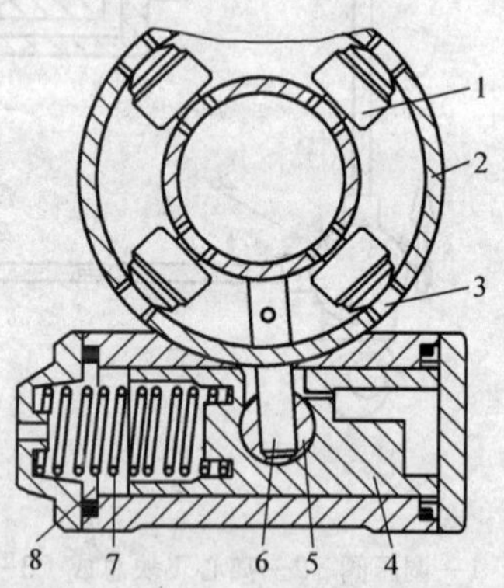

图 5-48 供油提前角自动调节机构的剖面示意图

1—滚轮 2—滚轮架 3—滚轮轴 4—活塞 5—连接销 6—传力销 7—弹簧 8—油缸

(3) 供油过程 如图 5-49 所示，分配转子 16 的右端均布 4 个转子轴向槽，在与泵体至出油阀的通道 12 相对应的分配转子断面上，均布 4 个转子分配孔。当泵体进油道 2 与转子轴向槽相通时，转子分配孔与出油阀通道隔绝，即从分配转子轴向看，转子轴向槽 7 与转子分配孔 13 相错 45°(4 缸发动机)。油量控制滑套 15 在调速器起动杠杆 1 的作用下，可在分配转子 16 上滑动。

如图 5-46 所示，分配泵驱动轴转动时，经联轴节 23 带动凸轮盘 20 和分配转子 16 同步转动。在转动过程中，当凸轮盘端面上的凸峰与滚轮相抵靠时，凸轮盘和分配转子受推力作用而向右移至极限位置。当凸轮转过，凸轮盘在分配转子回位机构 18 的作用下左移，直至端面凸轮凹部与滚轮相抵靠为止。分配转子连续转动，凸轮盘不断左右移动，分配转子每转一周，凸轮盘左右移动 4 次(4 缸发动机)。

如图5-49所示，分配转子16左移为供油过程，此时，转子分配孔13(4个孔)与出油阀通道(4个孔)隔绝，转子泄油孔14被油量控制滑套15封死，压缩室8的容积增大，产生真空度。被叶片式输油泵输送到泵腔内的柴油，在真空度作用下经泵体进油道2、进油阀6、转子轴向槽7进入压缩室并充满转子纵向油道9。

(4) 泵油过程　如图5-50所示，分配转子右移为泵油过程。当分配转子开始右移时，转子轴向槽7与泵体进油道2隔绝，转子泄油孔14仍被封死。转子分配孔13与泵体至出油阀的通道12相通。随着分配转子的右移，压缩室8的容积不断减小，柴油压力不断升高。当油压升高至足以克服出油阀弹簧力而使出油阀10右移开启时，柴油经泵体至出油阀的通道12、出油阀10及油管被送入喷油器。喷油器压力为(12.25±0.5)MPa。

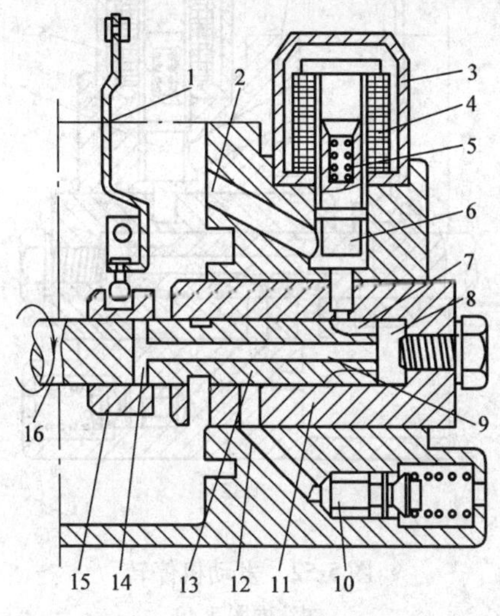

图5-49　供油过程

1—起动杠杆　2—泵体进油道　3—电磁阀　4—线圈　5—进油阀弹簧　6—进油阀　7—转子轴向槽　8—压缩室　9—转子纵向油道　10—出油阀　11—分配套筒　12—泵体至出油阀的通道　13—转子分配孔　14—转子泄油孔　15—油量控制滑套　16—分配转子

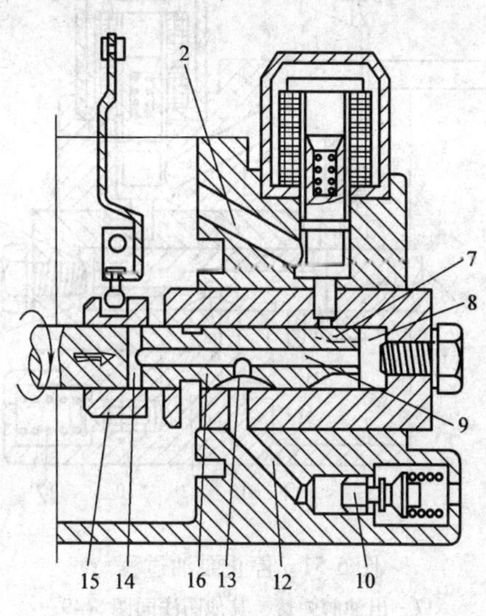

图5-50　泵油过程

图注同图5-49

(5) 停止泵油过程　轴向压缩式分配泵的每循环最大供油量取决于分配转子的直径和最大有效行程，如图5-46中h_1所示。对于规格已定的分配泵，其分配转子直径已定。如图5-51所示，故在使用中，泵油量大小的调节是靠驾驶员通过加速踏板控制调速器，使油量控制滑套15移动来实现的。在泵油过程中，当分配转子16向右移至转子泄油孔14露出油量控制滑套15的右端面时，被压缩的柴油迅速流向低压泵腔，使压缩室8、转子纵向油道9及泵体至出油阀的通道12中的油压下降。出油阀10在出油阀弹簧17的作用下迅速左移关闭，停止向喷油器供油。停止泵油过程持续到分配转子向右行程的终点。

(6) 泵油提前角自动调节过程　发动机在常用转速下工作时，如图5-46所示，叶片式输油泵24中输送到泵腔内的低压柴油，经孔道A进入供油提前角自动调节油缸19右腔。油缸活塞受到低压柴油向左的推力与向右的油缸左腔弹簧力及精滤后的柴油压力之合力相平衡。当发动机转速升高时，叶片式输油泵的转速随之增加，泵腔内的柴油压力上升。如图5-48所示，油缸中活塞4两端受力平衡，活塞左移，经连接销5、传力销6推动滚轮架2绕其轴线顺时针转动一个角度(与凸轮盘的转向相反)，使凸轮盘端面凸峰提前某一角度作用于滚轮1，从而使分配转子向右移动的时刻提前，完成了泵油提前作用；反之，活塞右移，使滚轮架2逆时针转动一个角度，则泵油提前角减小。

(7) 发动机停转　如图5-52所示，当需要发动机停转时，可转动控制电磁阀3的旋钮，使电路触点断开，线圈4对进油阀6的吸力消失，在进油阀弹簧5的作用下，进油阀下移，使泵体进油道2关闭，停止供油，则发动机熄火。起动发动机时，先将电磁阀3的触点接通，进油阀6在线圈4的吸力作用下克服弹簧力上移，泵体进油道2畅通，开始供油。

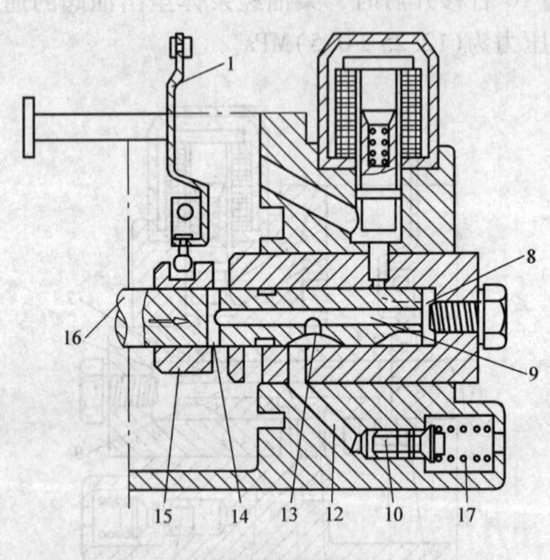

图5-51　停止泵油过程

17—出油阀弹簧　其他图注同图5-49

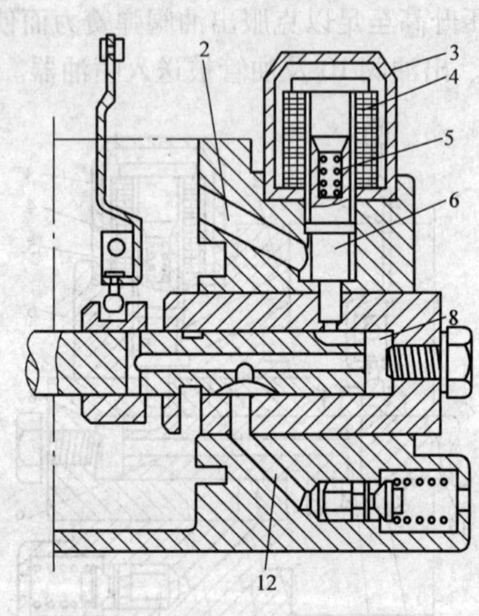

图5-52　发动机停转

图注同图5-49

如图5-53所示，在轴向压缩式喷油泵泵体的上部装有增压补偿器。其作用是根据增压压力的大小，自动加大或减少各缸的供油量，以提高发动机的功率和燃料经济性，并减少有害气体的产生。

用橡胶制成的膜片5固定于补偿器下体6和补偿器盖4之间。膜片把补偿器分为上、下两腔。上腔由管路连接与进气管相通，进气管中废气涡轮增压器所形成的空气压力作用在膜片上腔。下腔经通气孔8与大气相通，弹簧9向上的弹力作用在膜片下支承板7上。膜片与补偿器阀芯10相连接，补偿器阀芯10下部有一个上小下大的锥形体。补偿杠杆2上端的悬臂体与锥形体相靠，补偿杠杆下端抵靠在张力杠杆11上，补偿杠杆可绕销轴1转动。

当进气管中增压压力升高时，补偿器上腔压力大于弹簧9的弹力，使膜片5连同补偿器阀芯10向下运动，补偿器下腔的空气经通气孔8排入大气中，与阀芯锥形体相连接的补偿杠杆2绕销轴1顺时针转动，张力杠杆11在调速弹簧13的作用下绕其转轴逆时针方向摆动，从而拨动油量控制滑套12右移，使油量适当的增加，发动机功率加大。反之，发动机功率相应减小。

上述供油量补偿过程是根据进气管中增压压力的大小而自动控制的。它避免了柴油发动机在低速运转时，因增压压力低、空气量不足而造成的燃烧不充分、燃料经济性下降及产生有害排放物的弊端；同时，使发动机在高速运转时可获得较大功率，并提高燃料的经济性。

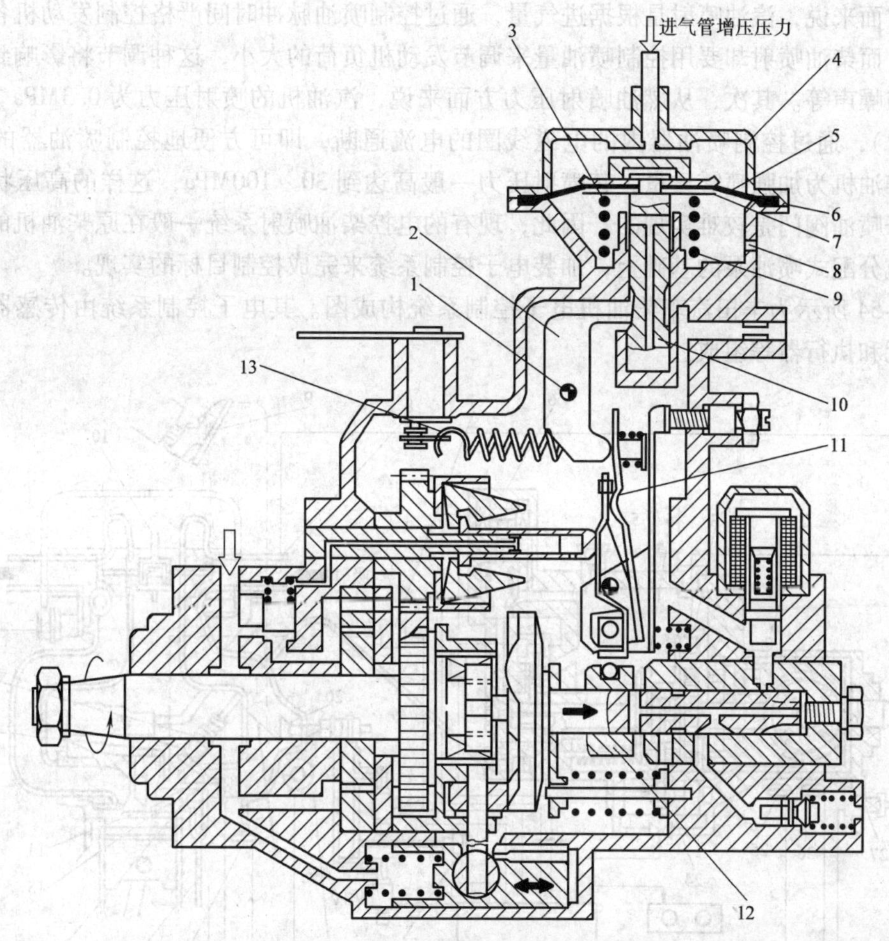

图 5-53　增压补偿器

1—销轴　2—补偿杠杆　3—膜片上支承板　4—补偿器盖　5—膜片
6—补偿器下体　7—膜片下支承板　8—通气孔　9—弹簧　10—补偿器阀芯
11—张力杠杆　12—油量控制滑套　13—调速弹簧

轴向压缩式分配泵除具有径向压缩式分配泵的优点外，其分配转子兼有泵油和配油的作用，零件数量少、质量小、故障率低；另外，端面凸轮加工精度易得到保证，泵体上装有压力补偿器，使得其动力性和经济性远优于径向压缩式分配泵的。

使用轴向压缩式分配泵时，要求柴油具有较高的清洁度，以避免因杂质导致分配转子严重磨损或卡死而影响发动机的正常运转。

信息资料单 9　电控柴油喷射系统

随着电子技术的发展，汽油机的电控燃料喷射技术已日趋完善，但直到 20 世纪 80 年代中期，国外一些大型汽车工业开始着手研究开发电子控制式柴油机，以提高其各项使用性能、降低燃料消耗、降低噪声，并满足排气环保法规的要求。

在柴油机上应用电控技术，相对于汽油机电控技术来说具有一定的难度。首先，从喷油量控制方面来说，汽油喷射是根据进气量，通过控制喷油脉冲时间严格控制发动机各工况的空燃比；而柴油喷射却要用控制喷油量来调节发动机负荷的大小，这种调节将影响到柴油机的功率与噪声等。其次，从燃油喷射压力方面来说，汽油机的喷射压力为0.3MPa左右(为低压喷射)，通过控制喷油器内的电磁线圈的电流通断，即可方便地控制喷油器的喷油通断；而柴油机为加强喷雾质量，其喷射压力一般高达到30~100MPa，这样的高压状态靠电磁力打开喷油阀门是较难实现的。因此，现有的电控柴油喷射系统一般在原柴油机的柱塞式喷油泵或分配式喷油泵的基础上，加装电子控制系统来完成控制目标的实现。

图5-54所示为丰田汽车柴油机电子控制系统构成图。其电子控制系统由传感器、电子控制单元和执行器等组成。

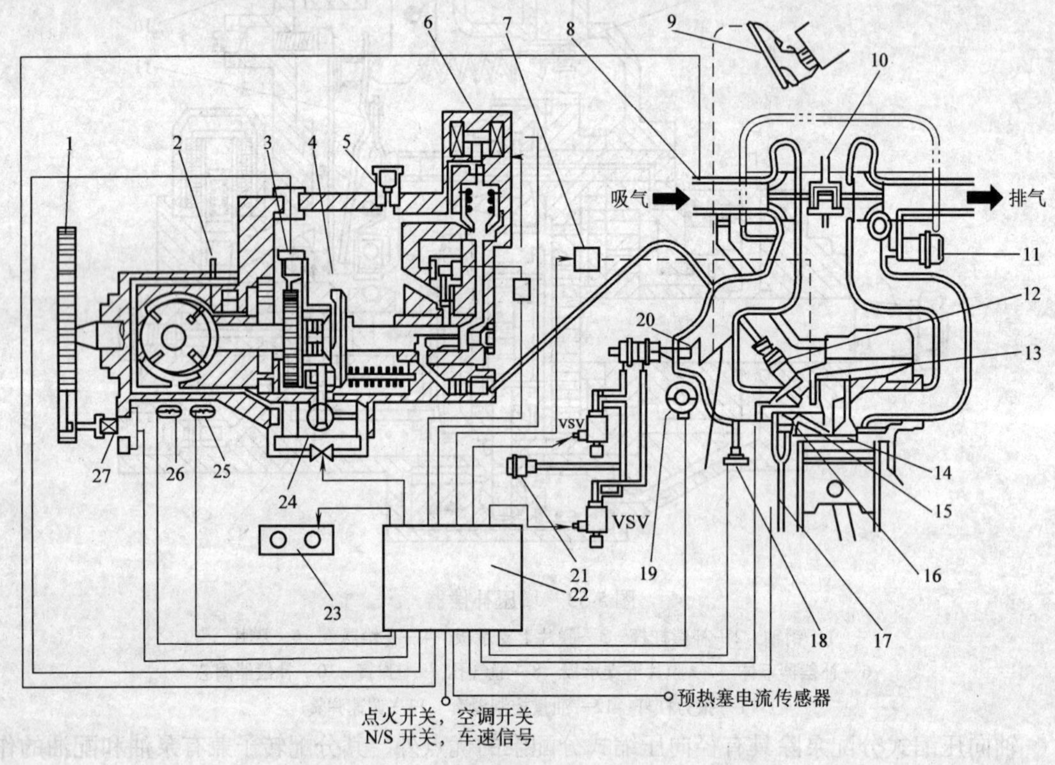

图5-54 丰田汽车柴油机电子控制系统构成图

1—传动带轮 2—燃油进口 3—泵角传感器 4—分配泵 5—回油阀 6—电磁溢流阀 7—预热塞继电器 8—进气压力传感器 9—加速器踏板 10—涡轮增压器 11—废气通道控制阀 12—喷油器 13—预热塞 14—膜片阀 15—副燃烧室 16—着火时间传感器 17—冷却液温度传感器 18—进气温度传感器 19—节气门位置传感器 20—副节气门 21—真空泵 22—ECU 23—仪表 24—定时控制器 25—调整电阻(θ) 26—调整电阻(γ) 27—曲轴转角传感器

传感器的功用是适时检测柴油机的转速和汽车的运行状态，将其检测情况输入电子控制单元。在柴油机上使用的传感器主要有发动机转速传感器、凸轮轴转角传感器(或曲轴转角传感器)、加速踏板传感器、进气温度传感器、进气压力传感器、泵角传感器等。

电子控制单元对传感器输入的信息进行处理、计算，并将运行结果和执行程序作为控制指令输送给执行器。

执行器的功用是根据电子控制单元送来的执行指令，调节喷油量和喷油正时，从而调节柴油机的运行状态。电控柴油喷射系统的常见执行器有电磁溢流阀和喷油定时控制阀等。

传感器、执行器和电子控制单元的工作关系如图 5-55 所示。

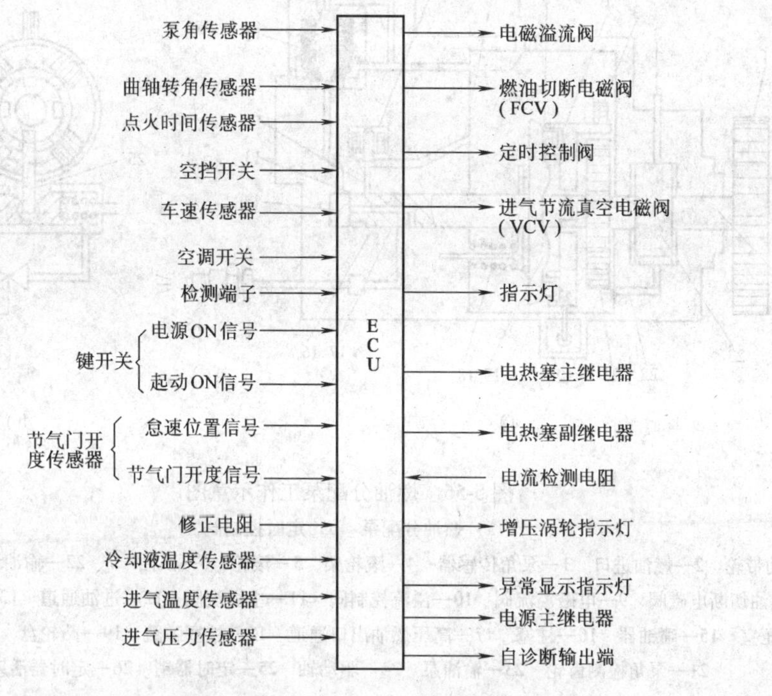

图 5-55　柴油机 ECU 的输入和输出信号

不难发现，电控柴油喷射系统的构成和工作原理与电控汽油喷射系统的相似，其最大的区别在于喷油量的控制和喷油时刻的控制。

一、喷油量的控制

想要精确地控制喷油量，燃油分配泵的构成和控制是技术关键。图 5-56 所示为燃油分配泵工作示意图。

燃油分配泵的功用是提高燃油压力，适时向各气缸喷油器供给适量的燃油。

驱动轴（凸轮轴）由发动机曲轴的传动齿型带轮进行驱动。驱动轴与输油泵、凸轮盘及柱塞等同步旋转。曲轴每转 2 圈，驱动轴转 1 圈。

凸轮盘 19 工作面上的凸轮数目与气缸数相等，且均匀分布。凸轮盘转动时将设置在滚轮架 4 上的滚轮 5 顶起，使柱塞在转动的同时向右运动。在柱塞移动前，进油通道口与柱塞进油槽 13 接通，从燃油泵来的增压燃油进入高压室 14。当柱塞右移时，柱塞进油槽与进油通道口错位而处于隔断状态，使高压室内燃油不断增压，并适时通过高压出油口向喷油器压送高压燃油，喷油器开始喷油。电磁溢流阀 9 通过通道与高压室相通，当电磁溢流阀开启时，高压室内的燃油压力下降，从而使喷油器停止喷油。因此，控制从喷油开始到电磁溢流阀开启的时间的长短，即可控制喷油量的多少。

泵角传感器 3 的功用是检测柱塞压送燃料的开始时刻，并将此信号输送给电子控制单元。泵角传感器由安装在滚轮架 4 上的电磁线圈和安装在凸轮轴上的泵角检测齿轮 21（泵角脉冲发生器）组成。泵角检测齿轮的齿数为 64 个，并在其圆周上均匀设置有相当于 2 个齿的缺齿，如图 5-57 所示。当泵角检测齿轮的缺齿部与电磁线圈对准时，滚轮架上的滚轮开始

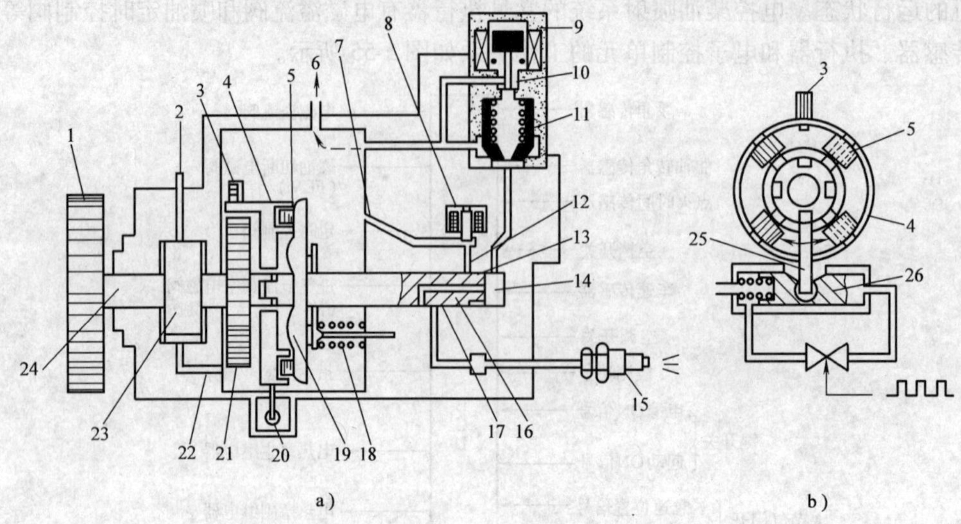

图5-56 燃油分配泵工作示意图

a）燃油分配泵 b）定时控制阀

1—传动带轮 2—燃油进口 3—泵角传感器 4—滚轮架 5—滚轮 6—回油 7、22—输油泵泵出燃油通道 8—燃油切断电磁阀 9—电磁溢流阀 10—溢流控制阀 11—主溢流阀 12—进油通道 13—柱塞进油槽 14—高压室 15—喷油器 16—柱塞 17—高压燃油出口通道 18—柱塞弹簧 19—凸轮盘 20—定时控制阀 21—泵角检测齿轮 23—输油泵 24—驱动轴 25—定时器销 26—定时器活塞

顶起凸轮盘，即此时为柱塞压送燃油的开始时刻。当电子控制单元接收到泵角传感器输入的缺齿信号时，喷油器开始喷油。

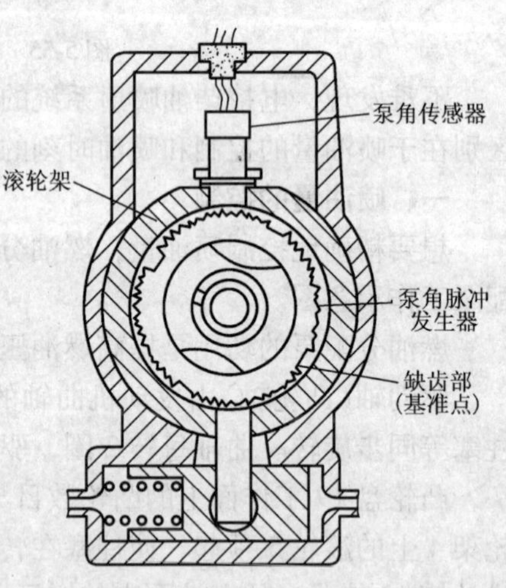

图5-57 泵角传感器

电磁溢流阀的结构如图5-58所示，主要由主溢流阀、溢流控制阀、螺线管电磁线圈等组成。其工作原理如图5-59所示。

电子控制单元输出指令，控制电磁溢流线圈的供电电路。当电磁溢流阀的电磁线圈通电时，溢流控制阀关闭，此时，高压室的压力油通过主溢流阀上的节流孔同时作用于主溢流阀的正面和背面，主溢流阀在弹簧作用下处于关闭位置，燃油被封在高压室中不断增压，并经由喷油器喷入气缸，如图5-59a所示；当电磁溢流阀电磁线圈中的电流被切断时，溢流控制阀首先被打开，主溢流阀的背压下降，如图5-59b所示；继而高压室内的高压油克服弹簧弹力及主溢流阀背压将主溢流阀打开，高压室内的燃油向低压区流动而急剧泄压，喷油停止，如图5-59c所示。

电子控制单元根据发动机转速和节气门开度决定基本喷油量，并依据冷却液温度、进气温度、进气压力以及发动机运转的过渡条件等参量，对基本喷油量进行修正，最后确定最佳喷油量。最佳喷油量的控制是通过电子控制单元控制切断电磁溢流阀的电路，从而控制喷油器喷油时间的长短来实现的。喷油量控制如图5-60所示。

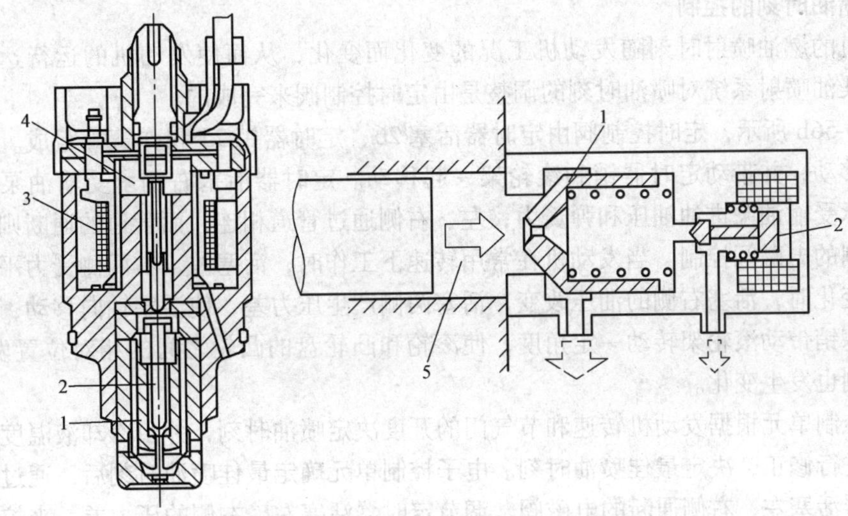

图 5-58　电磁溢流阀的结构示意图

1—主溢流阀　2—溢流控制阀　3—螺线管电磁线圈　4—电枢　5—高压室

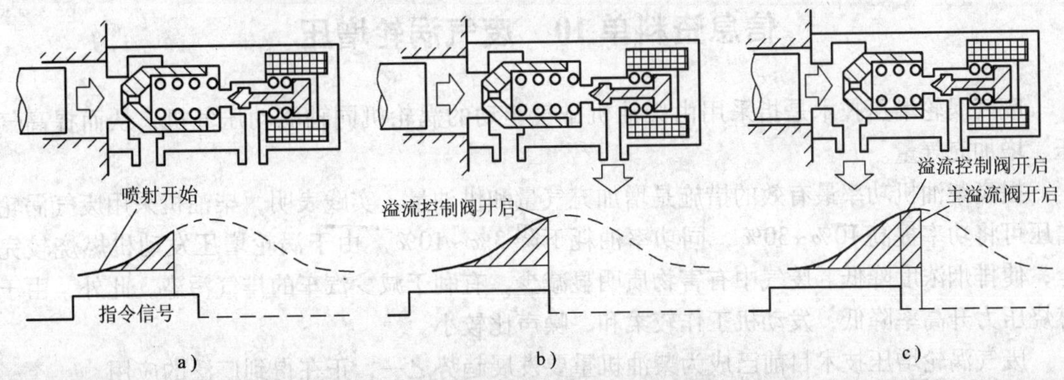

图 5-59　电磁溢流阀的工作原理图

a）压缩、喷射　b）控制溢流通道溢流　c）主溢流通道溢流

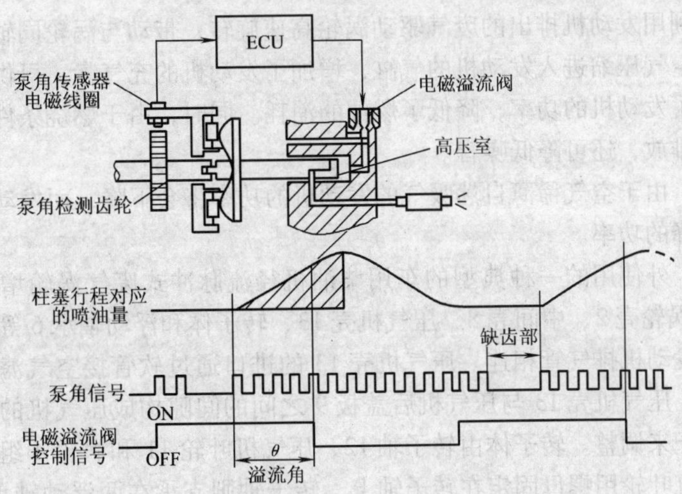

图 5-60　喷油量控制

二、喷油时刻的控制

柴油机的燃油喷射时刻随发动机工况的变化而变化，从而使发动机的运行达到最佳状态。电控柴油喷射系统对喷油时刻的调整是由定时控制阀来完成的。

如图 5-56b 所示，定时控制阀由定时器活塞 26、定时器销 25 和弹簧等组成。定时器活塞可左右移动，并带动定时器销和滚轮架一起移动。定时器活塞右侧承受输油泵的泵出油压，左侧承受输油泵进油油压和弹簧力；左、右侧通过管道相连，而管道的通断则由电子控制单元控制的电磁阀控制。当发动机在常用转速下工作时，活塞左、右两侧受力平衡；当发动机转速变化时，活塞右侧的油压改变，活塞两侧产生压力差，使活塞轴向移动，从而通过定时器活塞销带动滚轮架转动一定角度，使滚轮和凸轮盘的凸轮之间的相对位置发生变化，则喷油时刻也发生变化。

电子控制单元根据发动机转速和节气门的开度决定喷油时刻，并由冷却液温度和进气压力等参数进行修正，决定最佳喷油时刻。电子控制单元确定最佳喷油时刻后，通过输出指令控制定时器活塞左、右侧通断的电磁阀，调节定时器活塞左、右侧的压力差，来控制活塞的位置，从而控制滚轮架(滚轮)的位置，实现对喷油时刻的精确控制。

信息资料单 10　废气涡轮增压

废气涡轮增压技术是指采用由柴油机排气驱动的涡轮机同轴驱动压气机，从而提高气压、增加充气量。

提高柴油机功率最有效的措施是增加充气量和供油量。实践表明，柴油机采用废气涡轮增压可将功率提高 10%~30%，同功率油耗下降 3%~10%。由于涡轮增压发动机燃烧较完全，使排烟浓度降低、废气中有害物质明显减少，有利于减少汽车的排气污染。此外，由于燃烧压力升高率降低，发动机工作较柔和，噪声比较小。

废气涡轮增压技术目前已成为柴油机重要发展趋势之一，正在得到广泛的应用。

一、废气涡轮增压器

1. 结构

涡轮增压器利用发动机排出的废气驱动涡轮高速旋转，带动与涡轮同轴的压气叶轮高速旋转；压气机将空气压缩进入发动机的气缸，增加了发动机的充气量，可供更多的燃油完全燃烧，从而提高了发动机的功率，降低了燃油的消耗。同时，由于燃烧条件的改善，减少了废气中有害物的排放，还可降低噪音。

在高原地区，由于空气稀薄自然吸气的发动机的功率将会下降，而发动机采用涡轮增压器后，可补偿下降的功率。

目前，国内、外使用的一种典型的车用柴油机径流脉冲式废气涡轮增压器的结构如图 5-61 所示，它由涡轮壳 2、中间壳 8、压气机壳 13、转子体和浮动轴承 6 等主要零件组成。

涡轮壳 2 与发动机排气管相连。压气机壳 13 的进口通过软管接空气滤清器，出口则与发动机气缸相通。压气机壳 13 与压气机后盖板 9 之间的间隙构成压气机的扩压器，其尺寸可通过两者的选配来调整。转子体由转子轴 12、压气机叶轮 11 和涡轮 4 组成。涡轮焊接在转子轴上，压气机叶轮用螺母固定在转子轴上，转子轴则支承在两浮动轴承 6 上高速旋转。转子轴高速旋转时(转速可达 100000~120000r/min)，来自柴油机主油道并经精滤器再次滤清的压力为0.25~0.4MPa的润滑油充满浮动轴承6与转子轴12以及中间壳8之间的间隙，使浮动轴承在内、外两层油膜中随转子轴同时旋转；但其转速比转子轴的转速低得多，从而使轴承对轴承孔和转子轴的相对线速度大大降低。

中间壳中设有密封环3、O形密封圈16、密封套14、密封环10等密封件，以防止压气机端的压缩空气和涡轮端的废气漏入中间壳，同时防止中间壳的润滑油外漏。

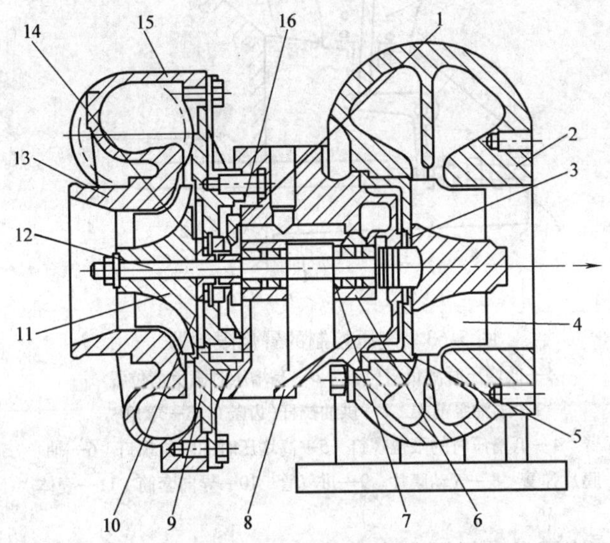

图5-61　废气涡轮增压器的结构

--->空气　→废气

1—推力轴承　2—涡轮壳　3—密封环　4—涡轮　5—隔热板　6—浮动轴承　7—卡环　8—中间壳　9—压气机后盖板　10—密封环　11—压气机叶轮　12—转子轴　13—压气机壳　14—密封套　15—膜片弹簧　16—O形密封圈

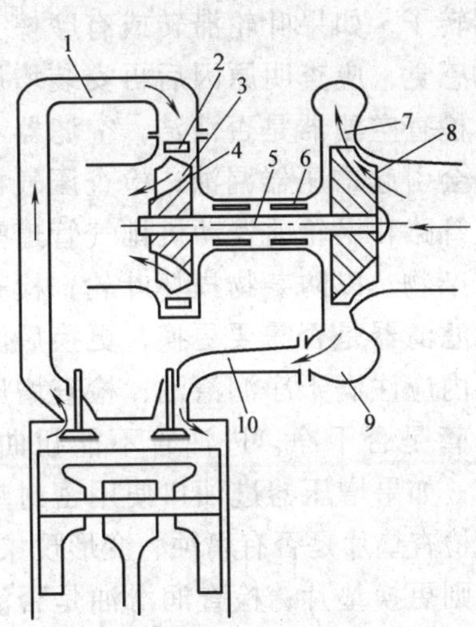

图5-62　废气涡轮增压器的工作原理示意图

1—排气管　2—喷嘴环　3—涡轮　4—涡轮壳　5—转子轴　6—轴承　7—扩压器　8—压气机叶轮　9—压气机壳　10—进气管

2. 工作原理

废气涡轮增压器的工作原理示意图如图5-62所示。柴油机排出的具有一定压力的高温废气经排气管1进入涡轮壳4的喷嘴环2，由于喷嘴环的通道面积做成由大到小，因而废气通过的压力和温度下降，而速度却迅速提高。这个高温高速的废气气流，按一定方向冲击涡轮3，使涡轮高速旋转，废气的压力、温度和速度越高，涡轮转速也越高，通过涡轮的废气最后排入大气。这时，与涡轮3固装在同一轴(转子轴5)上的压气机叶轮8也以相同的速度旋转，将经过滤清器的空气吸入压气机壳。高速旋转的压气机叶轮把空气甩向叶轮的外缘，使其速度和压力增加，并进入扩压器7；因扩压器进口小、出口大，所以气流的速度下降、压力升高，再通过断面由小到大的环形压气机壳9使空气压力继续升高。经上述增压过程后，空气压力可达0.14~0.3MPa，最高可达0.5MPa。这些高压空气流经柴油机进气管10进入气缸与更多的柴油混合燃烧，以保证发动机发出更大的功率。

二、冒烟限制器

发动机低速运转时的排气流量小，因而压气机转速低，增压作用不大，使得发动机充气量不足，产生冒烟现象。在发动机加速时，也会产生冒烟现象，这是因为柴油机的废气到达涡轮以及涡轮转速的增加都有一定时间的滞后，以至增压器对空气的增压也有一定的滞后。

增压器的压比越高，冒烟倾向越严重。为此，增压柴油机通常装有冒烟限制器，如图 5-63 所示。

三、增压器的使用与维护

为保证增压器正常工作，必须按下列要求进行安装：检查涡轮增压器型号是否与发动相匹配，用手转动增压器转子，如果叶轮滞转或有摩擦壳体的感觉，应查明原因后再安装增压器；检查空滤器是否清洁，空滤器不干净会引起增压器漏油；检查压气机进气管路和涡轮前发动机排气管道是否有杂物，以防杂物损坏叶轮；检查机油滤清器是否需要更换，更换后滤清器内应注满干净润滑油；检查增压器油管是否干净，进油管不能扭曲、堵塞；如果增压器进油口使用密封垫片，检查垫片是否有腐蚀、变形现象，如有则更换垫片；检查润滑油是否洁净，更换润滑油应在热态下进行，润滑油应使用发动机厂家指定牌号的。

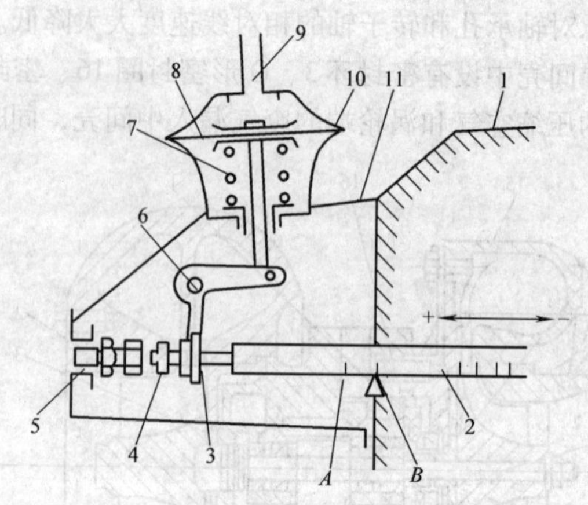

图 5-63　气压控制的冒烟限制器

A—低增压时满负荷位置　*B*—高增压时满负荷位置　1—喷油泵前端　2—供油拉杆（齿条）　3—弯角摇臂　4—低增压时的限位螺钉　5—高增压时的限位螺钉　6—轴　7—膜片弹簧　8—气动膜片　9—进气管　10—导向套筒　11—壳体

增压器安装到发动机上，暂不接油管；先从增压器进口加入干净的润滑油，并用手转动转子，使增压器轴承系统充满油后再连接进油管。

安装增压器时，使用干净的润滑油注入进油口进行预润滑增压器。安装到发动机上时，中间壳的润滑油出口应向下，同时应使进油孔朝上、回油孔向下，进、回油孔中心线与垂直方向角度不大于 23°。中间壳位置定好后，拧紧涡轮端中间壳的固定螺钉，使压气机壳与涡轮不能相对转动。转动压气机壳使压气机壳出口能与发动机的排气管连接。

更换润滑油、机油滤清器或使用长期停放的发动机时，起动发动机前应将增压器油管拆卸并注入润滑油或盘车数圈，预润滑增压器。起动发动机后，应怠速运转 3～5min 后再加负荷。运转中，增压器进油压力应保持在 196～392kPa。运转中应注意增压器有无异响和明显振动，如有异响和明显振动，应予以排除。运转中应注意增压器的油压、油温、涡轮进口温度及转速等，均不得超过技术规范。

在高速及满负荷运转时，无特殊情况不可立即熄火，应逐步降速、降负荷，熄火前空转 5min，以防因轴承缺油或机件过热而损坏增压器。严禁汽车采用“加速、熄火、空挡滑行”的操作方法，因为发动机在全负荷高温下突然熄火时，机油泵停止工作，润滑油不能带走增压器内零件的热量，导致增压器因过热而损坏。

四、CA6110Z 增压柴油机的结构简介

6110Z 增压柴油机是为一汽 8t 平头载货车、8t 长头载货车以及其他变型载货车配套的车用增压柴油机，变型后也可作为客车和其他用途的配套动力。

6110Z 柴油机是在 6110 柴油机的基础上发展而来的，它采用增压技术来提高柴油机动力性和经济性。其技术规格和数据可查阅相关资料。

6110Z 柴油机与 6110 柴油机相比，结构上主要有以下不同。

由于增压柴油机机械负荷和热负荷较非增压柴油机的高，因此有的零件尽管其安装尺寸和非增压柴油机的是一样的，但其采用的材质较非增压柴油机的要好，在维修更换配件时应予以注意。

（1）主轴瓦和连杆轴瓦　采用了三元镀层铜铝合金轴瓦，提高了承载能力。

（2）缸套　采用了高强度合金铸铁，提高了表面硬度。

（3）进排气门　气门密封锥面采用了堆焊钴基合金材料，以提高耐热、耐磨能力。

（4）活塞环　第 1 道气环材料由球形铸铁改成合金球形铸铁，第 2 道气环和油环的材料由合金铸铁改成 VTi 合金铸铁，以提高耐热强度。

（5）活塞　由于活塞头部热负荷较高，采用了如下改进措施：第 1 道活塞环槽采用了镶圈结构，并多处改进了结构形状；在机体主轴承座上安装了对活塞内腔进行喷油冷却的喷嘴（每缸一个），其结构如图 5-64 所示。

（6）活塞销　内孔由 $\phi 23$ 缩小至 $\phi 19$，以提高强度。

（7）进、排气管　由于安装增压器的需要，增压机进气管、排气管等零件为专用件。安装连接空滤器与增压器压气机进口的橡胶管和连接压气机出口与进气接管的橡胶管时，必须保证其密封良好。

（8）传动齿轮　分别加大了各齿轮齿宽，以提高齿轮传递转矩的能力。

（9）后油封座　由于曲轴正时齿轮加宽，故后油封座的尺寸相应减薄。

为了改善增压柴油机的冷却润滑效果，在其结构上还采用了如下措施：减小水泵带轮直径、提高水泵转速以增加水泵流量；将机油冷却器芯子由 4 片增加至 5 片；增加机油泵齿轮的宽度以增加机油泵的流量来适应活塞冷却喷嘴的需要。

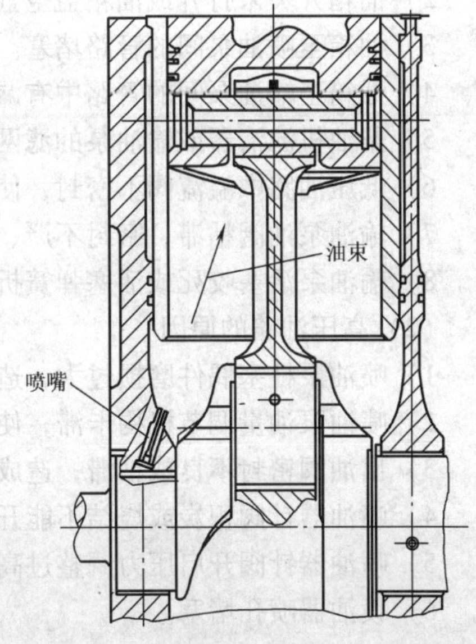

图 5-64　增压柴油机活塞冷却喷嘴的结构

这里需特别介绍的是增压器的转子工作转速极高（10 万转/min 左右），因此保证增压器轴承的润滑和润滑油的清洁至关重要。增压器的润滑油从最后一挡机体凸轮轴轴承孔处引出（用于增压柴油机的这一个凸轮轴轴承比非增压柴油机的多一个孔，可引出润滑油），经增压器机油滤清器滤清后从上部进入增压器，润滑后的润滑油从增压器下部回油孔经油管流回机体挺柱室油腔。新机或修理后的柴油机使用前，应对增压器和增压器机油滤清器加注润滑油，以保证在柴油机起动后增压器即得到润滑。

增压柴油机低速、小负荷时的进气量明显下降，因此常装有起负校正作用的增压补偿器，以改善柴油机低速时的性能。但如发现柴油机功率有较大下降，应检查补偿器连接管的情况是否正常。

此外，应定期检查增压器连接空气管路的密封情况，如胶管是否破损、夹箍是否松动，以确保增压器能正常工作。

信息资料单11　柴油机燃料供给系故障诊断

柴油机产生故障的原因较多，但大多集中在燃料供给系，其中喷油泵与喷油器引起的故障最多。下面介绍柴油机燃料供给系的故障诊断和排除方法。

一、发动机起动困难

（一）起动时排气管不冒烟

1. 现象

发动机听不到爆发声音，无起动迹象，排气管无烟排出。

2. 原因

（1）低压油路的原因

1）油箱内无油或存油不足。

2）油箱开关未打开或油箱盖空气孔堵塞。

3）油箱至喷油泵间的管路堵塞。

4）油箱至输油泵间的管路中有漏气部位，使空气进入油路中。

5）柴油机滤清器或输油泵的滤网堵塞。

6）低压油路中溢流阀不密封，使低压油路中不能保持有一定值的油压。

7）输油泵油阀粘滞、密封不严、弹簧折断。

8）输油泵活塞咬死或活塞弹簧折断，使输油泵的机械泵油部分不起作用。

（2）高压油路的原因

1）喷油泵柱塞偶件磨损过大，造成严重内漏，使供油量达不到起动时的要求。

2）喷油泵油量调节机构卡滞，使柱塞不能转动或转动量过小。

3）出油阀密封不良或粘滞，造成不供油或供油不足。

4）喷油器针阀积炭或烧结不能开启。

5）喷油器针阀开启压力调整过高。

6）喷油器喷孔堵塞。

（3）其他方面的原因

1）低温起动预热装置失效，发动机气缸内的温度过低。

2）空气滤清器堵塞，排气管排气不畅。

3）供油时间过早或过迟。

4）喷油雾化不良。

5）气缸压力过低，压缩终了的温度和压力达不到使柴油自燃的温度。

3. 故障诊断与排除方法

发动机起动时无着火迹象、排气管不排烟，说明柴油没有进入气缸，应重点检查燃料供给系的堵塞、漏气和某些零部件的损坏。

首先应确定故障出自低压油路还是高压油路。将喷油泵放气螺钉松开，拉压手油泵，观察放气螺钉处是否流油。若不流油或流出泡沫状柴油，而且长时间拉压手油泵也排不尽，表明低压油路有故障；如果流油正常，则说明故障在高压油路。

（1）低压油路的故障诊断　松开喷油泵放气螺钉，拉压手油泵放气螺钉处无油流出，说明油箱中无油或油路堵塞。首先检查油箱中存油是否足够，油箱开关是否打开，油箱盖空气孔是否堵塞。若良好，可拉压手油泵试验。若拉手油泵拉钮时明显感到有吸力，松手后又自行回位，说明油箱至输油泵的油路堵塞。若拉手油泵拉钮时感觉正常，但压下去时比较费力，说明输油泵至喷油泵的油路堵塞，可检查柴油滤清器是否堵塞。如果拉、压手油泵拉钮时，均无正常的泵油阻力，说明手油泵失效，应检查手油泵进、出油阀是否关闭不严等。在寒冷地区严寒季节，柴油牌号选用不当或柴油中有水，容易造成凝结或结冰而堵塞油路。松开喷油泵放气螺钉，拉压手油泵，若放气螺钉处流出泡沫状柴油，而且长时间拉压手油泵也无变化，则说明油箱至输油泵之间的管路漏气，供油系中进入了空气发生了气阻；应检查油管有无破损，如无破损，应检查输油泵至油箱一段油管插头是否松动，或油箱内出油管的上部是否断裂等。若放气螺钉处流出的柴油中夹有水珠，则说明柴油中有水，应将滤清器与油箱的放污螺塞旋出，放净沉淀物和积水。

（2）高压油路故障诊断　诊断高压油路故障时，应首先确定故障发生在喷油泵还是喷油器。可在发动机运转时，用手触试各缸高压油管，若感到有喷油“脉动”，则说明故障不在喷油泵而在喷油器；若无“脉动”或“脉动”甚弱，则说明故障在喷油泵。

1）喷油泵的故障检查。起动时，查看喷油泵输入轴是否转动、万向节是否连接可靠，否则应检查万向节有无断裂、半圆键是否完好；同时，检查供油正时是否准确。

① 拆开喷油泵侧盖，检查供油调节拉杆是否卡死停供油位置；若卡死停供油位置，应检查踏板拉杆、供油拉杆或调速器的卡滞故障。

② 检查供油调节机构是否工作不良。踏下加速踏板，观察柱塞是否转动，若不转动应检查调节叉或扇形小齿轮的固定螺钉是否松动，调节臂有无从中脱出或柱塞与柱塞套筒是否粘住。

③ 检查出油阀的密封情况。

2）喷油器的检查。喷油器可在专用喷油器试验器上试验。若就车检查，可将喷油器从缸盖上拆下接上高压油管，然后起动发动机，观察其喷油情况。如雾化良好又不滴油，说明无故障；若雾化不良，应解体检查喷油器针阀是否卡滞、弹簧弹力、喷孔是否堵塞等。

（二）起动时排气管排出大量白烟

1. 现象

高压油路故障，接通起动机后，发动机不易起动或起动后排气管排出像水蒸气般白色烟雾，且慢慢熄火。

2. 原因

1）油路中混入了水。

2）气缸垫冲坏或气缸盖螺栓松动使冷却液进入燃烧室。

3）气缸体或气缸盖冷却水套有损坏，导致冷却液进入燃烧室。

3. 故障诊断与排除

若柴油发动机在低温(特别是冬季)起动时排气管排出白烟，但在温度升高后排烟正常，这是正常现象。如果排出白烟，用手接近排气管消声器出口处，发现手上留有水珠，说明冷却液进入燃烧室。首先拔出油尺，观察下曲轴箱润滑油油面是否升高，并观察润滑油品色(若润滑油颜色发白,说明润滑油被水乳化)，并在起动发动机时观察散热器上部有无气泡冒出。若润滑油乳化或起动发动机时散热器上水室内有大量气泡冒出，应检查气缸垫有无烧损、气缸盖螺栓有无松动、气缸盖和气缸体有无破裂漏水等；否则，应检查柴油中是否有水，若有，可将油箱放污螺塞打开将其放出。

(三) 起动时排气管排出灰白烟

1. 现象

起动时，发动机不易起动或排出灰白色烟雾。

2. 原因

一般为气缸内温度低、压力低，燃油未能很好地形成混合气燃烧便被排出。

1) 低温起动预热装置失效，发动机温度过低。

2) 喷油正时不准。

3) 进气通道堵塞，供气不足。

4) 喷油器喷油雾化不良，混合气形成质量差。

5) 气缸压力过低，柴油自燃条件差。

3. 故障诊断与排除

检查低温起动预热装置是否完好，如果完好却仍不能起动，应检查和调整喷油正时；再检查喷油雾化情况，喷油器针阀有无滞住，气缸压力是否过低。

二、发动机动力不足

常见发动机动力不足表现为：发动机运转均匀、无高速、排气管排气量过少；发动机运转不均匀，排气管排黑烟。

(一) 发动机运转均匀、无高速、排气管排气量少

1. 现象

汽车行驶动力不足、加速不灵敏，踩下加速踏板后转速不能提高到规定值，排气管排气量过少。

2. 原因

1) 加速踏板拉杆行程不能保证供给最大供油量。

2) 调速器调整不当或调速弹簧过软、折断，使喷油泵不能保证最大供油量。

3) 喷油泵油量调节拉杆(或齿条)达不到最大供油位置。

4) 喷油泵出油阀密封不良。

5) 喷油泵柱塞严重磨损、粘滞或弹簧折断。

6) 输油泵工作不良使供油不足。

7) 低压油路堵塞使供油不足。

8) 油箱至输油泵的管路漏气，使空气进入油路中等。

9) 喷油器喷油不正常，柴油牌号不正确。

10) 空气滤清器、排气管消声器堵塞。

3. 故障诊断与排除方法

此种故障现象是因达不到额定供油量而产生的。

1) 检查加速踏板的行程。将加速踏板踩到底，然后推拉喷油泵油量调节臂，若还能向加油方向推动，则说明加速踏板拉杆不能使喷油泵达到最大供油量，应予以调整。

2) 检查、调整调速器高速限位螺钉和最大供油量限位螺钉。将两调整螺钉向增加方向旋进，直到急加速时排气管冒黑烟为止。如能确认为该故障，应将高压油泵进行台上试验。

3）检查燃油系统是否吸入了空气。若吸入了空气，应检查各油管插头是否松动，将油路中的空气排除。

4）检查燃油滤清器是否堵塞、油箱通气孔是否堵塞、输油泵滤网有无堵塞等。

5）检查喷油泵的出油阀是否密封不良。

6）用断油比较法检查喷油器的喷油情况。断油后若发现柴油机的转速不变化，则说明该喷油器工作不良，应将此喷油器拆下并测试调整。

7）若以上诊断没有不良情况，则需对喷油泵和调速器的工作情况在试验台上进行检查。

（二）发动机运转不均匀，排气管排黑烟

1. 现象

发动机动力不足，运转不均匀，排气管排黑烟，加速时出现敲击声。

2. 原因

1）空气滤清器严重堵塞，造成进气量不足。

2）喷油泵供油量过多或各缸供油不均匀。

3）喷油器喷雾质量不佳或喷油器滴油。

4）供油时间过早。

5）气缸压缩压力不足。

6）柴油质量低劣。

3. 故障诊断与排除方法

柴油机排气黑烟多，一般是由各气缸供油量不均匀或过多、吸入空气量不足、雾化不良、喷射时间过早等原因所致的柴油不能完全燃烧造成的。

1）拆除空气滤清器，观察排气烟色。若排黑烟情况好转，故障是空气滤清器脏污严重造成的。

2）检查供油时间是否过早，若过早应调整。

3）在发动机运转时，可逐缸断油试验。当某缸断油时，若发动机转速降低、黑烟明显减少、敲击声变弱或消失，则说明该缸供油量过多；若发动机转速变化小而黑烟消失，说明该缸喷油器雾化不良。找出有故障的气缸后，拆检喷油器。必要时，可换装新喷油器进行对比；若用新喷油器时故障消失，说明原喷油器有故障。

用上述方法仍不能排除故障时，应检查各缸喷油是否一致，必要时进行调整。

检查喷油泵供油量过大和供油不均时，应在试验台上进行。

三、柴油机工作粗暴

1. 现象

1）发动机发出有节奏的（清脆的）金属敲击声，急加速时响声更大，排气管冒黑烟。

2）气缸内发出低沉、不清晰的敲击声。

3）敲击声没有节奏并排黑烟。

2. 原因

1）喷油时间过早。

2）喷油雾化不良。

3）进气通道堵塞或空气滤清器堵塞造成进气不足。

4）各缸喷油不均匀，个别缸的供油量过大。

5）喷油器滴油使相对喷油量增加。

6）选用的柴油牌号不当。

7）发动机温度过低。

3. 故障诊断与排除方法

1）如果响声均匀，则说明各缸工作情况相近。其故障原因与喷油正时、进气情况、柴油性能等方面有关。

急加速试验时，若响声尖锐、排气管冒黑烟，通常是因为喷油时间过早，应调整。若加速困难、声调低沉、有发闷的感觉、排气管冒白烟，是因为喷油时间过迟，应调整。

若调整喷油正时的效果不明显，则应检查空气滤清器是否堵塞、进气通道是否畅通。若柴油机充气不足，将导致燃烧不完全，延长着火落后期，产生严重着火敲击声。

若进气管道畅通仍有响声，应考虑柴油牌号选择是否适当。

2）如果响声不均匀，说明各缸工作情况不一致。可用单缸断油的方法找出工作不良的气缸。若怀疑某喷油器工作不良，可换用标准喷油器或与其他缸调换喷油器，若声响消失（或转移到其他缸），则表明故障就在喷油器。若怀疑某缸供油量过大，可用减油法试验，减油之后响声和排烟应该消失；若减油之后故障减弱但并不消失，只有断油才完全消失，则说明故障原因是喷油时间过早。

四、发动机运转不稳

（一）柴油机“游车”

1. 现象

发动机在中、低速范围内运转，加速踏板保持在某一位置不变时，发动机转速产生忽高忽低的变化。

2. 原因

1）燃油供给系油路内有空气，使供油不稳定。

2）喷油泵偶件磨损不均匀，使供油不均匀。

3）调速器调整不当，各连接件不灵活或间隙过大。

4）供油齿杆与齿圈（或供油拉杆与拨叉）、柱塞与柱塞套紧滞，使供油齿杆（或供油拉杆）移动阻力增大，使其不灵敏。

5）喷油泵凸轮轴的轴向间隙过大，造成径向间隙变大，导致喷油泵泵油时凸轮轴受脉冲振动；其振动又直接传递到调速器飞球或飞块，引起飞球支架跳动，从而使供油齿杆来回抖动。

3. 故障诊断与排除

“游车”一般是喷油泵和调速器部分引起的。检查喷油泵机械式调速器时，先打开喷油泵边盖，将发动机处于“游车”严重的转速下工作；然后，用手抵住调节齿圈并带动齿杆移动，检查供油齿杆移动是否灵活。如果供油齿杆移动不灵活，说明柱塞的转动有阻滞或其他运动件有摩擦阻滞，使供油齿杆灵敏度降低，调速器不能随时调节供油齿杆而造成“游车”；发现供油齿杆移动阻力较大，则应逐一检查出油阀座拧紧力矩是否过大，泵内是否有水垢或锈蚀的污物引起柱塞生锈后阻滞，齿杆与齿圈啮合处是否有异物，查明后予以排除。

若上述检查正常，则故障原因是调速器工作不正常、喷油泵供油量不均匀或喷油泵凸轮轴轴向间隙过大；此时，应拆下喷油泵总成进行检修。

（二）发动机超速

1. 现象

柴油机在汽车运行中或自身空转时，尤其是全负荷或超负荷运转突然卸荷后，转速自动升高超过额定转速而失去控制，又称“飞车”。

2. 原因

引起超速的主要原因有两个方面：一是喷油泵调速器本身的故障，使其丧失了正常的调速特性；另一方面是柴油机在运转过程中，有额外的柴油或润滑油进入燃烧室参与燃烧。

（1）喷油泵、调速器的故障

1）加速踏板拉杆或喷油泵供油调节齿杆卡滞在额定供油位置。

2）油量调节齿杆和调速器拉杆脱节。

3）柱塞的油量调节齿圈固定螺钉松动，使柱塞失去控制。

4）调速器的高速限制螺钉或最大供油量调整螺钉调整不当。

5）调速器内润滑油过多或润滑油太脏、粘度过大，导致调速器失效。

6）调速器因飞球组件卡阻、锈污、松旷等原因而失去控制。

（2）额外燃料进入燃烧室参与燃烧

1）气缸窜油，使润滑油进入燃烧室燃烧。

2）惯性油浴式空气滤清器存油过多，被吸入燃烧室。

3）带增压器的柴油机由于增压器油封损坏，使润滑油进入燃烧室燃烧等。

3. 故障诊断与排除方法

（1）紧急措施　发动机“飞车”的故障一般很少见，但喷油泵调速器调整不当或使用、维护、保养不当而擅自调整调速器的重要部位（加有铅封的调整螺钉），会产生“飞车”故障。无论是行驶的汽车还是停驶的汽车，一旦出现“飞车”，首先要采取紧急措施，设法立即熄火，避免发生事故。紧急熄火的方法有以下几种：

1）若汽车在运行中，千万不要脱挡或踩下离合器，应紧急制动直至发动机熄火。

2）若汽车静止发动机空转时，则立即采用断油或断气的方法使发动机熄火。

3）迅速将加速踏板收回到停止供油的位置，拉出熄火拉钮。

4）有减压装置的，迅速将减速手柄拉到减压位置。

5）进、排气管道带阀的可将阀门关闭，如果没有阀门的可拆下空气滤清器，堵住进气管道。

6）供油拉杆或齿杆外露的喷油泵，可迅速将拉杆推向停油位置。

7）松开各缸高压油管或低压油路的油管插头以停止供油。

8）及时挂入高速挡，踩下制动踏板，缓抬离合器，使发动机熄火。

（2）诊断　发动机熄火后，反复踩加速踏板或推拉喷油泵操纵臂，从喷油泵外部或拆下侧盖从内部检视供油拉杆（或齿杆）的轴向活动情况。若供油拉杆（或齿杆）不能轴向活动，故障是由供油拉杆（或齿杆）在其承孔内因缺油、锈蚀等原因卡阻而不能回位造成的。

打开调速器上盖，检查调速器飞球组件与供油拉杆（或齿杆）的连接是否脱开，调速器内润滑油是否加得过多或润滑油粘度过大，调速器飞球组件是否卡阻、锈滞或松旷等。

拆下喷油泵调速器总成，在试验台上进行检修与调试合格后装机。

若供油系良好，应检查气缸中有无额外进入的燃油或润滑油。例如：空气滤清器或增压器的润滑油能否漏入气缸；气缸密封性如何，是否窜润滑油等。

发动机熄火后，必须在找出造成超速事故的原因并做彻底排除后，才允许再次起动发动机，否则发动机起动后，又将出现“飞车”现象。

信息资料单12　柴油机燃料供给系的主要故障

一、焦油嘴

焦油嘴有两种情况，一是焦死在开启位置，另一种是焦死在闭死位置，而由此引发的故障现象截然不同。

1. 焦死在开启位置

故障现象为柴油机着火不稳、冒黑烟、回油管有气体排出、喷油器过热，甚至柴油机自动熄火。

2. 焦死在闭合位置

（1）故障现象　柴油机缺腿、油管胀裂以及功率明显下降，排气歧管温度低等。

（2）故障原因　喷油器喷射压力低；产生后滴；燃油脏；出油阀磨损严重等。

二、供油提前角失准

供油提前角失准有两种情况，一是供油提前过早，另一种是供油提前过晚；两种情况产生的故障现象有很大差别。

1. 供油提前过早

故障现象为敲缸、有反转趋势，甚至反转、功率下降等。

2. 供油提前过晚

（1）故障现象　着火发闷、过热、冒黑烟、功率下降等。

（2）故障原因　定时齿轮记号装错，齿轮磨损严重，柱塞副、出油阀磨损严重，供油提前角调整失误等。

三、供油量失准

供油量失准有两种情况，一种是过大，另一种是过小，由此产生的故障现象也不相同。

1. 供油量过大

故障现象为冒黑烟、功率有升无减。

2. 供油量过小

（1）故障现象　柴油机无力。

（2）故障原因　喷油泵调整失准、三大精密偶件磨损严重、出油阀垫住等。

四、自动熄火

（1）故障现象　柴油机突然发出突突声，然后自动熄火。

（2）故障原因　主要是低压系统各管插头封闭不严，油管裂纹，油路堵塞，输油泵进、出油阀垫住，供油量不足等。

五、“喘气”

（1）故障现象　柴油机转速不稳，周期性的忽高忽低。

（2）故障原因　喷油泵凸轮轴轴向游动量过大；飞锤销子与孔配合间隙超限；齿条移动卡滞；柱塞转动卡滞等。

六、飞车

（1）故障现象　柴油机转速不能控制而狂转。

（2）故障原因　调速器油面过高；由于脏物或齿条变形卡死在最大供油位置；齿圈、拨块夹紧螺钉松动等。

柴油机飞车应立即采取应急措施加以制止，即切断油路、堵塞进气道。若行进间飞车，应立即把节气门扳至停止供油位置，并用脚踩制动器使之熄火；千万不要停车，否则会产生捣缸等重大机械事故。

技能单1　柴油机供给系的维修

一、柴油的净化

柴油机使用的柴油，除应按照使用说明书的规定与季节变化选用外，其中不应含有机械杂质和水分。使用中保持柴油清洁的措施是：

1）柴油在注入柴油箱之前，一般要经过72h的沉淀过滤。加油时，加油口附近要清洁，不得晃动油桶或将油管插到底，最好采用密闭加油。

2）定期放出柴油箱内的柴油，定期更换柴油滤芯。

3）拆卸高压油管或其他管路时，要将各管路插头包扎，以防止尘土进入油管或机件内。

二、保证管路密封

管路应不漏油、不进气，管路漏油或进气都会导致供油不足，甚至中断供油，从而使起动困难、工作不稳定、功率下降，甚至会自行熄火。

引起柴油管路不密封的主要原因是油管破裂，油管插头松动或密封垫圈损坏，应及时更换并紧固。

当柴油管路中进气而使油路中形成气阻后，应立即按下述程序放气：

1）给油箱加注足够的柴油。

2）旋松柴油滤清器上的放气螺钉或喷油泵的放气螺钉，以排除低压油路中的空气。放气时，用手油泵连续泵油，当放气螺钉中流出的柴油中无气泡时，即旋紧放气螺钉。

3）起动发动机，旋松喷油器高压油管插头，排放该缸高压油管中的空气。

技能单2　喷油器的拆卸、装配与调试

一、喷油器的拆卸

喷油器的固定方式有压板固定、空心螺套固定和利用自身的凸缘固定3种。

1）首先拆下高压油管和固定螺母，取出总成。

2）清洗外部，然后逐一在喷油器试验台上进行检验。检查喷射初始压力、喷油质量和雾化情况，如质量不好必须解体。

3）先分解喷油器上部，旋松调压螺钉紧固螺母，取出调压螺钉、调压弹簧和顶杆。

4）将喷油器倒夹在台虎钳上，旋下针阀体紧固套，取下针阀体和针阀。

5）针阀偶件用清洁的柴油浸泡。分解过程中应注意保护针阀的精加工表面。

6）喷油器垫片在分解后应与原配喷油器体放在一起，喷油器与座孔间的锥形垫圈应与原喷油器体放在一起。

二、喷油器的装配与调试

1. 喷油器的装配

喷油器装配前，应对喷油器的零件进行清洗，对针阀偶件进行检验，对喷油器体进行检验。喷油器零件经清洗检验合格后，必须在清洁场所装配。

1）将针阀、针阀体、紧固套装到喷油器体上。

2）将喷油器上部装入顶杆、调压弹簧、调压螺钉，拧上调压螺钉紧固螺母。

3）装油管插头，总成调试完毕后装护帽。

2. 在喷油器试验台上对喷油器进行调试

（1）喷油压力调整　CA6110 型柴油机喷油开启压力为(22 ±0.5)MPa，同台发动机的喷油压力差不超过0.25 ~0.5MPa。

（2）喷雾质量与喷射响声检查　以 60 ~70 次/min 的速度压动手柄，油雾应细微均匀，无油滴飞溅；喷油器停喷干脆、及时，并伴有清脆响声。

（3）针阀偶件密封锥面的密封性试验　按规定值调好喷油器的喷油压力，将喷油器喷孔擦干，压动试验器手柄，使油压上升到喷油器开始喷油时的压力(0.15 ~1MPa)，保持这一压力 10min，放松手柄，喷孔附近不得出现油液渗漏或油滴。

技能单 3　输油泵的拆卸、装配与试验

一、输油泵的拆卸

CA6110 柴油机输油泵如图 5-40 所示。

1）拆卸前，用手推压滚轮作往复运动，检查滚轮(及挺杆、顶杆偶件)和活塞的运动有无卡滞和行程过小现象，从活塞回弹能力强弱判别活塞弹簧工作是否正常。

2）拔出挺柱、顶杆。

3）拆下手泵部件和出油管插头，取出进、出油口止回阀弹簧及止回阀。

4）旋下输油泵螺塞，取出活塞弹簧及活塞。

5）拆卸手油泵部件。

二、输油泵的装配与试验

1. 装配

按拆卸的逆顺序装配输油泵。在装配过程中注意保持清洁。活塞、顶杆、滚轮体装配时，表面涂抹适量润滑油润滑。安装起密封作用的垫圈时应保证端面均匀。

2. 试验

（1）总成密封检查　堵住出油口，向进油口供入 0.4MPa 的压缩空气，然后把输油泵浸入柴油中，历时 2min，不应漏气。

（2）手油泵性能检查

（3）供油性能检查　在喷油泵标定转速下，输油泵出油回路关闭时的最大压力不应小

于0.17MPa。

技能单4　两极调速器的拆卸、装配与调试

一、两极调速器的拆卸

CA6110型柴油机装配的RAD型两极调速器的结构如图5-20所示。

拆卸调速器之前，应先记录好调整数据、准备好必要的工具，拆卸场所应清洁，拆下的零件应用汽油清洗并依次排列，各零件配合面严禁碰撞划伤。

拆卸程序如下：

1）将外表油污擦拭干净，拧下调速器壳底部的放油螺塞，放净润滑油。

2）用专用扳手取出怠速装置。

3）退出速度调整螺栓，以放松调速弹簧预紧力。

4）拆下紧固后壳螺栓，分开前、后壳。注意前后壳之间有橡胶石棉垫片，切勿损坏。

5）取下起动弹簧，然后取下后壳总成（切勿在起动弹簧脱开前过分拉开后壳，以免拉坏起动弹簧）。

6）取出速度调定杠杆、调速弹簧，从后壳里面拧出速度调整螺栓。

7）从支持杠杆里脱出滑块，把导动杠杆总成从后壳总成中取出。

8）拆下控制杠杆，从后壳中取出曲柄偏心轴，取下开口挡圈，卸下拨叉。

9）用飞块拆卸专用工具从凸轮轴上拆下飞块部件。

二、两极调速器的装配与调试

1. 装配

调速器的装配按照拆卸的逆顺序进行，但应特别注意以下几点：

1）飞块部件在凸轮轴上的紧固力矩约60N·m。

2）装配支持杠杆时，注意宽槽与窄槽安装的零件。

3）导动杠杆上、下面孔中各有一衬套，切勿漏装。

4）前、后壳之间的橡胶石棉垫片厚度为0.5mm，装配时两面均需涂上密封胶。

2. 调试规范

1）试验条件：试验用油为经过沉淀过滤的0#轻柴油；试验台油温为38～42℃；试验台进油压力为0.1MPa或根据具体要求。试验台选用标准喷油器开启压力。

2）将油泵总成装在试验台上，装上齿杆行程表（或行程尺），按要求定齿杆“零”位。

3）检查供油始点夹角。

4）调整齿杆行程调整螺栓。

5）调整速度调整螺栓。

6）调整校正器起始转速和校正行程。

7）调整起动油量。

8）停油机构的检查。在油泵各种转速下转动停油手柄，各缸应能停油，放松停油手柄后齿杆应能立即复位，并能保证停油手柄在停油后能继续转动一位置。

技能单5　A型喷油泵的拆卸、装配与调整

一、A型喷油泵的拆卸

拆卸喷油泵时，可按下列步骤进行：

1）转动凸轮轴，当凸轮处于上止点时，将插片插入挺柱体部件的正时螺钉与正时螺母之间；采用垫片结构的油泵则用销钉锁住挺柱上的销孔，拆去轴承侧盖，取出凸轮轴，如图5-65所示。

2）拆去油底塞及油底塞垫片，用挺柱顶持器顶起挺柱部件，拔出插片或销钉，取出挺柱部件，如图5-66所示。

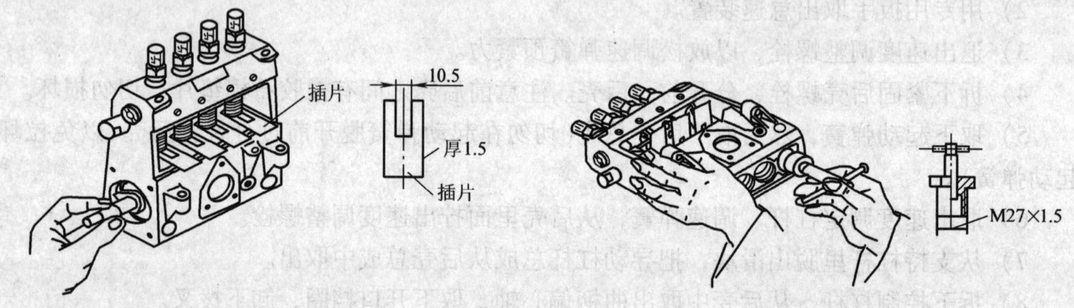

图5-65　凸轮轴拆卸图　　图5-66　挺柱顶持器

3）取出弹簧下座、柱塞弹簧、弹簧上座、油量控制套筒部件，旋出齿杆定位螺钉，取出调节齿杆。

4）旋出出油阀插头，用专用工具取出出油阀偶件，再取出柱塞偶件。

二、A型喷油泵的装配与调整

装配前必须对零部件进行清洗、检验。其装配顺序与分解顺序相反。

1）装配调节齿杆。A型泵调节齿杆中心位置是17.5mm(由泵体驱动端测量)。

2）安装柱塞套时，有定位槽的一面对准喷油泵体上的定位销。

3）安装出油阀及其压紧座。拧紧力应适度，过紧会引起泵体开裂、柱塞咬死、密封垫破碎、齿杆卡滞等现象；过松会引起密封不良而泄漏柴油。

4）装配调节齿圈。调节齿圈套在控制套筒上，槽中心对准小孔，调节齿杆位置记号与泵体侧面齿杆外套对齐。

5）装配柱塞弹簧上座、柱塞弹簧，将柱塞及柱塞弹簧下座平稳地装入柱塞套。注意装配记号朝向盖板。

6）装滚轮体总成。

7）装凸轮轴，凸轮轴装入泵体前，应先弄清楚其旋转方向和喷油顺序，以免装错；固定好中间轴，两端均匀装垫圈和调整垫，每边0.65~0.95mm，轴向间隙0.02~0.1mm。

8）安装油底塞垫片和油底塞。

9）安装结束后，齿杆在任何情况下都应滑动自如，并检查各缸供油次序是否正确。

技能单6　喷油泵的安装及供油提前角的检查与调整

一、喷油泵总成的安装

1）将发动机曲轴旋转至第1缸压缩上止点前的供油标记位置。

2）将喷油泵总成转到第1缸的供油标记位置。

3）将联轴器标记对“0”。

4）安装喷油泵总成。

二、供油提前角的检查与调整

1）卸下第1缸高压油管，将出油阀紧座上平面的油用干净的棉布吸出。

2）连接低压、高压油路，加注燃油并进行系统排气。

3）摇转发动机曲轴，观察第1缸出油阀紧座上平面的油面变化。当油面刚刚上升，立即停转曲轴，观察发动机供油转角标记，读出此时的供油提前角数值；与规定参数比较，确定是否需要进行调整(如CA6110柴油机供油提前角为上止点前(13±1)度)。

4）如进行调整，松开提前器端钢片万向节螺栓，按“顺减逆加”旋转提前器，并拧紧万向节螺栓。

5）重复步骤3)进行检查，读出此时供油提前角数值，至符合要求为止。

6）装复并紧固第1缸高压油管。

模块六　发动机冷却系、润滑系的构造与维修

学习目标：能解释冷却系、润滑系的组成、功用及工作原理；正确拆装各装置及部件，并进行相关部位的检验和调整；分析和排除故障。

信息资料单 1　发动机冷却系的构造与维修

一、概述

1. 冷却系的作用

发动机工作时，气缸内燃烧气体的温度达到2200～2800K（汽油机），如果不对汽油机采取必要的冷却措施，将不能保证其正常工作。发动机冷却系的作用就是使发动机得到适度的冷却，从而保持在最适宜的温度范围内工作。

2. 冷却系的分类

发动机冷却系按冷却介质的不同，可分为水冷和风冷两类。

（1）水冷却系　通过冷却水在水套内循环流动吸收热量，再将热量散入大气而进行冷却的一系列装置。水冷却系因冷却效率高、散热均匀、工作可靠而广泛用于汽车发动机上。

（2）风冷却系　将发动机中高温零件的热量，通过装在气缸体和气缸盖表面的散热片直接散入大气中而进行冷却的一系列装置。风冷却系因冷却效果差、噪声大、功耗大等缺点，仅用于部分小排量及军用汽车发动机，如图 6-1 所示。

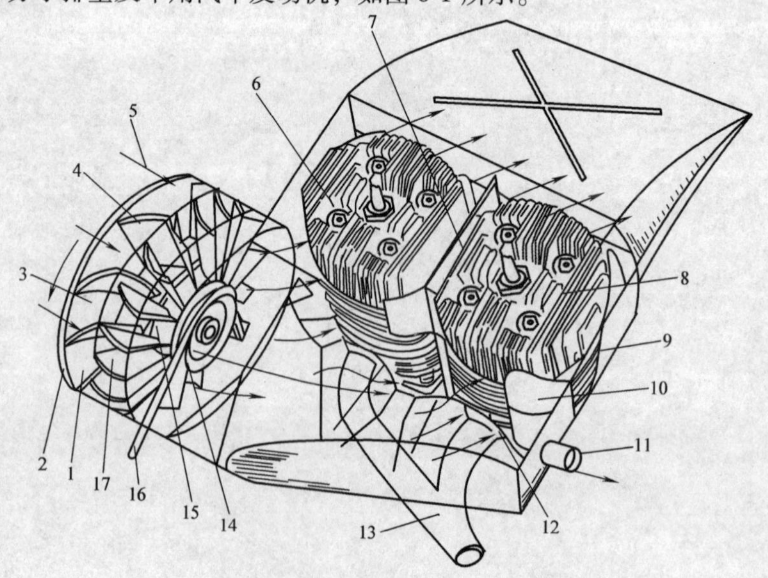

图 6-1　发动机风冷却系示意图

1—风扇　2—风扇壳体　3—风扇导流定子　4—风扇导流叶片　5—冷却空气　6—气缸盖　7—导风板　8—气缸盖散热片　9—气缸体散热片　10—导风板　11—热风出口　12—气缸体　13—排气歧管　14—风扇带轮　15—风扇叶轮　16—风扇平带　17—风扇叶片

二、水冷却系的组成及水路循环

目前，汽车发动机上普遍采用的是强制循环式水冷却系，如图6-2所示。它利用水泵将冷却液的压力提高，使其在发动机冷却系中循环流动，并通过散热器将热量散入大气中。

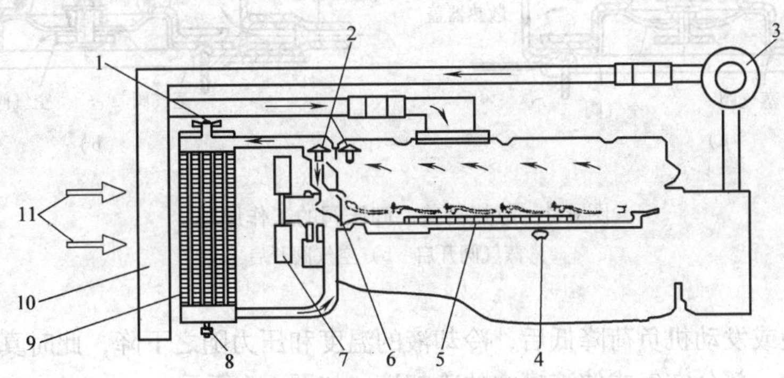

图6-2　CA6110ZW型柴油机冷却系统循环图

1—加水口　2—节温器　3—增压器　4—放水开关　5—机油冷却器　6—水泵　7—风扇　8—放水开关　9—散热器　10—中冷器　11—冷却空气

水冷发动机的气缸盖和气缸体制有相互连通的水套。冷却液在水泵的作用下，流经气缸体及气缸盖的冷却水套吸收热量，然后沿水管流入散热器被降温。冷却后的水流被水泵再次泵入发动机的冷却水套中，如此循环，将发动机工作时产生的热量不断带走，保证发动机的正常工作。

发动机装配中，各相对运动部件均留有一定的间隙，这些间隙必须在发动机达到规定工作温度的条件下，才能保证发动机正常的润滑。为使发动机在低温时减少热量损失、缩短暖机时间，冷却系中设有调节温度的装置，如节温器、风扇离合器及百叶窗等。

三、水冷却系的主要部件

（一）散热器

散热器（俗称水箱），其作用是将冷却液的热量散发到大气中，使发动机保持正常的工作温度。散热器主要由散热片、芯管、上、下水室等组成，其断面构造如图6-3所示。散热器芯管大都采用扁圆形断面，这样有利于散热和承受冷却水循环及受热的膨胀力。

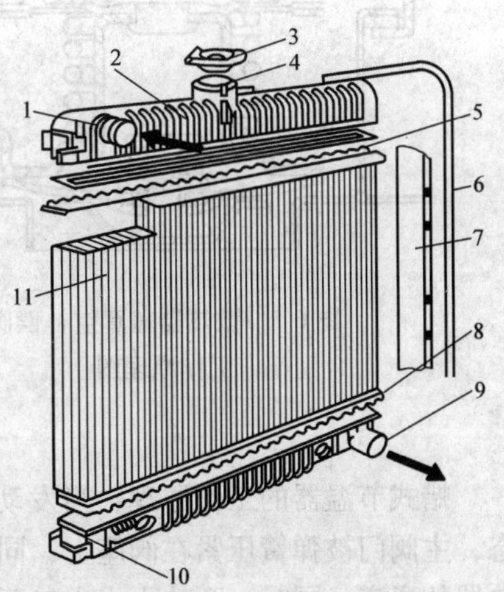

图6-3　散热器的断面构造

1—进水管口　2—上储水室　3—散热器盖　4—加水口　5—上管栅　6—溢流管　7—侧固定夹板　8—下管栅　9—出水管口　10—下储水室　11—散热器芯

散热器上水室设有加水口，加水口通过闭式冷却系的散热器盖密封。这种闭式冷却系的散热器盖为压力式结构，当冷却液受热膨胀使系统压力增大时，仍能密封而不会在冷却液温度达到100℃以上时从此处喷出。散热器盖上制有卸压阀和真空阀，其工作原理如图6-4所示。

当冷却液温度升高使体积膨胀时，系统压力也随之增大。当冷却系压力超过规定值时（如100～120℃时的压力为0.03～0.1MPa），散热器盖上的卸压阀便自动打开，过高的压力将随卸压阀的开启通过溢流管

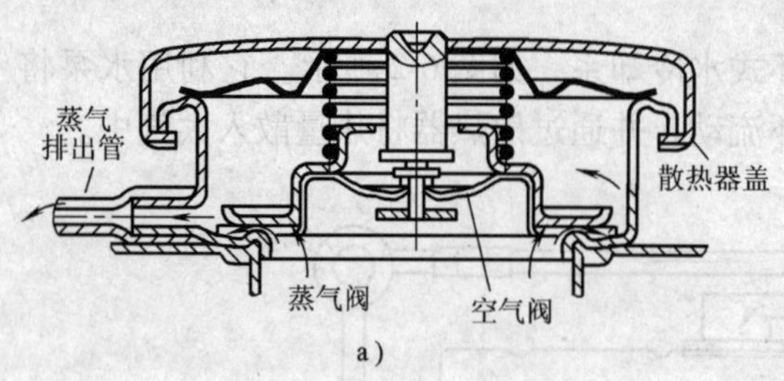

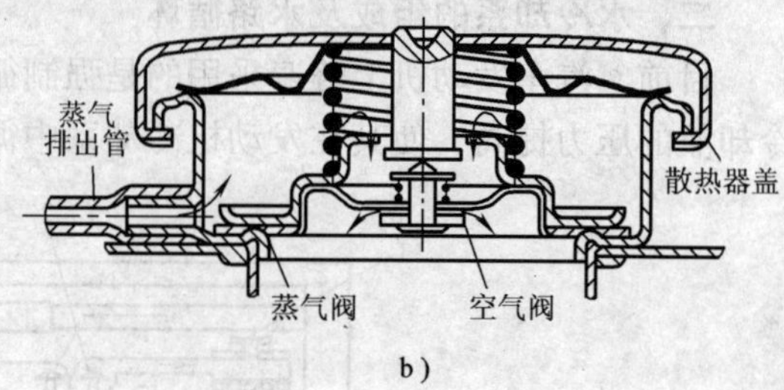

图 6-4 散热器盖、卸压阀的工作原理

a）蒸气阀开启 b）空气阀开启

流出。

当汽车行驶或发动机负荷降低后，冷却液的温度和压力随之下降，此时真空补偿阀门打开，可以补充进一部分空气或储液罐中的冷却液，如图 6-5 所示。

由于闭式冷却系在热状态下具有一定的压力，因此打开散热器盖时应注意避免冷却液溅出烫伤。

发动机冷却系中加注长效防冻液，不仅可以防止冷却液冻结，而且有效地避免了冷却系集结水垢，延长了冷却系部件的使用寿命。

（二）节温器

节温器的作用是随发动机负荷的变化及冷却液温度的变化，自动调节进入散热器的冷却水流量，以保证发动机的最佳温度运转。

汽车上普遍装有节温器，图 6-6 所示，为双阀蜡式节温器的构造。它主要由推杆、支架、主阀门、副阀门、弹簧和温度感应体等组成。

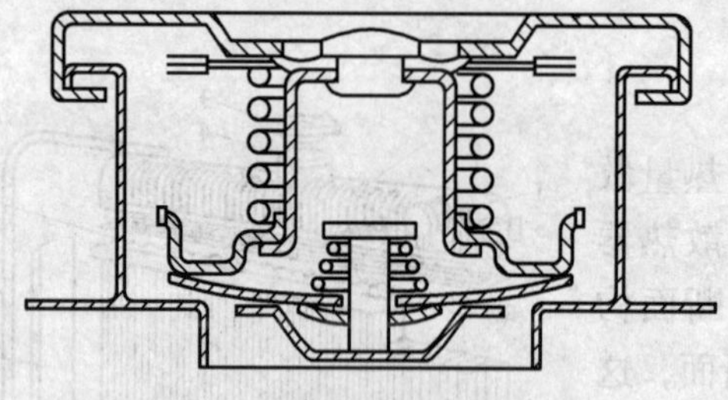

图 6-5 散热器盖真空补偿阀工作原理图

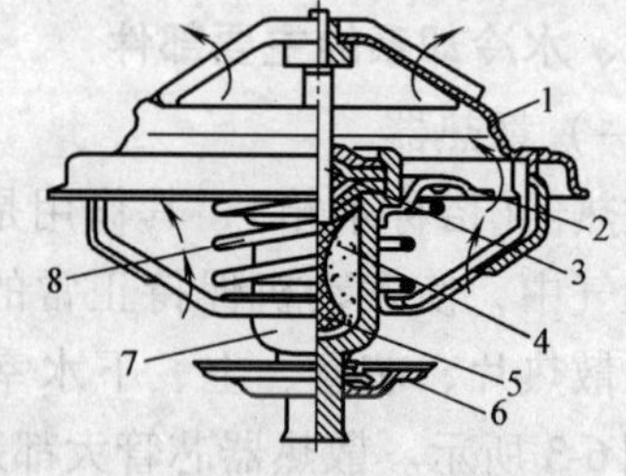

图 6-6 双阀蜡式节温器的构造

1—支架 2—主阀门 3—推杆 4—石蜡 5—胶管 6—副阀门 7—节温器外壳 8—弹簧

蜡式节温器的工作原理：当发动机冷却液温度低于 76℃时，温度感应体内的石蜡呈固态，主阀门被弹簧压紧在阀座上，同时带动副阀门向上移动，节温器自动关闭气缸盖通往散热器的通道；同时，开放由出水口至水泵的循环水通道，在发动机水套内形成小循环，如图 6-7a 所示，可以加快冷却系冷却液温度的升高。

当冷却系统温度达到 76℃时，节温器温度感应体内的石蜡开始熔化，由固态逐渐变成液态使体积发生膨胀，其中的橡胶管被压缩变形并推动中心杆向上移动。但是，由于推杆上端受上支架的限制，迫使温度感应体向下移动，使大循环阀门逐渐开启。与此同时，套装在温度感应体下端的小循环阀门在弹簧的作用下，随温度感应体下移而逐渐关闭，冷却液的循环方式由小循环向大循环过渡。当发动机冷却液温度继续升高到86℃以上时，大循环阀门全开而小循环阀门全闭，如图6-7b所示，使发动机冷却液控制在最佳工作温度范围(80~90℃)内。

反之，当冷却液的温度降低于76℃时，液态的石蜡则开始凝固、收缩，大循环阀门在弹簧的作用下压紧在阀座上，同时小循环阀门上移，使之重新恢复到小循环工作状态。

（三）水泵

水泵一般安装在发动机前端，通常与风扇一起用曲轴带轮(扭转减振器)同轴驱动。水泵的作用是对冷却液加压后，使之在冷却系中循环流动。

发动机多采用离心式水泵。它具有结构紧凑、泵水量大，水泵工作无压时系统内冷却液在温差的作用下也能自然循环等优点。其工作原理示意图如图6-8所示。当叶轮旋转时，水泵内的冷却液被叶片推动一起旋转，在离心力的作用下甩向叶轮边缘，由壳体收集送往出水管，压入发动机冷却水道。与此同时，叶轮中心因具有负压而使散热器中的冷却液经进水管被吸入水泵。

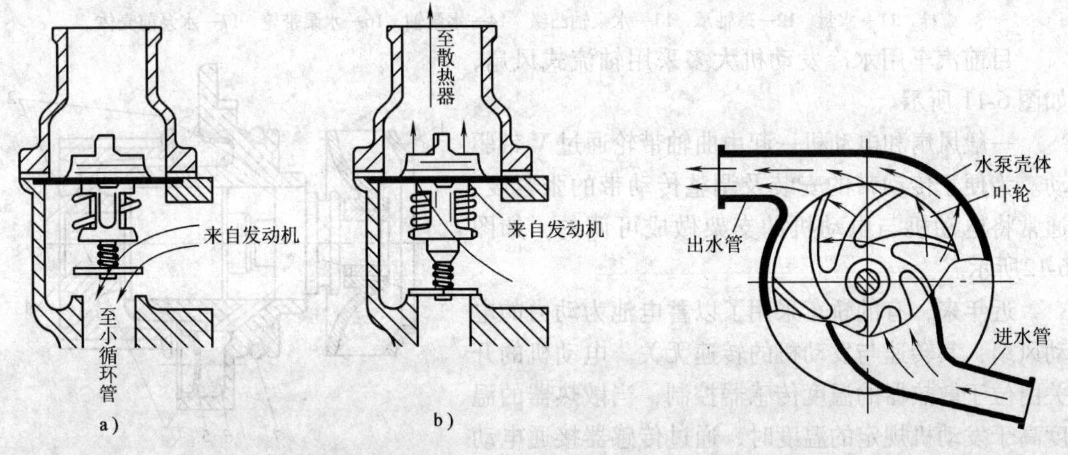

图6-7　节温器形成的小循环　　图6-8　离心水泵工作原理示意图

图6-9所示为一汽捷达轿车EA827型发动机所用水泵的纵剖面图。水泵轴14通过向心球轴承12支承在水泵壳体8上；水泵轴左端通过水泵轴凸缘13，用紧固螺栓15与水泵带轮16相连，右端则连接水泵叶轮1。为防止泵内高压水沿泵轴向外渗漏，在叶轮的前端装有密封装置(通常由水封环、密封圈或填料等组成)。

一汽捷达轿车5气门发动机水泵的结构如图6-10所示。它由叶轮1、齿形带轮3、轴承4、堵盖5、轴承壳体6、密封圈7和水封8组成，图中2所指的接触面必须涂以密封胶，以确保水泵的密封性。

（四）风扇

风扇通常安装在散热器的后面并与水泵同轴驱动，用来提高流经散热器的空气流速和流量，增强散热器的散热能力，同时对发动机其他附件也有一定的冷却作用。风扇的风量主要取决于风扇的直径、转速、叶片形状及安装角等。

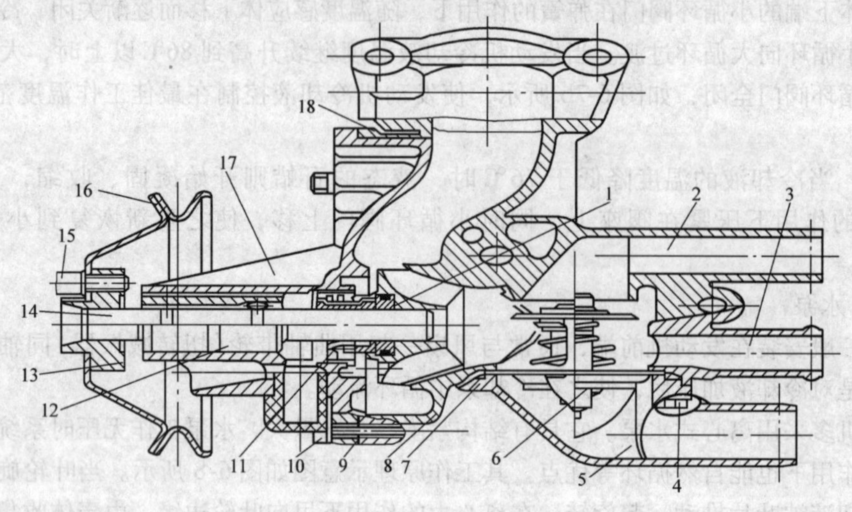

图6-9 水泵的纵剖面图

1—水泵叶轮 2—小循环水泵进水口 3—热交换器(暖气)回水进水口 4、15—紧固螺栓 5—水泵主进水管 6—节温器 7—密封圈 8—水泵壳体 9、18—密封垫 10—水泵壳连接螺栓 11—水封 12—球轴承 13—水泵轴凸缘 14—水泵轴 16—水泵带轮 17—水泵前壳体

目前汽车用水冷发动机大多采用轴流式风扇，如图6-11所示。

一般风扇和电动机一起由曲轴带轮通过V带驱动。为便于传动带的安装及调整传动带的张紧度，通常将电动机与电动机的支架做成可调的，如图6-12所示。

近年来，有的轿车采用了以蓄电池为动力的电动风扇，其转速与发动机的转速无关。电动机的开关由位于散热器的温度传感器控制，当散热器的温度高于发动机规定的温度时，通过传感器接通电动机带动风扇工作。

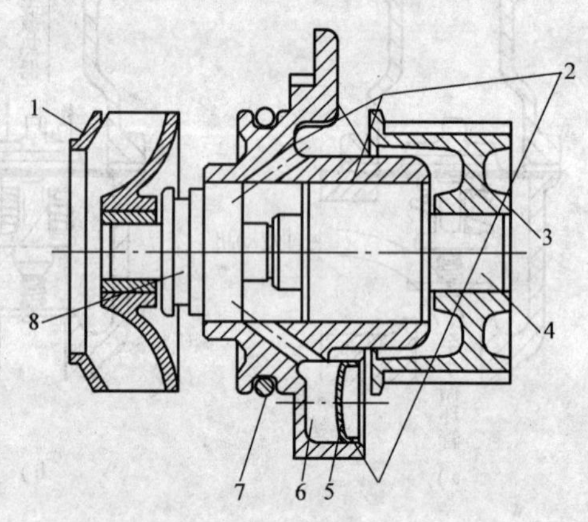

图6-10 5气门发动机水泵的结构

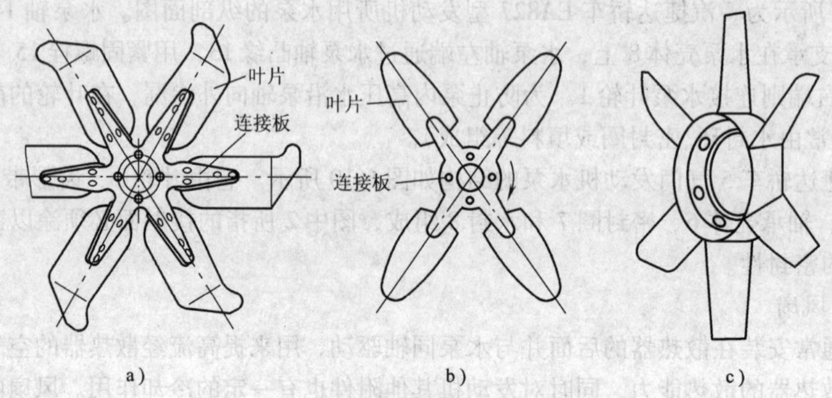

图6-11 轴流式风扇的形式

a）叶尖前弯的风扇 b）尖窄根宽的风扇 c）尼龙压铸整体风扇

（五）风扇离合器和温控开关

为了减少发动机的功率损失、减小风扇噪声、改善低温起动性能、节约燃料及降低排放，在有些汽车发动机上采用风扇离合器或风扇温控开关来控制风扇的转速，自动调节冷却液的温度。

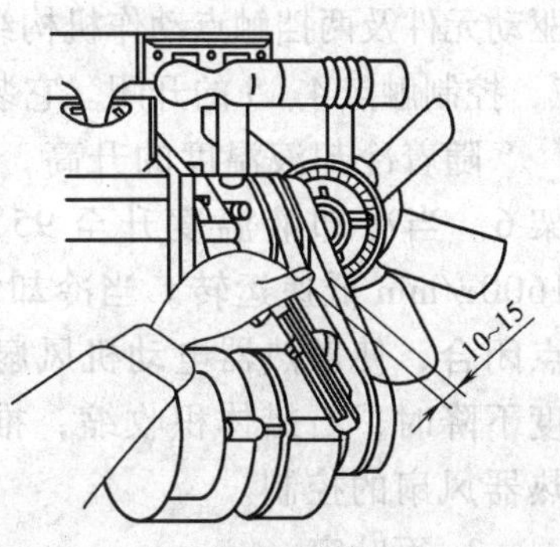

图 6-12　风扇的驱动及传动带张紧装置

1. 风扇离合器

风扇离合器主要有硅油式及电磁式等多种。图 6-13 所示为硅油风扇离合器。

当冷却液温度较低时，双金属感温器 12 不带动阀片 10 偏转，进油孔 *A* 关闭，工作腔内无油，风扇离合器处于分离状态。此时，由密封毛毡圈 13 和轴承 6 的摩擦，使风扇随同离合器壳体一起在主动轴上空转打滑，转速很低。当发动机的负荷增加而使吹向双金属感温器的气流温度超过 65℃时，阀片转到将进油孔 *A* 打开的位置，于是硅油从储油腔进入工作腔。主动板 9 利用硅油的粘性带动离合器壳体和风扇 1 转动。此时，离合器处于接合状态，风扇转速得到提高，以适应发动机增强冷却的需要。若发动机的负荷减小，流经双金属感温器的气流温度低于 35℃时，双金属感温器复原，阀片将进油孔关闭，工作腔内油液继续从回油孔 *B* 流向储油腔，直至甩空为止。这时，风扇离合器又回到分离状态。漏油孔 *C* 的作用是防止风扇离合器在静态时从阀片轴周围泄露硅油。

2. 风扇温控开关

图 6-14 所示为一汽捷达轿车 EA827 型发动机的双温蜡质热敏温控开关。它由腊质感温

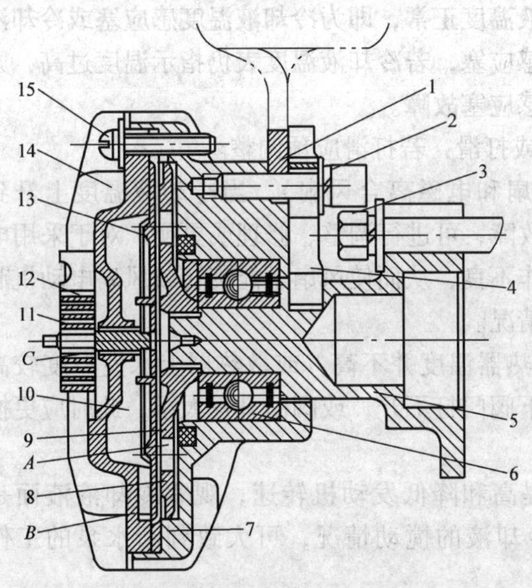

图 6-13　硅油风扇离合器

1—风扇　2—圆柱头内六角螺钉　3—螺栓　4—锁止板　5—主动轴　6—轴承　7—壳体　8—从动板　9—主动板　10—阀片　11—阀片轴　12—双金属感温器　13—密封毛毡圈　14—前盖　15—螺钉　*A*—进油孔　*B*—回油孔　*C*—漏油孔

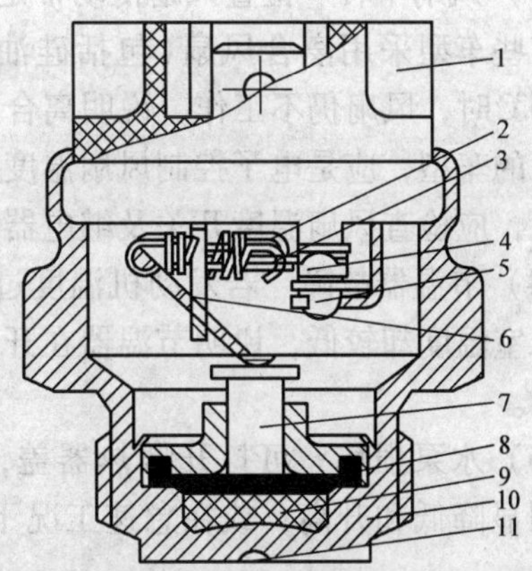

图 6-14　双温蜡质热敏温控开关

1—接线杆座　2—触点 1 拉簧　3—触点 2 拉簧　4—触点 1　5—触点 2　6—拉簧架　7—推杆　8—橡胶密封膜　9—石蜡　10—外壳　11—调整坑

驱动元件及两挡触点动作机构组成，利用石蜡9受热由固态变为液态时体积变大来移动推杆7，控制触点4、5的开闭。它装在散热器上。

随着冷却液温度的升高，石蜡开始膨胀，通过橡胶密封膜8推动推杆7而压动拉簧架6。当冷却液温度升至95℃时，低速触点闭合，散热器电动机风扇接通电源，以1600r/min低速运转。当冷却液温度继续上升至105℃时，因石蜡继续膨胀而使高速触点闭合，使散热器电动机风扇以2400r/min的高速运转，以增强冷却强度。当冷却液温度下降时，石蜡体积收缩，推杆在触点拉力的作用下回缩而使触点断开，实现了对散热器风扇的控制。

3. 百叶窗

在某些汽车发动机散热器的前面还装有起辅助调节冷却强度的百叶窗。它是由许多片活动挡板组成的，可由驾驶员通过手柄在驾驶室内操纵控制，也可由感温器根据冷却液温度的高低自动调节百叶窗挡风板的开度，来调解流经散热器的空气量，使发动机保持在适宜的温度下工作。

四、冷却系的常见故障及排除方法

冷却系的故障对发动机的动力性、经济性和使用寿命等都有十分重要的影响。其常见故障主要表现为：冷却系冷却液温度过高、过低及冷却水泄露等。

（一）冷却系冷却液温度过高

（1）冷却液不足　可检查和添加散热器中的冷却液，同时，还应检查并添加副散热器中的冷却液，疏通副散热器的通气孔。

（2）仪表故障或冷却液温度感应塞损坏（假过热）　当冷却液温度表指示过热时，观察散热器中的冷却液是否过热或开锅。如果冷却液温度正常，即为冷却液温度感应塞或冷却液温度表有故障。此时，可以先更换冷却液温度感应塞，若冷却液温度表仍指示温度过高，则为冷却液温度表故障；反之，则为冷却液温度感应塞故障。

（3）风扇不转　检查风扇传动带是否过松或打滑，若打滑应预调整。

有些车型采用离合风扇（包括硅油离合风扇和电磁离合风扇），当冷却液温度上升到80～90℃时，风扇仍不工作，说明离合风扇有故障，可进行调整、修理或更换；对于采用电控风扇的车型，应是电子控制风扇温度开关工作不良，从而使风扇不能旋转或风扇电动机起动过晚，应检查风扇温度开关及继电器的工作情况。

（4）节温器故障　若发动机温度过高而散热器温度并不高，或散热器上水室温度较高而下水室温度却较低，说明节温器在开启温度下阀门打不开，或阀门升程太小，此时应更换节温器。

（5）水泵损坏　可打开散热器盖，突然提高和降低发动机转速，观察冷却液液面是否有明显降低和升高；或在怠速工况下观察冷却液的搅动情况，可大致判断水泵的工作性能。

（6）散热器性能下降　散热器内水垢严重、散热片被泥土或絮状物堵塞、散热器水管堵塞，都将影响其散热效果。此时，应当清洗、疏通散热器。

（7）散热器盖损坏　导致冷却液压力升高，冷却液的“开锅”温度相对提高。因此，目前大多数车型都改进了散热器盖，使冷却液的“开锅”温度可达105℃左右。若散热器盖损坏，则造成系统漏气，不但降低了“开锅”温度，而且当发动机冷却后，散热器内不能形成一定的真空度，与外界不能形成压力差，无法将副散热器内的冷却液吸入而补充到散热器内。若散热器内冷却液不足，而副散热器内水位正常，即可判断散热器盖有故障，应进行检修或更换。

（8）护风罩损坏　护风罩大面积缺损或安装不当（远离风扇），将降低风扇与散热器之间的吸风导流作用，减少冷却空气的流动量、降低冷却效果。

（9）百叶窗故障　百叶窗打不开或开度不足将降低散热器的散热效果。

（10）点火时间过迟　点火时间过迟将使高温气体接触气缸下部，使冷却液的温度上升加快。此时，应将点火时间适当提前。

（二）冷却系冷却液温度过低

（1）节温器故障　节温器主阀门处于常开状态，发动机冷却系长期处于大循环，导致冷却液温度过低，可以通过检查散热器内冷却液的循环状况（在发动机低温时），或拆下散热器进水管检视有无水流进行判断。自行拆除有些车辆的节温器时，将造成发动机温度上升缓慢（特别是在冬季或寒冷地区），导致发动机短时间功力不足、经济性变坏。

（2）百叶窗故障　百叶窗不能完全关闭，导致冷却系冷却液温度过低。

（3）冬季保温装置不良。

（三）冷却液泄漏

（1）散热器泄漏　散热器严重腐蚀或破损，可做水压试验或外观检查，若发现故障可焊补修复。

（2）副散热器漏水　对有副散热器的车辆，应检查副散热器是否完好，连接水管是否泄漏。

（3）进、出连接水管泄漏　进、出水管老化或碰伤而造成泄漏；接口处夹箍松动，密封不良，也将造成泄漏。可通过外观检查，如不合格，应预更换或调整。

（4）水泵漏水　主要故障原因为水泵水封圈损坏或水泵密封垫损坏，造成泄漏。可通过外观检查，若发现漏水应及时拆检。

（5）气缸垫漏水　气缸垫水道口损坏或缸套（湿式）突出量不符合要求，常造成冷却液泄漏，即冷却液流进曲轴箱。此时，可检查发动机润滑油，若润滑油呈乳白色，则可断定冷却液中混入润滑油，应更换气缸垫或调整气缸套突出量。

（6）气缸套（湿式）水封圈漏水　检查方法同上；还可将油底壳润滑油放出，将发动机搁置数小时，再旋下油底壳放油螺塞，如此时仍有水放出（发动机未运转时，油、水一般呈分离状况），可进一步断定气缸套水封圈漏水。

（7）气缸体、气缸盖水道漏水　一般是由于气缸体、气缸盖本身的铸造缺陷（如砂眼等），经腐蚀或加工切削后，缺陷暴露、穿通；通常表现为内漏，可以通过润滑油变色做辅助判断，并用水压法检查漏水部位。

信息资料单2　发动机润滑系的构造与维修

一、润滑系的功用及润滑方式

润滑系的功用是将清洁的润滑油以一定的压力不断的供给各运动零件的摩擦表面，以减少零件的摩擦和磨损。流动的润滑油还能清除摩擦表面的磨屑、尘砂、积炭等杂质。此外，润滑油还能吸收摩擦表面的热量，填充零件间隙与空隙，减少气体泄漏，帮助活塞环加强密封，减缓零件间的冲击振动，降低工作噪声及防止零件间表面生锈。

发动机运转时，由于发动机各运动零件的工作条件不同，所要求的润滑条件也不同；由于各运动零件的工作条件不同，而采取不同的润滑方式。发动机润滑多采用压力润滑、飞溅润滑和重力润滑相结合的综合润滑方式。

曲轴主轴承、连杆轴承及凸轮轴轴承等处，承受的荷载及相对运动的压力较大，需要有良好的润滑，并将一定压力的润滑油输送到相对运动部件的摩擦表面，在相对运动部件中形成油膜，这种润滑方式称为压力润滑。另一种润滑方式是利用发动机工作时，运动零件溅起的润滑油来润滑其摩擦表面，润滑后的润滑油回落到油底壳，回落中可润滑其他摩擦表面，称为飞溅润滑。这种方式可润滑载荷较轻的气缸壁、相对运动速度较小的活塞销，以及配气机构的凸轮表面、挺柱等。在发动机辅助系统中有些零件，如水泵及发电动机的轴承，只须定期加注润滑脂(黄油)。近年来，在有的发动机上采用了含有耐磨润滑材料(如尼龙、二硫化钼等)的轴承来代替加注润滑脂的轴承。

二、全损耗系统用油的规格选用

全损耗系统用油的正确选用对保证发动机可靠工作、防止零件异常磨损有直接的影响。自然吸气型柴油机应选用 CC 级或 DD 级全损耗系统用油，增压型柴油机应选用 CD 级全损耗系统用油。另外，选择全损耗系统用油牌号还要以柴油机的工作环境温度为依据(见表 6-1)。例如：当环境温度为 -10℃时，对 CC 级或 DD 级全损耗系统用油应选择 15W/40 号。环境温度偶然超出极限时，只影响起动性能，而不至于损坏柴油机。全损耗系统用油必须保持清洁，不被灰尘、杂质污染。加入全损耗系统用油后应检查油底壳内的全损耗系统用油面高低，方法如下：抽出机油标尺，用纱布擦净后再插入油底壳；然后抽出机油标尺检查标尺所示的油面是否处于上限标记与下限标记之间。无论何时，全损耗系统用油面均不得低于机油标尺的下限标记。

表 6-1 全损耗系统用油牌号与适用最低气温的关系

L—ECC 级全损耗系统用油牌号		5W/30	10W/30		15W/40	20W/40	20W/20	30	40
柴油机工作环境温度/℃		-25 ~ 25	-20 ~ 20		-10 ~ 35	-10 ~ 30	-10 ~ 10	5 ~ 30	>25
L—ECD 级全损耗系统用油牌号	10W	5W/30	10W/30	15W/30	15W/40	20W/40	20W/20	30	40
柴油机工作环境温度/℃	-20 ~ -5	-25 ~ 25	-20 ~ 20	-10 ~ 25	-10 ~ 35	-10 ~ 30	-10 ~ 10	5 ~ 30	>25

三、发动机润滑系的组成及润滑油路

(一) 润滑系的组成

润滑系主要由油底壳、机油泵、限压阀及旁通阀、机油滤清器、机油冷却器、机油压力表、温度表和机油尺组成；此外，发动机润滑系还包括部分油管和在发动机机体上加工出的油道等。

机油冷却器的组成如图 6-15 所示。机油冷却器总成由双头螺栓、油道密封圈、小垫圈、弹簧垫圈、六角螺母及垫片、机油冷却器盖板、油道螺塞、O 形密封圈、安全阀总成、密封垫圈、平垫圈等组成。

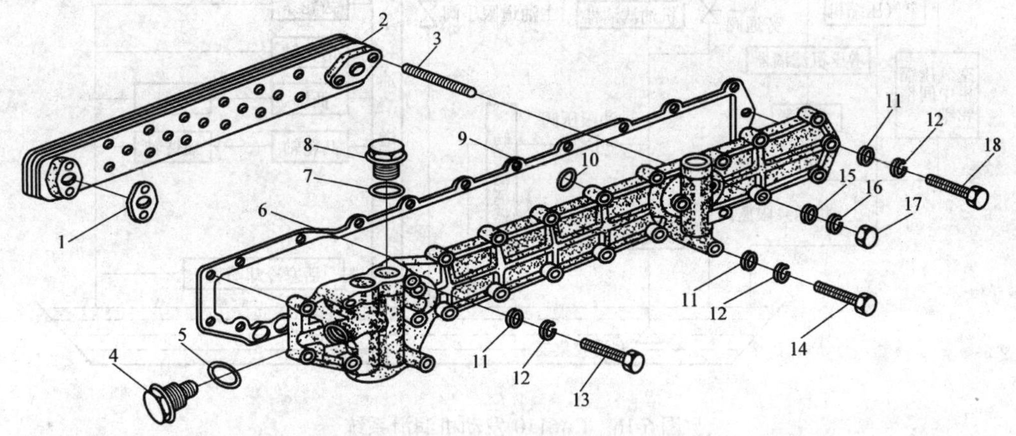

图 6-15　机油冷却器的组成

1—垫片　2—机油冷却器总成　3—双头螺栓　4—安全阀总成　5—密封垫圈　6—机油冷却器盖板　7—O 形密封圈　8—油道螺塞　9—机油冷却器盖板垫片　10—油道密封圈　11—平垫圈　12—弹簧垫圈　13、14、18—六角头螺栓　15—小垫圈　16—弹簧垫圈　17—I 型六角螺母

机油冷却器在有些热负荷较高的发动机上设置。其作用是加强润滑油的冷却，保持润滑油的温度在正常工作范围(343 ~363K)内。

（二）发动机的润滑油路

发动机的润滑油路基本相似，只是由于润滑系的工作条件和某些具体结构的不同而稍有差别。

1. CA6110 型发动机的润滑系统

CA6110 型发动机采用复合式润滑方式，如图 6-16 所示。发动机工作时，润滑油经集滤器被吸入机油泵；机油泵装有限压阀，当机油泵出口压力超过 588kPa 时，限压阀开启，部分润滑油回到油底壳，以保证机油泵输出一定压力的润滑油，同时供给全流式粗滤器和分流式离心细滤器。经粗滤清器的润滑油进入主油道(约占 87%)，再经气缸体上的油道进入机油冷却器。冷却后的润滑油经主油道进入曲轴轴承及连杆轴承。

主油道设有调压阀，在气缸体的中下部用增、减垫片的方法可调整润滑油压力，可调节油压在 392 ~588kPa 范围之内。气体缸的前端有通往凸轮轴轴承孔的油道，润滑油通过该凸轮轴颈进入凸轮轴内腔，从而润滑凸轮轴的各轴颈；并通过在气体缸体的前部至气缸盖的螺栓孔(上部直径加大)与摇臂支架油孔相通，用来润滑摇臂与气门杆端。推杆是靠摇臂侧面上的小孔喷油来润滑的，挺杆、凸轮与缸壁则靠飞溅润滑，正时齿轮靠传动机油泵的斜齿轮带起的润滑油来润滑。

分流式离心滤清器装有限压阀，当润滑油压力达到 147 ~196kPa 时，润滑油才能进入转子滤清器；经过离心滤清的润滑油(约占 13%)流回到油底壳。

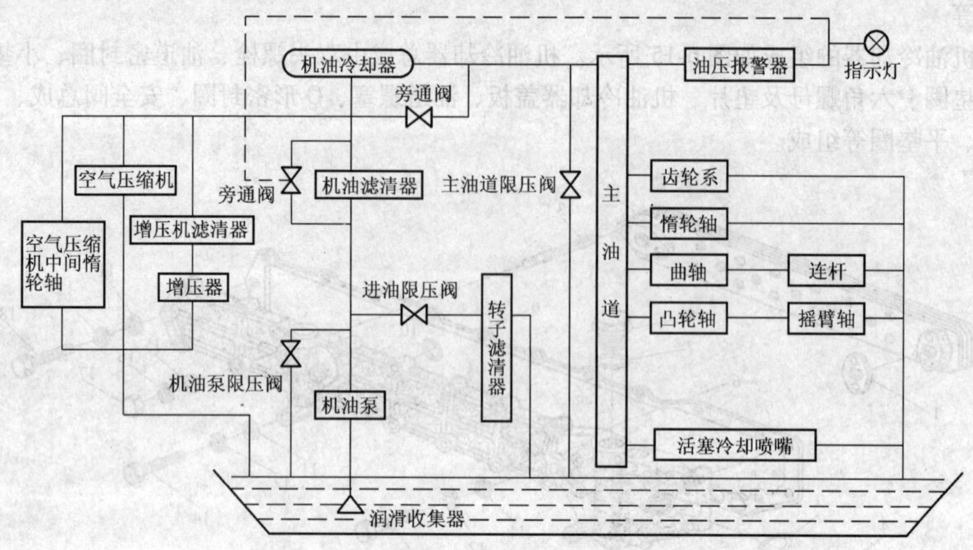

图 6-16 CA6110 发动机润滑系统

润滑空气压缩机的润滑油管接在主油道上，其回油直接通过发动机的正时齿轮室回到油底壳。

2. 捷达轿车的发动机润滑系统

一汽大众捷达轿车的发动机润滑系统与一般发动机润滑系统的结构原理基本相同，如图 6-17 所示，为压力与飞溅并用的复合式润滑系统。

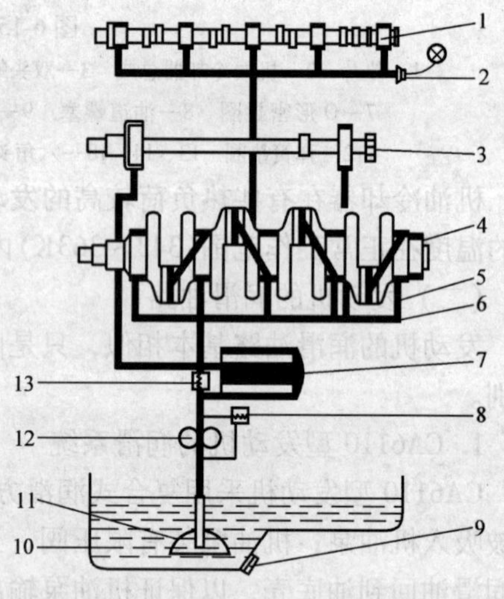

图 6-17 捷达轿车的发动机润滑系统

1—凸轮轴 2—低压报警开关 3—中间轴 4—曲轴 5—缸体横向油道 6—缸体主油道 7—机油滤清器 8—高压报警开关 9—放油螺塞 10—油底壳 11—集滤器 12—机油泵 13—旁通阀

发动机工作时，润滑油经集滤器被吸入机油泵内，机油泵将润滑油压力提高后输入到滤清器，经过滤后进入主油道，由主油道进入曲轴主轴承；然后，经曲轴内的油道分别流入 4 道连杆轴承，润滑油再经连杆的油道润滑活塞销，并对活塞进行喷油冷却。

缸体主油道上有一垂直油道与缸盖主油道相通，润滑油经垂直油道进入缸盖主油道，通过 8 道并联液压挺柱油道向液压挺柱供油，通过 5 道并联横向斜油道向凸轮轴颈供油。在缸盖和缸体右侧布置有回油孔，使缸盖上的润滑油流回到油底壳。

为了便于掌握油压工作情况，在润滑系统中设计有两个油压开关。低压报警开关 2 为褐色绝缘体，装在气缸盖上。高压报警开关 8 为白色绝缘体，装在机油滤清器支架上。当打开点火开关时，位于仪表板中的机油压力警告灯开始闪烁。起动发动机后，当润滑油压力大于 30kPa 时，低压报警开关 2 断开，警告灯自动熄灭。当发动机低速运转时，如果润滑油压力低于 30kPa，则低压报警开关触点闭合，机油压力警告灯重新闪烁。当发动机转速超过

2150r/min 时，如果润滑油压力达不到 180kPa，高压报警开关的触点断开，机油压力警告灯闪烁，而且报警蜂鸣器也同时报警。若发动机机油压力指示灯不正常闪烁或报警时，说明润滑系统有故障，此时应停机进行检查。

发动机油温为 80℃、转速为 800r/min 时，润滑油压力大于或等于 30kPa。在 2000r/min 时，润滑油压力大于或等于 200kPa。一汽奥迪 100、高尔夫等轿车发动机的润滑系的油路与捷达轿车的发动机润滑系的油路完全相同。

四、润滑系主要部件

（一）机油泵

机油泵的作用是将一定数量的润滑油建立起压力，并输送到各摩擦表面。

机油泵一般由凸轮轴驱动，依据机油泵的作用及构造可分为以下几种。

1. 齿轮式机油泵

齿轮式机油泵分为外齿轮式机油泵和内齿轮式机油泵两种。

外齿式机油泵的结构如图 6-18 所示。它主要由机油泵体、泵盖、集滤器、限压阀和主、被动齿轮组成。其工作原理如图 6-19 所示。

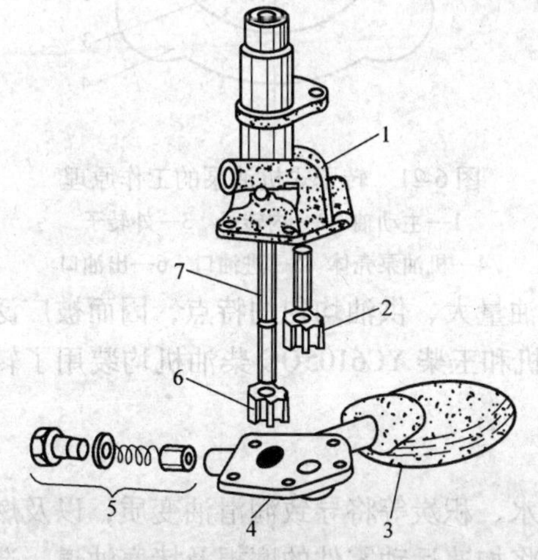

图 6-18　外齿轮式机油泵的结构

1—泵体　2—从动齿轮　3—滤网　4—泵盖　5—限压阀　6—主动齿轮　7—驱动轴

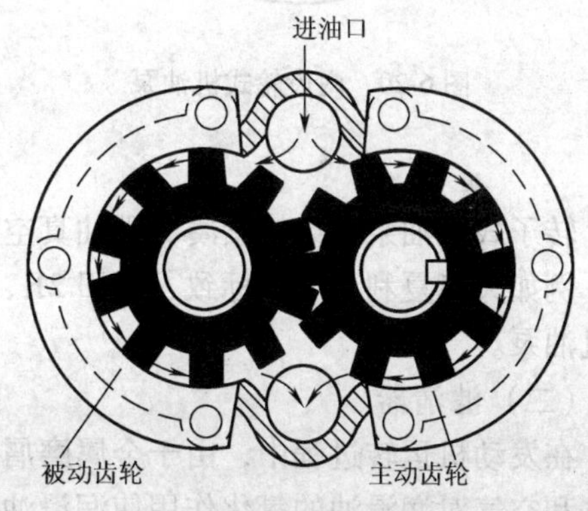

图 6-19　外齿轮式机油泵的工作原理

机油泵主动齿轮由凸轮轴驱动旋转，被动齿轮依图示方向转动，进油口容积因齿轮向脱离啮合方向旋转而增大，腔内产生一定真空，润滑油便从进油口进入油腔。齿轮旋转时，将润滑油带到出油腔，而出油口的容积因齿轮进入啮合而减小，油压随即升高，润滑油便被从出油口压送到发动机油道。

因机油泵出油量及压力与齿轮转速成正比，当发动机高速运转时，润滑油压力会超过规定值，限压阀开启，润滑油又回到入口处，以保证一定的输油量及压力。

内齿轮式机油泵如图 6-20 所示。它主要由泵体、主动外齿轮和被动内齿轮组成，以同方向转动，将润滑油储存在内、外齿轮间的半月块间，以产生泵油作用。日本丰田 22R 发动机就采用内齿轮式机油泵。

2. 转子式机油泵

转子式机油泵的工作原理如图 6-21 所示。由于主动内转子 2 和从动外转子 3 都装在机油泵壳体 4 内，内转子 2 固定在主动轴 1 上，外转子 3 可在壳体内转动，两者之间有一定的偏心距。外转子 3 每个齿的齿形轮廓线保证在任何角度时，都与内转子 2 齿形轮廓线总有一点相接触。内转子 2 转动时，带动外转子 3 向同一方向旋转。与进油口 5 相通的进油腔，因内、外齿的逐渐脱离啮合而容积增大，产生真空将油吸入并带到出油腔内。此时，因内、外齿逐渐进入啮合而使容积减小，油压升高，润滑油从出油口被压入主油道。

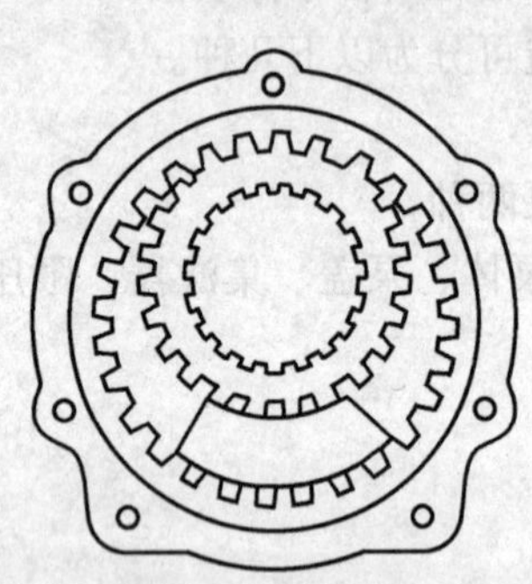

图 6-20 内齿轮式机油泵

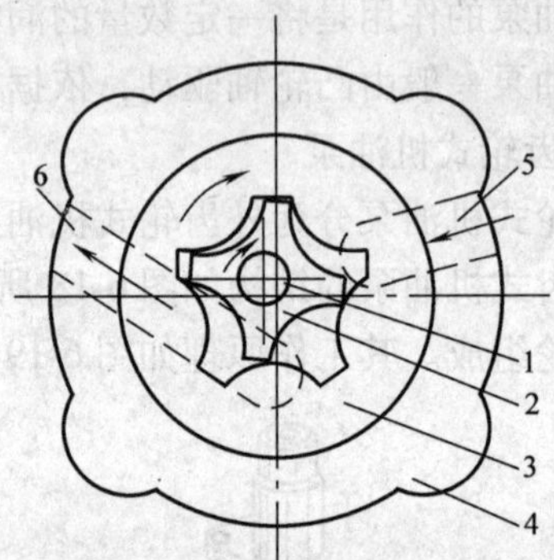

图 6-21 转子式机油泵的工作原理

1—主动轴 2—内转子 3—外转子

4—机油泵壳体 5—进油口 6—出油口

转子式机油泵有结构紧凑、吸油真空度高、输油量大、供油均匀的特点，因而被广泛采用。例如天津夏利，广州标致，丰田 2R、3R 发动机和玉柴 YC6105QC 柴油机均装用了转子式机油泵。

（二）滤清器

在发动机运转过程中，由于金属磨屑、灰尘、水、积炭等将导致润滑油变质，以及燃烧气体和空气对润滑油的氧化作用使润滑油变脏，这将加速运动零件的磨损及堵塞油道，造成供油不足而加速机件的磨损和损伤。为了减少或清除杂质、保持润滑油的清洁、延长润滑油的使用寿命，在发动机润滑系中均装有滤清器。

为了保证滤清效果，一般使用多级滤清器：集滤器、机油粗滤器和机油细滤器；而且不同型号的发动机润滑系统采用的机油滤清器有所不同，一般为全流式机油滤清器、分流式机油滤清器和并用式机油滤清器，如图 6-22 所示。

1. 集滤器

集滤器装在机油泵之前的吸油端，多采用滤网式，用以防止粒度大的杂质进入机油泵。发动机使用的集滤器目前分为浮式集滤器和固定式集滤器两种。

浮式集滤器工作时漂浮在润滑油油面上，以保证油泵总是吸入最上层的较清洁的润滑油，但油面上的泡沫易被吸入，使润滑油压力降低。固定式集滤器装在油面下面，吸入的润滑油清洁度稍逊于浮式集滤器，但润滑可靠，故基本取代了浮式集滤器。

2. 机油粗滤器

机油粗滤器用于滤去润滑油中粒度较大（直径为 0.05～0.10mm 以上）的杂质。它对润滑

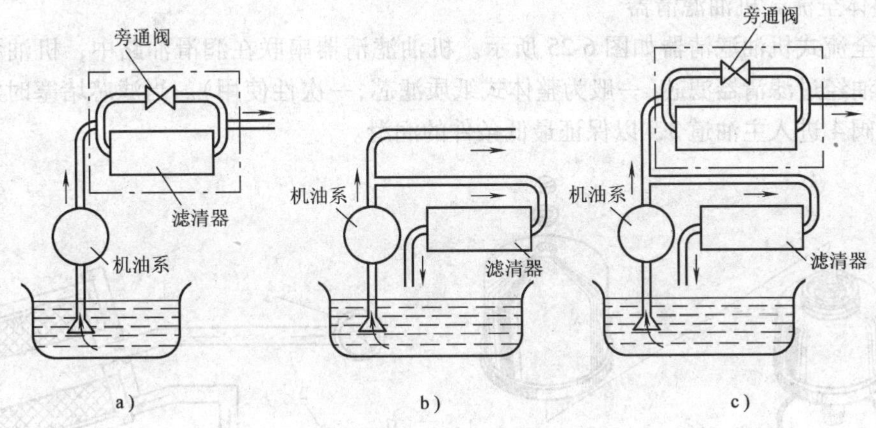

图 6-22　润滑油滤清方式示意图

a）全流式　b）分流式　c）并用式

油的流动阻力较小，故可以串联于机油泵与主油道之间，即属于全流式滤清器。

粗滤器根据滤清元件（滤芯）的不同，可以有各种不同的结构形式。一般发动机均采用纸质粗滤器。

图 6-23 所示为两种形式的机油粗滤器，一种为单级纸质滤清器，一种为双级旋装式滤清器。滤清器壳体由环形密封圈密封。润滑油由上盖的进油孔进入滤清器，通过滤芯滤清后，经上盖的出油孔流入主油道。当滤芯被积污堵塞，其内、外压差达到 15 ~ 17kPa 时，旁通阀的球阀即被顶开，大部分润滑油不经滤芯滤清，直接进入主油道，以保证主油道所需的机油量。

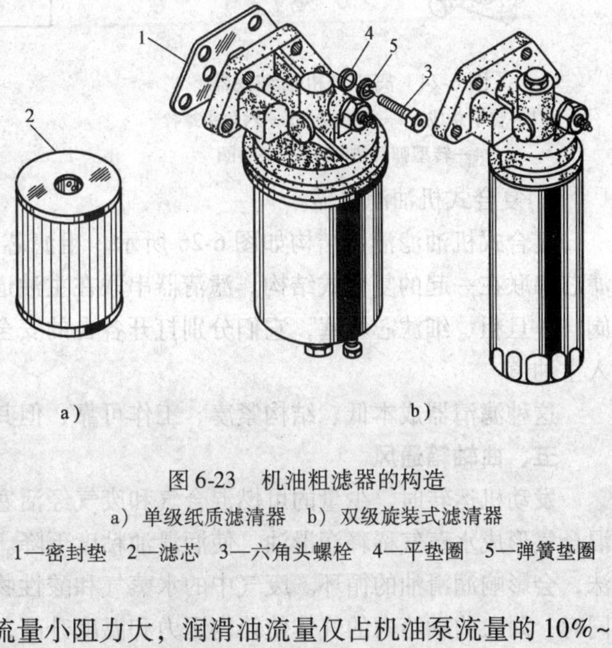

图 6-23　机油粗滤器的构造

a）单级纸质滤清器　b）双级旋装式滤清器

1—密封垫　2—滤芯　3—六角头螺栓　4—平垫圈　5—弹簧垫圈

3. 机油细滤器

机油细滤器主要过滤润滑油中的细小杂质（直径为 0.001 ~ 0.005mm）。其流量小阻力大，润滑油流量仅占机油泵流量的 10% ~ 15%，故多数细滤器的安装方法为分流式，即与主油道并联。

CA6110 型柴油发动机均采用离心式机油细滤器，如图 6-24 所示。

分流离心式细滤器由合金铝铸造的底座、转子、转子轴、旁通阀及外壳等组成。从机油泵出来的一小部分润滑油，经底座油孔和转子轴的中心孔道进入转子总成内腔，并从两个喷嘴喷出。两个喷嘴喷出压力油作用在底座的内表面，由于底座固定，转子在喷嘴喷射反作用力推动下旋转，润滑油压力越高，转子转速越快，润滑油中的杂质在离心力的作用下，从润滑油中分离出来，粘附在转子内壁上，达到润滑油净化的目的。清洁的润滑油从喷嘴喷出后，流回油底壳内。

4. 整体全流式机油滤清器

整体全流式机油滤清器如图 6-25 所示。机油滤清器串联在润滑油路中，机油泵输出的全部润滑油经过滤清器滤芯(一般为整体式纸质滤芯,一次性使用)。当滤芯堵塞时润滑油可通过旁通阀 4 进入主油道 3，以保证最低条件的润滑。

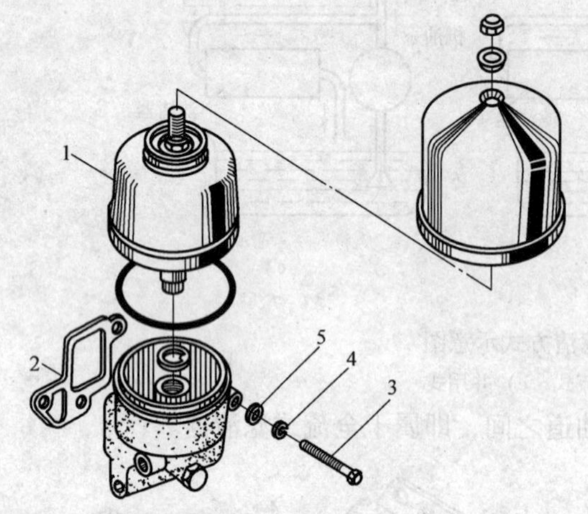

图 6-24 离心式机油细滤器

1—转子总成 2—密封垫 3—六角头螺栓

4—转型弹簧垫圈 5—平垫圈

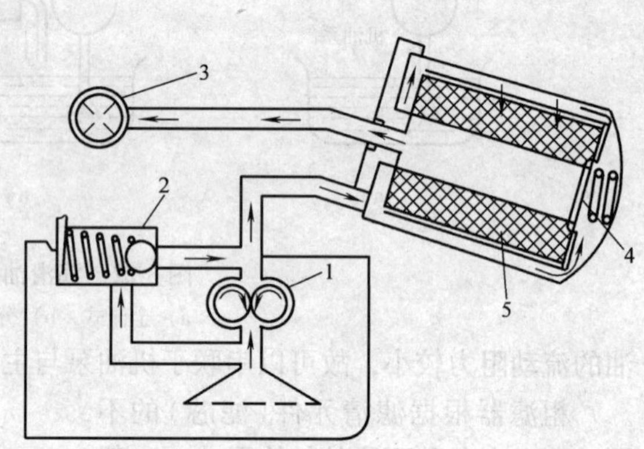

图 6-25 整体全流式机油滤清器

1—机油泵 2—限压阀 3—主油道

4—旁通阀 5—滤芯

5. 复合式机油滤清器

复合式机油滤清器结构如图 6-26 所示。粗滤芯 5 装在纸质细滤芯 4 外面，形成粗、细滤芯串联在一起的复合式结构。滤清器串联在主油道上。粗、细滤芯有各自的安全阀与旁通阀，一旦粗、细滤芯堵塞，它们分别打开各自的安全阀与旁通阀，润滑油绕过滤芯，直接进入主油道。

这种滤清器成本低、结构紧凑、工作可靠，但其滤芯必须定期更换。

五、曲轴箱通风

发动机运转时，少量的可燃混合气和废气经活塞环漏入曲轴箱内。漏入曲轴箱内的可燃混合气形成水蒸气稀释润滑油，使润滑油粘度下降。废气中的水蒸气凝结于润滑油中形成泡沫，会影响润滑油的循环。废气中的水蒸气和酸性物质将侵蚀零件和使润滑油的油质变坏。同时，漏入曲轴箱内的气体使箱内压力和温度升高，将使润滑油从油封、衬垫处泄漏。因此曲轴箱必须设有通风装置，使漏入的气体排入大气中。

曲轴箱通风的方法有两种：一种是曲轴箱所设计的通气口直接与大气相通，称为自然通风，一般多用于柴油机上，第二种是曲轴箱所设计的通气口与发动机进气管道相连接，利用吸气的真空度使曲轴箱内的气体被吸入气缸再次燃烧，称为强制通风。

汽油机曲轴箱一般多采用强制通风。在缸体侧壁设有垂直通风孔连通曲轴箱，垂直通风孔连通空气滤清器。发动机工作时，在进气管内真空度作用下，窜入曲轴箱内的混合气体经通气管连接软管而进入空气滤清器，最后由进气管进入气缸燃烧。这种通风方式可以防止发动机曲轴箱漏油。

图 6-27 所示为 V 形发动机曲轴箱强制通风示意图。为了防止发动机低速小负荷时进气

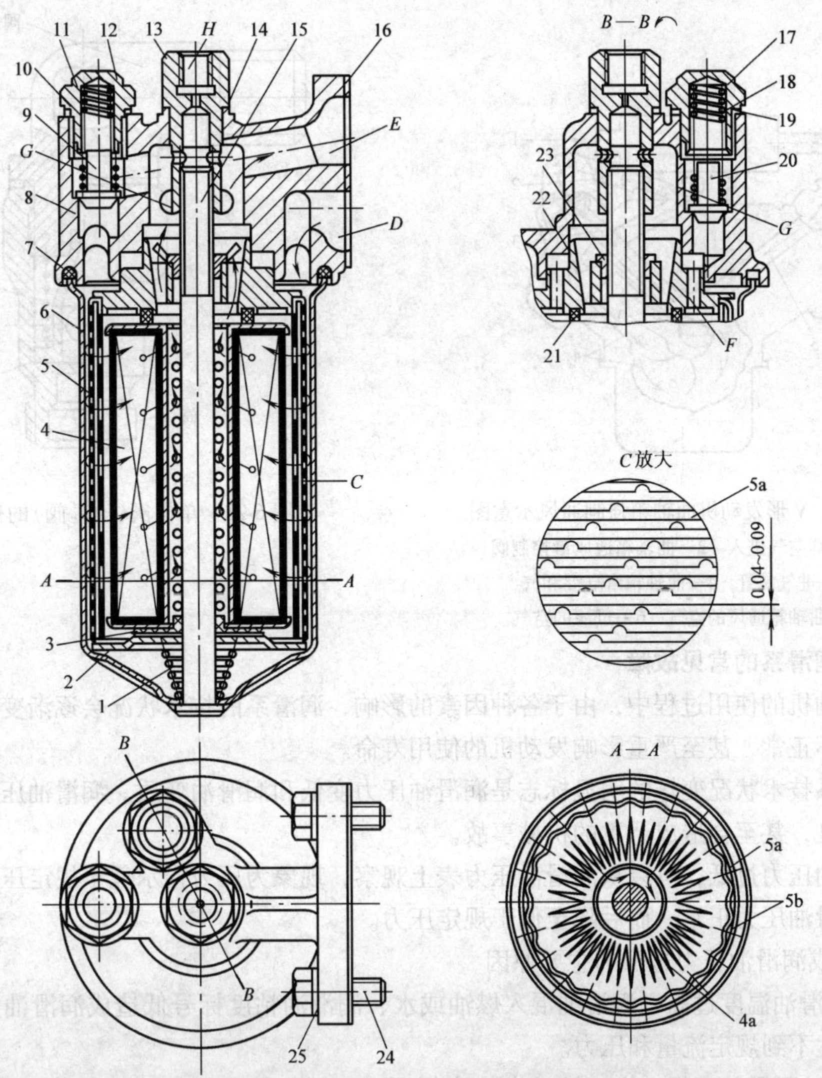

图 6-26　复合式机油滤清器的结构

1—滤清器芯底座弹簧　2—滤清器芯底座　3—滤清器下密封圈　4—纸质细滤芯　5—粗滤芯　6—滤清器壳　7—滤清器盖密封圈　8—滤清器盖　9—安全阀　10、14、19、25—垫圈　11、18—弹簧　12、17—阀盖　13—压紧螺母　15—中心螺杆　16—纸垫　20—旁通阀　21—细滤芯上密封圈　22—滤清器芯上盖　23—滤清器上盖紧固螺母　24—螺钉　4a—折扇状滤纸　5a—粗滤芯铜丝　5b—绕丝筒

管的真空度太大而将润滑油从曲轴箱内吸出，在通风管上装有单向阀(PVC 阀)。

单向阀(PVC 阀)的构造如图 6-28 所示。当发动机在小负荷低速运转时，进气管真空度较大，此时阀克服弹簧的压力被吸靠在阀座上，曲轴箱内的废气经阀的中心小孔进入进气管；由于节流作用，防止了曲轴箱内的润滑油被吸出。当负荷加大时，进气管真空度降低，阀在弹簧张力的作用下离开阀座而逐渐打开，通风量逐渐加大。当发动机在大负荷运转时，阀全开，通风量最大。这样，既更新了曲轴箱内的气体，又可避免润滑油不必要的消耗。

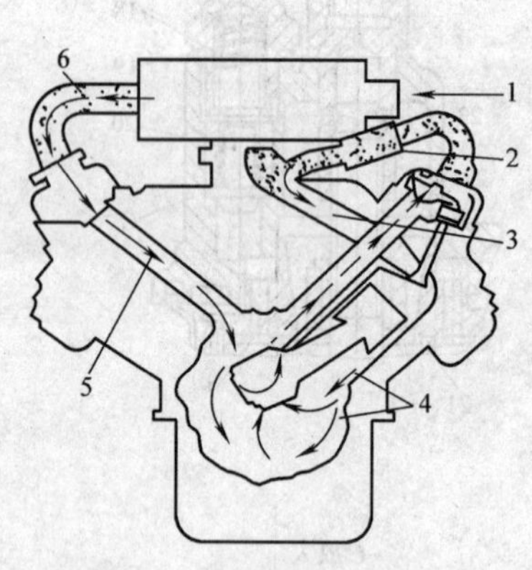

图 6-27 V 形发动机曲轴箱强制通风示意图
1—新鲜空气进入 2—曲轴箱通风量控制阀
3—进气歧管 4—曲轴箱窜缸混和气
5—曲轴箱通风的空气 6—过滤的空气

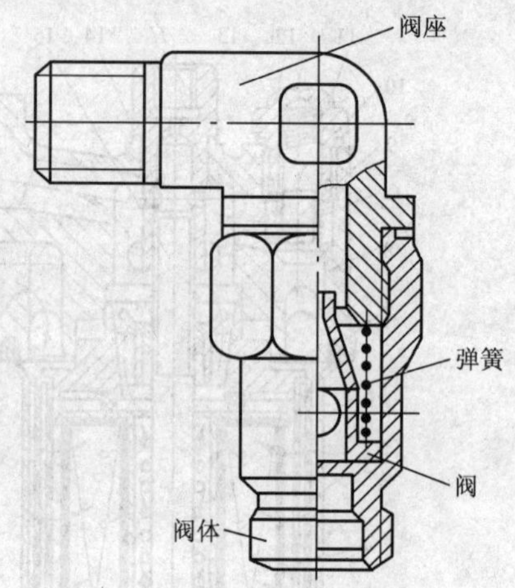

图 6-28 单向阀（PVC 阀）的构造

六、润滑系的常见故障

在发动机的使用过程中，由于各种因素的影响，润滑系的技术状况会逐渐变坏，导致发动机工作不正常，甚至严重影响发动机的使用寿命。

润滑系技术状况变坏的明显标志是润滑油压力变低和润滑油变质。润滑油压力过低会造成润滑不良，甚至会造成严重的机械事故。

润滑油压力过低，可以从润滑油压力表上观察，现象为压力指示低于规定压力值，或刚起动时润滑油压力正常，而后降至低于规定压力。

1. 造成润滑油压力过低的主要原因

1）润滑油温度过高、润滑油混入燃油或水、润滑油粘度标号低造成润滑油过稀，致使润滑系统达不到规定流量和压力。

2）机油泵零件磨损，主、被动齿轮磨损严重，致使间隙过大，转子与泵壳间隙过大，O 型密封圈或垫圈损坏，旁通阀关闭不严造成输出压力降低。

3）发动机主轴承和连杆轴承间隙过大，或油路泄漏造成润滑油压力下降。

4）油底壳内润滑油储量不足或机油集滤器堵塞，机油泵不能正常吸油，造成润滑油压力过低。

2. 润滑油压力过低的诊断

机油压力过低时，应根据故障原因逐项进行检查。

1）检查油尺，确认润滑油储量，油面是否过低，润滑油是否变稀。若润滑油储量不足，刚起动时机油泵输油具有一定压力，当润滑油正常循环时，油底壳油量减少，机油泵不能正常吸油，会造成润滑系统内压力下降，则出现刚起动时润滑油压力表压力正常，然后压力下降至低于规定范围的现象。润滑油质量变劣、变稀、泄漏，机油泵达不到规定的流量和压力，会导致润滑油压力偏低。

2）检查机油压力表和机油感应塞工作是否正常。如果机油压力表良好，可将机油压力感应塞从缸体上拆下来，换用机油压力表进行检查，若压力正常，说明感应塞失灵；否则，应检查旁通阀弹簧是否过软或折断。

3）拆下油底壳，检查集滤器是否有污物堵塞，检查机油泵是否磨损严重而使润滑油压力降低。

技能单1　发动机冷却系的观察与拆装

一、冷却水泵的拆装与观察

（1）拆卸、分解、检查CA6110型发动机水泵；识别零件，分析构造和工作原理，了解水泵密封装置的密封原理及结构特点。

（2）观察冷却水的循环、散热器及其他辅助零件

1）观察各种形式冷却系的总体布置及结构特点。

2）观察各种形式散热器的结构特点。

3）观察节温器的构造，节温器小循环关闭及大循环关闭时的冷却水循环路线。

（3）观察风扇的传动和调整部位；观察电控风扇、硅油风扇离合器的结构特点及工作过程。

二、节温器的试验

1）将节温器放在充满水的容器内，逐渐将水加热，同时在容器中放置测温仪器（如用水温表连接传感器）。

2）观察节温器主阀门开启时及完全开启时的温度；观察节温器主阀门行程（不同型号的节温器主阀门的开启情况）。

3）不符合规定标准的节温器应更换。

三、电控风扇的检修

1. 电控风扇温控开关的检测

1）如图6-29所示，将温控开关放入充满水的容器内，同时在容器中放置测温仪器（如用水温表连接传感器），将水加热。

2）选用万用表电阻档（欧姆档），把表笔分别接温控开关的拉线端和外壳。观察万用表指针和动态，当水温达到88～97℃时，温控开关导通；然后降低水温，温控开关仍然导通。当水温降至83～90℃时，温控开关断开（如果维修手册有明确规定时，应以其提供的标准测量参数为准）。如果不能在规定范围内自动切断或接通，则说明风扇温控开关损坏。

2. 风扇电动机的检查

（1）车上检查　将点火开关转至ON位置，再拆下温控开关插头，并将插头搭铁，此时风扇电动机应转动。如果未转动，可拆下风扇电动机的另一根线，与蓄电池的正极相连，风扇电动机应能旋转；否则，应拆下风扇电动机进行修理或更换。

（2）拆下后检查　按图6-30所示将风扇电动机与蓄电池相连，此时风扇电动机应能转动；如果风扇电动机不转或转动声音不正常，应对电动机进行维修或更换。

四、CA6110型发动机风扇传动带张紧度的检查与调整

1）用弹簧秤以4kg的拉力拉风扇传动带，其挠度应为10～15mm；如不符合要求，用调整发电动机调节臂的位置来调整。

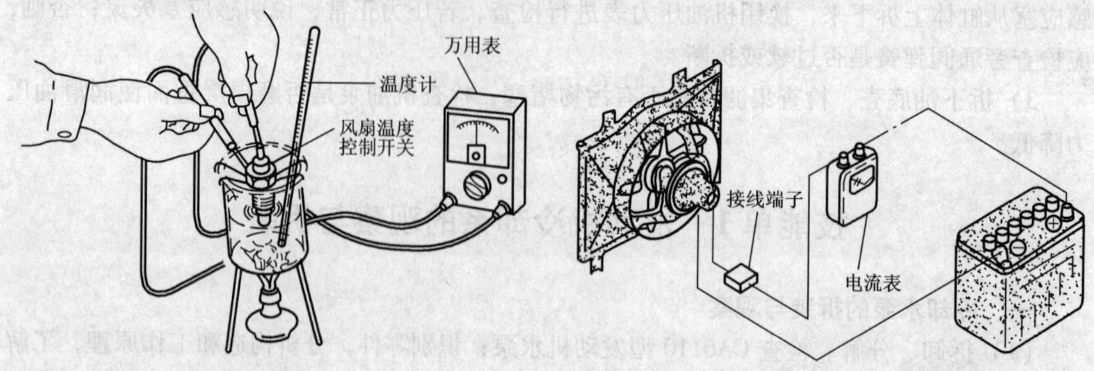

图 6-29 温度控制开关的检测

图 6-30 风扇电动机的检查

2）更换风扇传动带时，必须两根传动带同时更换。若水泵传动带过松，则在发动机工作时会使水泵、电动机等转速过低，以致循环水量过小、发动机过热及蓄电池电压下降；水泵传动带过紧，将使水泵、水泵传动带使用寿命缩短，甚至损坏。

技能单 2 发动机润滑系的结构观察与拆装

一、发动机润滑系的观察

1）观察机油泵、滤清器、机油散热器、限压阀、旁通阀等的安装位置及相互连接关系。

2）拆卸 CA6110 型发动机，对照润滑油路示意图观察润滑油的循环路线。

3）观察曲轴箱通风及各部件的连接关系。

二、机油泵的拆装

1）拆卸集滤器固定螺栓，取下集滤器。

2）拆卸机油泵盖固定螺栓，取下泵盖和衬垫。

3）取出主动齿轮和被动齿轮。

4）拆卸泵体上的机油泵调整螺钉锁紧螺母，拧下调整螺钉和限压弹簧。

5）清洗、检查、测量所有零件。

6）按拆卸时的逆顺序装复机油泵。装复后，主动轴应转动灵活；限压阀柱塞装入阀孔中后应转动灵活，无卡滞现象。

三、机油粗滤器的拆装

1）如图 6-31 所示，松开紧固螺母分解底座和外壳推杆总成。

2）取出密封垫圈、滤芯压紧

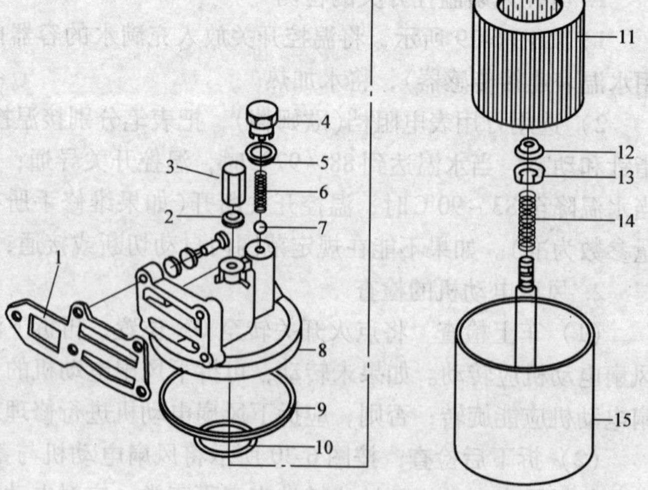

图 6-31 机油粗滤器分解图

1—衬垫 2—垫圈 3—螺母 4—阀座 5—垫圈 6—旁通阀弹簧 7—钢球 8—底座 9—外壳密封圈 10—滤芯密封圈 11—机油滤芯 12—拉杆密封圈 13—压紧弹簧垫圈 14—压紧弹簧 15—外壳拉杆总成

弹簧垫圈和弹簧。

3）松开阀座，取出旁通阀弹簧和钢球，观察旁通阀的工作情况。

4）装复：清洗各零件后，按拆卸时的逆顺序装复粗滤器。注意不要损坏各密封圈。

四、离心式机油细滤器的拆装

1）如图 6-32 所示，旋松外罩上盖螺母，取下密封垫圈、外罩、推力弹簧和推力片。

2）将转子转动到喷嘴对准挡油底壳缺口，取下转子体总成。

3）旋松转子罩上的紧固螺母，分解转子总成，观察转子的工作情况。

4）旋松进油阀座，拆卸阀座垫圈、进油阀弹簧、进油阀柱塞。

5）装复：清洗零件后，按拆卸时的逆顺序装复细滤器。

装配注意事项：

1）如图 6-33 所示，转子总成装配时，必须把转子罩和转子座的两箭头记号对准，否则将破坏转子总成的平衡。密封橡胶垫应装好，否则将会漏油，严重时将导致转子不工作。紧固螺母不得旋的过紧(按标准力矩)，否则将破坏转子的正常工作。

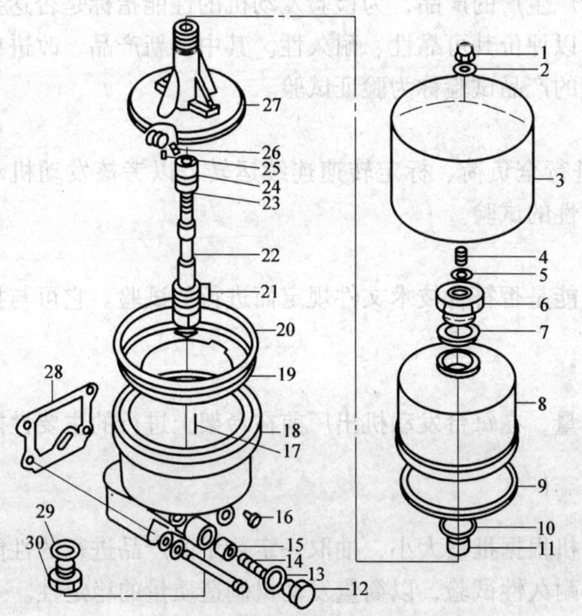

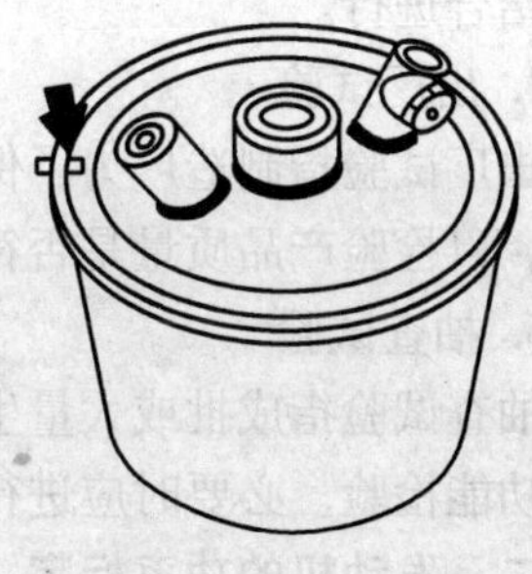

图 6-32 离心式机油细滤器分解图

1—盖形螺母 2—密封垫圈 3—外罩 4—推力弹簧 5—推力片 6—紧固螺母 7—垫圈 8—转子罩 9—转子罩密封圈 10—弹性挡圈 11—上轴承 12、30—阀座 13、29—阀座垫圈 14—进油阀弹簧 15—柱塞 16—六角形螺塞 17—圆头滚针 18—底座 19—挡油底壳 20—外罩密封圈 21—转子轴轴承 22—转子轴 23—下轴承 24—隔套 25—螺塞 26—喷嘴 27—转子体 28—衬垫

图 6-33 转子总成的装配标记图

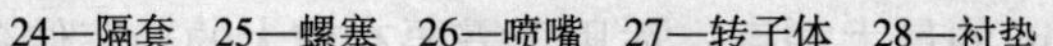

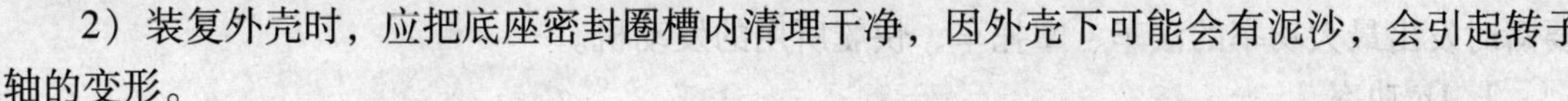

2）装复外壳时，应把底座密封圈槽内清理干净，因外壳下可能会有泥沙，会引起转子轴的变形。

模块七　发动机总装

学习目标：了解发动机试验的分类及功率标定，能进行发动机的装配、调整与磨合；掌握发动机总成修理竣工的技术条件。

信息资料单 1　发动机试验分类与性能标定

一、发动机的试验分类

发动机试验通常可分为以下几类。

1. 定型与验证试验

对于新产品、改进或变型产品，转厂生产的产品，为检验发动机的性能指标是否达到设计或改进的要求，需要对其进行试验，以评价其可靠性、耐久性。其中，新产品、改进或变型产品的试验称为定型试验，转厂生产的产品试验称为验证试验。

2. 可靠性试验

可靠性试验指发动机在试验台上进行全负荷、标定转速连续运转，以考核发动机动力性、经济性的稳定程度和零部件的耐用性的试验。

3. 验收试验

验收试验指验收单位检验发动机性能是否符合技术文件规定而进行的试验。它可与抽查试验结合进行。

4. 出厂试验

出厂试验指制造厂为了保证产品质量，在每台发动机出厂前在台架上进行的主要性能的试验，以检验产品质量是否符合要求。

5. 抽查试验

抽查试验指成批或大量生产的发动机根据批量大小，抽取一定数量的产品进行的性能试验和功能检验。必要时应进行可靠性、耐久性试验，以衡量发动机制造质量的稳定性。

二、发动机的功率标定

同一型号的发动机，在不同的使用条件下，其功率及相应的转速可以不同。发动机铭牌上标出的功率均为使用中允许的最大功率。按发动机用途和使用特性以及允许连续运转的时间，GB 1105. 1—1987 中规定的标定功率分为 4 种：15min 功率、1h 功率、12h 功率和持续功率。按其不同的使用特性在发动机铭牌上可标明其中的 1 ~2 种功率。

1. 15min 功率

这一功率为发动机允许连续运转 15min 的最大功率；适用于需要有较大的功率储备或需要瞬时发出最大功率的汽车、摩托车、快艇所用的发动机。

2. 1h 功率

这一功率为允许连续运转 1h 的最大功率；适用于需要有一定功率运转，以克服突然增加的负荷的轮式拖拉机、机车、船舶等所用的发动机。

3. 12h 功率

这一功率为允许连续运转 12h 的最大功率；适用于需要在 12h 内连续运转，且负荷大的拖拉机、机车、工程机械、农用排灌机械和电站等所用发动机。

4. 24h 持续功率

这一功率为允许长期连续运转的最大功率；适用于需要长期连续运转的农用排灌、电站、船舶等所用的发动机。

6102 型柴油机在不同使用条件下的标定功率和转速见表 7-1。

表 7-1　6102 型柴油机的标定的功率和转速

功率/kW \ 转速/(r/min) \ 连续运转时间	1500	1800	2000	备注
15min	94	106	118	外特性
1h	80	97		
12h	73	88		
24h	66	79		

信息资料单 2　发动机的装配与调整

发动机的装配是把新零件、修理合格的零件、组合件和辅助总成，按照工艺和技术要求装配成完整的发动机，并对其进行磨合。发动机的装配、磨合质量对发动机的修理质量有着重大的影响，直接影响大修后的发动机使用寿命。

一、发动机装配的基本要求

1）被重新装配的零部件必须仔细清洗（特别是润滑油道、油管必须用压缩空气吹干净，没有铁屑、油垢、杂物），所有的零件表面必须清洁。

2）各种密封垫片、橡胶密封圈等均应更换。

3）在装配前，所有运动表面均应涂抹润滑脂。

4）对有力矩规定及有顺序要求的紧固零件，必须按规定顺序拧紧到规定力矩值；其余紧固零件按一般螺栓紧固力矩拧紧。

5）装配时，要注意装配方向和标记（如主轴承盖、连杆大头、止推轴承片等），不能装错、装反。

6）要求密封的部位在涂胶时要均匀适量，应严格按密封胶的使用说明进行操作。

7）装配间隙必须符合技术要求，但应根据具体情况适当调整。如活塞与气缸间隙选择的 4 配套，应在常温下进行测量，检验并选配出合适的活塞与气缸间隙值。变形零件的配合间隙调整到公差下限、无变形零件的配合间隙调整到公差上限等，都是延长零件使用寿命的有效措施。

8）电控系统各插头、线柱要清洁，接触可靠。燃油系统中的 O 形密封圈必须更换，而且不得使用含硅密封胶。

信息资料单 3 发动机的磨合

汽车总成或机构组装后，改善零件摩擦表面几何形状和表面物理力学性能的过程称为磨合。总成磨合是修理工艺过程的一个重要工序，是有关总成从修理装配状态转入工作状态的过渡。磨合质量对总成修理质量和大修间隔里程有着重大的影响。因此，未经磨合的发动机是不允许投入使用的。

一、发动机磨合的意义

总成修理的发动机所使用的零件有新有旧，零件的技术状况相差较大，而修理工艺装备和企业生产技术水平又存在着很大的差异，所以有些总成修理的发动机在磨合中就出现拉缸、烧瓦等严重故障。因此，总成修理的发动机进行科学的磨合十分必要。

1. 形成适应工作条件的配合性质

(1) 扩大配合表面的实际接触面积　新零件和经过修理的零件，由于表面微观粗糙和各种误差，装配后配合副的实际接触面积仅为设计面积的 1/1000 ~ 1/100，配合表面上单位实际接触面积的载荷就会超过设计值的百倍乃至千倍。微观接触面积在高应力、高摩擦热作用下，容易产生塑性变形和粘着磨损，引起咬粘等破坏性故障。因此，应使新零件在特定的磨合规范下运动，粗糙表面的微观凸点镶嵌其上并产生微观机械切削现象，以使实际接触面积不断扩大，在短期内形成适应正常工作条件的配合表面。

(2) 形成适应工作条件的表面粗糙度　每一种工作条件均有其相应的表面粗糙度，零件加工的表面粗糙度与工作条件的要求差距，较大在磨合中才能形成适应工作条件的表面粗糙度。

(3) 改善配合性质　由于磨合磨损形成了适应工作条件的实际接触面积和表面粗糙度以及配合间隙，不但显著地提高了零件的综合抗磨损性能，也减少了其摩擦阻力与摩擦热，使故障率降低、大修发动机的可靠性与耐久性提高。

2. 改善配合副的润滑效能

磨合使配合间隙增大到适应正常工作条件的配合间隙，提高了润滑油的泵送性能，增大了配合副间润滑油流量，不但改善了配合副的润滑效能，也有利于保持正常的工作温度和配合表面的清洁。

3. 提高发动机的可靠性与耐久性

金属在低于或接近疲劳极限时，磨合一定的时间，实现“次负荷锻炼”，可以明显地提高金属零件的抗磨损能力和抗疲劳破坏能力，从而提高机械的可靠性和耐久性。

发动机全部磨合过程由微观几何形状磨合期、宏观几何形状磨合期、适应最大载荷表面准备期 3 个时期组成。微观几何形状磨合期(第一时期)内，微观粗糙表面因微观机械作用逐渐展平，表面金属被强化，显微硬度成倍地提高，产生剧烈的磨损，增大配合间隙，形成了适应摩擦状态下的工作表面质量。宏观几何形状磨合期(第二时期)内，零件表面形位误差部分得以消除，磨损量逐渐减小，机械损失减弱。适应最大载荷表面准备期(第三时期)内，零件磨损率和发动机的动力性、经济性逐渐稳定，故障率降低，可靠性提高。后两个时期的磨合时发动机装限速片，磨合在限速、限载条件下的运行过程中完成，称为“汽车走合”；第一时期的磨合于出厂前在台架上完成，称为“发动机磨合”。

二、磨合规范

选择合理的发动机磨合试验规范，才能保证磨合的质量高，使磨合过程中的金属磨损量小，延长发动机寿命。发动机的磨合规范包括发动机转速、负荷及各阶段的磨合时间。发动机磨合分冷磨合与热磨合两个阶段。冷磨合是由外部动力驱动总成或机构的磨合。发动机自行运转的磨合称为热磨合；其中，发动机自行空运转的磨合称为无载热磨合，发动机加载自行运转的磨合称为负载热磨合。发动机的磨合质量在材料、结构、装配质量等条件已定的情况下，主要取决于磨合时期的转速、载荷、磨合时间和润滑油的品质。

(一) 冷磨合

1. 冷磨合设备

冷磨合包括对气缸与活塞环、曲轴轴承和凸轮轴轴承等主要配合表面的磨合。冷磨合时，侧置气门式发动机不装气缸盖、顶置气门式发动机不装火花塞或喷油器（柴油机）。冷磨合一般在专门的设备上进行。图7-1所示是一种发动机磨合、试验、水力测功的联合装置。它包括发动机安装凸缘盘1、测功装置（也是加载设备）、拖动装置（包括连接电动机的摩擦离合器7和变速器6等），还有润滑油供给装置、测油耗及发动机转速装置等辅助设备。

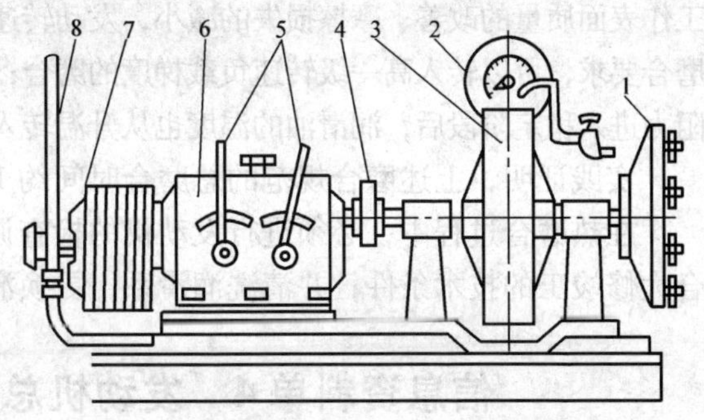

图7-1　发动机磨合、试验、水力测功的联合装置
1—凸缘盘　2—称力机构　3—水力制动鼓
4—反向离合器　5—变速手柄　6—变速器
7—摩擦离合器　8—离合器手柄

2. 冷磨合规范

（1）冷磨合转速　起始转速为400～500r/min，终止转速为1200～1400r/min。若起始转速过低，由于曲轴溅油能力不足、机油泵输油压力过低，难以满足配合副很大摩擦阻力和摩擦热对润滑、冷却、清洁能力的需求，极易造成配合副破坏性损伤；由于高摩擦阻力和高摩擦热的限制，起始转速也不能过高。

发动机磨合的关键是气缸与活塞环、活塞和曲轴与轴承等配合副的磨合。配合面上的载荷主要是由活塞连杆组的质量和离心力形成的。据有关资料介绍，磨合转速在1200～1400r/min范围内时，单位面积上的载荷最大；超过或低于此转速，载荷反而减小，均会影响磨合效果。

磨合转速采取了4级调速（无级调速磨合的效率低），在每级转速下，随着表面质量的改善，磨损率逐渐下降至平衡状态。

（2）冷磨合载荷　单靠活塞连杆组所产生的载荷显然不够，磨合效率低。实践证明，装好气缸盖、堵死火花塞螺孔，借助气缸的压缩压力来增加冷磨载荷是极为有益的。

（3）冷磨合的润滑　现行的润滑方式有自润滑、油浴式润滑和机外润滑。实践证明，机外润滑方式最佳，对提高磨合效率极为有利。所谓机外润滑是指由专门的泵送系统，将专门配制的粘度较低、硫化极性添加剂含量高的专用发动机润滑油，以较大的流量送入发动机进行润滑的润滑方式。采用机外润滑不但使摩擦表面松软、加速磨合过程，而且其润滑、散热以及清洁能力很强，还可以提高磨合过程的可靠性。

（4）磨合时间　各级转速的冷磨合时间约15min，共60min。

(二) 热磨合规范

1. 无载热磨合

无载热磨合是为有载热磨合作准备的，其磨合原理与冷磨合的类似，因此无载热磨合转速起始为800～900r/min，终止转速为1500～1600r/min。

2. 有载热磨合

起始转速为800～900r/min，磨合终了转速为1300～1500r/min，磨合转速采取4级调速。

逐级加载，采取4级加载方式，与4级调速相应组合。磨合时间的确定，多以每级磨合中的转速变化或润滑油的温度变化来判断。当每级负载不变时，随着磨合的时间的延续、零件工作表面质量的改善、摩擦损失的减小，发动转速会有明显的升高，则表明这一级磨合已达到了磨合要求，可以转入高一级转速负载梯度的磨合；在发动机冷却液温度保持恒定的条件下，摩擦阻力进入稳定阶段后，润滑油的温度也从升温转入温度稳定状态，这时即可转入高一级磨合。

实践证明，上述磨合规范的总磨合时间约120～150min。

在热磨合过程中，必须进行发动机的检查调整和发动机性能试验，排除故障使发动机符合大修竣工的技术条件；并清洗润滑系，更换润滑油和滤清器滤芯，加装限速装置。

信息资料单4　发动机总成修理竣工的技术条件

一、一般技术要求

1）装备齐全，按规定完成了发动机磨合，无漏油、漏水、漏气、漏电现象。

2）加注的润滑油量、牌号以及润滑脂符合原厂规定。

3）无异响，急加速时无爆燃声，化油器不回火、消声器无放炮声，工作中无异响。

4）润滑油压力和冷却液温度正常。

5）气缸压力符合原厂规定，各缸压力差：汽油机应不超过各缸平均压力的8%，柴油机不超过10%。

6）四冲程汽油机转速在500～600r/min时，以海平面为准，进气歧管真空度应在57.2～70.5kPa范围内。其波动范围，六缸发动机不超过3.5kPa，四缸发动机不超过5kPa。

二、主要使用性能

1）发动机在正常工作温度下，5s内能起动。柴油机在5℃、汽油机在－5℃的环境下，起动顺利。

2）配气相位差不大于2°30′。

3）加速灵敏，过渡圆滑，怠速稳定，各工况工作平稳。

4）最大功率和最大转矩不低于原厂规定的90%。

5）最低燃料消耗率不得高于原厂的规定值。

6）发动机排放限值符合GB 7258—1997《机动车运行安全技术条件》的规定。

二级维护竣工的发动机除装备齐全、有效之外，还必须进行性能检测。要求其能正常起动，低、中、高速运转均匀、稳定，冷却液温度正常，加速性能好，无断火、回火、放炮等现象；发动机运转稳定后应无异响；无负荷功率不小于额定值的80%。

7）电子控制系统的设置应正确无误；自检警告灯应显示系统正常，或通过系统自诊断功能读取的故障码应为正常码。

信息资料单5　柴油机的维护保养

柴油机的维护保养对柴油机的使用寿命有着决定性的影响，是保持柴油机长期可靠工作和使用经济性的必要条件。因此，在日常使用中应严格按照如下技术保养规定进行维护保养。

一、保养项目

保养分磨合期结束后保养和正式投入运行后的技术保养，其项目分别见表7-2、表7-3。

表7-2　磨合期结束后保养项目

时间间隔	序号	保养内容
磨合期（2000km或40h）	1	清洗发动机油底壳，更换润滑油
	2	清洗机油收集器滤网
	3	紧固机油泵传动齿轮螺母紧固力矩为68.6~78.4N·m
	4	检查主轴承盖螺栓拧紧力矩
	5	检查连杆螺栓拧紧力矩
	6	检查缸盖螺栓拧紧力矩
	7	检查调整气门间隙
	8	清洗柴油、机油滤清器，清除空气滤清器滤芯上的尘土
	9	检查供油提前角
	10	检查风扇传动带的张紧度
	11	检查悬置软垫是否有裂纹，螺母是否松动

表7-3　技术保养项目

时间间隔	序号	保养内容
日常保养	1	检查油底壳内的润滑油油面高度和散热器中冷却液的量
	2	检查柴油机冷却、供油及气路各连接处的密封性
	3	做好清洁工作
	4	排除所发现的故障和不正常现象
一级保养（2500km或50h）	1~4	同日常保养
	5	清洗机油滤清器滤芯
	6	清洗离心式机油滤清器
	7	检查风扇传动带的张紧度
	8	清除空气滤清器滤芯上的尘土
	9	向水泵轴承加注润滑脂
二级保养（8000km或150h）	1~9	同一级保养
	10	更换油底壳及喷油泵内的润滑油，清洗油底壳及机油收集器
	11	更换柴油滤清器滤芯
	12	清洗柴油箱、输油泵滤网和柴油管路
	13	检查并调正气门间隙
	14	检查或调正喷油泵提前角
	15	检查喷油器的喷油压力和雾化质量
	16	更换机油粗滤器的滤芯
三级保养（45000km或900h）	1~16	同二级保养
	17	清洗机油冷却器
	18	检查气缸盖螺栓、连杆螺栓、主轴承螺栓的紧固情况
	19	根据运行情况确定是否拆卸缸盖、研磨气门
	20	根据运行情况确定是否将喷油泵送专业修理单位调整检查
	21	清除增压器压气机、涡轮壳及转子叶片的积炭

二、保养说明

1. 检查柴油机油底壳中的润滑油油位

应使柴油机保持在水平状态停机检查润滑油油位。拉出油标尺，用干净抹布擦干后插入到极限位置，然后再次拉出，其正常油位应在上限和下限刻线中间，如图7-2所示。如果油位接近下限刻线或低于下限刻线，必须立即加注润滑油，且尽可能使油位达到上限刻线；如油面超过上限刻线，则应打开油底壳螺塞放出多余润滑油。

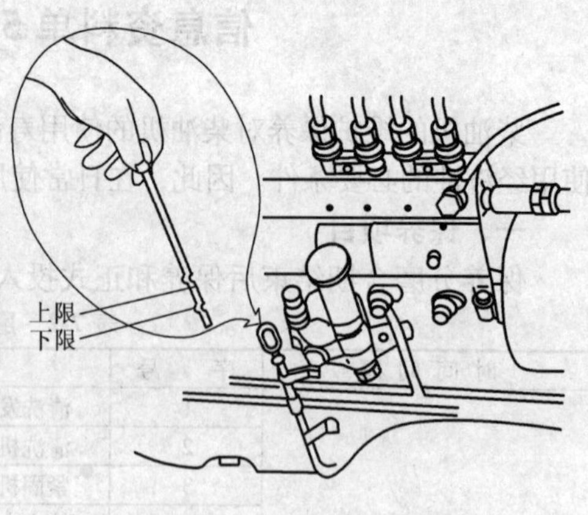

图7-2 油底壳润滑油面的检查

在新发动机磨合运转期，润滑油的消耗量较高，每天应检查两次润滑油油位，磨合期后每天检查1次即可。

2. 保养空气滤清器

应对空气滤清器进行精心和及时地保养，以防止灰尘进入气缸中，造成柴油机工作寿命的下降。空气滤清器的保养周期应根据工作环境的含尘量来决定。使用环境恶劣的尘土飞扬地区，保养周期应短；反之，应适当延长。柴油机排气出现黑烟或功率下降，可能是由于空气滤清器阻塞引起，应考虑保养空气滤清器。当装有堵塞指示器的空气滤清器的指示器信号灯亮时，必须保养空气滤清器。对装有机械式堵塞指示器的空滤器，则应停车后打开车盖，将柴油机高速运转，观察保养指示器的位置。

保养空气滤清器时，先拧下盖上的螺母，打开空滤器盖，取出滤芯，将壳体内的尘土清理掉：用手或木棒轻轻敲击滤芯两端，边敲边转动滤芯，将灰尘震落；也可用不大于600kPa的清洁压缩空气从滤芯内侧向外吹，如图7-3所示，将灰尘除掉。如果发现滤芯堵塞或破损，应及时更换新滤芯。

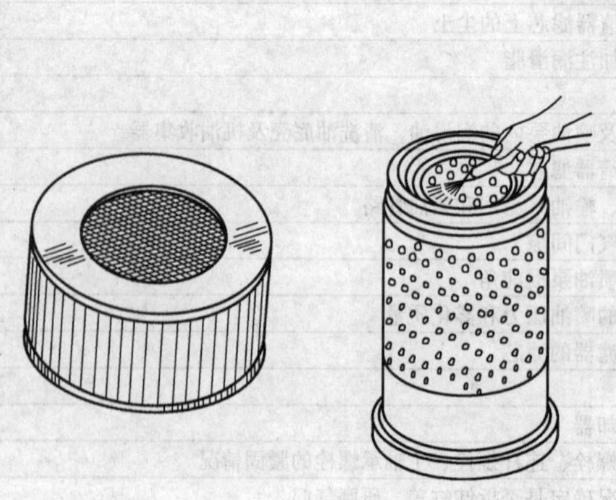

图7-3 纸质空气滤清器滤芯的保养

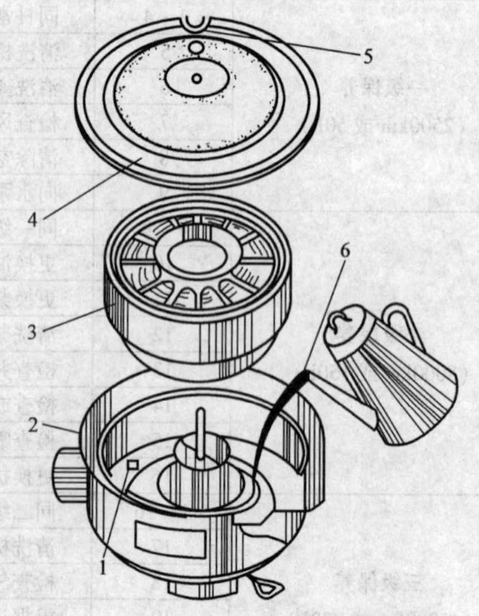

图7-4 油浴式空气滤清器

1—油面记号 2—油池 3—空滤芯 4—空气滤清器盖 5—翼型螺母 6—润滑油

油浴式空气滤清器的保养工作应在柴油机停机至少1h之后进行，以便所有的润滑油从滤清器滤芯中滴尽。把滤清器从进气管上拆下，将翼形螺母旋出，揭开空气滤清器盖取下滤芯，用清洁柴油清洗滤芯，然后让其彻底滴干，清洗空气滤清器油池，重新加注清洁润滑油，如图7-4所示。加油时注意油位应低于标记，如加得过多，在柴油机运转时机油将被吸入气缸内。

不论何种结构形式的空气滤清器，其滤芯及橡胶密封垫、橡胶管等在安装时均必须保证密封，否则未经滤清的尘土将直接进入气缸，造成缸套和活塞环异常磨损。

3. 检查传动带的松紧度

风扇传动带的松紧度应经常检查，过紧会使水泵轴承、电动机轴承过早损坏，过松会引起传动带打滑，降低传动带寿命并使发动机过热。

检查传动带的松紧度：对单根传动带以39N的力按下，传动带挠度应为10~15mm；若不符合要求，则移动电动机与调节臂的相对位置进行调整。为了保证两根传动带的松紧度基本一致，更换传动带时应注意必须两根传动带同时更换，不能一新一旧搭配使用，不同厂家生产的传动带不允许搭配使用。

4. 向水泵轴承加注润滑脂

在水泵壳体上方装有直通滑脂嘴，应按表7-2的要求定期用油枪将润滑脂注入水泵轴承。

5. 保养柴油滤清器

柴油滤清器采用纸质滤芯，以保证喷油泵、喷油器偶件正常与持久地工作。汽车行驶8000km左右时需更换滤芯。柴油滤芯不可清洗后再用，也不允许未经滤清的柴油进入喷油泵。

6. 检查并调整气门间隙

正确的气门间隙能保证柴油机正常的功率输出和配气机构工作长久、可靠，因此检查和调整气门间隙十分重要。检查和调整气门间隙的方法见模块三。

7. 更换柴油机和喷油泵的润滑油

定期更换润滑油对延长柴油机的使用寿命有重大意义，润滑油更换的期限见表7-4。更换润滑油应在柴油机热态时进行，因为热的润滑油更容易带走润滑油中的杂质。旋出油底壳放油螺塞放出润滑油，放完润滑油后把放油螺塞（最好换用新垫圈）拧紧才可加注新润滑油。

表7-4　润滑油更换的期限

燃油含硫量 s 环境温度 t	不同等级润滑油换油周期/h		
	CA级	CC级	CD级
$s \leqslant 0.5\%$　$t \geqslant -10℃$	200	250	500
$s \leqslant 0.5\%$　t 持续低于 $-10℃$	100	125	250
$s = 0.5\% \sim 1\%$	100	-125	250

8. 检查喷油泵供油提前角

检查喷油泵供油提前角的周期没有不硬性规定。当柴油机的性能变坏时，应首先检查喷油泵的供油提前角。重新安装喷油泵后，也应检查供油提前角。

供油提前角的检查方法如图7-5所示。

1）拆下第 1 缸喷油泵的高压油管。

2）逆时针旋转曲轴，同时仔细观察喷油泵出油阀插头油面，有波动（即油面刚刚开始上升）时立即停止转动曲轴。

3）查看带轮端或飞轮壳观察孔上的指针所指角度是否为规定的提前角数值。必要时重复检查一次，如不正确需调整。

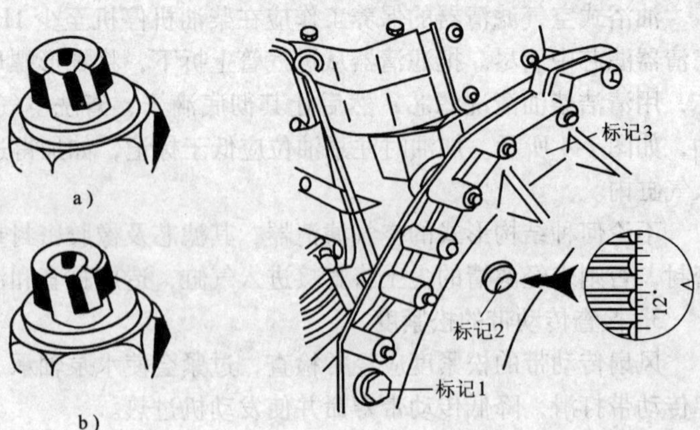

图 7-5 检查喷油泵供油提前角

供油提前角的调整方法如下：

1）逆时针旋转曲轴至第 1 缸上止点前该机型规定的提前角，并确定是否为第 1 缸的压缩上止点。

2）松开提前器端钢片万向节螺栓旋转提前器，同时仔细观察第 1 缸出油阀插头油面，有波动时立即停止转动，并拧紧万向节螺栓。

3）旋转曲轴，复查供油提前角，方法同前所述。

9. 检查喷油器的喷油压力和喷雾质量

检查喷油器应在专用的试验台上进行。当以 30 次/min 的速度泵油、压力为 22～23MPa 时，喷雾应均匀、断油应彻底，并可听到特殊的清脆响声，如图 7-6 所示。

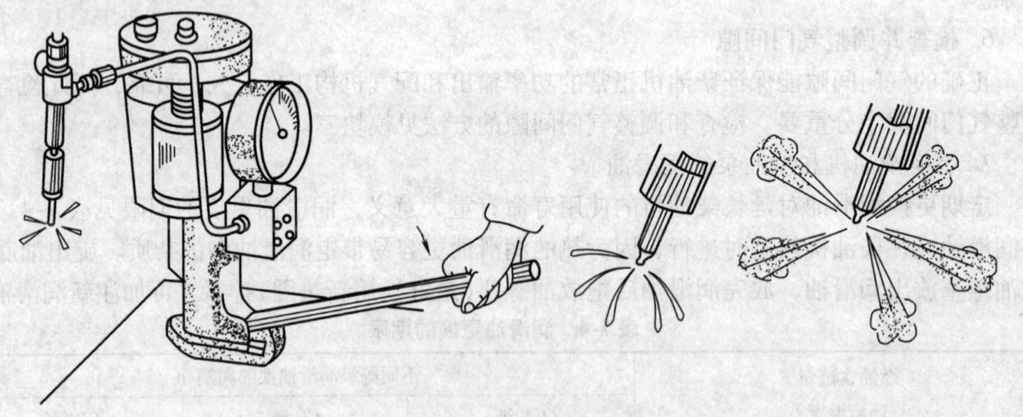

图 7-6 检查喷油器喷雾质量

当喷油器的喷油质量不良时，可拆下针阀偶件清洗（在清洁的柴油中清洗），并调整压力至规定数值。在检查喷油器时，要注意各缸喷油器不能相互调换，以保证喷油器尖端伸出气缸盖底平面的长度在允许范围内。换用新的喷油器时需用钢垫调整其伸出高度。喷油器偶件的阀体与针阀必须按原状配对装配，不能互换。

10. 增压系统的保养

增压器与进、排气管的连接必须严密，如果排气管和废气涡轮之间漏气，增压器的效率将大大降低，柴油机的排气温度将急剧升高，从而损坏气门和增压器。

在新柴油机起动前，必须通过增压器进油管将增压器和增压器滤清器注满清洁润滑油，以保证柴油机起动时增压器轴承即能得到润滑。汽车行驶 8000～10000km 后，须更换增压器、机油滤清器滤芯。

在柴油机停机前，应在怠速工况下运转 3～5min，使增压器转速下降、温度降低，并监听增压器运转声音。如发现异常，应停机检查，如增压器转子转动不灵活、有卡滞或磨损声，须送有条件的维修站修理。

每工作 500h 或行驶 3 万 km 后，应检查增压器转子轴上的间隙，并清除压气机涡轮壳及转子叶片上的灰尘和积炭。此时，需把涡轮增压器从柴油机上拆下来，更换增压器和排气管之间的金属垫片。不允许采用机械的方法去除转子部件上的积垢，而要用汽油或其他清洗铝制零件的洗涤液进行清洗。

注意：不要使任何已拆下的涡轮增压器的旋转零件损坏或受力变形，否则会影响涡轮的平衡；同样，也不能损坏任何橡胶密封件。

（1）轴向间隙的检查　把表盘式百分表的触头贴在涡轮主动轴的末端，把轴压向百分表，记下此时所示的数值，然后把轴推向相反方向，再记下此时所示的数值。两者之差就是其轴向间隙，该值不能超过 0.20mm。

（2）径向间隙的检查　把表盘式百分表的触头贴在叶轮体顶部，向下压叶轮记下数值，然后将叶轮向上抬，再记下数值。两者之差值就是径向间隙，该值不能超过 0.65mm。

11. 喷油泵节气门限位螺钉

CA6110 型柴油机采用的 A 型泵以及 CA6110/125、CA6113 各型柴油机采用的 AD 泵（AW 泵）有全程式和两极式两种节气门手柄，如图 7-7 所示。绝大多数汽车用柴油机均可操纵两极式节气门手柄，而全程式节气门手柄用限位螺钉紧固，不能操纵。出厂试验时，其限位螺钉均已调整并铅封，用户不可随便调整。油泵的修理需送专业修理单位进行，并按规定油量重新调整后铅封。如需改用全程式调速手柄，可将两极式怠速限位螺钉拧到底，使两极式手柄紧靠在两极式最大节气门限位螺钉上，再将全程式节气门怠速限位螺钉松开，将柴油机转速调整到所需的怠速或起始工作转速后操纵全程式节气门手柄。注意做上述调整时，最大节气门限位螺钉不可松动和调整。此外，全程式节气门手柄的操纵力较大，故对汽车用柴油机而言不宜用加速踏板直接操纵全程手柄。

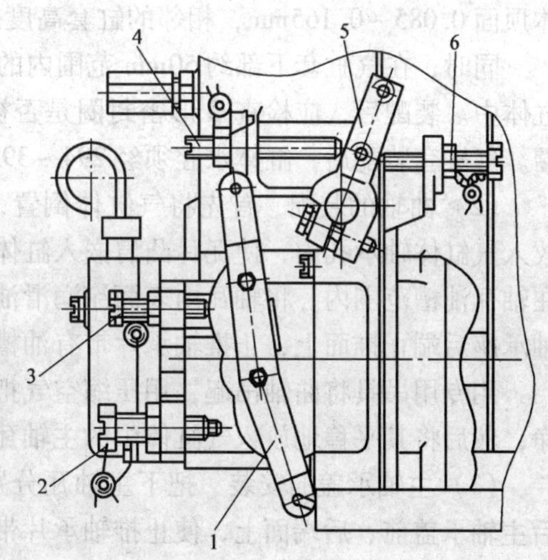

图 7-7　喷油泵节气门手柄限位螺钉

1—两极式节气门手柄　2—两极式手柄最大节气门限位螺钉　3—两极式手柄怠速节气门限位螺钉　4—全程式手柄怠速节气门限位螺钉　5—全程式节气门手柄　6—全程式手柄最大节气门限位螺钉

12. 新柴油机或大修后的柴油机启用注意事项

新柴油机或大修后的柴油机必须经过 2000km（或 40h）磨合运行。在磨合期应低中速行驶，在最初的 200km 内汽车不得负载，在 1500km 内装载量不得超过额定载重量的 70%，在

1500km 后可增加到额定载重量的 90%。

技能单 1 CA6110 型柴油机的装配和调整

一、装配技术要求

1）安装前，应将零件清洗干净，并清洗润滑油道，油道内不允许有铁屑或其他杂物；彻底清除零部件装配表面的灰尘、油污等异物，然后用压缩空气吹干。

2）垫片、O 形圈等密封件，锁止垫片、开口销等锁紧件应更换新件。

3）除有特殊情况外，在装配之前应将所有运动件表面涂以润滑油。

4）对于有紧固力矩规定的紧固零件，应将其拧紧到规定值；没有紧固力矩要求的零件应按一般的螺栓拧紧力矩拧紧。

5）除胶质密封垫及带胶的密封垫外，各密封垫的部位均应涂密封胶。

6）零件装配前，要注意装配方向和装配标记；装配后，要按技术要求检查，调整各部位装配间隙。

二、装配与调整步骤

1. 气缸套、活塞及曲柄连杆机构的装配

（1）气缸套的装配　先把 O 形橡胶密封圈置于气缸体的环槽内，然后选用同一尺寸分组的气缸套倒置放到气缸体的缸套孔中，检查气缸套的凸突出量。气缸套上端台肩应凸出缸体顶面 0.085 ~0.165mm，相邻的缸套高度差不大于 0.03mm，各缸凸突出量应一致。

同时，在气缸套下部约 50mm 范围内的外表面均匀涂以肥皂水，平稳地把气缸套压入气缸体中。装配后，应检查 O 形密封圈是否被剪断或刮伤，如有损伤，应换用新的 O 形密封圈。气缸套装配后，缸体水腔须经 294 ~392kPa 的水压试验，在 3 ~5min 内不得有渗漏。

（2）曲轴的装配　首先将气缸体倒置，使气缸体下平面朝上，再分别将主轴瓦的上片放入气缸体轴承孔内，使瓦片凸肩嵌入缸体轴承座孔凸肩槽内。注意观察缸体上的油孔是否在轴瓦油槽范围内。将轴瓦内表面涂润滑油，然后将止推轴承片用两个圆柱销装在最后一个轴承座后端止推面上，止推轴承片带有油槽的面朝向外端面。

用专用吊具将曲轴吊起，用压缩空气把曲轴的全部油孔吹干净，将全部轴径轴肩擦拭干净；然后将其平稳地放入气缸体中的主轴瓦上，并向主轴径上涂以润滑油。

（3）主轴承盖的安装　把下主轴瓦分别置于主轴承盖内，再把止推轴承片分别装到最后主轴承盖前、后端面上，使止推轴承片带有油槽的面向外用圆柱销固定。在紧密贴合状态下，圆柱销应低于止推轴承片 0.5 ~1.0mm。

将已装好主轴承瓦的主轴承盖依次放入缸体上相应的主轴承的止口内（向前标记不得装反）。将主轴承螺栓螺纹部分及螺栓头支撑面涂以润滑油，然后旋入螺孔中（孔壁不得与螺栓定位带接触，可用铜锤敲击主轴承盖进行归位），直至与缸体贴合为止，要保证后端面上、下止推片在同一平面内。

拧紧主轴承螺栓时，应从中间开始向两端交叉进行，并分次拧紧。其拧紧力矩为 250 ±10N · m。待全部主轴承螺栓拧紧后，转动曲轴应旋转自如。最后，将曲轴推至前端，用塞尺检查曲轴轴向间隙（应保证在 0.105 ~0.309mm 范围之内）。

2. 活塞、连杆组装

（1）活塞和连杆的装配　安装在同一台发动机上的活塞连杆总成应为同一组的 4 配套件。装配活塞连杆总成时，应使连杆体与连杆端盖上一侧和活塞上向前的标记置于同侧。将活塞销表面涂润滑油，然后对准销孔和衬套轻轻推入。如果活塞销装配困难，可将活塞放入热水中加热后再装入，不允许锤击。然后，用专用工具将活塞销挡圈装入槽内，必须使挡圈完全进入槽中。

（2）活塞环的装配　活塞环应使用专用工具进行安装。如图 7-8 所示，第一道气环有标记的一面朝上，第二道气环有标记的一面朝上。油环总成的安装顺序是：先打开弹簧胀圈的搭接口，再把胀圈装入活塞环槽内，结合搭口，最后把油环外圈套在弹簧胀圈上，并使环的开口和弹簧胀圈搭口互相错开 180°。活塞环装入环槽后要能在槽内自由转动，各环依次错开 120°或 180°，并应避开销轴方向和侧压力方向。

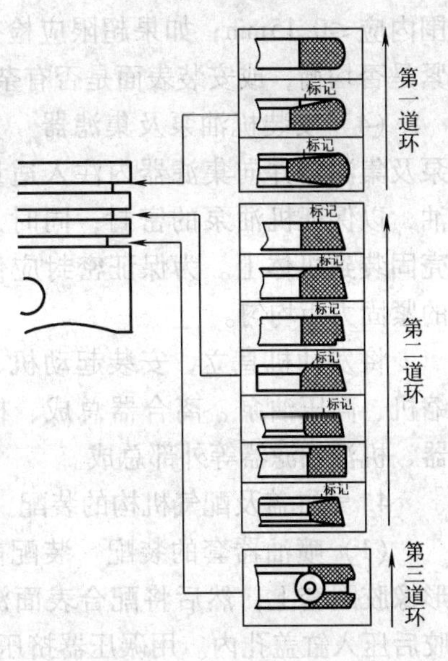

图 7-8　活塞环的安装

（3）活塞连杆组总成的装配　安装活塞连杆总成时，要使用专用工具(在不更换零件的条件下)按原始缸序装配，防止损伤螺纹或刮伤缸壁。装配前，需要将活塞、活塞环、连杆轴瓦、曲轴轴颈和连杆轴颈涂以润滑油，进行预润滑。切记将活塞环端口错开 120°或 180°，同时避开侧压力及销轴方向；活塞顶部与连杆杆身的朝前标记朝向发动机的风扇端。

连杆端螺母的紧固力矩为 140～160N · m，连杆轴颈与连杆轴瓦之间的间隙为 0. 06～0. 128mm。连杆螺栓与连杆孔为过渡配合，可起到定位作用，装配时可用铜锤敲入。

（4）曲轴前端的装配　在前油封压入油封座前，先把挡油片放入油封槽内，使回油位置对正，用专用工具把油封压入油封座孔内；再将曲轴的定位平键放入曲轴键槽内，直至与槽底贴合为止，并装入挡油片，再装好油封座，用螺栓固装在气缸体前端。

3. 凸轮轴、正时齿轮、飞轮及飞轮壳的装配

（1）凸轮轴的装配　将凸轮轴清洗干净，然后将其夹持在台虎钳上(为防止损伤凸轮轴,应在钳口垫以铝片或铜片)，安装止推片、半圆键和正时齿轮，注意齿轮上的正时记号朝外，将锁紧垫片套入并使其锁舌插进正时齿轮的键槽中，然后拧紧凸轮轴正时齿轮紧固螺栓。在正对螺栓平面处撬起锁紧垫片，与正时齿轮紧固螺栓侧平面贴紧，然后检查止推片和正时齿轮轮毂端面之间的间隙，应为 0. 080～0. 218mm。

凸轮轴及正时齿轮总成装入前，应先将各轴颈涂以润滑油，以防止刮伤凸轮轴衬套；然后用套有弹簧垫圈和平垫圈的螺栓把止推片紧固，其紧固力矩为 30～40N · m。

（2）安装正时中间齿轮　各正时齿轮的记号要与相应正时齿轮的记号对正，如图 7-9 所示。

（3）飞轮壳及飞轮的安装　飞轮壳装到气缸体上之前，应先将飞轮正时指针紧固到飞轮壳内的检视孔相应的位置上，同时将飞轮壳固装到机体上，装曲轴后油封，螺栓紧固力矩为 15～20N · m。

安装飞轮前，擦净与曲轴相配合的表面和端面，使飞轮销孔与销钉对应。把垫圈和锁片

套在飞轮螺栓上，拧入曲轴后端，紧固力矩为160±10N·m，拧紧顺序按直径方向成对角拧紧。用扁铲撬起锁片，使之与螺栓头的平面贴紧，但不要铲伤飞轮表面。然后检查飞轮端面摆动差，在R150mm范围内应≤0.15mm；如果超限应检查螺栓拧紧是否均衡，或安装表面是否有杂物。

(4) 安装机油泵及集滤器 安装机油泵及集滤器并向集滤器内注入适量的润滑油，以保证机油泵的密封；同时，将油底壳固装到机体上。为保证密封应使各螺栓的紧固力矩均匀。

将发动机直立，安装起动机、空气压缩机、高压油泵、离合器总成、机油粗滤器、机油细滤器等外部总成。

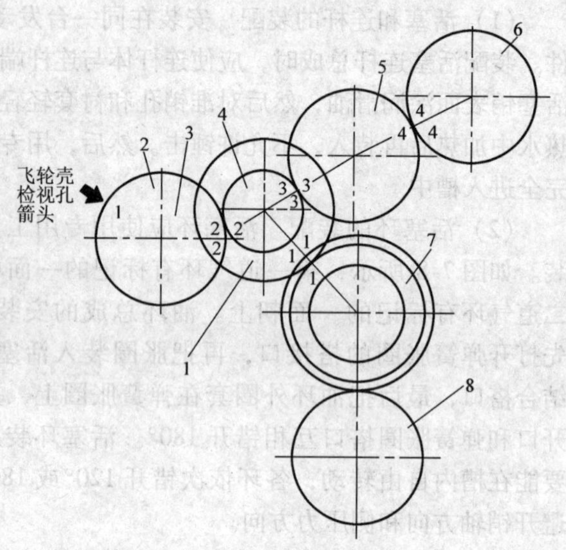

图7-9 正时齿轮的装配标记

1—正时中间齿轮一 2—喷油泵齿轮 3—键槽 4—正时中间齿轮二 5—正时中间齿轮三 6—凸轮轴齿轮 7—曲轴齿轮 8—机油泵齿轮

4. 气缸盖及配气机构的装配

(1) 喷油器套的装配 装配前先将O形橡胶圈套上，然后将配合表面涂上密封胶后压入缸盖孔内。用碾压器挤压，同时在下端孔口处扩孔。

(2) 气门导管的装配 将气门导管孔清洗干净，涂以润滑油，将导管压入孔内，压至气门导管上端距气门弹簧座面18mm时为止。气缸盖总成装配完毕之后，要进行3min的水压试验，压力为0.3MPa，在规定压力时不得有渗漏现象。

(3) 气门油封的装配 先把气门弹簧下座套入气门导管上，再用专用工具把气门油封总成压在气门导管上。

(4) 气门弹簧的装配 将研磨好的气门清洗干净，在杆部涂上润滑油，按研磨配对顺序插入气门导管内，然后装入气门内弹簧、气门外弹簧和气门弹簧座。用专用工具压弹簧座，使弹簧处于压缩状态，装入气门锁块。

(5) 摇臂总成的组装 将摇臂支架从摇臂轴后端套入，顺次套入波形弹簧、气门摇臂、定位弹簧、摇臂轴支架、气门摇臂、定位弹簧、摇臂轴支架等；待全部组装后，拧紧定位螺栓。每缸有两个摇臂总成和一个摇臂轴支架，且支架位于两个摇臂之间。

(6) 安装气缸盖总成 将挺柱放入缸体挺柱孔中，然后安装气缸垫总成。先检查是否有缺陷、是否清洁，然后对准定位销孔放平，注意安装方向是否对准各个缸套、水孔及螺栓孔。将各缸涂以少量润滑油后再放上气缸盖，注意对准定位销孔。清洗组装完整的气缸盖，放在气缸体上，并注意不要损伤气缸垫，将气缸盖的18支中长螺栓分别放入相应的孔中，将摇臂总成放入气缸盖上的相应位置，将8支长螺栓分别放入摇臂总成的相应孔中，各螺栓放入前均应涂上润滑油。把推杆装到推杆孔中，将摇臂轴总成，摇臂及摇臂轴支架组合件放在气缸盖上，放上气缸盖螺栓垫圈，在气缸盖螺栓螺纹部分涂上润滑油后拧入气缸体。气缸体的紧固力矩为180～200N·m(M14螺栓)和35N·m(M10螺栓)。拧上摇臂轴的6支M12DE螺栓，紧固力矩为30～40N·m，和缸盖一起用缸盖螺栓拧紧在发动机上。

当上述各部分完成后，按图 7-10 所示气缸盖螺栓拧紧顺序分 3 次拧紧；最后达到所要求的紧固力矩，按序调整气门间隙。冷态时进气门的间隙为 0.30mm，排气门间隙为 0.35mm。装配完毕后待发动机运转到正常温度后，再按上面顺序和紧固力矩要求复查气缸盖螺栓紧固力矩。

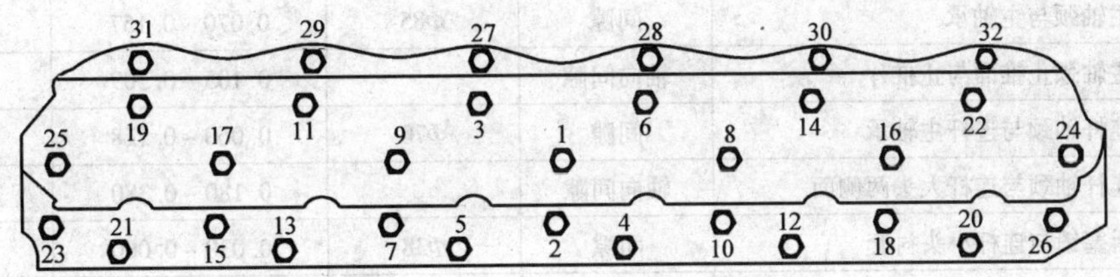

图 7-10　气缸盖螺栓拧紧顺序

5. 风扇传动带的安装与调整

安装水泵总成、电动机总成后，安装风扇传动带时，可通过改变电动机的相应角度来调节其松紧程度。如图 7-11 所示，在 39.2N 的作用下两轮间的传动带挠度应在 10～15mm 范围内。

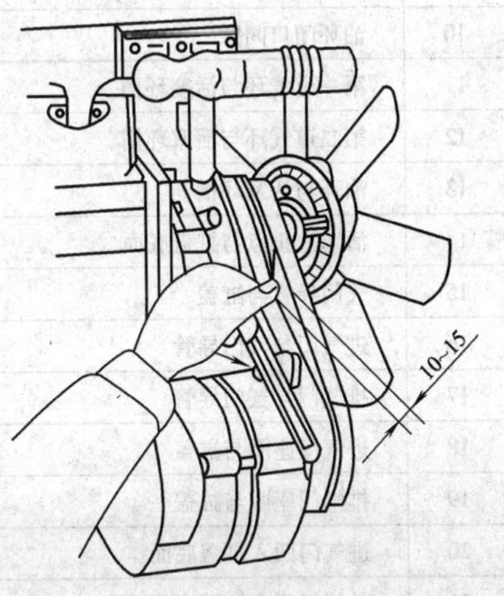

图 7-11　发动机风扇传动带调节示意图

6. 喷油泵及空气压缩机的安装与供油时间的调整

（1）喷油泵及空气压缩机的安装

安装喷油泵前，应先将飞轮上的供油正时标记“0”对准飞轮壳上的指针，并确认发动机第 1 缸活塞处于压缩行程上止点位置。然后，将空气压缩机传动齿轮上的装配标记“2”对准飞轮壳上指针或检视孔装入。同时，拆下飞轮壳观察孔橡胶塞，检查装配的正确性。空气压缩机连接高压油泵的轴上的半圆键应朝向上方。

装配喷油泵时，转动自动提前器使其壳体上的刻线与油泵体上的指针重合（此时为喷油泵第 1 缸供油始点），并用连接器将其与空气压缩机连接。若发现连接器上的螺栓孔不对中，说明油泵安装的倾斜角度不正确。

（2）供油提前角的调整

1）打开飞轮壳观察孔橡胶塞。

2）转动飞轮至 1 缸压缩上止点前 14°角的位置，对准飞轮壳上的固定指针。

3）松开连接器的两螺钉。

4）转动自动提前器，使提前器壳体上的刻线与油泵体上的指针重合。此时，即为喷油泵第 1 缸供油始点。

5）锁紧连接器两螺钉。注意：若自动提前器转动方向与发动机旋转方向相同，为供油正时提前；若转动方向相反，为供油正时迟后。

若感觉供油正时稍早或稍晚，可松开连接器上的紧固螺栓，调整连接盘的腰形孔与钢片组之间的相对位置。向机体外转动时，供油提前角变大（供油提前）；反之，供油提前角变小（供油迟后）。

上述装配的技术数据参照表7-5。

表7-5 6110型柴油机主要零件的配合性质及磨损极限

序号	名　称	配合性质	名义尺寸/mm	间隙或过盈值/mm	极限值/mm
1	主轴颈与主轴承	间隙	Φ85	0.070~0.157	0.20
2	主轴颈止推面与止推片	轴向间隙		0.105~0.309	0.40
3	连杆轴颈与连杆主轴承	间隙	Φ70	0.060~0.128	0.20
4	连杆轴颈与连杆大头两侧面	轴向间隙		0.180~0.380	0.60
5	活塞销与连杆小头衬套	间隙	Φ38	0.030~0.060	0.12
6	活塞销与活塞销座孔	间隙	Φ38	0.005~0.017	0.04
7	活塞裙部与气缸套	间隙	Φ110	0.130~0.160	0.35
8	第一道气环闭口间隙	间隙		0.350~0.500	1.50
9	第二道气环闭口间隙	间隙		0.300~0.450	1.50
10	油环闭口间隙	间隙		0.300~0.450	1.50
11	第一道气环与活塞环槽	平面间隙	2	0.060~0.095	0.20
12	第二道气环与活塞环槽	平面间隙	2.5	0.040~0.075	0.15
13	油环与活塞环槽	平面间隙	5	0.040~0.075	0.15
14	活塞上止点与缸盖底面	间隙		0.900~1.100	
15	气门导管与缸盖	过盈	Φ15	0.015~0.051	
16	进气门与气门导管	间隙	Φ9	0.025~0.069	1.50
17	排气门与气门导管	间隙	Φ9	0.06~0.102	1.50
18	进气门座圈与缸盖	过盈	Φ49	0.072~0.122	
19	排气门座圈与缸盖	过盈	Φ44	0.072~0.122	
20	进气门凹入缸盖底面	凹入		1.100~1.600	2.00
21	排气门凹入缸盖底面	凹入		1.100~1.600	2.00
22	气门摇臂衬套与摇臂孔	过盈	Φ26	0.034~0.097	
23	气门摇臂衬套与摇臂轴	间隙	Φ24	0.037~0.083	0.20
24	气缸套凸台高出机体上平面	凸出		0.028~0.095	
25	气门挺柱与机体孔	间隙	Φ31	0.070~0.111	0.20
26	凸轮轴衬套与机体孔	过盈	Φ64	0.036~0.085	
27	凸轮轴衬套与凸轮轴轴颈	间隙	Φ58	0.080~0.218	0.20
28	凸轮轴与止推片	轴向间隙		0.080~0.218	0.35
29	正时中间齿轮一与衬套	过盈	Φ36	0.030~0.760	
30	正时中间齿轮一的衬套与齿轮轴	间隙	Φ32	0.040~0.910	0.20
31	正时中间齿轮一与齿轮轴	轴向间隙		0.080~0.204	0.40
32	正时中间齿轮一与齿轮二	过盈	Φ52	0.002~0.050	
33	正时中间齿轮三与衬套	过盈	Φ29	0.034~0.760	
34	正时中间齿轮三的衬套与齿轮轴	间隙	Φ25	0.030~0.086	0.20

（续）

序号	名　称	配合性质	名义尺寸 /mm	间隙或过盈值 /mm	极限值 /mm
35	正时中间齿轮三与齿轮轴	轴向间隙		0.030 ~ 0.193	0.40
36	机油泵齿轮端面与盖板	轴向间隙		0.025 ~ 0.089	0.20
37	齿轮侧隙	间隙		≥0.085	0.30

技能单2　EA827 发动机的总装

1. 安装曲轴

安装前，应先检查其与轴瓦的径向间隙，标准值为0.01 ~0.04mm，极限值为0.15mm。

1）将发动机机体倒置于工作台上。

2）将主轴瓦上瓦片擦净，按正确方向与位置安放在瓦座上。第3道主轴瓦应安装止推环且应将润滑槽朝向曲柄方向。将所有的主轴瓦片涂上润滑油。

3）将曲轴擦净，按正确的方向安放在缸体的主轴瓦上，将各主轴径涂上润滑油。

4）将装好下瓦片的主轴瓦盖按正确的方向、位置安装到瓦座上。

5）从中间向两端分次按规定力矩(65N·m)拧紧主轴瓦盖螺栓。

6）转动曲轴，应无阻滞现象。

7）检查曲轴的轴向间隙，应在规定范围内(0.07 ~0.21mm,极限值为0.30mm)。

2. 安装活塞连杆组

安装前，应先检查缸套与活塞的配合间隙(标准值为0.04 ~0.045mm,极限值为0.12mm)和连杆轴径与连杆瓦的配合间隙(标准值为0.01 ~0.05mm,极限值为0.12mm)。

1）将发动机侧置在工作台上。

2）在不装活塞环时，安装活塞连杆组，检查是否“偏缸”。若偏缸应查明原因予以修理。

3）安装活塞环。将活塞环上带有“TOP”标记的面朝上安装，注意各道环环口的相对位置。

4）将1、4道连杆轴颈置于下止点的位置。

5）将1缸气缸套、活塞、活塞环、活塞销、连杆瓦、连杆轴径涂上润滑油。

6）将1缸活塞连杆组的瓦盖拆下，将连杆的全部及活塞的2/3按正确的方向(活塞裙部的箭头朝向发动机的前方)装入气缸套。

7）将1、2道气环开口相互错开180°，并避开活塞销方向及侧压力方向，将油环和气环开口相互错开90°。

8）用活塞环卡箍将活塞与活塞环卡紧，用木棒将活塞推入气缸中。

9）用手托起并拉动连杆的大端(防止连杆螺栓或大端刮伤连杆轴颈)，使连杆瓦与连杆轴径贴合。

10）按正确的方向安装连杆瓦及瓦盖，将连杆螺栓与螺母的螺纹表面涂上润滑油。

11）按规定的力矩(30N·m)分次拧紧连杆螺母。

12）转动曲轴一至两圈，应无阻滞现象。

13）检查连杆轴向间隙(标准为0.10～0.35mm,极限为0.40mm)。

14）用同样方法装上其余各活塞连杆组，转动曲轴数圈。

3. 安装曲轴链轮

将曲轴链轮加热220℃后压入曲轴前端。

4. 装上机油泵

在安装前，应向泵内加注润滑油，按正确方向安装传动链；装上链条张紧器，将机油泵传动链张紧。

5. 安装曲轴前密封凸缘及油封

1）按正确方向安装涂有密封胶的曲轴前密封凸缘，分次按规定力矩(16N·m)拧紧螺栓。

2）将曲轴前油封的密封唇涂上润滑油，用专用工具按正确方向将油封压入密封凸缘；装上扭力臂及同步带和护板。

6. 安装曲轴同步带轮

安装曲轴同步带轮；按规定力矩(100N·m)拧紧机体油道螺塞，装上曲轴后密封凸缘；按规定力矩(16N·m)拧紧螺栓，装上中间板。

7. 安装油底壳

8. 安装飞轮

按照标记安装飞轮，按规定力矩(60N·m)拧紧飞轮紧固螺栓。

9. 安装离合器

检查离合器前轴承并加注润滑脂；利用芯轴按正确方向、位置安装离合器，按规定力矩(25N·m)分次、对角地拧紧离合器紧固螺栓。

10. 安装气缸盖

1）将发动机正置，将机体上平面擦净。

2）将气缸垫按正确方向(有字的一面朝上)放在机体上平面上，并使各孔的位置对正。

3）将气缸盖按正确方向安放在气缸垫上，油孔和水孔对正，旋入缸盖螺栓。

4）按规定力矩(40N·m)从中间向两端分次、对角地拧紧缸盖螺栓。

11. 安装凸轮轴

1）将挺柱(柱)按正确方向、顺序、位置装入挺柱孔中。

2）将凸轮轴下瓦片擦净涂上润滑油，按正确方向、位置装入座孔中，放上凸轮轴，将凸轮轴上瓦片涂上润滑油，与瓦盖一起按正确方向、位置安装。按规定力矩(20N·m)并按序(先2、4道,后3、1、5道)、分次拧紧凸轮轴瓦盖紧固螺母。

3）装上凸轮轴油封，装上气门室罩盖。

12. 安装同步带

1）装上水泵，装上同步齿形传动带上防护罩。

2）装上凸轮轴同步带轮及霍尔传感器，按规定力矩(100N·m)拧紧紧固螺栓。若此时需转动凸轮轴，应使各缸活塞不在上止点位置(防止气门在运动时与活塞发生运动干涉)。

3）转动凸轮轴，使凸轮轴同步带轮标记与同步带上防护罩标记对准(此时1缸凸轮向上）。

4）转动曲轴，使曲轴同步带轮的标记与同步齿形传动带的标记对准，按正确方向装上同步带。

5）装上半自动张紧轮，将同步带张紧，检查同步带的张紧度。

6）装上同步带下防护罩和中间防护罩，装上发电动机支架。

13. 安装上防护罩

1）装上曲轴V形带轮，按规定力矩(40N·m)拧紧螺栓。

2）检查曲轴V形带轮与下防护罩上的上止点标记是否对准；检查凸轮轴同步带轮上的标记是否与后防护罩上的标记对正。

3）装上同步带上防护罩。

14. 安装各部件总成及附件

1）装上机油滤清器支架与机油滤清器(在安装滤清器前,应向其中加注润滑油)。

2）装上喷油器、供油管和油压调节器。

3）装上火花塞，按点火顺序(1—3—4—2)插上高压线。

4）装上进、排气歧管垫及歧管，装上发动机支架。

5）装上节温器，装上节温器盖。

6）装上电动机。

15. 检查

检查发动机各部分是否有错装、漏装的零部件；如有，应及时纠正。

上述装配的技术数据参照表7-6。

表7-6　EA827型发动机主要螺栓(母)转矩表

序号	螺栓螺母名称	转矩值/N·m	序号	螺栓螺母名称	转矩值/N·m
1	正时齿形传动带张紧轮螺母	45	15	曲轴后油封盖螺栓	10(M6)、20(M8)
2	正时齿形传动带后盖板螺栓	20	16	连杆盖螺栓(母)	30拧紧后再转90°
3	曲轴带轮螺栓	20	17	气缸盖螺栓	第1步转40°，第2步转60°，第3步转180°
4	正时齿形传动带惰轮螺栓	80			
5	曲轴正时齿形传动带螺栓	90，拧紧后再转90°	18	凸轮轴轴承盖螺母	20
6	气缸盖罩盖螺母	10	19	凸轮轴正时齿轮链条螺栓	80
7	发动机张紧板螺栓	25	20	0.3Pa油压开关	25
8	分电器安装螺栓	20	21	1.8Pa油压开关	25
9	水泵安装螺栓	35	22	机油泵安装螺栓	20
10	主轴承盖螺栓	65	23	机油泵盖螺栓	10
11	离合器压盘螺栓	30，拧紧后再转过90°	24	放油螺栓	30
12	曲轴前油封盖螺栓	20(M8)、10(M6)	25	水泵盖螺栓	10
13	飞轮固定螺栓	20	26	水泵安装螺栓	20
14	中间轴油封盖螺栓	25	27	温度传感器	10

技能单3 发动机试验

一、实习内容

1）观察水力测功器的构造。

2）掌握水力测功器的工作原理和发动机的试验程序。

二、目的与要求

1）通过观察和试验，熟悉水力测功器的基本构造和工作原理。

2）了解发动机的试验方法和试验过程。

3）了解发动机的动力性和经济性的变化规律。

三、设备、仪器和工具

供试验用多缸柴油机、汽油机各1台，水力测功器1台，油耗和转速测定装置，秒表，气压计，温度计，湿度计，常用工具等。

四、实验方法与步骤

1. 水力测功器的结构与工作原理

如图7-12所示，常用水力测功器主要由制动器和称力机构两部分组成。转子1通过转子轴5，由轴承3支承在壳体2中旋转。壳体2通过轴承4装在支架6上，并能自由摆动。外壳上装有进水口8和出水口7，其进、出水量则由各自的控制阀来调节。

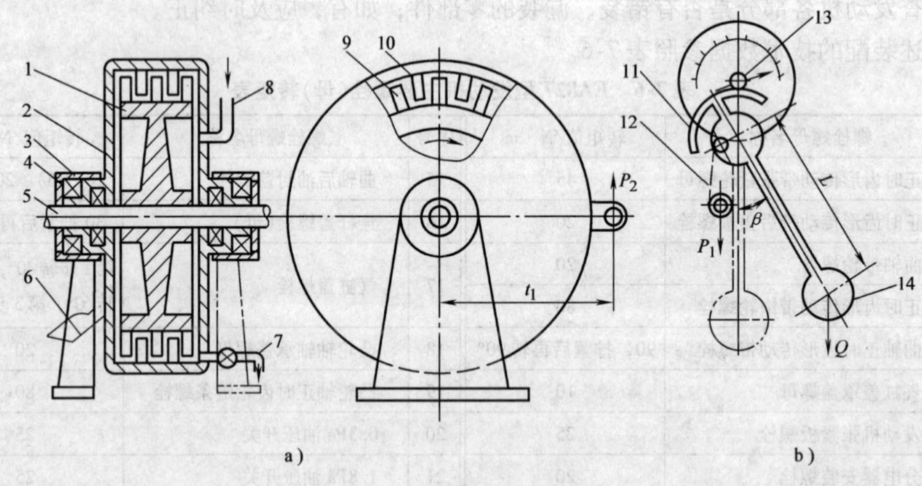

图7-12 水力测功器

a）制动器 b）称力机构示意图

1—转子 2—壳体 3、4—轴承 5—转子轴 6—支架 7—出水口 8—进水口 9、10—销钉 11—扇形齿轮 12—连接杆 13—指针小齿轮 14—摆锤

这种测功器是将发动机的动能通过转子1转变为水的动能。当水冲击到壳体2以后，壳体2便产生偏转，通过称力机构表示出壳体2所受到的力矩。水因摩擦和冲击使自身的温度逐渐升高，即发动机输出的功绝大部分转变成了水的热能（除0.01%~0.02%的能量消耗于轴承及水封外），由出水口随水排出。

为了增加水和转子、壳体间的作用效果，又不使制动器尺寸过大，通常采用多片转子，并在转子上打孔、装销钉、装叶片，或在壳体内壁装径向方形涡流子等措施，以增加测功器吸收功率的能力。

供水装置要保证全负荷工况时所需的稳定流量。若入水温度为15℃，出水温度为50～65℃，则测功器单位马力耗水量约为10～48L/h。

图7-12b所示为称力机构示意图。距制动器旋转中心的距离为l_1的凸耳挂结点与连接杆12下端的铰接点连接，连接杆12的上端与偏心距为l_2的偏心轴铰接，摆锤14和扇形齿轮11与偏心轴刚性连接，扇形齿轮11与指针小齿轮13啮合；摆锤质量为Q(单位为kg)，长度为L(单位为m)。

当制动器顺时针偏转时，摆锤14偏离一个β角，这时，摆锤14产生一个使偏心轴顺时针方向旋转的反力矩，彼此平衡。其关系式为

$$P_1 l_2 \cos\beta = QgL\sin\beta$$

发动机输出的转矩为

$$M_e = P_1 l_1$$

把两式合并整理得

$$M_e = \frac{Ll_1}{l_2} Qg\tan\beta$$

对于确定的测功器，L、l_1、l_2、Q为已知值，所以指针偏转角β的大小就表示发动机输出转矩的大小。为了测试、计算方便，制造测功器时取$\frac{L \cdot l_1}{l_2} = 0.7162\text{m}$。

这样，测功器刻度盘便可按$P = Qg\tan\beta$进行标度。所以

$$M_e = 0.7162P$$

如发动机(测功器)转速为n(单位为r/min)，则其输出功率为

$$N_e = \frac{M_e n}{716.2} = \frac{Pn}{1000}$$

$$\text{或 } N_e = CPn$$

式中　C——测功器常数，取0.001。

2. 水力测功器的使用

在进行发动机试验前，为了保证试验数据的准确性要对测功器的刻度进行校核。在测功器侧盖的螺钉孔处固定一个带有秤盘的扛杆，如图7-13所示，秤盘的悬架点到测功器轴心的距离为716.2mm。装好后，检查指针是否指在零点，否则应予调整；然后在秤盘上逐渐增加砝码，在每次添加砝码以后，都要检查指针所指示的刻度与所加砝码重量相符的程度。如果指针所指刻度值与所加砝码值相差在±1%之内，则测功器的精度符合要求；如果相差较大，则应作出校正记录。

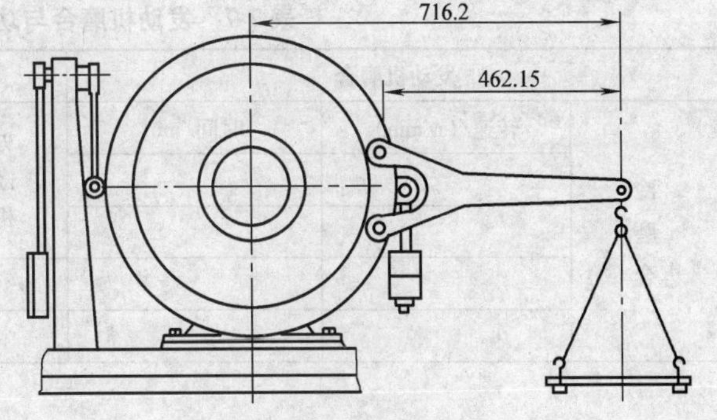

图7-13　水力测功器的校正

试验过程中，调节负荷时先调进水阀，然后调出水阀，以得到所需要的测功器读数或转速。进水阀为粗调，出水阀为

细调。调节时不要使进水量太少，以防止制动器内水温过高。

3. 发动机的试验程序

1）预热试验发动机，使润滑油温度和水的温度达到50℃左右。在暖车阶段，要注意观察发动机的运行情况，作好测量的准备工作。严禁机器带故障进行测试。

2）试验人员根据试验内容分成若干工作部位，在指导教师的指挥下，各部位工作人员按自己分工的内容，在正式测量前预习试测，以熟练操作技能、提高测试的精确性。然后按指挥信号统一行动，依次测量各点的参数。对于重要的试验点最好测量两次，以减小误差，提高试验的准确性。每一条曲线至少应有6个均匀分布的测点；在难以判断曲线形状和趋向处，应增加几个中间测点。

3）直接测得的参数有 P、t、n。根据直接测得的参数，按式

$$M_e = 0.716P$$

$$N_e = CPn$$

$$G_e = \Delta G \frac{3.6}{t} \text{或} \ G_T = \Delta V \cdot r \frac{3.6}{t}$$

$$g_e = 1000 \frac{G_T}{N_e}$$

式中 ΔG——每次试验时的耗油克数，取定量为50g或100g；

t——耗油 ΔG 或 ΔV 毫升需要的时间，单位为s；

ΔV——每次试验时的耗油容积数，取定量为50mL或100mL；

r——燃油比重，单位为g/mL。

分别计算出 M_e、N_e、G_T、g_e 值，并记录。

4）在试验中，要绘制监督曲线，以检查试验进行的正确性及测量的准确程度。监督曲线图上各点不必经过计算，可直接根据测量结果绘制而成。试验时，每取得一个试验点后，随即画出监督曲线，根据该曲线的“走向”即可随时查知试验进行得是否正确。如发现监督曲线中某一点不符合预定的规律(即出现所谓“线外点”)时，表明试验有错误，该试验点应该重作。

5）试验过程中，发动机热状态必须保持在正常技术状态下，即润滑油温度、润滑油压力和冷却液温度控制在允许的范围内。

6）试验过程中，要逐点填写各测试参数，详见表7-7。在非标准状况下测试时，还应将功率和耗油率值换算为标准状况的数值，换算方法见后。

表7-7 发动机磨合与功率试验记录表

发动机磨合			发动机功率试验		
冷磨合	转速/(r/min)	时间/min	发动机	额定转速/r/min	
				最高转速/r/min	
				最低稳定转速/r/min	
			测功器指示盘读数/kg		
			发动机功率/kW		

（续）

发动机磨合				发动机功率试验	
热磨合	无负荷			试验耗油量时间/min	
				燃油消耗量/kg	
				燃油消耗率/($g/kW\cdot h$)	
				供油提前角度(°)	
	有负荷	负荷/kW	时间/min	润滑油压力/(kg/cm^2)	
				润滑油温度/℃	
				冷却液温度/℃	
	合计				
润滑油种类					

检查后发现的问题：

质量评定：　　　　处理意见：

填表人：　　年　　月　　日

7）试验结束后，整理实验数据并绘制试验曲线，写出分析报告。由于误差的存在，试验所得到的数据不可能落在一条光滑的曲线上，而是呈带状分布；但是实际发动机的性能变化是一个连续的过程，需要用光滑曲线表示，这就要求制出的曲线既要连续、光滑，又要通过尽可能多的试验点，而且曲线两侧的试验点大致相等。曲线与试验点的最大差距应在试验误差范围之内，如图7-14所示。

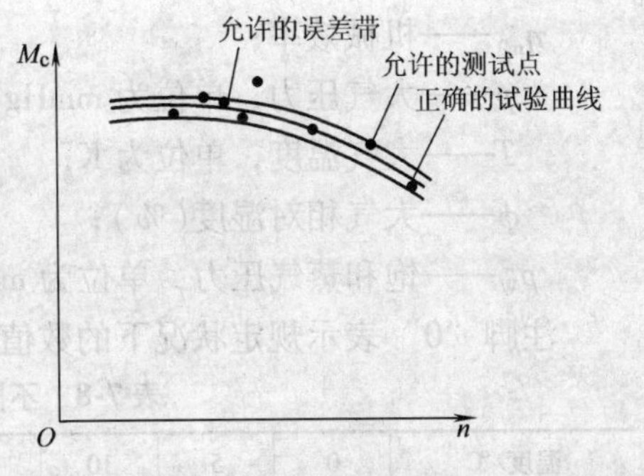

图7-14　试验曲线的绘制

在进行发动机试验时，安全技术问题应予以特别注意：

1）传动件及其连接机构必须有防护罩，特别是在发动机与测功器间的连接处，应安装金属防护罩。严禁在发动机运转时，调整或擦抹任何传动部分。

2）在试验开始前，必须对发动机仔细观察、检查并紧固所有紧固件，特别要检查发动机与测功器间的万向节的紧固螺钉。

3）在试验过程中，要注意发动机和试验装置的工作状态，防止事故的发生。特别要注意发动机与测功器的操作，要相互配合、协调一致，以防飞车。试验中如发生事故，应及时采取紧急措施，如停车、切断电源。

4）试验室内应有消防器材，包括沙箱、毛毡、灭火器以及水带等。对于油料着火，可用沙土、毛毡或泡沫灭火器，不能用水来灭火；对于电着火，应迅速切断电源，并用四氯化碳灭火器灭火，而不能用泡沫灭火器灭火。

5）试验室内禁止使用明火，禁止吸烟。不许将燃油或润滑油倒入下水道，以防油蒸气聚集在下水道，偶遇冲击火源引起燃烧，甚至发生爆炸事故。

6）试验人员工作时，应穿尺寸合身的工作服；女同学要带帽子，避免衣服、辫子被机器绞入，发生意外事故。

4. 非标准状况下，功率和耗油率的修正

大气压力、温度、湿度对发动机的测试结果都有直接的影响。国家标准规定的大气状况是：大气压为760mmHg，温度为20℃，相对湿度为60%。若测试时发动机的大气状况与标准状况不符合，则需按下列各项修正。

（1）对于柴油机应按下列各式换算。

1）功率：

$$\frac{N_e}{N_{e0}}=C$$

而

$$C=K+0.7(K-1)\left(\frac{1}{\eta_{m0}}-1\right)$$

$$K=\frac{N_i}{N_{i0}}=\left(\frac{T_0}{T}\right)^{0.75}\left(\frac{p-\phi p_W}{p_0-\phi p_{W0}}\right)$$

式中 C——有效功率换算系数；

N_e——有效功率，单位为马力；

N_i——指示功率，单位为马力；

K——指示功率换算系数；

η_{m0}——机械效率；

p——大气压力，单位为mmHg；

T——大气温度，单位为K；

ϕ——大气相对湿度(%)；

p_W——饱和蒸气压力，单位为mmHg；可由表7-8查得。

注脚“0”表示规定状况下的数值，没有注脚的表示实测数据。

表7-8 不同环境温度下的饱和蒸气压力

温度/℃	0	5	10	15	20	25	30	35	40	45	50
p_W/mmHg	4.6	6.5	9.2	12.8	17.5	23.8	31.8	42.2	55.3	71.9	92.5

2）耗油率：

$$\frac{g_e}{g_{e0}}=\beta$$

$$\beta=\frac{K}{C}=\frac{K}{K+0.7(K-1)\left(\frac{1}{\eta_{m0}}-1\right)}$$

式中　g_e——实测耗油率，单位为 g/马力 · h；

g_{e0}——标准状况下的耗油率，单位为 g/马力 · h；

β——耗油率换算系数；

其余符号的意义同功率的换算公式。

（2）对于汽油机则应按下列各式计算：

$$N_{e0} = \alpha N_e$$

$$\alpha = \frac{P_0 - \phi p_{W0}}{P_0 - \phi p_W}\sqrt{\frac{273 + t}{273 + 20}}$$

式中　t——实测大气温度，单位为℃；

α——有效功率换算系数；

其余符号的意义同柴油机的换算公式。

上式的适用条件为大气压力为 710 ~ 780mmHg，环境温度为 0 ~ 25℃。

模块八　发动机综合故障诊断

发动机的故障原因往往涉及各机构和各系统，为尽快找到故障的所在，首先根据故障现象确定故障性质，进而查明故障所属机构或系统，最后根据各机构或系统的故障诊断方法查明具体故障原因。

一、柴油机故障现象和原因概述

1. 异常现象

柴油机出厂试车和用户使用中常遇到的异常现象有以下几类：

（1）声音异常　如有不正常的敲击声、吹嘘声、放炮声等。

（2）速度异常　如飞车、怠速不稳、最高空车转速超标等。

（3）动作异常　如不易起动，带不动负荷，达不到额定功率，工作时产生剧烈振动等。

（4）外观异常　如冒白烟、黑烟、蓝烟，漏气、漏油、漏水，碰坏零件，油漆色泽差，外表生锈，装调质量差，螺栓长、短零件相对位置不符合要求。

（5）温度异常　如润滑油、冷却液和排气温度过高，轴承过热。

（6）压力异常　如润滑油压力过高或过低，气缸内压缩力低，柴油机爆发压力低等。

（7）气味异常　如产生焦味、臭味和烟味。

2. 故障原因

柴油机故障主要由以下原因造成。

（1）柴油机装调质量的原因　柴油机所有配合部位均有严格的装配要求，不同系列、不同机型的柴油机所用的零部件和装调质量有不同的要求，若装调不当就会引起故障。常见的装调问题有：

1）润滑系统零部件装调不当，如粗滤器垫片方向装反，润滑油管法兰平面挠裂及长短不对致使螺栓拧紧后的平面密封不良，螺栓忘记紧固，调压阀橡皮圈切断、阀芯因杂质或机体上孔的同轴度不对而卡滞，油底壳或主油道螺塞未拧紧，细滤器螺母松动，机油冷却器缩松、砂眼，开车前润滑油未加到油尺规定刻线等，都可能引起漏油、油压过低、无油压，甚至咬车等重大故障。

2）冷却系统零部件装调不当、冷却系统布置不当，都可能引起水泵、缸头、出水管、节温器漏水，风扇打坏散热器，柴油机过热和散热器开锅等重大事故。如果柴油机断水，就会引起拉缸烧瓦；若断水后立即加入冷水，则有可能引起座圈脱落，受热零件变形或裂纹。

3）燃油系统零部件装调不当，如油泵与空压泵同轴度调整不当，大于0.2mm，油泵联轴节螺栓及油泵托架螺栓未拧紧，都可能引起万向节簧片断裂；供油提前角和喷油压力不符合将导致功率不足，油耗超标；油泵试验台上未调整好会引起转矩点不符及怠速不稳，飞车等常见故障。

4）主轴承与连杆轴承装配位置颠倒或错误，配合间隙及紧固力矩不符合规定要求，造成烧瓦或磨损严重等重大事故。

5）定时齿轮装合关系错误，气道或气缸掉入异物，造成敲缸。供油时间不正确，使燃烧恶化、功率不足、排气冒烟、起动困难，甚至根本不能起动。

6）活塞与缸套配合间隙不符合要求，活塞环开口位置没有按 120°交错安装，扭曲环装倒，造成活塞环窜气和窜油现象。

7）气门间隙不符合要求，造成气门关闭不严，或加速配气零件的磨损，影响油耗及功率。

（2）柴油机零件质量的原因

1）铸件缩松、砂眼，有细小裂纹，引起漏水、漏油、油水混合及零件损坏。

2）机体主轴承孔同轴度不合格，个别主轴承孔径小，曲轴同轴度超差，会引起烧瓦；安装阻水圈的孔太小或缸套水套间隙太小，会引起拉缸。

3）零件精度和部件精度及材质不符合要求，是产生故障的最主要原因。如气门弹簧材质有微孔，运转后在 2000h 内常发生断裂敲缸或拉缸事故；凸轮轴金相组织不合格，会造成凸轮早期磨损；喷油器油针焦死会导致雾化不良，引起功率不足冒黑烟；缸套失圆和多棱形会引起拉缸。

（3）违章操作的原因

1）新车时，油泵上部左面的怠速限位螺钉未松开，致使发动机刚运转就升至高速，未经磨合而直接高速运转，导致烧瓦、拉缸等严重事故。

2）冷车起动后，未经过暖车而马上带负荷使用，造成零部件严重磨损或损坏而引起一系列故障。

3）长时间超负荷、超速运行及发生飞车事故，造成零件严重磨损或损坏。

4）带负荷停车，受热零件因冷却过快造成骤冷裂纹。

5）运转中润滑油和冷却液温度维持过低，或润滑油温度过高，油压过低，加快零件磨损。

6）6110 型增压柴油机长期不用或新车刚使用时，必须对增压器加注清洁润滑油后才能起动，否则易使增压器轴承磨损，从而引起增压器转速下降，柴油机功率不足。

（4）维护保养不良的原因

1）不及时添加润滑油和定期更换润滑油，造成润滑油量不足或润滑油污染变质而丧失润滑性能。不按时清洗机油粗滤器造成润滑油流通阻力增加，甚至堵塞，使润滑条件恶化而引起零件严重磨损。机油精滤器不按时清洗会使胶状杂质结聚在转子内，从而使精滤器失效。吸油网上的丝维状杂质不及时清理，会引起油压过低，甚至无油压，而造成烧瓦、报废曲轴的重大故障。

2）不按时清洗柴油滤清器和柴油箱，会使大量杂质进入各精密耦件内，引起早期磨损或喷油器油针焦死；油泵进油插头空心螺钉内的粗滤网堵塞会引起供油量不足，柴油机工作无力。

3）未按时清洗空气滤清器或更换滤芯，会使滤清效果降低，空气流通阻力增大，进气量小，造成柴油机工作无力、排气冒黑烟和引起气缸套等零件的严重磨损。若空气滤清器及进气系统的密封垫破损或安装不当，会造成短路，使有灰尘杂质的空气直接进入气缸，引起缸套早期磨损，甚至拉缸等。

4）未按时检查和调整气门间隙，而间隙过大会造成配气机构加速磨损和气门弹簧断裂等事故。

5）未按规定检查蓄电池充电量、及时补足电解液，使起动转速过低，造成起动困难等故障。

6）未按规定调整离合器压脚高度，会引起离合器脱不开或打滑等。

二、柴油机窜气的主要原因

1）柴油机拉缸。

2）柴油机烧瓦咬轴。

3）柴油机油水混合。

4）活塞环开口处于同一轴线上，或环结胶后失去弹力。

5）活塞与缸套磨损严重。

6）柴油机严重超负荷运转。

三、柴油机拉缸的主要原因

1）气缸套材质不好、内孔表面网纹太浅、储油状况不良，造成拉缸。拉缸的部位在360°范围内有大面积拉伤痕迹。

2）气缸套内孔成棱形（但手感摸不出来），运转压负荷后在多棱形处有多条宽10~20mm拉伤痕迹。

3）柴油机断水过热及汽车上坡时长期超负荷过热，散热器开锅引起拉缸，甚至咬缸。拉缸的部位在360°范围内大面积拉伤，甚至咬死。

船用柴油机的冷却为开式冷却，污泥、水垢常积于水套下方部位，使活塞的热量不能及时由缸套传给冷却液，缸套内壁润滑油烧失，活塞与缸套呈干摩擦，引起拉缸或咬缸。

4）油环弹力超差、过高，致使刮油干净，造成干摩擦引起拉缸。6110/125型柴油机的油环弹力是65~90N与68.6~98N。油环内的撑簧必须与原环成对使用，不允许互换，否则容易使油环弹力超差、偏高引起拉缸。

5）第一道气环的形状不对（手摸不能低于活塞外圆表面），因环不能灵活运动而卡住，引起拉缸。

6）油环或气环断裂，活塞表面碰伤，活塞销挡圈断裂或跳出，引起拉缸。

7）活塞环开口间隙太小而引起拉缸。300系列柴油机的活塞环开口间隙均由装试工修配达到。

8）出厂试车及柴油机大修后，未经磨合运转就升高转速或带负荷运转，也会引起拉缸。

9）润滑油质量太差、润滑油太粘、燃烧不良等造成活塞环胶结，导致润滑不良而引起拉缸。

10）活塞、缸套表面碰伤或表面清洁度差，引起拉缸。

11）机体缸套水封槽尺寸偏小，装缸套后内孔尺寸变小或成椭圆形，引起拉缸。因此，安装后必须检测缸径尺寸。

四、拉瓦的原因

1）机体主油道、润滑油管内管插头、板翘式机油冷却器芯子、曲轴油孔、连杆油孔，机油粗滤器内腔等部位的杂质和毛刺直接进入轴瓦，引起拉瓦。因此，提高这些关键部位的清洁度，是防止拉瓦的最主要的途径。

2）曲轴油孔的圆角及表面粗糙度不合格，有振纹或磕碰伤，曲轴同轴度超差，跳动过大，也是引起拉瓦的主要原因。

3）轴瓦材质不好，弹力不够，贴合度不好，引起传热、散热不良，常引起拉瓦和穴蚀。

4）润滑油压力太低或断油，不仅引起拉瓦，甚至引起咬轴。

5）机油粗滤器的滤网破裂，或清洗保养机油粗滤器时杂质进入干净油腔内，这些杂质直接进入主油道引起拉瓦。

6）出厂试车时，柴油机与测功器同轴度未校一致，常常引起第6、第7道轴瓦拉毛及后油封座磨损，严重时会造成曲轴报废及机体的重大质量事故。

7）中速柴油机开车前未对主油道压油，6110型增压柴油机长期不用，起动时未对增压器轴承加注润滑油，常引起拉瓦及增压器轴瓦烧损。

8）出厂试车及大修后的柴油机未经磨合就高速行驶，引起拉瓦。

9）6110型柴油机满负荷试车时未冷却油底壳，致使润滑油温度过高引起拉瓦。

五、RFD调速器调试的工艺要点

1. 标定功率达不到

全程两极式调速器总油量有两个调节螺钉，即行程调节螺钉（大头螺钉）和全节气门限位螺钉（大节气门挡钉）。

1）标定功率达不到时，一般情况下首先松开大节气门挡钉，但不能松得过多。即使松得再多，油量也不会无限制增加。因为大节气门挡钉只能调整少量的齿杆距离，一般在1mm左右，最大也只有3mm。大节气门挡钉退出，功率增加；大节气门挡钉拧进，功率降低。

这种调整未涉及调速弹簧预紧力，所以起作用的转速不受影响。

2）打开小盖板，松开大头螺钉外帽，拧进大头螺钉即可，总油量增加，标定功率可达到。

调整大头螺钉后，调速弹簧预紧力发生变化，引起调速器起作用的转速改变。拧进大头螺钉后，齿杆行程增大，即总油量增加，调速弹簧因此放松，使起作用的转速降低。因此，对大节气门挡钉调整后，必须相应调整调速器起作用的转速。反之，起作用的转速升高。

引起齿杆行程分配的改变：如节气门挡钉拧进过大，引起齿杆行程增大太多，飞锤飞张到怠速弹簧至顶杆与校正杆接触，这样就无怠速，出现飞车。如果节气门挡钉退出过多，则会使怠速油量过小，怠速过低而较难稳定。

3）上述两项调整后还不见效时，打开油泵盖板，松开油量控制筒上的调节齿圈的紧固螺钉，用螺钉旋具将油量控制套筒自右向左轻敲转动一个微小角度，即增加分缸供油量，但要求6只分泵均转动相同的一个微小角度，否则会造成各缸油量不均，使发动机运转不稳，或节气门关不死而飞车。

2. 最大转矩达不到

一般不要动外部大节气门挡钉，应该打开小盖板，将S22螺母松开，然后把校正器向内拧进，校正油量即增加，最大转矩可达标。向外退出校正器，最大转矩会减少。

3. 最大转矩不在1800～2000r/min

打开小盖板，松开S22螺母。先把校正器座退出半圈至一圈，再松开S17螺母，用螺钉旋具将校正器螺栓拧进半圈至一圈，即可使最大转矩点转速从1500～1700r/min升高到标定规范（1800～2000r/min）。校正弹簧预紧力越大，校正起作用点及结束点转速越高。反之，当最大转矩点转速大于2000r/min时，先把校正器座拧进半圈至一圈，再松开螺母，用螺钉旋具将校正器螺栓退出半圈至一圈，即可使最大转矩点转速降低到1800～2000r/min。校正弹簧预紧力越小，校正起作用点及结束点转速越低。

4. 怠速不稳

1）将怠速稳定器稍微拧进一些可解决怠速不稳，但不能拧进过多，否则会没有怠速引起飞车。若把怠速稳定器拧进过少，会起不到怠速稳定作用。

2）打开小盖板，先松开S22螺母，再松开并拆下校正器，然后松开并拆下锁紧螺套，将怠速装置支座拧进一圈左右，使柴油机怠速升高30～50r/min，然后把外部小节气门挡钉向外退出，使转速降低30～50r/min即可解决怠速不稳。

5. 调整怠速稳定器(位于后盖左面内侧上方)

调整方法：在油泵转速为怠速转速时，旋进怠速稳定器，使其接触到齿杆，再把稳速装置向后退出1mm左右。怠速稳定器内的稳速弹簧的作用是使齿杆撞向怠速稳定器时有一个缓冲过程及间隙，并使齿杆能迅速恢复到怠速位置。这个间隙过大、过小都不好，间隙过大会失去稳速效果，间隙过小会影响怠速。

6. 烟雾限制器(位于右面内侧喷油提前器上方)

一般情况下尽可能不要动它。退出时会增加起动油量，拧进时会减少起动油量。拧进过多会影响校正油量。

7. 调整器起作用的转速在柴油机上的检查与调整

方法1：节气门全开时功率不足，首先加负荷使转速下降50～100r/min，检查功率与转矩的升降趋势。如功率上升、转矩猛增，这意味着调速器已起作用，柴油机在标定工况时已处于减油状态下工作；这时应适当加大调速弹簧预紧力，即把全程式调速器的高速限位螺钉退出一些(位于后盖上部右侧)，同时将怠速限位螺钉拧进一些，即可使调速器起作用的转速与柴油机标定转速相适应。

方法2：打开小盖板，用手将校正装置向内推进，此时如功率、转速不变，则说明总油量不够；这时应拧进大头螺钉，总油量即增加。如果此时功率、转速上升了，则表明支撑杆与大头螺钉间出现了间隙，在该点调速器已起作用；这时适当加大调速弹簧预紧力，即把全程式调速器的高速限位螺钉退出一些，同时将怠速限位螺钉拧进一些，即可使调速器起作用的转速与柴油机标定转速相适应。

8. 烟雾限制器在柴油机上的检查与调整

手柄处于大节气门挡钉处，转速上升到比校正转速低50r/min，这时齿杆位置为SC，拧入烟雾限制器使其触头与齿杆刚接触，退出0.5mm。

9. 飞车

检查调速器在怠速时是否有卡滞现象。

检查各分泵柱塞是否有脏污的卡滞现象，只要用螺钉旋具将每只分泵上下撬动泵油，使其运动灵活、无卡滞现象即可。

10. 高压油泵预行程

油泵总成中的柱塞由最低位置上行至柱塞顶端关闭柱塞套油孔的行程，称为预行程。

11. 油泵及调速器上六大螺钉的名称和位置

1）全程式怠速限位螺钉——位于调速器后盖上部外侧(左侧)。

2）全程式高速限位螺钉——位于调速器后盖上部内侧(右侧)。

3）小节气门挡钉(又称两极式怠速限位螺钉)——位于调速器后盖下部上方。

4）大节气门挡钉——位于调速器后盖下部下方。

5）行程(总油量)分配螺钉——位于调速器后盖小盖板内部下方。

6）怠速稳定器——位于调速器后盖左面内侧上方。

7）烟雾限制器——位于油泵右面喷油提前器上方。

8）两极节气门限位螺钉——位于大节气门挡钉与小节气门挡钉之间。

六、燃油消耗率达不到规定指标的原因

1）喷油提前角不对。

2）喷油器喷油压力不对，漏油或不雾化。

3）进、排气门冷态间隙不对。

4）进气阻力太大，应小于25mmHg。

5）高压油泵总油量太大。

6）排气背压太大。

7）出水温度太低。

8）水力测功器拖重。

七、排气冒黑烟、青烟、白烟

1. 排气冒黑烟

原因：1）柴油机超负荷。排除：减轻负荷。

2）喷油不良、喷雾太粗或滴油。排除：检修或更换出油阀及喷油器。

3）燃油质量差。排除：换用优质燃油。

4）供油提前角不正确。排除：调整供油提前角。

5）空气不够。排除：检查并清洗滤清器，或更换滤芯。

2. 排气冒青烟

原因：1）活塞环磨损、卡住。排除：清洗或更换活塞环。

2）油底壳内润滑油面过高。排除：放出多余的润滑油。

3. 排气冒白烟

原因：1）喷油器雾化不良，滴油、喷油压力过低。排除：检查喷油器偶件，重调喷油压力。

2）燃油中有水。排除：更换燃油，洗涤滤清器。

3）刚起动，个别气缸不燃烧(特别是冬天)。排除：适当提高转速及负荷，多运转一段时间。

八、拉瓦的判别标准

连杆瓦或主轴瓦的拉痕超过下列情况之一者，即为拉瓦。

1）拉痕面积占该瓦全面积的15%以上。

2）拉痕深度大于0.3mm，长度超过该瓦的1/2弧长。

3）拉痕深度大于0.15mm，宽度大于0.6mm，长度超过该瓦的1/2弧长。

九、拉缸的判别标准

当缸套的内表面有拉痕，长度大于2/3活塞行程，宽度大于0.3mm，深度大于0.1mm，

其数量超过3道(缸径大于ϕ100mm)或两道(缸径小于ϕ100mm)时，均为缸套拉缸。

十、窜机油检查判别标准

在标定工况下，运转5min以上，油温水温达到规定后，在60%标定转速下空负荷运转15min，再在距排气总管口100mm处，用白纸对应排气总管口停30s，检查无油点时为合格。

十一、柴油机调速不稳定的主要原因

1）各缸油量不一致。

2）喷油嘴堵塞。

3）柱塞弹簧断裂。

4）各配合间隙过大。

5）喷油提前角过大或过小。

6）柴油滤清器堵塞。

7）输油泵进油管空心螺栓内滤网堵塞。

十二、手工消除曲轴轴颈圆度和圆柱度及轴颈手工抛光的方法

当测得轴颈圆度和圆柱度在0.10mm以下时，在其突出两边划上适当记号并用润滑脂堵好各油孔，取一宽度与轴颈长度相等的布条(布条上敷上00号砂布)绕在轴颈需加工的一边，用手握两端系有短木棒的布条作往复研磨。当研磨4~5个单行程后再磨另一边，随磨随测，直到圆度和圆柱度<0.01mm为止。然后将轴颈清洗干净，用宽度与轴颈长度相等的000号砂布涂上润滑油后绕在轴颈上。用布带在砂布外面缠2~3圈，用力来回拉动布带旋转进行抛光即可。每道轴颈需抛光10min左右。

十三、柴油机异响的判别

1. 主轴承敲击声

主轴承的敲击声是一种音调低闷而沉重有力的“噹噹”声。柴油机转速越快，主轴承的敲击声越响，突然升速时响声更大，有负荷或重负荷时更为显著。

2. 连杆轴承敲击声

连杆轴承敲击声比主轴承敲击声轻而响，为清脆而清晰的“当、当”声；猛加速或骤增负荷时响声最明显。

3. 活塞撞击气缸声

转速突变或低速运转及大负荷时，活塞撞击气缸声较为显著，为猛烈清晰的“当、当”声。一般低温状态时响声明显，温度升高后响声减弱或消失，这是与主轴承和连杆轴承响声显著的区别。

判断是哪一缸响，可逐缸停止喷油，若响声显著减弱或消失，则说明该缸有故障。

4. 活塞销敲击声

它是一种非常尖锐、音调甚高而明显的敲击声，其声音如同用小锤打钻子的声音。当柴油机转速变化时，特别是由高速突然降到低速时，气缸上部可听到尖锐的“当、当”金属冲击声响。在柴油机低速时，其响声缓慢而明显；猛提转速时，则响声也随之加大加快。柴油机温度升高后，响声不减弱；喷油提前角加大时，响声加剧。这与活塞撞缸明显不同。

5. 凸轮轴轴承敲击声

它是一种沉闷的敲击声，比主轴承间隙过大的敲击声稍尖锐。

6. 活塞环敲击声

当停止喷油时，活塞环敲击声会减轻，但不能消失。如果活塞环折断，会发出一种“唰、唰”声；活塞环与环槽间隙过大，会发出一种比较钝哑的“拍、拍”锤击声，随着转速增高响声也随之加大；活塞环碰撞缸套磨损凸肩，会产生金属碰撞声。

7. 活塞环漏气声

活塞环漏气声通常是一种空洞的“可、可”声。当响声出现时，曲轴箱的通气口会有大量烟气冒出。

8. 飞轮敲击声

飞轮敲击声主要是由于飞轮螺栓松动或折断、飞轮偏摆等所造成的。它是一种沉闷的敲击声。

9. 气门敲击声

响声特征：在低速运转时，发出连续不断、有节奏的较轻微的“嗒、嗒”敲击声；转速提高时，响声也随着提高。因有数只气门响，响声是“的达的达”声，很杂乱。

10. 气门烧损的响声

当气门烧损时，由于封闭不严，在空气滤清器处有“嗤、嗤”的响声。严重时，触摸进气支管有烫手的感觉。

11. 气门弹簧断裂的碰击声

它是一种“嚓、嚓”的声音。气门弹簧断裂严重时气门不起作用(落下)，这时活塞碰击气门发出“当、当”的碰击声；同时，进气或排气管中冒出大量黑烟、转速明显下降，振动加剧。

12. 气门与活塞碰撞声

气缸盖处发出沉重而均匀的、有节奏的碰撞声。

13. 摇臂轴断油的响声

它是一种连续有节奏的清晰不沉重的“切、切”声。低速时声音清晰，高速时声音减弱。

14. 气门座松动的响声

气门座松动后会发出一种“嚓嚓”的声音，伴随这种响声的还有一般气流声。严重时，与活塞在上止点发生碰击而发出“当、当”的响声，柴油机转速显著下降。

15. 齿轮撞击声

柴油机高速运转时，在齿轮室处可听到较尖锐而连续的“辘、辘”声或“咔啦、咔啦”声。柴油机降低转速时，可听到“喋、喋”的敲击声，此响声由凸轮轴传到齿轮室外壳。

16. 机油泵内敲击声

机油过稀有“嗡、嗡”的声音。

17. 喷油时间过早的敲击声

喷油时间过早会造成气缸内发出有节奏的清脆的“当、当”声。

18. 喷油器滴油的敲击声

它是无一定节奏的清脆响亮的金属敲击声(有时出现相隔很近的两下响声)，与此同时，排气管也有“放炮”声和冒灰白烟，运转不稳定。

可用断油法检查故障位置，若松开某一高压油管插头螺母时响声消除，说明该缸的喷油器或喷油泵有故障。

19. 喷油泵的响声

如果工作中有“砰、砰”的响声，而且响声总是在排油开始时发出，表明压力过高。

如果喷油泵柱塞下端的凸块折断，会使气缸发出猛烈的金属敲击声。

20. 紧固连接件松脱的响声

紧固连接件松脱后与各运动件碰撞，会发出刺耳的金属摩擦声或敲击声，应立即停车检查处理。

十四、柴油机油水混合的主要原因

1）机体挺柱孔处砂眼漏水引起油水混合。

2）气缸盖气道内缩松漏水引起油水混合。

3）气缸盖防冻堵盖未敲好、松动后漏水，引起油水混合。

4）机体水封槽内有杂质、铁锈或同轴度超差等造成阻水圈密封不好而漏水，引起油水混合。

5）因机体封水孔毛刺锐边擦伤或切掉一块橡胶阻水圈而漏水，引起油水混合。

6）总装气缸套敲击或气压压装时，缸套歪斜造成缸套、缸沿断裂而漏水，引起油水混合。

7）活塞销卡簧未装即敲击缸套，造成缸套裂缝而漏水，引起油水混合。

8）机油冷却器芯子振裂，造成润滑油进入水道及散热器中，引起油水混合。

9）机油冷却器芯子与盖板间的垫圈未垫好、密封胶未涂均匀、螺栓未紧好，造成润滑油进入水道及散热器中，引起油水混合。

十五、齿轮异响的原因

1）齿轮齿形不合格，个别齿形过胖，致使在盘车过程中大部分轮隙正常、个别点齿隙过小，引起齿轮异响。

2）机油泵中心高及位置度不对，造成齿隙过小或啮合线不正确，引起齿轮异响。一般机油泵垫片不超过两张。

3）机油管过长或过短，法兰平面位置度不符，拧紧螺栓后硬拉机油泵，造成机油泵变形、位置度变化，引起齿轮异响。

4）惰齿轮与定位轴之间的轴向间隙过小，穿心螺栓紧固后，使惰齿轮卡滞，引起齿轮异响。

5）齿面因磕碰损伤，个别点齿隙过小，引起齿轮异响。

6）空压泵轴锥度不对，空压泵齿轮装配后跳动过大，或空压泵齿轮紧固螺母未拧紧，引起空压泵处齿轮异响。

7）后端钢板形位公差不对，致使空压泵传动齿轮无侧隙，引起齿轮异响。

8）空压泵齿轮与飞轮壳相碰而产生干涉，引起齿轮异响。

9）起动马达齿轮与飞轮起动齿圈的齿形不对，引起起动时齿轮异响。

十六、后油封漏油的原因

1）1993 年 10 月份前的 6110 型柴油机因设计的安装位置不对，无 2mm 宽的回油间隙，容易引起漏油。

2）1994 年 3 月份前的 6110 型柴油机油封下方只有 1 个回油孔，这样运转时来不及回油，易引起漏油。现在已改为下方有 3 个回油孔。

3）柴油机倒装至立装翻身时把后油封压歪，单面高低不一致，引起漏油。

4）后油封唇口划伤及材料不合格，容易引起漏油。

5）总装后油封时未去除曲轴头上的毛刺，装配时划伤油封唇口而引起漏油。

6）总装后曲轴头时未涂润滑油，致使新车刚运转时油封唇口发生干摩擦，使油封失效而漏油。

7）后油封座因飞轮壳螺孔中有残留铝屑，而螺栓拧不紧，后油封座压不紧、压不平，引起漏油。

8）出厂试车时，柴油机与测功器同轴度未校精确，使后油封座回油齿隙被磨平而漏油。

9）飞轮壳缩松、结合碰伤后，润滑油从螺孔中溢出来，被误判为后油封漏油。实际上是飞轮壳报废或不合格。

10）飞轮壳止口与曲轴同轴度大于0.27mm，引起后油封漏油。

十七、柴油机敲缸的原因

1）从进气管或气缸盖气道内掉入螺母、垫片，甚至双头螺栓，引起敲缸。

2）气道内铸造缺陷残留的疵缝铁瘤，振动后掉入气缸中，引起敲缸。

3）气门下沉量不合格引起敲缸。

4）传动齿轮正时配合记号搭错，或齿轮记号敲错引起敲缸。

5）气门间隙调整不当，间隙太小或顶死，引起敲缸。

6）气门座圈内有杂质或锈蚀，内孔尺寸过大、光洁度太差，压装座圈时歪斜未敲到底，机体上水孔只有一排，缸头内腔水道不通畅，柴油机过热时未经怠速运转就突然停车等原因造成气门座圈脱落，引起敲缸。

7）气门因材质和热处理不当导致工作时断头，引起敲缸。

8）活塞与连杆组装时位置装反向，或活塞连杆组件总装时位置装反向，致使喷油器碰活塞，引起敲缸。

9）连杆大头下瓦片漏装，连杆螺栓未拧紧或断裂而引起敲缸。

10）气门导管内孔尺寸偏小或气门撞弯，运转受热后卡死气门引起敲缸。

十八、摇臂衬套咬死的原因

1）6110型柴油机的上油孔由于加工工艺孔未钻穿，致使上油孔中无油，润滑油无法从机体到气缸盖进入摇臂座，导致摇臂不上油，引起摇臂早期磨损及咬死。X4125型及X4120S型柴油机因铸件偏移，导致上油孔钻穿造成豁口引起漏油，致使摇臂不上油。

2）压装时，摇臂上衬套的油孔与摇臂油孔未对准，引起摇臂不上油。

3）摇臂衬套内孔的油槽过浅，润滑油不能进入转动部位，致使摇臂衬套咬死而磨损。

4）X4125型及4120S型柴油机摇臂轴两端的碟形堵塞因装配时未张紧而脱落，引起摇臂轴中心孔中的润滑油从两端泄漏，致使摇臂润滑不良造成磨损。

5）润滑油质量太差、太浓，未及时更换，致使摇臂衬套油槽内油胶堵塞，润滑油流通不畅，润滑不良，引起摇臂早期磨损。

十九、润滑油压力过低的原因

1）主油道限压阀因脏物或机体上的定位孔与螺孔的不同轴度超差，造成阀芯卡滞，引起润滑油压力过低或过高。

2）主油道限压阀因螺孔口及倒角太小、有毛刺，造成橡胶圈被切去一部分，使低速时油压正常，高速满负荷时因油温较高而泄油加快，引起油压过低。这类油压过低常在出厂试车验收时发生。

3）因机油粗滤器调压阀零件尺寸不符导致油压过低或过高。

4）机体主油道上有砂眼漏油而引起油压过低。

5）因机油粗滤器垫片垫反向而引起油压过低及无油压。

6）机油泵垫片因润滑油管法兰平面不平、密封不良引起油压过低。

7）机油泵进、出油口堵塞未拆掉而引起无油压；三通插头未钻通，引起无油压。

8）机油泵油管螺栓未拧紧引起无油压。

9）柴油机与水力测功器同轴度未校好，使第6、7道轴瓦刮伤而引起油压过低。

10）因曲轴表面光洁度太差、同轴度超差，造成刮瓦、润滑油大量泄漏而引起油压过低。

11）使用过程中，润滑油中纤维状杂质或纸屑过多，密封胶清漆过多，或润滑油过脏、胶质太多，造成吸油网阻塞，引起油压过低，甚至烧瓦抱轴。

12）因操作时不加强循环检查，油底壳螺塞因振动松脱而大量漏油，或机油粗滤器O形密封圈冲坏而大量漏油，引起油压过低及烧瓦抱轴。

13）机器使用过久，磨损间隙过大，引起油压过低。

14）因质量问题导致润滑油压力报警传感器及仪表显示不正确，误认为油压过低。

二十、气门漏气的原因

1）气门凡尔线角度与气门锥面角度不吻合，铰凡尔线后容易引起气门漏气。根据目前的使用经验，凡尔线铰刀的锥角为90°26′±2′为宜，陶瓷单刃铰刀刃口支承面为0.02mm为宜。

2）气门凡尔线同心度差及震纹会引起气门漏气。

3）气门杆及气门导管碰撞弯曲、变形会引起气门漏气。

4）气门导管内孔超差、尺寸偏小，致使配合间隙过小，运转时受热膨胀卡死，引起气门漏气。

5）气门间隙过小，运转时受热膨胀，摇臂顶开气门，致使关闭不严，引起气门漏气。

6）旧柴油机气门凡尔线积炭、磨损为凹槽或烧蚀，磨损后气门杆与气门导管间隙过大，气门上下运动时歪斜，引起气门漏气。

7）气门锥面磕碰损伤引起气门漏气。

二十一、出水温度过高

1）传动带过松一般。以用29.4～49N的力在传动带中段能按下10～20mm的距离为宜。

2）水管中有空气。一般积聚在气缸盖上部造成气囊，出水管不出水或水量很少，水温不断上升。此时，应松开出水管上的温度传感器，放出空气，直到出水畅通为止，再拧紧水管各插头。

3）水泵漏水。应及时更换水封。平时应按规定周期从水泵上的黄油嘴对水泵轴承腔加注钙基润滑脂。一般汽车每行驶2000～2500km应加注一次润滑脂。

4）柴油机水腔及散热器内腔积垢过多。水垢的主要成分是碳酸钙、硫酸钙、二氧化硅。尤其是使用硬水、脏水的车辆，积垢严重，从而减少了冷却液的流量并影响散热，使出水温度过高。可按如下方法清洗：将烧碱(苛性钠)750～800g 配煤油 150g 置于桶内加水制成混合液，晚上加入散热器内，保存一个晚上；第二天早上起动柴油机并运转 10～15min，然后将水放出，再加入清水清洗散热器即可。当水中存着钙和镁等盐类时，水便有硬性，这种水称为硬水；含盐量越多水质越硬；反之，不含此种盐类或者含量很少的水称为软水。

5）节温器失灵、脏物堵塞，应及时清理或更换。

6）冷却液温度表、冷却液温度感应器失灵，应及时更换。

7）风扇不匹配或方向装反。

8）柴油机长期超负荷运行。

9）汽车上后置式柴油机安装位置不当，通风系统气流不畅，排气管辐射热量没有隔离，从而引起出水温度过高，散热器开锅。因此，必须重视汽车上通风系统气流的畅通，及时清理机器表面的灰尘污垢。

10）使用硅油风扇离合器时，该装置失效导致风扇转速不够；可用锁块将其锁死，暂时解决。

11）在寒冷地区或冬天，应放尽冷却系统中的水，以免结冰时胀坏机体、气缸盖、冷却器等零件。

附　录

常用螺纹紧固件紧固力矩范围

螺纹直径/mm	螺距/mm	紧固力矩标准值							
		力学性能（4.61级）/		力学性能（5.6级）/		力学性能（8.8级）/		力学性能（10.0级）/	
		N·m	kgf·m	N·m	kgf·m	N·m	kgf·m	N·m	kgf·m
6	1	4.0	0.4	4.5	0.5	9	0.9		
8	1.25	8.0	0.8	10.6	1.1	23	2.3		
8	1	8.5	0.9	11.0	1.1	25	2.5		
10	1.5	19.7	2.0	26.0	2.7	59	6.0	74	7.5
10	1.25	20.8	2.1			63	6.4	78	8.0
10	1	21.8	2.2	29.0	3.0	64	6.5	80	8.2
12	1.75	37.3	3.8	45.0	4.6	95	9.7	140	14.3
12	1.5	38.5	3.9	47.0	4.8	97	9.9	143	14.5
12	1.25	39.6	4.0	50.0	5.1	99	10.1	145	14.8
14	2	61.2	6.2	81.0	8.3	160	16.3	175	17.8
14	1.5	74.6	7.6	90.0	9.2	180	18.3	210	21.4
16	2	95.0	9.7	124.0	12.6	215	21.9	280	28.5
16	1.5	105.0	10.7	132.0	13.5	240	24.5	305	31.1
18	2.5	142.9	14.6	190.0	19.4	268	27.3	437	44.5
18	1.5	157.6	16.1	200.0	20.4	316	32.2	467	47.6
20	2.5	188.0	19.2	231.6	23.6	430	43.8	528	53.8
20	1.5	203.7	20.8	246.6	25.1	440	44.9	558	56.9

参 考 文 献

[1] 姜年强．汽车修理工艺[M]．北京：人民交通出版社．1994.

[2] 张西振．汽车发动机构造与维修[M]．北京：机械工业出版社．2005.

[3] 薛华．汽车发动机[M]．大连：大连理工大学出版社．2007.

[4] 成其良．拖拉机汽车[M]．北京．中国农业出版社，1999.

[5] 陈文华．汽车发动机构造与维修[M]．北京：人民交通出版社，2001.

[6] 蔡兴旺．汽车构造与原理实训[M]．北京：机械工业出版社，2006.

[7] 张朝山．汽车拆装与调整[M]．北京：机械工业出版社，2003.

[8] 傅春阳．轿车构造图集[M]．北京：人民交通出版社，2003.

[9] 宋允祁．汽车产品构造图册[M]．北京：人民交通出版社，1999.